U0823117

正说海瑞

大明王朝的一柄利器

赵瑜◎著

新世界出版社
NEW WORLD PRESS

图书在版编目（CIP）数据

正说海瑞 : 大明王朝的一柄利器 / 赵瑜著 . -- 北京 : 新世界出版社 , 2016.10

ISBN 978-7-5104-5949-8

Ⅰ . ①正… Ⅱ . ①赵… Ⅲ . ①海瑞（1514-1587）—人物研究 Ⅳ . ① K827=48

中国版本图书馆 CIP 数据核字 (2016) 第 216464 号

正说海瑞 ：大明王朝的一柄利器

作　　者 : 赵　瑜
责任编辑 : 余守斌
责任印制 : 李一鸣　黄厚清
出版发行 : 新世界出版社
社　　址 : 北京西城区百万庄大街 24 号（100037）
发 行 部 : (010) 6899 5968　(010) 6899 8705 (传真)
总 编 室 : (010) 6899 5424　(010) 6832 6679 (传真)
http://www.nwp.cn
http://www.nwp.com.cn
版 权 部 : +8610 6899 6306
版权部电子信箱 : nwpcd@sina.com
印　　刷 : 北京嘉业印刷厂
经　　销 : 新华书店
开　　本 : 710mm × 1000mm　1/16
字　　数 : 600 千字　　印　　张 : 26
版　　次 : 2016 年 10 月第 1 版　2016 年 10 月第 1 次印刷
书　　号 : ISBN 978-7-5104-5949-8
定　　价 : 52.00 元

版权所有，侵权必究

凡购本社图书，如有缺页、倒页、脱页等印装错误，可随时退换。

客服电话：(010)6899 8638

目录

第一章
秀女入宫，后宫有隙

“小将小将，爬起来去瞅瞅又贴了啥文章。”

七月的京城热得要命，前门东街的顺城胡同像一排切开的西瓜一样，露出红红的胭脂脸蛋。这里就是正德皇帝经常光顾的水粉巷，里面有四十七家烟花楼。其中有三家朱红阁楼是正德帝题写的匾牌。

巷子口的左首是司礼监临时供货的百货街，棉布、丝织、麻布，食品、瓜果、糖堆，草药、茶叶……因为过于杂乱，太监们把这里叫作大栅栏。右首三百米有一个很高的砖木结构的酒楼，名字叫大正有德。

说话的河南人是一群乞丐中的首领，他把自己的名字改为大将，所有手下的小乞丐均叫小将。他在一棵龙槐树的荫凉下躺着，破烂的衣服给他的夏天带来凉爽。他不远处是一个公告台，重叠的告示被风吹走了一部分，新张贴的告示吸引了不少的过路人观看。

两个乞丐从人群中跑回来，说：“大将，大将，有好机会了，是通州招兵了，是北面俺答攻打朝廷，告示上说那些蒙古人饿了，没有东西吃，就来抢我们的东西吃。已经抢走好多了，现在招收兵马就是要把他们打跑……”

旁边的一个乞丐声音很小，说：“招兵的人是什么顺天巡抚王忬，我们要不要参加……”

这是嘉靖二十一年的夏天。夏至刚过不久。

这一日，风和日丽。气象官预测，夏天的晴朗将给这一年带来旱灾。其实，也不用预测，被干旱逼迫离家的河南、河北流民不时有混入京城的，成了乞丐帮的一员。街上的乞丐越来越多，那一个又一个口音迥异的乞丐像是一道又一道加急快递，向京城预告了全国各地的灾情正在蔓延。因为大明朝开国皇帝作过乞丐，所以，从开国起，大明朝有一个不成文的惯例：各级衙门和酒楼旅店，一律都要善待乞丐。这在刑罚严苛贪污深重的明朝，多少是一件温暖而人道的事情。

午时两刻。

大街上突然撒满了锦衣卫队，原来有二十台官轿从南城门进入。

这已经不是什么新鲜事情了，围观的老乞丐说：得，得，又是一批敖寡的女孩子。轿子编着号码，直奔向前门东街的严府。

前门东街是朝廷一品大员集中的住宅区。严嵩的府第在最东边的十五棵柳树边上，严家为了表明是书香传家，大院靠墙的柳树上均挂着红红的灯笼，上面有严世蕃亲题的“庆安”“福祉”等字样。大门口挂着两个绣着莲花的灯笼，则分别题着两个大大的“御赐”字样。灯光照耀着严府下面的四字匾牌：忠勤敏达。严嵩用青词换来的当今圣上嘉靖帝的亲笔题词显示出严家在朝官中正在上升的情状。

秀女轿子进入严府的时候，严世蕃正在院子里坐着让宫廷画师画像。阳光照耀着严世蕃白胖的身子。两个新纳的小妾浓艳地站在严世蕃身边，刚叫一句老爷，就被严世蕃踹了一脚，一只眼的眼白翻出来，说：“昨天教的宫廷话呢，要说宫廷话。”

只见那个发髻缠绕着珠钗银簪的妖娆女子半弯腰，手揣在腰间，学着宫廷腔调学了一句：“老——爷，你哪里痒啊？”

严世蕃的眉头一皱：“你说什么？小十九。”

严世蕃现在有二十五个小妾，他最宠爱的就是这个操吴侬软语的小十九。大概是从小受父亲爱听昆曲的影响，严世蕃特别喜欢听吴侬软语。但最近，他听说鄢懋卿的几个福建籍小妾在家里一句一句地学说宫廷话。严世蕃也忽然心血来潮，他也想让自己喜欢的小十九和二十五也学说宫廷话。

想不到，昨天是寻欢时随口教了小十九一句，她今天却当着画师的面说出来了。严世蕃心里有些后怕，暗暗庆幸没有教她说更隐私下流的话。

画师把颜色调好了，正要画严世蕃的眼睛，下人突然来报，说：陕西的二十个秀女的轿子已经进了院子。

严世蕃看了一眼画布上的自己，模样很周正，眼睛虽然没有被画出来，但轮廓神武，很高兴地招了一下手，指了指旁边的一个锦盒，便跟随下人去了前院。负责选秀女的礼部侍郎赵文华去了严嵩的前院献殷勤去了，只剩下他的一个随从在那里前后指挥轿夫的次序。

秀女是坐马车快跑进京的，抵京城南门官驿后才换乘了宫廷轿子。有不少女子晕车得厉害，被托下车来的时候吐得一塌糊涂。

严世蕃一张脸一张脸地检查，有一个女孩子一口吐到了严世蕃脸上。

严世蕃恼羞成怒，一巴掌打过去。被旁边的管家接住，那管家用袖子帮着严世蕃擦脸，小声说：“爷，这些女孩子打不得。”

严世蕃看了一眼那个吓得缩成一团的女孩说：“就是她了，留下来。其他的给皇上送去。”

赵文华从前院回来了，他看到了严世蕃的狼狈模样，哈哈地笑将起来。

严世蕃一边作揖一边说：“大哥回来了。”

赵文华也还了一揖说："干爹身体大安，我放下心来，贤弟有功劳，有功劳。"

严世蕃凑上去说："那夏言和司礼监李芳昨天争执起来了，真是快事一桩。"

赵文华说："夏阁老的上一篇养生疏在各大酒肆贴出来后，传到圣上耳朵里，圣上大怒。"

严世蕃说："看来，我也要撰写一篇养生词来唱合一下夏阁老，免得他孤单。"

两个人又是一阵欢笑。然后，赵文华率二十顶轿子离去。

照旧例，被严世蕃挑选后的那漏缺由通州府预备的秀女补上。

把秀女送到司礼监，赵文华从随从递过来的备用女官文牒里挑出一个叫李小雅的年仅十四岁的女孩子补上，那个女孩子的注明上写着两个字：善舞。

司礼监掌印太监李芳照着文牒谱系清点了名字，在赵文华出具的文书上加盖了司礼监大印。算是结束了交接手续。然后兴冲冲地上轿，往皇宫新落成的无梁殿奔去。

无梁殿里的小太监们正来回紧张地搬运刚刚从景德镇运来的上元三十六乐瓷瓮，一身道士装扮的陶仲文正踩着地板上天干地支的符号选择瓷瓮的位置。

那瓷器是水晶釉的青花瓷，无梁殿静坐的嘉靖帝戴着陶仲文编的珍珠花冠，静静地听一个长须清瘦的道士念丹药的方子："雄黄十两，末之。锡三两，铛中合熔，出之。入皮袋中揉使碎。入坩埚中火之，其坩埚中安药了，以盖合之，密固，入风炉吹之，令埚同火色。寒之，开，其色似金。"

嘉靖帝看着手里的三粒黄金丸，面露喜悦，说："蓝神仙与朕有功劳，赏。"

当值太监黄锦立即执笔记录。

嘉靖想了一下，摆摆手，说："就赏蓝神仙与朕一起吃斋。"

陶仲文和李芳一起进入大殿，双双跪倒高呼万岁。

嘉靖帝借着黄锦端上来的一碗水，吞咽下一粒黄金丹，反复在那里回味，眼睛没有看跪倒在地上的陶仲文和李芳，说："陶卿家何事？"

陶仲文说："万岁爷洪福。三十六个共鸣瓷瓮由景德镇三千里运抵京城竟然丝毫无损，这是自我朝开国以来没有的事情。正德皇帝的十二周期瓷瓶一下烧了四次，运了四次，才拼凑成功。还有，微臣刚刚摆放好了三十六只瓷瓮，摆放精确，微臣已经听到仙乐的律动，只等陛下敲响五音。"

嘉靖帝从锦鸡垫上下来，赤着双脚，在木质地板上来回地走，一股凉意从脚心传至心头，忽然觉得高兴，哈哈笑了几声，看了看呆立在一旁的太监们，忽然跳了几下，哈哈哈哈……

李芳趁着嘉靖帝开心，尖着嗓子唱腔一样念白道："恭喜主子万岁爷，陕西米脂二十个单传女子已经由赵文华赵大人送到宫里。"

嘉靖帝抬了一下手，李芳便已经领会，顿首说："奴才这就去按照陶侍郎的丹方给这二十个秀女净身。"说完躬身退去。

嘉靖帝问陶仲文："陶卿家也和朕一起吃斋吧。"

陶仲文跪拜谢恩。

嘉靖帝的斋饭是下午四时补餐，陶仲文为了培养嘉靖帝的仙风道骨，特地排出一日三餐和三补，三餐多食素。三补多壮阳刚。而下午四时的雄黄粥嘉靖帝称为斋。因这顿粥简单到极至，以雄黄丹为主的一碗八宝粥，小份额，大口吃八口，小口吃可食十六口，只能吃双数，可以补气血，给养阳气。

嘉靖帝给蓝道行和陶仲文赐座，吃的时候，黄锦在一旁侍候着，数数字。六口的时候，嘉靖帝问陶仲文："陶卿家的雄黄入口有香气。"

陶仲文放下粥碗，回复嘉靖帝："这是恩师蓝神仙的指点。葛洪仙人曾经在《抱朴子·内篇》第十一卷《仙药》中有一段讲述炼丹术中处理或者食用雄黄的六种方法：或以蒸煮之；或以硝石化为水，乃凝之；或以玄胴肠裹蒸之于赤土下；或以松脂和之；或以三物炼之，引之如布，白如冰。微臣之前均采用松脂和之为丹直接服用，但恩师说，雄黄性如干柴，需要油脂释之。现在陛下所食用的雄黄丹乃是葛洪仙人所说的第六种方法，用了珠粉、玄胴肠及松脂和雄黄丹共同炼制而成，这样的熔合使得雄黄丹颜色洁白，有了雪山莲花一样的晶莹，可以清静心气，安服神思。”

蓝神仙以手拂须，微颔首，附和着陶仲文，说道：“道士刚刚计算了天时，陛下可于后日午时以青词祭天。”

夜色刚入严府，灯笼就亮起来。

严嵩正在前厅喂一只鸽子，严世蕃进来。先进入里面的佛堂拜见了母亲，又出来看父亲手里的字条。严嵩把字条递给严世蕃说：“陈洪刚从宫里传来消息，皇上这两天身体情状良好，要祭天，你抓紧时间写青词一阙吧。”

尚衣监太监陈洪正在看换了衣服的秀女，他独独地看上了那个年纪最小的米脂女孩杨莲香。他心里盘算着，如何把这个女孩子弄到手里。就挑选了一身最不合适的衣服给她。穿上以后，果然显得难看了一些，心满意足地让小太监带走了。

负责培训这帮秀女礼仪的是刚刚被皇帝贬斥的王宁嫔，唱戏出身，嘉靖临幸她的时候被她婉转妩媚的声音吸引，嘉靖突发奇想，带着她到陶仲文设好的祷礼那里作侍读，念诵各部大员呈上的青词。只是好景不长，嘉靖帝又喜欢上了曹氏端妃，于是王宁嫔失宠。两个在皇宫里各自为了保全自己的女人受了身边宫女的教唆，争执起来。当然，端妃轻易地就把王宁嫔逐出了后宫，好在王宁嫔怀了龙胎。嘉靖帝觉得欢喜，把她从冷宫接回无梁殿旁边的侧房内，依旧侍读青词。但是，王宁嫔却不小心流产。没有办法，她诬陷曹端妃在她的饮食中作了手脚，导致胎儿流产。嘉靖帝万分恼火，他正宠爱着端妃，整日厮守着，见王宁嫔如此，只好一纸将她贬到尚衣监作缝衣宫女。

王宁嫔除了缝补旧衣或者新衣，有时候也要作新来的宫女的礼仪师傅。王宁嫔的日子并不好过，因为她被皇帝宠幸过，所以没有太监敢再要她作对食。在嘉靖时，如果过了十七岁还不被皇帝宠幸的宫女一般都会被司礼监分送到尚衣监、尚膳监、御用监等太监扎堆的地方作事，一则是减少太监的劳动强度，二则是为了给太监们配对。在宫廷里，作了太监的老婆，即为对食。而王宁嫔则无人敢碰，从一个被皇帝宠爱的嫔妃到一个被太监斥骂的宫女，王宁嫔心里埋了太多的怨恨。她找不到出口，夜夜失眠，问太医院作工的一个姐妹要了两味草药，在夜里煎时被当值太监陈洪发现，罚了当月的赏钱。

杨金英是这个时候出现的，她侍候过王宁嫔，她在宫里当差十年了，因为性子耿直，喜欢助人而人缘颇好。宫女们有了困难找她，也因为她在各宫之间均有认识的太监和宫女，可以在紧急的时候偷些药品用品之类。

她帮王宁嫔在太医院里弄了成药丸，并给王宁嫔作了一个暖肚，因为王宁嫔小产后身体虚弱，失眠也和身子虚有关系。杨金英比王宁嫔还大几岁，这样温暖的相待让王宁嫔抱着她，直喊姐姐。

两姐妹被皇宫里的这些没有人性的规矩挤到了一个被窝里，直说到半夜也没有说完贴己的话。

杨金英对王宁嫔说："妹妹明天作礼仪辅导的时候，要好好地辅导那个小个子的杨莲香，她是我一个叔叔家的女儿，也是因为听说我在宫里享荣华跑过来的，这个小妮子从小就善良，我想她能有个好归宿。我看到陈洪那厮已经在打她的主意了，你看能不能好好调理她仪容端礼，让她比其他人都好看，这样恐怕陈洪也不得不让她进宫去。"

王宁嫔问："这个妹妹几岁了？"

杨金英说："十三岁。"

王宁嫔说："你知道皇上这一次北直隶包含河北一共选了多少秀女吗？"

杨金英说："听总管太监说是有一千二百名。"

王宁嫔说："可不是，听说运到京城只剩不到八百名，那些人要么被卖了，要么被奸污死了。"

杨金英说："我听说京城不少烟花楼也有被出卖的秀女。"

王宁嫔说："听说是年纪大了，皇上不要的，被严嵩拿去了换了钱财。"

杨金英有些疑问："皇帝以往要秀女都是要十四岁以上的，可是这一次听说最小的只有八岁，皇帝又不养女儿，干吗要这么小的秀女啊。"

王宁嫔把声音放小，趴在杨金英耳边说："具体也不太清楚，我听说是陶道士给皇上献了一个仙方，要皇上吃我们身体里的初红。说是可以长生。"

杨金英瞪大了眼睛，有些不信："啊……"

无梁殿里，陶仲文往文火炉里加了把盐，火苗稍稍长大了一些，阳城罐里的粉末有了青烟冒出来。陶仲文立即跪倒在地上："吾皇万岁，青烟上升为吉，请用鼻息吸入，此烟可以平夏燥。"

嘉靖帝正在对着夏言的青词生气，听到陶仲文的话音：连忙光着脚跑出来，他看到青烟如丝一样飞翔，贪婪地走到炉子前，吸气，吸气，吸完了，对陶仲文说："陶卿家，有些草粪味道。"

陶仲文连忙起来也凑近闻一下，说："陛下，那是罐子泥的味道，上次封了口，泥没有干净。粉是无味的，臣现在要往里面加入血露，制药了。"

嘉靖帝一脚把凑上来要他穿鞋的黄锦踢倒在地板上，又一次跑到那阳城罐里看。

陶仲文说："陛下，第一次用了八个幼女的经血，量稍大，加了晨露和蜂蜜，颜色偏红。如制成丹丸则为黑色。"

嘉靖帝没有说话，坐回到锦鸡垫上，他生气地对黄锦说："速去传夏言来，朕要他在朕面前好好写青词。"

黄锦跑出殿门，交待了侍候皇上烛火的小太监，要他跑去夏府通知夏言。

夏言在和严嵩下棋，他知道严嵩不敢吃他的棋子，一步一步均故作笨拙，他要试探严嵩敢不敢吃他的棋子。严嵩也知道夏言在故意逗自己，但偏偏装作没有看到，每每输掉。

夏言说：“我猜皇帝快要来派人骂我了。”

严嵩附和说：“夏首辅家里养了好多鸽子，卑职看到了。”

夏言说：“我的鸽子都让一个独眼恶少宰了吃肉了。”

严嵩吓得扑通一声跪倒在地上，说：“阁老万万不可惊吓下官，回去我就让小儿东楼把鸽子都杀了送过来。”

夏言拍了一下严嵩，哈哈笑了：“我也只是和你玩笑，你却当真了，哈哈哈，难为你了，难为你了。”

严嵩刚刚坐好，司礼监小太监携圣上口头旨意来到，作揖后，说道：“夏言给朕听好了，夏言轻浮，朕知民生多艰，奈何天气枯旱，明日午时朕祭祀祈雨。令你重写青词，并侍朕祭祀。”

夏言和严嵩起身谢过小太监。

夏言有些得意，问严嵩：“如何，果不出我所料。”

严嵩忽然说：“夏公如果在青词的起始用‘青烟盘龙，飞来好雨’作头会好。”

夏言愣了一下，细细咀嚼严嵩的八个字，问：“严兄何解？”

严嵩说：“皇上想呼风唤雨。”

夏言遂跟着小太监入宫。

轿子从侧门过尚衣监，陈洪正在听江苏来的秀女唱折子戏，陈洪跟着学，但学得不好看，惹得唱戏的秀女唱不下去了，笑了起来。陈洪却也不恼怒，沉醉在自己蹩脚的声音里。

领着夏言进宫的小太监叫作大耳朵，大概之前跟过陈洪，见到陈洪连忙作揖行礼。

陈洪转过身来，像个孩子一样拍大耳朵的肚子：“大耳朵，一年不见出息了，肚子也大起来了，怎么样，宝贝赎回来了吗？”

大耳朵脸都红了，大概是有些害臊，但又不敢不回答，说：“回陈公公，小的蒙您和黄公公的保佑，小的已经找回了宝贝。”

陈洪嘿嘿地笑，说：“那我就知道了，你回去把黄锦的那个《长恨歌》戏谱给我偷出来，我给你留一个称心的对食，如何？”

大耳朵连忙哆嗦着向后退了两步，说：“陈公公是要奴婢的命了，那可是黄公公的枕下物，陈公公万万不可开这个玩笑。”

陈洪站直了身子，正了语气说：“万岁爷在无梁殿正等着夏阁老呢，速去吧。”说完，又把兰花指挑起来，学昆曲去了。

陶仲文在无梁殿里测试天气，用盐煮一把青草，一边看青草在沸水里上下跳跃一边向嘉靖帝汇报明天的风的方向，月亮会不会出来，星星是密还是疏。

嘉靖帝并不专心听，他光着脚在大殿里来回地走。边走边看严嵩递上来的青词，一只手里还抓着一把青豆，每读一句便吃养生豆一粒。那是陶仲文用了大豆粉加盐和珍珠粉制成的养生豆，本来是给端妃吃的，结果嘉靖帝觉得好吃，就弄了一罐子，像个孩子一样，数着数字吃，每天要吃七十二粒。这是他给自己定下的年纪。他经常告诉陶仲文，朕要到七十二岁的时候退位。

有一粒豆呛到了他，嘉靖帝咳嗽几声之后，发现自己的鼻子流血了，身体出血，这可不是什么好兆头。嘉靖帝自小胆子就小，敏感脆弱，每有小疾就大呼小叫。

他看了一眼殿外大堂，大声地喊陶仲文。

天气干燥，而嘉靖帝又久坐室内吃丹药，身体内阴阳不调，上火了。

陶仲文趴在嘉靖帝耳边低语道：万岁爷该释放身体里的一种仙药了。

嘉靖帝一听便会意，让黄锦收拾无梁殿内长寿宫，传端妃前来服侍。

黄锦跑过来扑通跪倒，一身衣裳罩着尚衣监洗衣房小太监穿的染布袍，模样滑稽可笑。

嘉靖仰着头斜睨着黄锦，大概觉得近身的这个黄锦有些不对，转过头来，哈哈哈地笑了。

原来黄锦一身的黄颜色，身上传来一股印度香的味道。

嘉靖帝说："你想逗朕乐吗？"

黄锦抬起头来回话："启禀主子万岁爷，奴婢从昨天晚上干到现在，一直给端妃娘娘剥橘子呢，刚刚弄好。奴婢想让端妃用橘子水洗个澡，今天晚上侍候主子，好给明天祭天讨个吉利。"

嘉靖说："好一个黄锦，办得好，速传橘子水洗过的端妃来一趟，朕要她给朕读青词。"

黄锦得到了嘉靖帝的表扬，达到了预期的目的，吃了蜂蜜一样，一溜小跑去了。

而等到夏言的轿子赶到无梁殿的时候，嘉靖帝刚刚和端妃宽衣上床。

夏言被陶仲文和黄锦截了下来。黄锦看了一下夏言的一头大汗，连忙让小太监大耳朵给夏阁老拿了一块冰。

夏言却并不领情，理也不理黄锦，直接问陶仲文，口气恶劣，说："陶老道，你到底是不是修道之人，道家养生讲究清净玄修，你却让皇帝吃内火上升的丹药，然后秀女轮番上来包围圣上，你到底修的是哪门子道啊。"

陶仲文含笑不语。

黄锦再次上前说："夏阁老，你先回府写青词吧，陛下让您来也不过是想当面看你写青词，现在陛下在清修，您先回避吧。"

夏言把手里的一册《论语》扔在了香火桌上，扑灭了两盏烛火。夏言一屁股坐在了黄锦平时跪地陪侍皇帝的一个小垫子上，说："既然圣上召我前来，那我就等圣上出来。"

陶仲文和黄锦均知道夏言为人骄傲，不敢指责他，陶仲文亲自将两盏烛火又点着了，口中念念有词。

他越念声音越大，夏言听出其中的几句来："……语大功，立大名，礼君臣，正上下，为治而已矣；此朝廷之士，尊主强国之人，致功兼者之所好也……”

夏言是阳明学派，尊理学而抑其他。他听出陶仲文念出《道德经》的片断，心里倒安静了许多。他坐在那里看着那桌子上的烛火明灭轮转，像一个人的命运，被风吹来吹去。大概伤怀了，长叹一声。

他的叹息引来陶仲文的好奇，插话问道：“阁老何来伤心事？”

夏言说：“圣上聪明透顶，个性独立，为何偏偏信黄老之道？”

陶仲文：“夏阁老此言差矣，圣上只取合乎天地自然法则而信，大明朝以儒学治国，如果万岁不信儒学，何来这么多举子研习四书五经？”

夏言被陶仲文的话堵塞住了，一时无语。他忽然想到嘉靖七年离世的王阳明，觉得自己挺没有出息的，虽然从内心里仰慕王阳明所推行的“诚意正心、知行合一”说，可是他自己却往往在关键的时候不能合一，他虽然骨子里有很多傲气，但对嘉靖帝，他很是佩服他的智慧以及专断，每每面对嘉靖帝，他都会由衷地谦卑，平时在其他阁员和官员面前的那种孤傲和自信瞬间消失。

他在内心里散步了一会儿，突然打定了主意，他要在这个上午把当今圣上像一块冰一样融化掉，用自己满腔的热血。

夏言在那个垫子上数自己的心跳，他觉得自己的心跳太快了，像兔子奔跑在田野里一样，他甚至有些晕眩，他听到嘉靖帝在内房里大声叫喊的声音，声音很大。

夏言捂住胸口想，这真让人难堪。

嘉靖帝出来的时候怀里抱了一把橘子，对着黄锦说：“站在那里不准动，张开嘴巴，让朕试试能不能扔进去。”

黄锦便站在那里不动，张开嘴巴，脸上的表情充满了担心。

嘉靖帝便哈哈地笑。他只是捉弄下黄锦。看到黄锦老实地站在那里，就上前把手里的橘子装到了黄锦怀里，算是赏赐了。

夏言立起身来，等着嘉靖帝问话。

嘉靖帝说："夏言，听说你把你们家丫环写的青词抄上来蒙朕。"

夏言跪倒在地说："微臣不敢，是微臣写的。"

嘉靖帝说："我知道了，那一定是在茅厕里写的，真臭。"

夏言又解释说："回皇上，微臣在书房写的。"

嘉靖帝说："你对朕祭天不满。"

夏言说："恕微臣直言，臣谨记着《论语》第一页里的一句话：君子务本，本立而道生。微臣觉得，皇上正当年，正是务本的时候，而现在皇上弄青词祭天地，是废本而强行逐道，本末倒置，似有不妥。"

嘉靖帝依旧赤着脚走，他走到了夏言面前，说："我刚才放了一个屁，你放屁没有。"

夏言不懂嘉靖帝要说什么，抬头看着嘉靖帝："微臣没有。"

嘉靖帝对黄锦说："赐他一枚黄金丹。"

黄锦从一青花瓶中取出一粒黄金丹来，双手捧着，递与夏言。

夏言吞进去之后，肚子里立即就有一股热气回环，像一个人的手从胸部一直推到腹部，大概是刚才吃了一口冰的缘故吧，腹中的那一小段冷气遇到这股热气之后，立即被裹住，并往下运行，最后化作了一个屁，释放出来。

嘉靖说："你说的本在心里，但也还有诸多杂物也在心里。而这些杂物把你说的本吞食，化成了一个屁，排了出来。本经常会被排出身体，而道不会。道在身体之外。道生天地，道治天下。你想一下，朕如果只放屁，那肯定不行。黄锦，点香，半枝香的功夫，让夏言把青词写好了。"

祭天的仪式非常隆重。本次祭祀的主题是祈雨。

百官均着司礼监分发的花冠，排列整齐的队伍像花园里突然盛开的牡丹花。嘉靖帝很满意李芳排列的队形。

陶仲文主持整个祭礼，他念祭祀祷词："十二年前，万寿英明的圣上筑建了日月二坛，用来祭祀福寿两星。今日，木星轮回至起点，在今天晚上的丑时可见。木星和月亮一样，负责给我们时间、睡眠和雨水。早在《史记·天官书》中已载，木星，也就是今天我们要祭祀的福星主管气候变化。风霜雨露皆为自然变迁，要星转斗移来实现。我们所获得的一切幸福和灾难，也都和木星在夜晚的孤独行走有关。挂在树梢的木星，要走十二年，才能回到家里一次，就在今天，我们要用十二年所获得的幸福心情来感激它。我们要给它满足而丰富的内心，虔诚地默念福字十二遍。"

沉默了大概有半柱香的工夫，嘉靖帝上台训斥群臣："这场十年不遇的大旱不只是考验朕一个人，也考验你们。我前几天一个人出宫了一趟，我去看看大正酒楼门口是不是遍布乞丐。果不出所料，那里围着的人比朕想象的要多。于是朕就要工部去那里找工匠，只要是看着年轻力壮的就收到宫里作劳力吧。

"朕知道，你们有一些人看不惯朕信道。可朕觉得，这是私生活，就像你们有些人喜欢纳娶小妾一样，只要不是欺男霸女，朕也不能处处加以干涉。今天来祭天，一是提醒大家要有所畏惧，天旱是一个警告，因为雨水是恩泽，长期不来恩泽是自然规则所致，但也有可能跟你们的行为有关系。我听说兵部正在征兵，有一些小吏借征兵之机专门拆散一些有家室的百姓，好不要脸，山东菏泽都已经引起了民变，严嵩，你负责吏部，回去查办此事。

"官不泽民，天岂会泽地。你们一个个穿着体面的衣服吃新鲜的食物，可曾想过这些东西的来处。这些食物都是百姓所辛苦播种。上天给了我们雨水、夜晚和节日，让我们有希望地过日子。我们当然应该感激上苍，要祭祀上天。可是老百姓呢，他们给我们吃的、穿的，该不该也去回报一下。

"朕的三宫之内均不得浪费，各地每天呈上来的饥荒报告让朕寝食不安。朕知道，有的地方也有可能是为了让朝廷多放些银子，虚报了数字，可是，饥饿死人这件事情却时有发生。大明朝家底不厚，不能使百姓都过上富裕安康的生活。但是，我相信，只要各级官员勤于政务，老百姓勤于耕耘，饥饿应该消失在各级政府呈报的公文中。

“今天祭祀过后，司礼监发牒报，通报最近内阁及各省的主要问题，并限期解决。好的，吉时已到，严嵩上来读青词，严世蕃，扶你爹上来。”

仪式结束后，陶仲文奏他刚刚编写的一曲静心乐，他拿着一个敲击棒，指挥着司礼监的三十六个小太监，按顺序不停地在三十六个乐瓮上敲，那乐声轻灵清脆，一点也不像是一个大瓮发出的声音，像细流的小溪，又或者像是琵琶弹出来的，密集的时候众多小太监一起快速敲击，乐声像一块又一块小石头砸向了湖水，一波波地沸腾，很陶醉，很迷人。

那乐声像花朵一样，在每个人的脸上开放，在每一个人的心里开放。

陶仲文的音乐让一些反对嘉靖帝玄修的大臣们得到短暂的好感，他们陶醉在陶瓷一样光滑的声音和想象中。

那音乐把人带到内心、安静和隐私里，带到夜晚，带到痛苦和疼痛中。

刚吃过午饭，王宁嫔被叫到慈宁宫，她正跪着向方皇后陈述这一次秀女培训的情况。

方皇后问端妃的情况，王宁嫔并不了解，但她有些恨她。

方皇后说：“你知道我的哥哥吗？”

王宁嫔说：“奴婢知道，皇宫里的嫔妃都知道，是有名的嘉靖红工匠，他的那些个化妆盒制作得极其精美，美得让我们不舍得使用。我当时有一个，后来被收了去，您，您应该知道的，宫女不配用那个。”

方皇后眼圈红了，说：“昨天晚上，我哥哥死了。”

王宁嫔惊讶地张大了嘴巴，看着方皇后。

方皇后深吸了一口气，语调低沉了一些，说：“本来是很小的事件，我的哥哥给端妃作的一个梳妆镜的套装盒子，釉色偏重了一些，绿色在高温下变为青色，结果不知道怎么一回事，皇上很生气，锦衣卫把哥哥抓去了半月。司礼监的李公公也不知道具体情由，他们只知道端妃向皇上说了什么话，就把皇上惹恼了。”

王宁嫔有些吃惊，想不到连皇后的哥哥竟然也这么轻易地被端妃搞死了，想来自己没有死已经是幸运了。

方皇后说：“既然她已经把毒下到了哀家的杯子里，我不能就这么像哑巴一样喝下去。”

王宁嫔听出了方皇后的话外之音，连忙跪倒在地上：“皇后娘娘和奴婢推心置腹，小宁感激不尽，如果有我能帮上忙的，我愿意效劳。”

方皇后挥了一下手，打发了近侍的宫女出门。这个时间，陶仲文打击乐器的声音传至内宫各殿，那音乐清凉、哀伤，像时间匆匆流去，一个人转过身来久久地怅望……

秀女们被分散开来了，杨金英领了一组侍候皇上安寝的。李芳特意交待过了，这一组的年纪要小，女子要好看。杨金英挑了陕西米脂来的杨莲香、苏川药、姚淑翠、邢翠莲、刘妙莲五人，和京城近郊来的李小雅、乔翠婉两人。然后又从江苏、山东、云南等美女较多的地方挑了十三名秀女。

然而，让杨金英始料不及的是，她是为了照顾自己的叔伯妹妹杨莲香才挑选她跟着自己侍候皇上，头一天晚上，司礼监就给二十名秀女每个人发两粒催情丹。

而杨金英要作的工作就是和几个小太监一起收集催情药催出来的秀女的经血，那是一种春药，大概药力太过猛烈了，几个秀女有些发狂一样用手往自己的下体摸去。

这些课程王宁嫔都已经教过了，这种床上功夫的授课早在正德年间大行其事，有的教材内容是赤裸裸的男女性爱的姿势，这些风情教材曾经流传至民间以及朝鲜、琉球和日本。

杨金英看着二十个秀女第二天全身软绵绵的样子，心疼得不得了。

被采集的经血交到了无梁殿司药处，供陶仲文和太医院的药剂师来配丹丸用。

晚上被春药摧残的秀女们，白天还要服饰皇帝的起居。按照陶仲文的吩咐，皇上一天要见一个秀女的初红。沐浴时太监在一旁读规矩，不准叫喊，要保证皇帝不泄元气。

嘉靖帝头一个就要了年纪最小的秀女程三朵的身体，杨金英要在外面反复地劝慰程三朵，司礼监也将程三朵的名字、年纪、籍贯作了登记。这是皇宫的便例，以便发现到时候是不是真的怀孕了，如果真怀孕了，可以查出日期是否相合。

然后这个年仅十二岁的程三朵虽然早熟，但不懂得深宫的规矩，她感觉到下体的疼痛，没有忍住就哭出声来，嘉靖帝一时性起，宫里多是奉迎自己的嫔妃，第一次遇到这么小而又发育得不错的秀女，没有忍住，射了进去。

李芳听到皇上叫喊，连忙跑进行房，看到一床单的血色。连忙招呼杨金英及众宫女收拾。

李芳看了看一直哭个不停的程三朵，又看了看万岁爷一脸厌倦的脸色。令锦衣卫直接将程三朵拖了出去。

杨金英跟着跑出去，想向李芳求请，被大耳朵拦住，大耳朵小声说："你不想活了。"

就这样，二十个秀女又学到了新的一课，死。

端妃身子干净了以后，嘉靖帝就不再惦念秀女的初红了。

杨金英每天早晨要领着十九名宫女去采晨露，每个人发一个小杯子，必须采满了，否则就扣工钱或者受刑。

晚上每每被春药摧残，众秀女每天起来后腿都是软的。可是，一刻也不敢耽误，匆忙洗漱后就到后花园去采露珠。

草是小叶的三白草、万寿菊和野生的马兰。听说三白草是供宫里生了娃的嫔妃们煮粥用的，可是，因为嘉靖帝纵欲，没有孩子。那草也没有什么用处。

杨莲香费尽了心机，采了半瓶子露水，可是，两个说悄悄话的太监突然打闹追逐起来，一下子把杨莲香手里的瓶子碰掉了。

那天，杨莲香被罚洗无梁殿所有官员杂役和太监宫女的马桶。杨莲香快要崩溃的时候，王宁嫔从慈宁宫轮调到无梁殿负责秀女的继续教育。王宁嫔虽然被皇上废了，但她多次替皇上念诵青词，对下人和司礼监的太监一向并不坏，所以，听杨金英说了杨莲香的情况后，她马上和杨金英一起去找黄锦，这才替杨莲香捡回一条命，要不然，杨莲香完不成工作又要被罚，身体不崩，精神也会溃掉的。

又一日，从陕西来的李冬菊服下催情丹后，出现幻觉，大概是想起在乡下的生活了吧，她竟然抱住一个小太监亲吻起来。被秉笔太监黄锦发现，打了四十板子。被拉回到床上已成了血人。杨金英慌张地往太医院里跑，发现太医院的御医们因为议论皇帝的丹方采用秀女的经血惹恼了皇上，有几个已经被锦衣卫绑走了，大概要杀头。整个太医院一片混乱，一时间无人来看李冬菊。

王宁嫔说尽了好话从小太监大耳朵那里弄了一些药末，也不知道是否对症，直接涂到患处了，谁知道，第二天，李冬菊就没了气息。对于这种初来皇宫不久的宫女的死，为了节约成本，均没有棺木。

杨金英和十几个姐妹看着李冬菊被几个小太监装入马车，运往宫外的安乐堂。

两个秀女的死让剩下的姐妹们过得忐忑不安起来。

早朝完毕后，嘉靖帝会回到无梁殿里，读诗经，读到某个秀女的名字时就让秀女来帮助他来净身。所谓净身，就是嘉靖帝坐在木桶里，秀女来按摩。

十二个部位，每一个部位按九下，用力要均匀。要在按摩的时候报出数字。九下是不能错的，如果出错就会有处罚。轮到杨莲香的时候，端妃正好侍候嘉靖帝，端妃见这小女孩内向谨慎，有了好感，就反复地教她背部如何用力，嘉靖帝颇为受用，问了杨莲香的名字后便向司礼监下达旨意，暂时停下杨莲香催经血的丹药，要临幸杨莲香。

然而，杨莲香被太监扛到嫔妃们的花池里用牛奶或者果肉洗浴后，一检查身子，竟然已经没有了初红。立即被退回来。

这一下非同小可。司礼监里的议事大鼓敲得梆梆响，司礼监掌印太监、秉笔太监连同锦衣卫，甚至赵文华都来到了无梁殿。

秀女都是处子之身，这是万万不可有变的，在皇上宠幸之前，或是在十八岁之前，必须是处子之身。

大耳朵负责杨莲香的沐浴，因为没有仔细检查，所以，他约摸着自己的性命可能不保，跪在黄锦的房间外一直打自己的耳光，希望演一场苦肉计。当值的服侍太监也已经被监禁在无梁殿柴房里。

整个无梁殿到处都是锦衣卫。

杨金英跑到王宁嫔面前哭泣，王宁嫔来回在厅堂里踱步，想不出办法。万般无奈的时候，王宁嫔突然想起方皇后。她拉起杨金英就往慈宁宫跑。

杨金英侍候嘉靖帝和方皇后有十多年了，方皇后也是知道这个说话直爽的宫女的。听完王宁嫔的细述之后。方皇后说："要是能把这件事情嫁祸给端妃就好了。"

可是皇上宠信端妃，此事极难嫁接。

方皇后把杨金英等人支开，然后小声和王宁嫔计划了半天，才算周详。

王宁嫔把杨金英带到住处之后，小声地说："你知道俺答吗？"

杨金英点点头，说："听说是一个人人都会骑马的地方，在草原上。"

王宁嫔说："不对，这些骑马的人占领了山西的北部，现在他们在一个县府里集中了养了好多汉人，要这些汉人教他们写字、耕地和纺织。听说他们对人很好呢，吃穿都不愁。"

杨金英不明白王宁嫔和她说这个作什么，看着王宁嫔。

王宁嫔站起来，把窗子的布帘拉上，然后坐在杨金英身边说："你还有你带的那十几个宫女想不想逃离皇宫，去我说的这个地方去过自由的生活。"

杨金英兴奋地站起来，拉住了王宁嫔的手，她以为王宁嫔可以让她们晚上逃出去呢。

谁知王宁嫔说："这在大明和俺答草原交界处的县府听说是一个叫作俺答三娘子的女人建立的，而目前替她管理这个县府的汉人正是以前锦衣卫逃跑的沈七，这个人和方皇后的弟弟是生死之交。"

王宁嫔停了一会儿，若有所思，缓慢地说："我们如果能在今天晚上待皇上和端妃欢愉后谋杀皇上，方皇后会派锦衣卫的人去救皇上，然后派锦衣卫送我们出去。"

"妹妹也要走？"

王宁嫔说："我也要走，我们三个一起走，如果有可能的话，我还想把李小雅带走，我发现她竟然熟读四书五经，如果到了北方俺答那里，她一定是有用的。"

秋天的夜有了寒意，十几个宫女抱在一起发抖。经过杨金英的一番劝说，她们都同意参与到这次谋逆的大事件中。杨金英给她们说出了实情，承诺一定能逃出宫，但是杨金英说："我比你们大十岁，我在宫里待了这么久，看了太多的惨不忍睹的悲伤，就是死了，也要拼这一次，我要出宫。"

那些宫女们想起前不久死去的李冬菊，一个个都下了决心，死了也要逃。

史载，嘉靖二十一年（1542 年）十月二十一日晚。世宗是夜没有在无梁殿休息，而是因为没有御处女杨莲香，心情不好，去端妃宫中歇息。一番软语，两度春宵，三番四次，直把端妃全身涂满了体液。

等嘉靖帝呼呼睡熟了，端妃就叫宫女侍候自己到后宫洗橙汁浴去了。

而这个时间，王宁嫔带着杨金英等十八名宫女前往无梁殿嘉靖寝宫，杨金英和王宁嫔端着一钵热腾腾的人参八宝粥，顺利进入无梁殿寝宫。小太监在大殿门口冻得直发抖。王宁嫔打发他们去休息一会儿吧，她和众宫女侍候皇上进食。小太监不知是计，谢了王宁嫔，回无梁殿后面的休息室睡觉了。

然而，等王宁嫔和杨金英进入嘉靖帝寝宫，大家大气也不敢出，杨金英把事先准备好的粗粗的晾晒衣服的绳索掏出来，一步一步靠近嘉靖帝的床帷时。突然卧室里亮了一道火光，借着那道光亮，杨金英和众宫女发现，皇上根本不在自己的寝宫里。

那道光亮里传出一个声音："大胆！王宁嫔、杨金英，竟然不通报擅闯万岁爷的寝宫。"

第二章
宫帷有变，海瑞救人

布告又换了新的，这一次是锦衣卫的擂台赛。

那个布告上画着一个擂台，两个男人在擂台上拳打脚踢。像画一样好看，看得懂的人知道这是一个擂台，往旁边的一个桌子边上凑着问话。

报名的人排在最右边，往负责报名的锦衣卫那里塞了碎银子的，名字会被划一个对号。

大将领着一帮乞丐参军了，只剩一个老乞丐领着几个孩子，像一家人一样，在那里分吃一个完整肥美的鸭腿。

大正有德酒楼高朋满座，唱戏的刀马旦的妆容化了一个大红的妆，显得十分喜庆。戏台上一阵刀枪的对打之后，茶客们掌声雷动。司礼监的文化官没有到来之前，这是例行暖场的曲目。这是下旬的第一天傍晚，接近炊烟四起的傍晚时分，无梁殿里出来一支队伍，举着的牌子上写着“司礼监”字和“翰林”字样。为首的太监手捧锦盒，表情木然。

那盒子里装的是嘉靖每月三次的例行官报。官报是嘉靖二年开始设立的。一开始，嘉靖帝只是让刻印青词。除了严嵩父子、夏言徐阶的，还有其他排山倒海的歌功颂德的青词。

再后来，关于阁员的任职，贪墨官员的处置决议以及全国各地喜庆的大事件，均通过每月三次的官报在京城各大酒肆传播。

然而这些官报则只在司礼监开设的大正有道酒楼出售。

每一张官报都要京城其他酒楼茶肆付一千两银票。原来司礼监只印刷二十张，后来随着京城万花楼等几家风月场所也进入买家行列，又加印了四十张。这些费用全用来给翰林院的大学士或编撰们作了公事费。

黄锦带着大耳朵进入大正有德正堂的时候，正在热闹的一、二楼大厅突然就安静了。

酒店司仪大声喊了一句：迎官报。于是，在场的茶客全都跪倒在地上高呼：万岁，万岁，万万岁。

黄锦像宣旨一样地朗诵官报上的开篇宗旨：近些时日星辰耀眼预示吉祥，奈何五行缺水，中原大旱无秋，要周济，需安抚，需宽减，需暖冬，需种植。至于秋节科考，乃本旬大事，依旧例各客栈酒楼均半价待举子。

黄锦的话音刚落，就响起热烈的掌声。

掌声像落在阳光下的雪，慢慢融化在下面的小声议论里。

一楼大堂最里面角落里坐着的一桌客人像是赶考的举子。其中一个人个子不高，粗布衣，疏须，面孔黧黑，他对面前的一切场景都很陌生。他的对面坐着一个穿官服的人，清瘦。右边坐着一个粗布打扮的举子，举起杯子和黑面举子说话："刚锋兄初次来京城，可能不知，接下来这位宫里来的公公会宣布一件邦交大事或者生民大政，让尚未进场的举子们讨论。虽然试卷不会出这样的题目，但是，每年科考，各大酒肆均有锦衣卫或翰林院的编纂官们暗暗记录下参与辩论的举子的名字和精彩的论点，这些暗访的得分会作为答卷的参照或提示。"

说话的举子叫王用汲，他是京城人，但因为识得海瑞同乡王弘海，便对海瑞百般照顾。

与海瑞一起来到京城的，还有琼山丘郊，他是前朝文渊阁大学士兼礼部尚书丘浚的曾孙。他体态较海瑞偏胖，蓄须已久，在酒桌上他偏沉默。

茶楼的第一轮茶是红茶，茶香得很，但是，等桌子上的茶倒完了，所有的人都小心翼翼地端起来，深吸了一口气，便把茶倒了。

海瑞一直看着那些从宫里来的官差们，他大概想到一两个文渊阁学士模样的人。他把茶水端起来喝了一小口，突然意识到，旁边的人都把茶水倒在桌子中间的盆盂里，他有些发愣。旁边坐的是一个宫庭画匠，大约刚刚进宫廷不久，他对所有的人都尊敬着。他用手拍了一下海瑞的茶杯垫子，示意他把茶水倒掉。

王用汲连忙笑着说："是我失职，我失职，忘记嘱刚锋兄了，京城凡是过去正德皇帝开的酒楼茶肆第一茶都是不能喝的，这是当今圣上喜欢喝红茶，但又水土不服，每一次喝后都会拉肚子，所以，时任礼部尚书的严嵩为了体贴圣上，在皇家开设的各大酒肆的第一杯红茶均放了大量的巴豆，这样，子民们就与圣上一起承担痛苦了。但是，这样作了一阵子，京城的医馆和药铺里的止泻药都售完了，还出了人命。是阁老夏言出面劝谏才有了现在的方法，第一杯虽然放了巴豆，但子民们可以不喝，倒掉，以示敬天。"

海瑞听明白了，就笑了，说："既然皇上体贴子民，可以不喝放了巴豆的茶水，那么，其实，茶水里也可以不放巴豆的。"

王用汲和其他在座的人一听，觉得，这个观点有些叛逆，连忙示意海瑞禁声。海瑞知道，王用汲事前告诉了他，大正有德酒楼，四边都是锦衣卫，万不可口不择词的。

官报上有两个讨论题目：上题是俺答无理要求在北边境开设马市，讨论臧否。下题是俭朴治国需要什么条件。

官报读完了以后，安静了一会儿，然后气氛开始热烈起来。

马市的开设是北方蒙古俺答的无理要求，堂堂大明岂能轻易答应这些蛮昧人员的安排。多数人的声音都是一致的，这样表达观点，既可以表达自己的血性，也可以讨司礼监或是三殿两阁学士们的欢心。

海瑞和王用汲说起了浙江的徐渭，诗书画三绝。王用汲说，徐渭的名字倒是听说过，在胡宗宪手下，是个干才。海瑞说，汤臣兄即是徐渭的知交，王用汲便和汤臣对面作了一揖。

这个时候，已经有人开始长篇大论起来。

有一个留须的举子，操山东口音，声音很大，他一出口，全场都安静了。

王用汲暗暗地用手扯了一下海瑞的衣服，朝着门外的戴着皮帽子的锦衣卫使了一个眼色，小声说：诸位兄台，今天晚上的气氛有些不对。

那个举子说："……马匹吃草，却也可以载人，蒙古人在沙漠里生活，距离很远，用马可以节省时间和力气，马提高了蒙古人的生活速度，给了他们力量，让他们的势力一年年壮大起来。马市本来是一件好的事情。但是，现在是因为打了败仗，被蒙古俺答逼迫开设，这样一来，马市就会不开，这是意料中的事情。我现在要讨论的是防御，我们的防御是有问题的，我们有精良的部队，有精良的兵法，还有精良的战将，可是，却因为没有好的指挥而失败。可是换了一个又一个主帅……"

另外一着灰袍的举子插话："我听前线的士兵们说，是故意打败仗的。"

这一句插话立即引起酒楼众人的喧哗，黄锦一听话题由马市转到朝廷的防御，立即把一杯红茶摔到了地上。

插话的举子被两个锦衣卫当场拿下了，一楼的大厅里的一张茶桌随即被掀开。那个灰衣举子被两个皮帽锦衣卫押在那片空地上。

一直在发言的那个举子倒也是有血性的，一看锦衣卫拿人那么快，只犹豫了一下，马上声音提高了：防御的失策据说是故意的，因为战争是增加江南赋税的理由，可是，故意失败，死伤的却是无辜的兵士，他们的家属却没有得到应有的赔偿，甚至有的兵士的家属连一个阵亡的通知也没有得到……

他的话像炮竹一样，一下子把整个酒楼点燃了。下面的私语声轰地炸开。留须的举子也被锦衣卫一同摁倒在灰衣举子的身边。

王用汲对着在座的人说："听我父亲说，锦衣卫打人从来是看太监的站着的姿势，你们注意看一下领头太监的两只脚是脚尖外撇的外八字还是脚尖向里的内八字。"

海瑞和汤臣一起问："看脚尖作什么？"

王用汲笑了一下，说："听说是这样，如果脚尖向里的内八字，则表示太监提前请示过皇上，不论群臣说什么，都只是打杀威棒，杀威棒是留命的，可以受伤，但不能摧命。如果，是外八字，则大概是要命的。"

海瑞看了一眼黄锦和另外一个太监，发现，果然站着的姿势是内八字，长出了一口气。

黄锦拖长了声音，大声说："此二人轻浮，言及万寿帝君时有大不敬，言语中多是猜测和狂想，可恶可笑，每人执行三十廷杖。"

东厂的打人历来是有讲究的，负责执行廷杖的锦衣卫都接受过专门的训练，三十廷杖是可以打死人的。嘉靖年间，如果判处一个文职官员三十廷杖以上基本上就有生命危险了。

海瑞看了一下执行廷杖的两个锦衣卫，的确狠毒，每一棒打下去，几乎都会皮开肉绽的。两个举人开始的时候还咬牙挺着，第十棒的时候开始狼藉着呻吟。海瑞看着黄锦的内八字两只脚尖越合越小，渐渐合拢。

这果然也应了王用汲的讲述，司礼监秉笔太监的脚尖决定了别人的生死，合拢得越小，就意味着，那廷杖的力量越小。然而，那些执行廷杖的人，打人的姿势和声音没有变化，但廷杖落在身上的时候却是不同的。

两个人的命是保住了，却至少需要卧床半年。

打完以后，酒楼安静下来。黄锦一声：继续讨论。又开始有一些没有燃烧完毕的火烬小声议论起来。声音宏亮的多是歌功颂德。

黄锦听了一会儿，觉得还算满意，率锦衣先行离去了。留下来的记录官，多是今年新进文渊阁的进士们或者退下来的大学士。他们都是熟读四书五经的科举获胜者，虽然呆板，却有眼界。

王用汲是要参加来年春天的会试的举子，他袖子里拿着竹笔和线装好了的草纸，要记录下当晚重要的论点而备会试时取用。

而时年三十岁的海瑞已经开始蓄须，但他却连续两次乡试未过。原因是他试卷中表达出个人的清洁精神和轻狂的傲慢。

那是一个物质刚刚启蒙的年代，明嘉靖初期，部分从皇宫里退休回到故土的工匠在浙江、北京、安徽一带开始了织布、桑蚕、瓷器、竹编等小规模生产，从而带动了社会富裕，而原本从土地中汲取营养的普世观念受到了挑战。一时间社会风气由重苦力和劳动强度偏向于重技术和利润。

这一细微的差别让底层社会有了更为见利忘义的经济基础，海瑞却因为受父亲的影响，性格一直耿介。海瑞先祖海球，南宋时从福建迁入广东番禺，因此海瑞自述籍贯，每每自称是广东人。而明史记载，海瑞的高祖海答儿从军至海南岛，并定居琼山。海瑞的父亲海瀚参加过一次乡试，未果，便不再醉心，海瑞四岁，父去世。海母谢氏秉父志，教海瑞熟读启蒙经卷。

海瑞耿介的直名正在当地盛传，两年前的一次乡学考试，海瑞写了一篇名为《自警词》，假借神对自身进行教诲，通过质问自己，进而表达了自己的人生态度。海瑞喜欢阳明心学，在此文中也处处体现：“……入府县而得钱易易焉，宫室妻妾，无宁一动其心于此乎？财帛世界，无能中流之砥柱乎？将言者而不能行，抑行则愧影，寝则愧衾，徒对人口语以自雄乎？

质冕裳而有媚心焉，无能以义自亢乎？参之衣狐貉而有耻心焉，忘我之为重乎？或疚中而气馁焉，不能长江大河浩浩然而莫御矣乎？小有得则矜，能在人而忌，前有利达，不能无竞心乎？讳己之疾，几百所事，不免于私己乎？……呜呼！瑞有一于此，不如速死！”这一篇被当地文人传诵或者笑谈的自我标榜文字，表达了海瑞的志向，他认为人生在世上，不能白活。人活着不一定要中科举，作大官。比如作府县官容易弄钱，还有华堂美女，要不要动心呢？在金钱的腐蚀里，能不能受影响？作人是不是言行一致，还是只说空话，不干实事？自己有没有趋言附势或欺世盗名，有没有文过饰非和存在各种私心杂念？他文章的末尾的一句说，上面的诸多，如果自己有一条就不如死去。

关于马市的开设，王用汲也站出来发言了。王用汲为人持重，知道歌颂比较讨好，所以，他直接歌功颂德，说长城以北，应该种草植树，不仅可以治风挡沙，更可以蓄养马匹，建立骑兵。我们国家版图之大，实难步量，必须有强壮的马匹才行。而马市的开设也是迟早的事情，早开早得益……

海瑞觉得王用汲的话不过是对其他人的重复，并无新意。虽然对王用汲的厚道为人极其好感，仍然是无法为他叫好。

汤臣则大声鼓掌，丘郊也是。这个桌子热闹过后，另一桌上就又会有一个人发表大论。

也有的举子没有准备好，站起，说了两句堂皇的官话，结果，忽然忘记自己接下来要说什么了，在那里咽着口水，愣了一会儿神，就说，不好意思，我没有准备好。

然后引起一阵轰堂大笑。

海瑞的手碰着酒杯，欲言又止的模样。王用汲看了他一眼，连忙示意他说话。王用汲小声说：有很多人没有通过正当的科举考试而入仕，就是因为在会试前的一次辨论。

海瑞听完这句话，马上站了出来，他呷了一口茶，大声说：我不同意设马市。

他的声音并不大，可是中气十足，一下把正在浮喧的人们打断，酒楼一下安静了。海瑞顿了一下，继续说："马市顾名而取换马之义，蒙古人有马，而我大明有丝织有漆器有棉布有茶盐有铜铁，要换马，何其易也，只是现在开设马市并不适合，其因有三：时机不对，为其一；败仗之后开马市，有辱朝野及黎民尊严，即使是老百姓顺从朝廷，那么，败仗之后的马市，所换马匹非正常马匹也，多为病马老马，明为交换，实为强换。卖买不均，为其二；我听说岁帛数十万，还不能换得马万匹。可是，我到了京城，看了官报才知道，我大明朝仅山东、河南和安徽等地产棉花，而全年的棉花织成布帛，除去自用和进贡，每年所剩余二十万丈不到。如果以此等价格来易换马匹，那么三年以后，全国的大部分田地都要种棉花才能有足够的布帛来交换。那样的话，我们的茶、丝织和矿产该如何发展呢？所以，以百丈布帛换马匹的价格不均，此种卖买不能开先例。冬天寒冷，开设马市给养俺答棉布等用品，更有助于他们偷袭我大明北部边防，这是不能开设马市的第三点。其实，马市在民间早已有之，但那是民生需要，和朝廷开设马市不同，朝廷一旦开设马市，势必增加职位，驻守兵士，增加开销不说，单单是外迁马市附近村庄生民这一项，就会造成数千流民，一旦遇到天气有变，这些失所的流民会因为生计而反，到时北方不安定对朝廷也不会有好处。故，马市暂时不开的好。如果，真的是因为指挥失当……"

王用汲听到海瑞竟然顺着刚才被打的举子的话要展开论述，连忙把一手中的杯子推翻到海瑞的身上，连声咳嗽，并站起身来扯着海瑞的布袍让他坐下。

海瑞有些不情愿，但看到下面的人掌声雷动，一时有些胆怯，把头一低，坐下。

两个编纂官走过来，问王用汲名字，并用随身所携小笔记下，然后又记下了海瑞的名字。

讨论者仍在继续，有一个少年才俊激情地阐述北方防线的指挥权全在刚刚入阁的严嵩手里。

借着众人注意力转移的当口，王用汲示意海瑞和汤臣离席，他们还没有离席，只听得那少年大骂起严东楼来，他说，这个可恶的胖子屡屡借皇上的迷信杀人。

他的这句话因为当众污蔑了皇上，一下子引起了众人的恐慌。锦衣卫正要将他拿下，突然从外面进来一个人，同样着皮帽子，但此人衣服却与其他锦衣卫略区别。他一进来，众多锦衣卫均低头喊二爷。他示意众人不要靠近那个发表偏激言论的少年，并说：这个孩子有其父亲的虎劲，像个爷们儿，你们不要管他。

那少年见到那个锦衣卫头目，也连忙住了口，向他作揖道："问沈叔安。"

"那个锦衣卫头目叫作沈炼，是东厂锦衣卫中文武双全的一个。"边往吉祥胡同的学子居旅馆走，王用汲边给海瑞介绍。

"那个少年呢？"海瑞问。

"此人竟然是当朝右都御史王忬的儿子，叫作王世贞，他父亲和汤臣的父亲是世交，故汤臣留下来陪他喝茶。"王用汲答。

夜已经浓郁，大正有德酒楼两边的街道上的乞丐已经吃饱喝足，回各自的窝棚休息了。

"这个时候最热闹的地方有两个？"王用汲笑着说。

"赌坊和妓院。"海瑞笑着答。

果然，正说着，两个提着丽春楼灯笼的老鸨披着臃肿的棉袍朝王用汲和海瑞这边走来，她们用灯笼作暗语，不停地向王用汲划圆。

王用汲说："这是一家可留宿的妓院呢，你看她们的手势。"

海瑞不懂，看着那两个画圆的老鸨，问王用汲："这个和留宿有什么关系？"

王用汲说：“我也不知究竟，大约是指时辰，圆即是指过夜、团圆吗？”

两个哈哈大笑起来，这样就表明了态度，果然，两个灯笼转身去寻另外的从酒楼出来的举子去了。

学子居依旧烛火燃烧，大约二楼的某个房间有小赌局，稍有些吵。也有举子在房间里饮酒作诗，临窗可见灯影中长袖之舞。

王用汲和海瑞均住在一楼，却一个东厢房一个西厢房。作揖分开，开门，一走进房间，海瑞就闻到一股血腥味。

海瑞隐约觉得有人隐藏在房间里，如果没有猜错的话，应该是一个女人。

海瑞每日侍候母亲休息，他熟悉一个爱洗衣服女人身体上的皂角的味道。他感觉到那个女人在窗幔里面，那气息从空气里传来裹挟着那布幔的气息。

海瑞自幼喜欢闻周围的气息，有时候母亲谢氏会让海瑞在海边的沙滩上写字，写字写累了，他的母亲就让他躺在自己写的字上面，母亲说，躺在字上面，会记住沙滩上面的字，海瑞躺在那些字上面，闻到不远处大海的气息，还夹杂着春夏秋冬不同季节的气息。

海瑞找到客房里的火折，点着了桌上的灯笼，果然看到窗幔处有一个隐约的人影。

海瑞说：“不知兄台……啊……阁下是否受伤了，如果愿意，我或许可以帮你一下。”

那人却没有动静，在黑暗中僵持着，像是拿不准，又像是受伤很重，晕倒了。

海瑞小心翼翼向前靠拢，夜忽然安静下来，他觉得有些不对，太安静了，像是没有人藏在这里。脚下有些不对，湿腻腻的，海瑞连忙上前冲了一步，用力揭开布幔。真的有人，他看到一个布衣女子，胳膊上的血正流出来，她已经晕倒了。

海瑞连忙把她抱到床上，撕了包袱里的一个棉布被单帮她作了包扎，总算看清楚了这个受伤女子的面容，虽然不是国姿天色，但也是美人一个。

海瑞自幼熟悉各种医书，对简单的医治还是知晓一些。他用手沾了一下凉水，摁住那个受伤的女子的人中穴，猛一用力，就听得那个女人喉咙里有一声呼噜。

看那人醒了，海瑞有些激动，他连忙出门找西厢房丘郊和王用汲的邻居李时珍。李时珍被湖北布政使司推荐来宫里考太医院，他已经在学子居住了五月有余，已经是这里附近有名的医生了。因为每天排队的人太多，影响了学子居的生意，住在他隔壁的客栈老板决定免去李时珍的住宿费，在这里替李时珍卖排医号码，每一个号码收十个铜钱。

夜已经被风吹得凉了，竟然仍有人在排队买号码。

海瑞直接敲门，睡在外间的是随从老袁，他听得出海瑞的声音，连忙开了门。李时珍正在画图，两棵从房顶瓦砾间挖出来的草，竟然长相窘异。

李时珍专心是出了名的，他和海瑞打了招呼，却头也不抬，也不起身。

老袁给海瑞搬了椅子，海瑞摆手示意，径直走了上去，看到那两株摆在黄宣纸上的药草。李时珍抬头看了一眼，说：刚峰兄来得正好，这两株草生长在一起，像是同根生的，却模样两异，不知何故。

海瑞识得其中的一枚草，那是再普通不过的瓦松，不论是在中原北方还是在南方，都可以看到。便说："胖一些的草应该是天蓬草，幼时母亲曾用它来给我洗头发，治好了我的头皮上的白屑。"

李时珍显然不满意海瑞的答案，说："瘦一些的呢，刚峰兄，海南岛生态较好，应该植物品类也最多，如果兄台正好看到过，那可是帮了我的大忙了。"

海瑞仔细辨认了一下，摇了摇头，说："东壁贤弟，这棵草颇生疏，但我觉得这草有些像治疗妇人下身疾病的天葵草，你看那叶子，还有些像芹菜叶子。"

李时珍被海瑞的话启发了，说："刚峰兄所言正是，是天葵草，这种草本来在南方多见，想不到在京城也可以见到，这是兵部官员卧房顶上的草，大概是房间烧了炭火，房顶竟然长出草来了。我去出诊，顺便让他们的家丁给我拔几棵瓦松，因为前几日有一位老人家夜里睡觉被蜈蚣所嗜，我想再给他配一剂汤药。”

李时珍说完就在宣纸上写下了“天葵草”三个字、连忙站了起来。

海瑞连忙上前，小声说：“东壁贤弟，能不能带上你的止血药马上跟我走一趟。”

李时珍觉察出海瑞脸色颇凝重，连忙从药箱取了两包创伤药，又取了针灸袋，跟了海瑞便走。

在东厢房里海瑞的房间里，那个布衣女子已经醒来，正小声地叫另外一个人的名字。

海瑞和李时珍推门进入时，那个受伤女子一下子从床上滚下来，大概要躲避海瑞他们，却不小心碰到了脑袋，她啊地大叫一声，又人事不省了。

李时珍把了一下她的脉，脸上的表情有了变化，对海瑞说：“她只是受了惊吓，脉相没有问题，所受的伤大概也只是皮外伤，她的身体似乎并不虚弱。”

海瑞把提着的心放了下来，然后帮着李时珍打了一盆温水，让他处理伤者的伤口，然后往左胳膊的伤口处洒了一些创伤粉。大概，那伤刺激了那女人的神经，她又一次呻吟着醒来，她一下拉住了海瑞的手，大声叫：“金英姐，金英姐姐……”

杨金英、邢翠莲、杨莲香、张金莲、苏川药等十六人已经被绳索捆绑在了慈宁宫外，由锦衣卫看押着。她们被扒去了外衣，被深夜的风吹得直打哆嗦。

方皇后和端妃以及闻讯赶来的其他妃子在端妃寝宫里哭喊着万岁爷，乱作一团，可是嘉靖帝挺尸一样地躺在端妃床上一动不动。

王宁嫔的头发上还有橘子汁液，大概是未来得及清洗，便被皇后揪了出来。

接召赶来的御医是工部尚书许绅，此人原在太医院掌理药剂，因为嘉靖帝有一次临幸一处女时，那女子受了惊吓晕厥，以致于阴部收缩，致使嘉靖帝难以自拔。当时太医院敢给皇帝施针的老太医刚过世，许绅是得了真传的，他给皇帝灌了麻药后，竟然没有施针就治好了。皇上高兴之下升他作工部尚书并掌管太医院。

可是这一次的情形让许绅吃惊不小，正在把脉的一个老太医哭着告皇后，说："皇帝他已经龙御归天了。"

许绅连忙上前，接过手一摸，嘉靖帝的脉搏竟然已经死脉，连虚弱的动静也没有。

许绅细看了一下皇上的胳膊，方知，此臂方才被几个宫女用绳索勒得血液凝结了。他伸手拉过里面的胳膊又号了号脉搏，大喜，还有跳动。微弱如雪花漂浮。

许绅知道此一次配药关系自己的生死，弄不好就要诛九族。

他全身冷汗直冒，大着胆子将熟背的起死回生的重剂药方写出：桃仁、红花、大黄……这所有中药全是下血的，这些药可速至内脏，虽然药效快，却会伤及内脏。

一时间也顾不了这许多，许绅将药方又抄写了一份，少写了两个药名，存于袖中，以备后用。

嘉靖帝服了大罐汤药后，反应强烈，口鼻气息通后即开始吐血，血色深紫，全是丹砂。这剂汤药虽然伤了内脏，却也将沉淀在嘉靖帝腹中不能消化的丹砂尽数排出，这也算是救了他。

折腾到申时，嘉靖帝方能说话，但声音暗哑，模糊不清，意识仍未清醒。

锦衣卫撤了，太监们开始用木板打参与谋逆宫女的嘴巴，一下一口血水，却唯独没有打张金莲。

方皇后问张金莲：“你们到底受谁指使的？”

张金莲颤抖着身体说：“是端妃。”

陈洪在一旁作揖补充说：“奴婢也能作证，是端妃娘娘指使的。昨晚我看到杨金英端着珍珠汤锅进入无梁殿寝宫时曾经质问她们，谁知，这个时候端妃娘娘却突然出现，说是正要去后院洗浴，是皇上吩咐尚膳监准备的宵夜。奴婢随后就退下了，想不到，这帮贱人竟然如此大逆不道……”

方皇后示意陈洪停下，又问张金莲：“你们一共几个人，都有谁动了手？”

张金莲左右看了一下说：“我们一共十八人，有两名宫女事发后当场逃了。”

这个时候有一个锦衣卫慌忙跑进来禀告陈洪：“陈公公，尚膳监后院发现两具宫女尸体。”

陈洪当即向方皇后耳语一阵，带着锦衣卫离开。

第二天，刑部接到方皇后代皇帝所拟的谕旨，如下：

逆宫婢杨金英、杨莲香、苏川药、姚淑翠、邢翠莲、刘妙莲、关梅香、黄秀莲、黄玉莲、尹翠香、王槐香、张金莲、徐秋花、张春景、邓金香、陈菊花，受王氏主谋，弑害朕于卧所，凶恶悖乱，上逆天道，着即拷问，不分首从，依律凌迟处死，戮尸枭首，示众尽法。各该族属，不限籍之同异，逐一查出，着锦衣卫拿送三法司，依律处决，财产抄没充公。

李小雅和乔翠婉是十八个宫女中逃脱的两个，她们藏在了尚膳监的菜蔬仓库里，结果被一个尚膳监的小宫女发现。急切之中，李小雅将实情告知了这个小宫女，然后三个人决定一起逃走。只是可惜，在逃窜的过程中三人走散，后又被锦衣卫发现，尚膳监的那个小宫女引开了追兵，李小雅成功外逃。

海瑞和李时珍看着这个叫李小雅的宫女，知道她是从皇宫里逃出来的，却不知原因。

皇宫是一个黑暗的洞，即使有山珍海味吃着，却没有任何希望。所以，女人到了那里，基本上就相当于进了监狱一样。

海瑞吩咐后厨给李小雅炖了一锅“望江南鸡”，李时珍看到鸡以后，知道了海瑞的意思，望江南，是想让这个宫女逃向江南。

嘉靖帝醒来以后听说端妃已被方皇后处死，气往上涌，吐得一塌糊涂，传太医而均不能说清楚缘故，有一个太医竟然攻击许绅给皇帝吃了太多的红花，而脾胃大损，出血，故不能食固体食物。皇后不信，又特地请许绅为嘉靖帝把脉，许绅听闻了其他太医对他的指诟，有些害怕。把了脉，那脉相果然异常虚弱，而且时有停顿，是典型的内脏受损后的浮脉象。

许绅慌忙让方皇后给皇上炖龙眼粥，要龙眼肉九十九粒，加白砂糖熬制。许绅说：“万岁爷旬内都只能吃流食，他脾虚胃寒，胃已经下垂。”

方皇后连忙吩咐在一旁伺候的当值太监黄锦下去给尚膳监下旨。

许绅回到家中一病不起，他急忙让家庭各其他直系亲属，极速搬迁至他乡。他觉得万岁爷醒来后，迟早会因为他的那一方药剂而要了他的命。

结果一周后，嘉靖帝下床，下旨擢升许绅为礼部尚书时，许绅听到圣旨到，不知是凶是吉，还没有下床，便一命呜呼了。

第三章
严嵩当国，海瑞落第

嘉靖二十七年九月，因为收复河套失利而导致边防失守，俺答又一次大举来犯，再加上严嵩的谗言，嘉靖帝一怒之下准了严嵩的奏请，杀了夏言和曾铣二人。而严嵩也终于以怨报德取代了夏言作了内阁首辅。

明朝的内阁是政治中枢。多至四五人，少时仅一人。譬如嘉靖二十三年的时候，夏言因为欺负皇帝派去的小太监，被嘉靖罢黜内阁首辅而闲居于家。可是，第二年，因为内宫一件贪墨案是严嵩的指使，又加上司礼监掌印太监李芳的念叨，皇上又念起夏言的好，又用了他。

夏言是一个耿介的人，却略逊文采，所以不喜欢写青词，每每敷衍了事。刚复职不久，即得罪了嘉靖帝。是因为一顶花冠。嘉靖帝每次敬拜天地时，都喜欢戴着不同的花冠，以示虔敬。哪知，夏言竟然把陶仲文递过来的花冠随手扔到地上，说："我是大明的臣子，又不是你道士的臣子。"

然而接下来，西边鞑靼来犯，进入河套，圈占了大明土地。夏言依仗有兵部和陕西总督曾铣的支持，上疏嘉靖帝：贼据河侵扰边境百年，孝宗欲复而不能，武宗欲征而不果，使得敌军攘据为巢穴，出套则寇宣大三关，以震畿辅，入套则寇延、宁、甘、固，以扰关中，深山大川，势顾在敌而不在我……臣非不知兵凶战危，而枕戈汗马，切齿痛心有日矣……

嘉靖帝准许收复河套，奈何兵部钱粮战马兵器不足，如远足行军，兵部尚书陈经的答复竟然是，兵部存粮仅够两个月兵马之用，但还要应付北面军事。

万般无奈之下，曾铣只好先修西北边防筑墙，伺机袭敌。然而，这个时候，在西苑清修了多日的嘉靖帝突然出了皇宫，要到街上转一转，发现街上铁匠铺忙碌不堪，竟全是为兵部打造兵器。皇宫大内东西两厂的兵器厂也都在日夜不息地叮当作响。

这叮叮当当的声音比起从无梁殿搬到西苑的三十六乐陶可差得太远了，嘉靖帝一听就觉得头晕沉得厉害。侍行的小太监大耳朵一问之下才知，是兵部的差事。

只磨兵器，却不动声色，这就是收复河套的作法吗？

嘉靖帝十分生气，正好这个时候传来俺答大举进犯大同的消息。严嵩的话也的确有理，如果河套收复了，也不至于两面受敌。夏言和曾铣真是成事不足，之前的积怨一时间迸发，于是嘉靖二十七年九月，嘉靖帝下令杀了夏言、曾铣二人。

这一下严嵩遂了心愿，终于当上了内阁首辅。嘉靖二十八年春节刚过，他听信总兵周尚文的话，收编了曾铣训练好的骑兵，并同意宣大总督翁万达的奏请，批红通过了同时向俺答和鞑靼进攻。砺兵磨马多日，士兵们也正有劲头。

这两场仗打下来，俺答占据的失地全部收回。连攻向河套的士兵也大有斩获，一下杀了五十五个鞑靼骑兵。

这可是开春大捷。作为当朝的内阁首辅，严嵩把这道奏折插了红花差人送到西苑，算是点了一把红火。

其实，嘉靖帝杀死夏言的另一个原因在野史有载，嘉靖二十七年，方皇后寝宫失火，方皇后为了照顾嘉靖帝起居而搬至西苑，想不到竟然遭遇大火。而更令人意想不到的是，嘉靖帝竟然不让人救火，直到大火熄灭，才仰天长叹，为皇后之死难过。

夏言不知从哪里得知消息，竟然在私下里指责嘉靖帝因为想念端妃而故意杀死皇后。

这当然是明史的一个谜，但夏言却为私下的议论付出了砍头的代价。

多事的嘉靖二十七年过去，总算有了一个好的开端。然而，春天未尽，皇太子却突然病逝。

嘉靖帝共有八子，五子早夭。活下来的分别是次子载壡、三子载垕、四子载圳。嘉靖十八年立次子载壡为太子，三子载垕为裕王，四子载圳为景王。

太子的死让嘉靖帝很是难过。

为此，他特地效仿汉明帝，出皇宫走到江浙一带，并让严嵩把皇室里以及京城百姓中年过古稀的老人组织了一百人，同嘉靖帝一起去祭祀寿王星。

同行的除了文武百官以外，还有四子景王载圳，因为景王总不听话，老爱学武宗，偷偷换装溜去乡下。这种祭祀仪式只在史册中有载，赵文华奉命制定仪程，他跑到严府求助，用两个景泰蓝瓶才换了严世蕃的仪程。

于是，赵文华从广东寻来南山松杖作为王杖，要嘉靖帝在祭祀仪式上打景王一次，这样可以祛除以后的灾难，平息已有的战乱。

从浙江回到京城以后，嘉靖帝身体竟然出奇的好。他又开始选秀女入宫，又开始制丹药。

而严世蕃的小十九因为有一个工匠哥哥被宫里抓了去，活计繁杂而且累得很，所以向小十九求救。小十九在房事后撒娇，严世蕃知道她有事情相求，就问："是不是又看到小十七的什么宝贝了。又想买什么首饰了？"

小十九连忙摇头，说明情况："是妾身本家叔叔的哥哥，成婚的当天晚上就被抓了，说是要重修太和殿。用很多木匠，我哥哥是有名的雕花匠，所以被抓了来。你可要把他给放了。"

严世蕃等着小十九给他梳妆，闭上眼睛，问："浙江淳安，他叫什么啊？"

不等小十九说话，严世蕃就猜了出来："难道是那个额头有一个伤疤的吴大饶？"

小十九连忙摇头。

严世蕃拍了一下桌子，手放在嘴里，孩子一样，咂巴了一下嘴，说："不对啊，只有吴大饶啊？"

小十九说："老爷，我哥哥叫肖东楼。"

严世蕃忽然站起来，用力地拍了一下桌子，说："什么？是那个狗奴才。早让我打发到石料厂砸石头去了。叫什么不好，偏偏要叫老子的号，姓什么不好，还姓肖，我先削了你。"

小十九听到这里，眼泪哗一下出来了，呜呜地哭将起来。

严世蕃说："唉呀，我的小心尖尖，你就别哭啼啼的了，你这一哭，我这心里也难受得厉害，你说吧，我依你。"

小十九说："那你快些把他放回家吧。"

严世蕃重新坐了下来，招呼小十九过来继续帮他梳理头发，他一边整衣袖里的暗袋，一边说："好吧，他这些天应该吃了不少的苦头啊，我听你的，你说说，自从你进门，我什么时候不听你的啦。"

刚说完，严世蕃感觉有些不对，转过身来，严肃地说："你姓吴，他却姓肖，你还说是本家哥哥，不对啊，难道是你的旧相好？快说？"

小十九的脸刷地白了，"啊啊"地哭出声来，说："老爷，你这是又挖妾身的伤口啊。你知道我自小被卖到妓院作了才人。是黄公公去选秀女时选上我的。"

严世蕃想起来了，妓院里除了卖身的妓女之外，都会选一些气质很好的小女孩自小训练琴棋书画，这些女孩叫作才人，帮妓院赚够了赎身费之后，也可以从良。小十九就是这样的才人。

严世蕃又是好一番哄劝。

安静了之后，严世蕃从袖中取出一册《金莲十二月》的画册，翻开其中的一页，露出一男一女交媾的图样。小十九一看忸怩着，直拍严世蕃。严世蕃轻薄了一场，扬起衣袖，小十九连忙理了理云鬓，帮严世蕃整理服饰，严世蕃问："你刚才说你的本家哥哥是个有名的雕花匠？"

小十九连忙说："是啊，他是宫廷画家出身，不知是什么缘故，全家回到扬州了。"

严世蕃又问："叫什么名字？"

小十九说："叫肖东楼啊，对了，老爷是不会喜欢他了。"

严世蕃说："我昨夜读前朝轶史，发现一则宋史有载，每一个同名的人都有可能是自己的前世，对同名的人好一些，也就是对自己的前世好，会得到保佑的。"

小十九说："老爷，你真好。"

严世蕃转过身来说："你就放心好了，他不用回扬州了，我会给他谋一个美差，会让他从此光宗耀祖的。"

一年前严世蕃就任工部侍郎，一入职，他就着手修建无梁殿、太和殿。

半年前，他又在嘉靖帝面前夸下海口，要重修紫禁城的四个角楼。原来，有一天，他去文渊阁借几本佛经给严嵩，他竟然找到工部当年藏在文渊阁里的角楼设计样本，发现，前朝被焚毁的四个角楼，果然是神奇得很，像是用绳子绑成的一棵树，枝枝杈杈，花开锦绣。乍一看，还以为是四个开放在夜空里的礼花。

严世蕃心里有些激动，心想，如果能把这四个角楼重修好了，那么，万岁爷一定会以为天降祥瑞，可以助他修练，早日得道。

严世蕃费尽心机，终于让锦衣卫找到了这四个角楼施工设计者的后人，那个人竟然在针衣局作小太监。他的故事让严世蕃听毕流出两行清泪。这名已经改名叫作郭十一的小太监，眉目清秀，他的父亲是京城最有名的阁笼木匠，因祖上在永乐年间修好了四个角楼，而被赐姓郝，却因为作一个博古架而得罪了钱宁，钱宁就杀了他们全家。是夜晚，他的父亲当时把只有十一岁的他压在身子下面，小声对他说，去找一个刑部的官员，结果却被拒绝入门，在京城活不下去了。他听从了一个郭姓小饭馆老板的话，自己阉割了以后被小饭馆养了一个月，被送进了宫里。他年纪小，送进宫里的时候，会有一些报酬，但是他并不知道，于是就一直顶着郭十一这个名字，在宫里作针衣局的太监。

然而，他针衣局作太监也被赶出宫了，因为他自己阉割的，没有阉割干净，竟然长了胡子，因为郭十一自己也没有注意，被一个宫女发现了，吓得大叫一声，所以，他被打得半死，送出宫去。

是他父亲生前好友，大概看到郝家已经没有事了，就暗里给他们家修了墓碑，听说还有个儿子活在人世，就悄悄地往墓地送一些银两。

而郭十一正是拿了这些银两，才买通了招募处，又一次被招到了针衣局。

郭十一是一个聪明的缝衣匠，他会修衣服的宽和瘦。不管怎么样，经他的手改过的衣服，哪怕是旧的，穿在身上，也很漂亮。所以，他在针衣局当班多年以后，还被升了职，当了针衣局布帛提调太监，日子总算是熬出了头。

可是，严世蕃找到他的时候，他胆战心惊，声俱泪下地回忆家史，把严世蕃感动了。问他："你会不会木匠活计呢，你不用怕，我现在是向皇上保举人才，你要如实说。"

郭十一有些犹豫，他虽然并不了解严世蕃，但听其他宫里的小太监说起过，"严家，现在就是第二个皇上"，他结结巴巴地说："我幼时和父亲学过，但因为没有力气，从未亲自动手作过什么，大体只是知道一些步骤。"

严世蕃说："只要你学过，那就是你新生的开始了。我给你三个月的时间，让宫里最好的木匠教你基本技能。我要你重新造四个角楼，你如果能完成这份差事，我向皇上请功，看能不能帮你家里平反了，并敕封个荫名。”

郭十一作梦也料不到，有这等美事，热泪满面，说：“我一定刻苦用功，我一定要为家父平反，如果小阁老能成全小人的话，您就是我的再生父母。”

严世蕃便开始了他作工部侍郎的第二件大事，重修角楼、翊坤宫、养心殿、文渊阁。

有一天，嘉靖帝问陶仲文：卿家，我想在西苑里种桃树。

陶仲文捋了一下胡子，微笑着说：皇上您又想端妃了。

嘉靖帝想了一下说：我想吃自己种的桃子了。

正在这时候，黄锦进来禀告，说是工部侍郎严世蕃晋见。嘉靖帝知道，因为皇后宫起大火，株连到太和殿和文渊阁，所以，知道工部这次要重修文渊阁和太和殿。

严世蕃已经跪在了新元宫的门外，嘉靖帝依旧和陶仲文说话，并不理会严世蕃。

嘉靖帝问：“朕昨天梦到大雨？”

陶仲文说：“水来大地作物发芽，水是吉兆，有财。”

嘉靖帝一听笑了：“江南棉花、桑叶、烟叶的产量有捷报传来。”

说完，嘉靖帝看了一眼跪在门外的严世蕃，说：“跪进来吧，说吧，把朕的银子都花到哪里了，说说。”

严世蕃：“回皇上的话，在修缮太和殿和文渊阁的两个月里，全是晴好天气，建筑顺利。中间下了半个月的夜雨，然而天亮即晴，农耕诸事并未有耽误。这的确是皇上洪福齐天，得上天眷顾使然，现在，太和殿、文渊阁、中极殿、建极殿、奉和宫以及宫外的安乐堂后殿均重新修缮完毕，而且托皇上洪福，微臣已经找到了当年成祖爷时修角楼的工匠的后人，他竟然沦为宫里的一个小太监。微臣体恤皇上有惜才吝工之心，且看重此人并不为讨好微臣而故作吹嘘自己的技能，而是谦虚谨慎，如实陈述他自小随父亲学习木工和泥瓦工技艺，但并未有实际操作经历。微臣现已经派他与工部筑建司多名木匠学习操作经验，以便及早开工重建紫禁城四角楼。”

严世蕃的话很得嘉靖的心，他一边听一边点头，说：“作得好，严嵩有功，替朕养了能臣。”

严世蕃连忙磕头谢恩，答：“关于宫中宫殿旧模样，微臣也是多听家父指点，才得以精确查到文渊阁所藏旧图纸，并迅速修缮。”

嘉靖帝略加思索后，问了一句：“严世蕃，文渊阁的顶棚用什么颜色的琉璃瓦？”

严世蕃仿佛猜测皇上会问这一句，伏倒在地，回话说：“文渊阁大殿架梁封顶时，微臣请陶大人去现场作了法坛，并听从陶大人的建议，用了黑色琉璃瓦。”

嘉靖帝闻听大悦，面露笑容，说：“作得好，有赏。”说完一抬头，手一扬，长袖带着一股风直挥向旁边呆立的黄锦。

黄锦会意，连忙从旁边的陶瓷饭煲里盛了一碗粥给严世蕃。

嘉靖说：“这个偏方是陶卿家试过的，朕也是第一次用，可以强身。”

严世蕃又一次举着碗谢恩，然后小口喝两口粥，并说：“皇上粥里放了淮山药，吃起来绵软可口，甜而不腻。”

嘉靖帝说：“不是淮山药，是山野栗子，可以补阴阳之气，你要多吃。”

说完又自言自语了一句：“看来朕梦到大雨是对了，文渊阁修缮完毕，用了黑色琉璃瓦，黑色属水吗？”

陶仲文在一旁作揖说：“皇上得大道了，微臣恭喜皇上又上一台阶。”

正说着话，宫外小太监进来禀告，礼部侍郎赵文华有要事面圣。

嘉靖帝没有抬头，站起来，活动了一下腰肢，又坐下来，看了一眼黄锦。

黄锦连忙挥手，说：“传。”

赵文华从门外爬进来，叩拜完毕以后说：“皇上，微臣奉命去调查大正有德逆天威放厥词的举子的情况，竟然发现有两个海外小岛上的备选举子，一个叫丘郊，一个叫海瑞。”

见嘉靖帝不说话，赵文华继续说：“丘郊乃前朝丘浚的曾孙，此人倒也安分，偶有风花雪月之举，却无伤风雅。只是那海瑞曾在大正有德肆意妄测朝中大员，此次南下，微臣得知此人刚中举子，却已经恶意挑起黎民和汉民的争端，据说海瑞已经被广东督学推荐参加明年二月的会试，不知道要不要微臣以礼部的名义禁止此人进京。”

嘉靖帝示意他停止，一边打着哈欠一边敲了一下旁边的乐瓮，说：“考试怕什么，要他来……”

然后就转身进宫，黄锦拿着一叠布往地上铺，第一块布上是一个顺字。嘉靖脱掉了鞋子，一只脚踩上去，黄锦扑通跪倒，大声说：“奴婢恭祝万岁爷得道路上多顺畅。”

嘉靖帝手一摆，赵文华退着往外走。黄锦又铺上一个“水”字，嘉靖帝又一脚踩了上去，黄锦又一次跪倒在地上，又大声说：“奴婢恭祝万岁爷的恩泽如水一样漫及天下苍生。”

嘉靖帝有些得意，闭目深吸一口气，对黄锦说：“正是吉时，朕要坐下来，上荔枝丹。”

荔枝丹是用荔枝肉作成的一种休闲食品，原来是后宫妃子们的闲食，后来嘉靖帝在端妃处吃过以后，就认为这个荔枝肉点心作得好，不能让更多的人吃到，只准端妃一个人吃，直到端妃被方皇后处死了，这个点心就成了嘉靖的私人消费品。他还给此点心起了个仙气十足的名字，叫作“荔枝丹”。离谱的是，嘉靖帝特地要求司礼监制定了处罚措施，未经允许或者特别赏赐，此食物禁食，嘉靖帝每次一想端妃就吃此物，而且吃完以后就会让赵文华给他献上长相貌似端妃的秀女。

嘉靖帝的此举已经在民间引起了连锁反应，有人在民间仿制荔枝丹，虽然冒着被官府查办的危险，却仍然有暴利诱惑而为之。

嘉靖二十九年中秋节，从浙江赶到京城的海瑞和下人海安坐在学子居等李时珍。

客栈老板已经换了人，新老板叫作汤和，是宫庭画匠汤臣的同胞哥哥，此人自嘉靖二十三年抵京城参加会试，这一考就考了八年，他刚刚接手这家京城老字号旅馆。

每一次科举考试，都有居住在学子居的举子高中状元、榜眼和探花，而学子居的惯例是，把该年度登榜的前三甲举子的名字都写在他们居住的房间里。

而海瑞居住的房间里，竟然有一个名叫张居正的举子写的一首诗，诗名仅有二字，曰《述怀》，像是某日所思而得句：

岂是东方隐，沉冥金马门？
方同长卿倦，卧病思梁园。
蹇予柄微尚，适俗多忧烦。
侧身谬通籍，抚心愁触蕃，
臃肿非世器，缅怀南山原。
幽漳有遗藻，白云漏芳荪，
山中人不归，众卉森以繁。
永愿谢尘累，闲居养营魂，
百年贵有适，贵贱宁足论。

海安照顾海瑞洗脸，海瑞擦了一下手，一边小声吟念“卧病思梁园”一句，自语说：“诗句少壮气息很浓郁，但有大胸怀。”

被海安引进来的李时珍，大声喊海瑞的名字，激动不已，说：“刚锋兄，如三秋兮，如三秋兮。”

三年前两人在广东相遇，因为李时珍跟着当地的农夫去山上采一种名叫七叶一枝花的草药，用来救湖北老家屡屡被毒蛇咬伤的乡邻。当时的海瑞是陪着新纳的小妾邱氏在广州府一远亲家小住，和李时珍匆匆见面又匆匆而别。

学子居不远处的大栅栏新开了两个横街，入夜时分，那里有一些夜市供游人及本地的公子王孙们消费。原本是夏天的夜晚，一些王孙公子们在广场上比赛弯弓射箭或是踩高翘，一开始纯属玩笑，有一些人聚集在这里看比赛，会下注，时间久了，还有卖小吃的人聚集在这里，再后来就成固定的夜宵市场，而那些王孙公子们早没有了影子。大约有了更新鲜的玩耍方法。

有一家苏氏面馆推出来一种外卖面，为了保持面的筋道可口，老板把煮出来的面放在冷水里过一下，这样等到面送到学子居或者其他正在干活的商铺时，把面放入汤中，爽利可口。再后来，厨师又把炒好的肉末放入这种被冷水浸过的面条后，切入青瓜丝，然后拌好，竟然成了苏氏面馆的一道特色食品。

此种面食在食客中的口碑里甚好，众口相传，结果，每一天到苏氏面馆里吃面的客人都排着队。

海瑞在李时珍的带领下进入这家面馆，人很多，要排队取一个号码才能坐下来等。

李时珍去买了三碗面，号码分别是的三四五、三四六、三四七号。一天能卖三百多碗面，的确也是上好的生意了。

窗外停了司礼监的轿子，竟然是送官报的人。

宫变事件后，嘉靖帝移居西苑，宫中的大事逐渐变少，有些事情又不宜被更多的人知道。严嵩就借口节约官纸，体恤民生为名义，把原来每月三次的官报变成半个月才出一次。但这样作导致了司礼监的印制局经常没事就偷印一些官报来送下去。

送官报的小太监拿了钱并不回皇宫，而是直奔了赌坊而去。

苏氏面馆的下酒菜也便宜，等得久了，可以随便叫一些来。李时珍用一个蓝布包裹包着一些点心，放在桌子上，小声说：吃。

海瑞看他小心翼翼地，不知何故，便拿出一枚来，一看，是个丹丸大小的点心，入口有些焦脆，而后软化，甜而不腻。

然而就在这时候，在坐的突然有几位食客站起来，脱下罩衣，露出锦衣卫服饰。他们一律留着小胡子，为首的一个恶狠狠地说："如此小馆，竟然几多偷食宫中禁食，实在是恶意蔑视当今圣上，来人，将今天吃食者，统统拿下。"

李时珍有些紧张，快速地把桌子上的食物装入袖内。海瑞却从容不惊，站起来，声音不卑不亢地说："既为禁食，官府就要在城区显要位置或是各大酒肆发布公告，并置明缘由，然后执行。现在，大人将我等拿下，我们却不知道到底吃了什么禁食，岂不是冤枉之极。另外，皇上设立牢狱，只是为了抓故意犯罪之人，不会把我们这些不知情者抓去吧。"

李时珍见海瑞不知这锦衣卫的厉害，连忙伸手扯了一下海瑞的衣襟，用眼神示意他噤声。

那个锦衣卫头领围着海瑞转了一圈，突然说："此人身上有浓重的鱼腥味，模样也像极了前几日夜闯禁宫的海盗头目王直。来啊，抓起来。"

面馆一下子被封闭了，不准一个人出去。锦衣卫一桌一桌地检查，发现海瑞所在的桌子上并没有荔枝丹，就示意李时珍和海安二人离开。但李时珍并不离开，惹恼了锦衣卫的一个小将，一下子把他们两个也拉到靠墙的位置。

人渐渐地被疏散了，忽然有一个少年突然站起，大声地说："我是秀宁公主，你们还不跪下。"说完她拿出一个出入禁宫的金牌来，让锦衣卫们吃了一惊。那枚金牌是慈宁宫发放的金牌，除了王子公主们，下人们使用不得的。

几个锦衣卫看清楚了那金牌，扑通一声跪倒在地上，齐声说："小的参见公主，奴才们在执行公务，请公主回避。"

那小公主说："不行，我吃得正高兴，你们突然进来打扰我，这些人都在旁边坐着才热闹，你们先滚开，等我吃完饭，你们再进去。"

旁边有一个老人一直站在小公主的旁边，不敢说话。

等到公主说完了，他连忙走到公主身边，小声嘟囔两句，把她给哄走了。

第三天就是会试时间，海瑞却被关在了京都的大牢外营地里。第二天傍晚时分，李时珍托人捎信，叫了宫里太医院的人，才把他和海瑞一起领了出来。

海瑞匆匆入睡，准备第二天的会试。

他写了《治黎疏》，详述海南岛上黎民治理的弊病与对策，开合自如，世事洞明。

墨用完了，海瑞用嘴噙住笔，写毕之后，嘴上一唇黑印，十分滑稽。

那主考是文渊阁大学士徐阶，他细阅了一下海瑞的文字，频频点头，颇以为然，然后，另外一个主考却是礼部侍郎赵文华。他手里拿着一个锦衣卫和司礼监提供给他的黑名单。

这些名单，都是在各个茶楼酒肆曾经大放厥词的举子。

海瑞的名字赫然在列，待徐阶阅毕，赵文华趁着徐阶离席的时间，把海瑞的试卷，直接扔入垃圾筐。

一周以后，海瑞和海安坐船离开京城，去杭州转船。李时珍送他，拍拍他的肩，说："后年再来吧，弟备酒以待。"

海瑞叹息一声，说："世人皆扬朱子，而我独抑他，故不得缘也，正常不过。"

李时珍知道海瑞多研习王阳明心学，却不知海瑞抑朱熹，有些莫名，问："那刚峰兄以为王阳明也抑朱子吗？"

海瑞答："当然不是。"顿了片刻，海瑞又答："朱子讲究格物而致知，而从孟子、陆九渊一脉而来的王阳明则讲究诚意正心、知行合一，路径的先后不同，用力之处不同，顿悟之处亦有大不同。朱熹曾经批评韩愈，说他只讲诚正于心，而不先格物致知，即使偶有所得，那也是无头学问。可是，我却认为心正直则可以无学问，学问再好，而失去善良的心性，又有何益。”

李时珍被海瑞的话弄愣了，说：“这样的观点，你写出来了吗？”

海瑞：“尚未来得及，尚未有机会。”

李时珍说：“万万不可，虽然朝廷之上有徐阶和高拱等一批阳明学派，但掌管举子生杀之权的人是严嵩，他是朱子的门生，对王阳明甚是不耻，下次再来京城，且记，万不可将此观点表述，刚锋兄一定要学会隐忍，阳明心学是洞悉世事真相的大道，你如果已经进入，想来也深谙此中真意，望兄好自为之。”

话未说完，忽然听到码头不远处的几艘炮船突然对准驻守码头的官兵箭楼和信号楼发出炮弹冲击，一时间，码头烟雾弥漫。

竟然是北方俺答进犯京城。

船主仓促间立即起锚，李时珍对着海瑞大声说：“接下来，我要重修《本草纲目》，可能就在京城，刚锋兄再来京城定要知会我。此去路途遥远，兄要多保重。”

远处船上的俺答兵们已经上了岸，开始砍杀无辜的平民，烟雾中，李时珍乘官轿避入小巷，不见影踪。

海瑞有些担心地张望着，船帆扬起，京城越来越模糊。海瑞长叹一声，进入船舱内，随波逐流而去。

第四章
初入仕途，南平教谕

西苑内，陶仲文把一个五岁的孩子交给黄锦。

黄锦问："少保大人，此子可已食西瓜？"

陶仲文伸出五个手指，笑了。

黄锦便抱过来那个孩子，把了他尿，陶仲文便拿一个木桶来接尿。童子尿的头和尾是不能要的，因此，需要接尿的人作一个判断。陶仲文等孩子的尿流到院子里的地上，并在院子里画了一个圆圈以后，开始接尿，到尿快结束的时候把桶取出来。

一会儿，又抱来一个孩子，照方法取尿。

陶仲文取到一个用少女乳汁炼长生丹的秘方，献于嘉靖帝。嘉靖大喜，于是加封陶仲文为太子太保。

其实这种长生丹就是秋石，相传多年，有不同的炼取方式，而以人乳汁为主要原料的秘方则是在嘉靖年间出现的。

这种偏方害人不浅，乳汁是需要年纪不大的少女怀孕后堕胎而得的乳汁，童子尿也因为需求量很大，每天都有三五百名童男子在西苑的上元殿吃西瓜，然后排队入万寿宫排尿。

据黄锦的记录，长生丹的炼取方法如下：

童便二桶，用皂角十二两，水九碗，煎至三碗，倾入便内。用桃柳枝搅打便水二千余下，淀清，倾去浊脚，次将杏仁十两打碎，煎汁三碗，倒在便内，又如前搅打两千余下，去清留浊。又将猪脂油十二两熬成汁，去滓，倾入便内，又搅千余下，浮膜倾去，又淀清。将人乳汁用滚汤泡成块，倾入便内，再如前面所述搅打千余下，又淀一日，倾去清水，下底浊粉浆水，用木杓盛起，倾桑皮纸上，纸上干白腻粉，即成秋石粉。此粉延年益寿，返老还本，发白变黑，百疾不生。

正是这种搅打数千余下，而每次搅打的次数都需要两个人来配合，一个人搅打，一个人查数字。因为多打一下不行，少打一下也不行。

西苑上元殿的烧房柴房旁边专门建了一个狗棚，也是惩罚太监和宫女的地方，查错了数字的，弄掉了秋石粉的太监宫女们一律睡狗棚。

当值太监陈洪是个有心思的人，他注意到皇上一连几天都宠幸同一个宫女，便作主把嘉靖帝没有喝完的乳汁侍候了那个宫女。

陈洪正在向嘉靖回报新招的一批秀女的籍贯年纪以及培训期间的表现。完了以后，嘉靖帝敲了一下旁边的乐瓮，表达了一下自己的高兴心情。

陈洪趁机又掏出了一张密报，已经被雨浸湿。然后呈上来给嘉靖看，嘉靖看了一下，皱了一下眉头，问陈洪：“给朕看的这是什么？”

陈洪说：“回皇上，是东厂锦衣卫刚刚送过来的一个名单，这些全是成绩优秀但因为没有给严府送礼而被拒之门外的举子。”

嘉靖帝随手扔到了旁边的火炉子说：“没有送礼。不是说是大放厥词吗？”

陈洪连忙把那张纸片从火炉上捡起来，发现好多名字都被烧掉了字，只有最后一个海瑞的名字是完整的。急中生智，陈洪跪倒在地说：“听说有个叫海瑞的，在会试时对朝廷诸事不满，甚至还要推翻朱子的说法，自立门户呢，实在狂妄之极。是一只坠井之蛙……”

陈洪的话未说完，一声又一声炮响从紫禁城的北面传来。那声音不是房屋倒塌和鞭炮和鸣之音，是沉闷的、灾难的声音。

嘉靖帝坐在乾坤垫上，觉得身体里有一股血液的流向突然改变了一样，有些郁积。他觉得胸中不适，连忙端坐，回复元气。并从手边的丹药罐中取出一粒荔枝丹塞入口中咀嚼。

完了，喘息了一会儿，问陈洪：“快去查一下，发生了什么事，是不是裕王府有事？”

陈洪得旨，一溜烟一样跑出去。

一会儿，陈洪回来了，门口立着内阁首辅严嵩，兵部尚书丁汝夔。

那丁汝夔见到嘉靖帝转过身来，连爬带滚进了大殿，高呼万岁，连声说大事不好，大事不好。

嘉靖帝看他堂堂一品大员在这里像个不懂事的小太监一样，实在不成器，只好大声叱责：“丁汝夔，给朕慢慢讲来，不要说话的时候吃自己的舌头。”

丁汝夔自知形象不体面，连忙整衣拭面，抬头答话：“皇上，那蒙古俺答不知何故，不体圣恩，突然舍弃河套而进攻古北口，然后大军的先锋部队已经抵达京城外围，他们带了火炮，在河渡码头处乘我守备官兵不备突然发难，现在京畿四周的百姓一片混乱。那些蒙古兵欺男霸女，无恶不作，皇上，这该如何是好？”

嘉靖帝把一块画着鬼脸的饼子扔出去，啪一声，摔成了四半。然后喝问：“那些镇守的总兵们呢，干什么吃去了？”

丁汝夔一听哭了，甚是悲痛，说：“守门总兵是微臣的舅父李大勇，他已经为国捐躯。？”

嘉靖一听，眉毛皱成了一团，拍着几案问严嵩：“严嵩，你有何解局方法。”

严嵩仿佛早已经料到皇上会有此一问，成竹在胸似地往旁边一跪，答：

“老臣以为，内外夹击，可就此消灭蒙古俺答来犯人马。”

嘉靖帝没有说话，严嵩顿了一下，继续说：“蒙古俺答部不敢接兵我大同、宣府守护线，因为那里有总兵仇鸾率领的数万精兵。他们避开防区，悄然攻克我守卫较弱的古北口，也暴露了他们兵马有限的弱点，只要我们立即纠集人马严守城门，并调派大同仇鸾前来救驾。然后我保举都御史俞大猷组成一个临时突击前锋营，一俟仇鸾从大同赶来，我们便派出俞大猷率精兵出城缴敌，里应外合，一定可以扑灭这场战火，并从此让蒙古俺答归降，不再骚扰我边境。”

嘉靖一听眉开眼笑，说：“大事面前不糊涂，俨然一吕端也。”

于是下旨封仇鸾为平虏大将军，节制诸路前来京城勤王的兵马。

可是，让人意想不到的是，各路地方军马连夜派骑兵抵京郊护驾，十万火急，根本没有备粮草。一时间，京城外进驻十万大军，第二天傍晚开始闹起了饥荒。

匆忙之间赶来的仇鸾把随军所带的粮食分配之后，一道又一道加急奏章打向兵部、户部，内阁朱批之后责令户部速供粮食。

然后，户部因为大修西苑无梁殿、上元殿、道坛，又加上宫中重修太和殿、皇极殿和文渊阁，库存早已经空空如也。

嘉靖二十九年八月二十三日凌晨，礼部侍郎赵文华、内阁首辅严嵩、大学士徐阶、工部侍郎严世藩等文武百官均在五更时分就整齐地等候在奉天殿前，等着嘉靖帝的上朝。

至此，嘉靖帝已经阔别了皇宫八年了。

然后，直到太阳高升，皇上也没有露面。从早晨等到正中午，太阳直射，众大臣们没有进食，饥肠辘辘，却也不敢动弹，直到日头西斜，下午二时许，嘉靖才被黄锦搀扶着上朝。

一时间，群臣激奋，跪倒在地，三呼万岁。

然后，嘉靖帝却一语不发，看看东又看看西，看看这个又看看那个，然后大约停了半个时辰，站起来身，离席。

黄锦连忙高喊一声，退朝，紧随嘉靖帝而去。

嘉靖帝难过了，他刚刚去了端妃的住处，睹物思人，暗自伤悲。

他走到哪里，严嵩就气喘吁吁地跟到哪里，嘉靖帝坐在池塘边，把长长的袜子脱下来，洗脚，严嵩就跪在旁边看着。

嘉靖帝说：“严嵩，你要说什么？”

严嵩说：“微臣想到一个万全之策，就是要户部加印半年的免税票到京城粮铺去兑换粮食，不管是饼子还是甘糖，均可以，只要能供将士们三天的口粮，我保证他们能大败敌军。”

嘉靖帝的脚被一条小鱼咬到了，痒痒的，他笑了，说：“准奏。”

然而，城外驻扎士兵们已经有由于饥饿而死的人了。仇鸾命令部分士兵去扮成蒙古兵的装束去抢劫驻扎周围的村庄，除了不强奸女人外，仇鸾成了另一个蒙古俺答。

俺答在大营里听说了仇鸾的士兵也开始抢掠民财的事情后，哈哈大笑，拍着桌子说：“大明朝竟然重用仇鸾这样的草包，实乃亡国之举啊，亡国之举。”

两个月前，俺答率部先攻打宣府和大同，仇鸾仓惶失措，派人跑到俺答大营里求饶，并答应俺答提供一路上所需要的所有粮草和花销，只要不攻击他的防区。

然后，他加急向皇帝请功，说是浴血奋战，击退了蒙古俺答部的三次猛烈的进攻，自己还伤了肩膀。

他的这封快报写得十分生动，让严嵩十分激动，以为自己真的没有推荐错人才，连夜向皇上汇报。原来，仇鸾的这一职位完全是花重金向严嵩购得的。

严嵩虽然为人刻毒，但并不排斥其他有才华的，相反的，如果确有独特的才能，他不收受贿赂，也照旧会有所提拔的，这是嘉靖帝重用他的一个原因。

户部尚书在京城里奔波了几天，才弄了六车烙饼子，可惜的是，没有送抵前线，却被一帮蒙古兵截走了。

于是，驻扎的救驾士兵一天一个急报，死亡的数字也在直线上升。

嘉靖帝一怒之下罢了户部尚书的官，命令赵文华暂领命代职。

严嵩跑到兵部问俞大猷的下落，结果，俞大猷根本没有到任，是因为前不久一次宴席上，他对严世蕃不屑，而导致严世蕃找了一个理由让锦衣卫抓了他。

严嵩听说了，气得大骂严世蕃，命令人赶快放了俞大猷。哪知那俞大猷是个铮铮的男子汉，听说是严嵩要放他，一脸傲气地说："爷爷今天就是死了，也不会跪下来求他们父子的。"

严嵩这个时候从屏风后面进来了，看了看俞大猷的腿和腰，说："是块好材料，拴在那里太可惜了，好好给皇上打仗去吧。不是严嵩放你的，是皇上。东楼小儿得罪了你，你可以生气。但大局还是要顾，替皇上打过仗以后，我带你面圣，当皇上的面向你谢罪，如何？"

俞大猷虽然脾气暴躁，却并不愣，听出严嵩和严世蕃的骄矜稍有不同。便沉下脸来，小心翼翼地问："阁老的话可当真，当真要我去杀敌。"

严嵩说："你想杀敌吗？"

俞大猷说："想。"

严嵩说："好的，这是我这些年来听到的最好的回答了，你是个有前途的年轻人。"

然而，等俞大猷带着前锋营数千精兵赶到城外的时候，却发现，驻扎在南门外五公里前后的蒙古士兵，早没了影子。向左向右各走十里，遇到了不少挨饿的仇鸾的驻兵，有的兵手里还拿着刚刚抢来的牛羊。

俞大猷一声大喝，让手下缴了那群士兵的刀枪，然后命令他们把所抢的牛羊一头一头完璧归还。

俞大猷拜见统领大将军仇鸾，只见正在听两个脸谱美女唱小曲。听见俞大猷求见，连忙把两个脸谱美女退下，那两个“美女”摘了面具，竟然是两个年纪较小的官兵，让俞大猷吃了一惊。

仇鸾大声地笑，笑完了，说：“俞大猷，你难道是来抢我的功劳的？”

俞大猷有些丈二和尚摸不着头脑，直直地盯着仇鸾，摇摇头，连忙问：“请恕卑职愚钝，不明白将军何有此问？”

仇鸾站起来，戴上官纱帽，哈哈一笑，拍了拍俞大猷说：“既然不是来抢的，那么就和我一起去领受皇上的赏赐吧。”

“因为，我们连夜偷袭了俺答的军营，抢了他们的剩余不多的粮草，才知道原来蒙古俺答长途奔袭染了伤寒，我们杀了他们一个措手不及，这不，他们丢了营房和阵地，连夜撤退了。我们还砍了他们好几十人的脑袋以向皇上报捷。”

俞大猷一眼就看出了那几十人的脑袋有诈，连忙问：“将军，卑职怎么看那些脑袋像是我们汉人？”

仇鸾哈哈地笑起来，说：“这你就有所不知了，蒙古俺答的军马里有相当大的一部分是他们侵略河套时强行抓的汉人入他们的队伍。所以，到最后，悲惨的还是他们。”

然而事实上，是蒙古俺答的兵士们将随行的大马车全部抢满了，再不走，根本就带不动了。于是，他们连夜袭击了驻地附近的一个村庄，又掠走了数十名年轻的女子作了性奴隶，而把她们家人的头都砍了下来，交给了仇鸾。那仇鸾对杀害同胞的俺答非但没有敌意，反而多谢他们送了邀功领赏的战利品，实可谓荒唐至极。

更荒唐的是，那天晚上，奉天殿灯光通明。仇鸾被加封为太保，而俞大猷也赏赐丝绸数百匹，并被严嵩推举至浙江任胡宗宪步兵统领。

三日后，嘉靖帝又回到西苑万寿宫。

这几年，嘉靖帝听从陶仲文的话，以二龙不得相见的理由，三番五次地拒绝臣子们册封裕王为太子的请求，而且还规定，未经允许，裕王和景王均不得无故进入西苑，影响皇上的清修。

嘉靖三十一年，年仅十八岁的裕王喜欢和他同岁的宫女李小雅，报嘉靖帝批准完婚。开始了他清苦而又贫穷的皇储生涯。

大婚过后，裕王妃李氏想买一串玉手镯，裕王才发现，一切饮食起居均是配送的，他的手里竟然没有多余的钱财。

他开口向户部要银子，结果得到的是没完没了的报告，他总算从新任户部官员的口中得知天下的钱粮一半在工部工地上，另一半在严家的库房里。

裕王的老师、翰林院大学士高拱给他出了一个主意，让他送一袋盐粉给严家。

裕王不解，问高拱。

高拱说："盐是老百姓必须用钱购买的。现在，您给他送了一袋盐。严嵩老奸巨滑，会付很多钱买的。"

果然不出高拱所料，严嵩看到那一袋盐后，立即给裕王拨了五万两白银。从来没有见过那么多钱的王子，在深夜的时候，拉着同样年纪的小宫女，在银子上睡了一夜，仿佛是生怕睡觉的时候银子被偷跑了。

而这一年，整个内宫，唯严嵩一人作主而已，刚刚因为一阙青词而被嘉靖帝看好的大学士徐阶进入内阁作次辅，不论作什么，都恭敬地向严嵩请示，这给了严嵩安全感。

嘉靖三十二年冬天，海瑞携女儿和爱妾邱氏上了岸，到达福建南平作教谕。

南平属福建延平府大县，海瑞抵达的时候天色已晚，便在码头附近找了个小旅馆打尖休息。晚饭后，携小妾邱氏出来信步闲走。

在十字街头的一户人家被路人围得满满的。海瑞示意邱氏等一下，站在旁边听了一会儿，就听出了缘由。

有旁观者说：“这个冷财主家，仗着延平府里有个作账房的哥哥就在这里胡作非为，肯定是和西街的裁缝家的遭遇一样，那冷财主的儿子大概看上了老毛头的女儿了，欺负他们不识字，在借据上多写了一个万字。”

另一个人说：“可不是，这世道真是没有我们这些穷人活路了，人心不古啊，都有歪心眼儿，而且还不遭报应。这可是该咋办呢？”

跪在地上的老毛头是这家米店的老板，因为心地好，赊了一些粮食出去，结果到了秋天的时候，天旱得厉害，地里绝收了，赊粮食的老顾客还不了钱，有的干脆背井离乡讨饭去了。老毛头不得已，就借了冷财主一百两银子，想着过完冬天的旺季和节庆，就连本带利还上。

想不到，冷财主家里欺负老毛头不识字，一百两银子的借据上写了一万两，骗老毛头摁了手印。

负责前来收款的人大约是冷财主的管家，一副笑嘻嘻的模样，说：“本来呢，冷家也并不缺这一点钱，只是，老爷刚好要去州府应酬，所以，只好挨个收借款了。”

老毛头哀求那管家说：“管家大人，请您念在往昔我对您们家小送粮送油的份上，一定要帮我们一家一次，当时是您作担保，小人才借到冷老爷一百两银票的，可如今怎么会变成一万两了。您就是杀了小人，小人也拿不出这么一大笔钱。”

那管家闻听此言，却一反刚才的平和，睁大了眼睛，说：“老毛头，你怎么能眼睁睁地说瞎话呢，当时，我问你借这么多银两作什么用，能还得上吗，你拍着胸脯打包票，说要是还不上钱，就把你的女儿赔上。”

老毛头一听，连呼饶命，用手捶打自己的胸脯说：“我要是说过此话，当着这么多人的面，我发誓天打五雷轰。管家大人，请您高抬贵手，放我们一条生路吧。我们现在就还您一百两银子，外加二十两外利行不？三十两，您老一定要高抬贵手啊！”

海瑞再也听不下去了，拨开众人，怒声喝道："好一个一万两银子。"

海瑞猛一声喊叫把喧闹的人群镇住了，安静了好久。

那冷家管家看到海瑞一身布衣打扮，料定是外地过路的人，便也没有放在心上，言词也并不激烈，举着那张借据让海瑞远看，说："这位兄台一看便是一个热心侠义之人，小可也很佩服，只是，欠债还钱天经地义，我想兄台还是借光，不要多管此等琐碎事。"

海瑞说："欠债的确应该还钱，可要是讹诈呢，该作何论？"

海瑞的逼问让那管家有些惊慌。

但他振作起精神，舌头虽然僵硬，但语气仍然强硬："这位兄台听口音从远道而来，大概不知本地的民情，我们这里因为旱涝不定，所以，一到干旱的年景，经常会发生一些借钱者不承认借据的事情，有的人还弃田丢屋逃之夭夭呢，所以，我们这些作管家的，很是吃苦，每隔十天半月就要去借债者家里察看一下，看他们是否有逃走之意，而这位老毛头要说生性也算善良，可是，这些天却因为店里面生意不好，竟然想逃走，不信，你可以看看他们米店里的米，已经储存不多，可是他们为什么不再购进呢，就是因为，他们单单等着把陈米处理完毕后就逃之大吉，这才有我开头的时候说的那句话，其实，他们家里也没有什么值钱的东西，只有一个女儿还算标致，我呢，也就是说说，吓唬他一下，也并无强抢他女儿的意思，只要他能把一万两还上，一切都好说，好说。"

海瑞一听对方的口气，便知遇上了一位惯欺老百姓的狗仗人势的管家，言语上道貌岸然，肚子里卑鄙无耻。

海瑞连忙问："既然这位管家咬定这位老毛头是借了一万两银子，那么，我想问一下，本地米价为几钱，一个米店老板一年又能卖多少两银子，他们一家三口居此破屋，为何一下子借了贵府一万两银子而日子窘迫？一万两银子，在南平县开二十个米铺子再买一百亩地种稻谷，都绰绰有余，他们现在连新米都进不起，你还说他们想逃，逃到哪里去，是不是逃到你们冷家作家奴啊？”

海瑞的一番计算，让那管家出了一身冷汗，他结巴着说：“这位客人有所……有所不知啊，这个老毛头，他看起来忠厚老实，谁知他爱赌博，欠一身赌债。他们这个米店啊，其实都是他夫人在打理，他一直在外面厮混？”

那老毛头一听管家狗急跳墙，连忙辩解道：“小人作小本买卖，起早贪黑，又不敢偷斤短量，都是卖出精米，留下米皮米糠自己家食用。再说，小人老婆是个哑巴，只会干活，不会说话。女儿年幼，也极少抛头露面，米店大小事务都是我一个人忙活。管家如此栽赃于我，不知到底是何居心啊？”

海瑞说：“依大明律，诈欺别人钱财，数目巨大者，可刑全家。你们竟然欺负人家不识字，偷换概念，有辱大明礼法，真是岂有此理。”说完，一把抢过了那借据，撕了个粉碎。

趁着那管家还没有转过神来，海瑞说：“既然老毛头承认只借了一百两银子，我个人以为，应该重新再写借据，然后要老毛头重新签字押手印，如若你依旧纠缠那一万两银子的借据，休怪我将此事禀报县府衙门，我会邀今天在场的各位乡亲作证，证明你是讹诈，到时候，即使治不了你们冷家老爷的罪，你这个经办此事的管家，八十大板也是少不了的，你好好琢磨一下吧。”

海瑞的话一完，众人都拍起了掌声，连声说：“我们愿意作证，愿意作证。”

那管家发现今天遇到了一个对手，害怕事情闹将下去不好收拾，连忙同意让老毛头重新写一张借据。海瑞替老毛头拟了一个借据：十字巷毛家米行老毛头借大德冷家白银一百两，并愿意付年息十两，来年入冬即还。海瑞手把手教会了老毛头写自己的名字，然后转身而去。

后面所有的人都面面相觑，不知此人到底是何来头。也有消息灵通人士，说：听此人口音，仿佛是从海南岛上来的人，难道是县学最新到来的教谕。

第二天，海瑞进了南平县县学的大门，这座初建于明洪武二年的县学非常气派，大门的横额上写着“仪门”二字。进入大门后，左侧为文昌阁，这大约是参照了紫禁城文渊阁的建筑布局。文昌阁后为教谕衙署；右为魁星阁，阁后为训导衙署。再进去是一小池塘，池后左右为居仁、由义斋舍，再往后即为明伦堂，是县学生员上课的地方。从明伦堂的走廊往远处望，可见县前面的九峰山，背后则是虎头岭，远山近景相依偎，县学的环境甚是舒适。

然而经过两天的明查暗访，海瑞就发现了县学在当时社会风气的影响下，也有一股不正的学风。当时的学生不但搞帮派，当时的县学里有个义气帮，敢把刀插在胳膊上流出血来才能入派会。而且还有冒名顶替，那些有钱人的孩子，大字不识一个，竟然考中了秀才和举子，背一些半雅不俗的下流段子在妓院里厮混，丢尽了县学的脸面。

贫穷人的孩子上不了县学，富人家的孩子上了学却根本不认真学习。更有甚者，学校里流传着一些抄本，全是过去的一些中了举人的乡试答卷。有些不学无术的学生临时抄几篇，竟然也可以通过举人考试。而刻苦攻读的贫家子弟却往往不容易看到此类答卷，在乡试时吃亏。

海瑞查清了那些抄本的来源，竟然也是南平冷家的所为。

海瑞和在此任职多年的训导商议后，决定重整学风，首先要重整学风和学纪。

海瑞连夜赶制了《教约》十六条，其中两条，一条批评现在的学风不正，如下：圣门之学在知行。德行属行，讲学属知。慎自修饬者，决无不讲之学。真实读书者，肯弃身于小人归乎！是故知行非有二道也。然今称德行文章，则当有辨。孔子曰：“过我门而入我室，我不憾焉者，其惟乡原乎！”“居之似忠信，行之似廉洁”，此其为人之概也。今俗则惟此是誉。诸弟子宁无若柳子所称，“一凡人颂之自以为喜”，而陷于此者耶，至吾辈之所谓义气人者，又自可笑。非傲慢猛悍、不逊不弟之为，则出入衙门、把持长官、攻讦他人长短、逞凶图利之行。孟子养浩然之气，平日以不见诸侯自守。或人申枨之对，孔子曰："枨也欲，焉得刚。"诸弟子请此辨之。今后凡一应优免讦告等事，不由本学申请并先行禀说者，纵有司见容，本职亦不汝贷。

一条则仔细规定县学的考试及管理制度，如下：学以知为先。读书所以致知也。昔辅汉卿会粹朱子平日教人之法，定为六条：曰居敬持志，曰循序渐进，曰熟读精思，曰虚心涵泳，曰切己体察，曰著紧用力。兼之前博学、审问数事，读书之法无越此矣。今与诸生约，将四书、本经、《通鉴》、性理分为十二分，应月考；又自一月中分为二，应朔望讲书；又分为三，应日课。诸生自量资力，次者减性理，再次者减《通鉴》，再次者减经。非甚不得已，必宿号。宿号者，两日背书一次，复书一次毕。讲书用辰时，三六九作课用巳、午时，将作课发落前课。不在号生员去学十里内者，朔望赴学，背复半月以前书，送半月以前课。在十里外者，月考赴学后一日，背复一月书，送一月课。发落月考在再考次日辰时，取便村居生员也。发落课亦同。考用二十九日，凡位次俱是本职编定，无得搀越。将明唱名，平明命题，唱名过至者责，准考。封门后至者，从不到考者论。作课规矩亦同。诸凡程限，正欲诸生著紧用力，而又不失于骤迫。若居敬持志四事，则作文背复有可验者，就先人之已试而立之法，非作无益也。诸弟子行之。

教约一出，全县哗然。

县城外的学生可以宿号，即住在县学的宿舍里。而县城里的学生则惨了，每次要背默半个月的学书内容。这些花天酒地、义气帮派居多的学生，对新来的教谕很是不解。

他们开始提前准备小抄，来对付海瑞的严格。

没有想到，第一次月考，海瑞就抓住了十五名生员作弊，没收了考试用的印刷小册子。并上呈南平府衙，要求查抄冷家印刷作坊这种毒害县学学风的抄本。

海瑞查抄抄本影响了冷家的财路，他们派了个弟弟到县学里大闹，说是要拆掉明伦堂旁边的一个走廊，那是他们冷家捐的钱建造的。既然现在县学和冷家作对，他们也就没有义务再捐赠钱财给县学。

海瑞一句话打发了他：捐款是自愿的，当时为了荣耀而捐助，享受过了荣耀，就像是在饭馆里吃了鱼肉一样，不能过了第二天，发现自己的肚子又饿了而去找饭店理论。如果冷家执意要拆的话，那么，就见官好了。

海瑞的强硬让冷家吃了一记响亮的耳光。

先前已经遭遇了海瑞一次耳光，以致于冷家二儿子看上的米店老板女儿没有抢成，这次竟然又是海瑞阻挡他们家的财路。

于是，他们想出了一个更为绝妙的方法来惩治海瑞的严规治学。

冷家的二少爷也在县学注册上课，因为有一些不明所以的疾病，经常在家里静养，海瑞看到过县学指任的医馆医生所开具的病因，分别是：腹疼、头疼、牙疼、脚疼，还有一条，让海瑞哑然而笑，竟然是大便干结。

这样荒唐的假条，竟然正当而堂皇地存放于学档之中，实在是有失县学的威严。

但是，再往下翻，才知道，不只是冷家少爷这样作，即使是作些小买卖家境稍好的一些公子哥儿们，也和冷家少爷一样互相攀比。他们不比吟诗作画，而是比谁在妓院出现的次数多，谁在街市上闲逛时跟的人多。

海瑞任性理课的临时老师，算是一个新生入学的课。

海瑞站在讲台，说的第一句话是："我不同意孟子的一句话。当然，我很喜欢孟子这个人。"

他的话引起台下的学生们哗然一片，哇，这个县学的最高长官，原来是这么叛逆啊，他竟然和我们一样，不同意书本上的某一些话。

海瑞的第一节课下来，竟然还和学生交上了朋友。

但很快他发现，学生们私下里交流的内容竟然近乎淫荡，原来，学府里流行一种盗印的"宫庭内部流通读物"。

他没收到一册，很小的开本，书的名字竟然叫作《淫课》。书的扉页上竟然印着：嘉靖二十八年冬秀女教程。

翻开来，那书里介绍了当今皇上的色道，及喜欢什么样的女子。然后就穿衣、行路、姿势、话语、仪容、声音、床事等各个方面作了最为详细地图示。

尤其是床事的那一课上，赤裸的男女交媾场面让学生们争相传阅，影响极其恶劣。

海瑞狠狠地把那册《淫课》摔到了桌子上，大声喊训导。

那训导仿佛也已经知道了此事，却不敢吱声。

海瑞觉得事情有些蹊跷，问训导："这事有何隐情？"

两个训导均姓郑，年纪稍大的是福建南平人，他为人懦弱，答话说："此种书籍，每隔一阵子总会有一批出现在县学里。是因为朝廷有人，听说是当朝严阁老的公子工部侍郎严世蕃和司礼监李公公一起私印的，全国十三省各州县学府里面都有私售，听说，每一册书还有回扣，详情则不得而知。"

海瑞自言自语了一句："荒谬之极，竟还有回扣！"

海瑞猛地想起，如此荒唐之事，一定只是口头上的约定或者布置，绝不会出具文牒和文书，他问老郑："只是县府衙门打过招呼，却并未收到任何文字通知，是不是如此？"

老郑说："是。这样的文件，谅也不会形成文牒，只是口头通知县学不要过问。"

海瑞一拍桌子："岂有此理，不要过问，县学岂不是要开设淫课。"

老郑和小郑吓了一跳，侧脸问海瑞："请问教谕大人，您想如何处置此事。"

"招贴，通报批评持有学生，严查流通，规定期限内所有持有《淫课》一书者全部上交，统一焚毁。此书内容本属宫廷秘密，如此大肆流通本来就是欺君，这样作不会惹怒皇帝，一切后果皆由我来承担。"

年纪稍轻的训导是延平府人。他补充说："听说别的州县也有抵制的先例，因为这本书让县学的学生们变得不知耻羞和礼仪。而且，县学所流通的淫课版本多是本县小作坊私自盗印的，这些人依仗与州县两级衙门有些关系，便不顾影响，只为钱财，扰乱纲常，可恨，可恨。”

小郑陪海瑞去找盗印《淫课》的地方，竟然来到了南平府后街的烟花巷，最大的一家茶楼叫作“丽春院”，是县府衙门里捕头私开的，这里的妓女多数是读过书的，所以县学里的一些学子们经常来这里。海瑞虽然刚抵南平不久，但也有所耳闻。

小郑叫了一个相识的姑娘，名字叫作春花，这里姑娘的名字和其他妓院一样，花呀桃啊的，从春到夏，一字排开。

春花姑娘气质竟然不凡，一问才知是这里的头牌，她也是听说今天有位铁面无私的教谕来才出来见的。

小郑笑着介绍海瑞和姑娘认识，海瑞颇为莫名小郑为何将他带到这里来？

春花笑着说：“本姑娘我呢，可是会作诗的，听说这位大人前来，本姑娘就根据这位大人的名字作了一首五绝：海上生明月，瑞雪兆丰年。春雨知时节，花落知多少。前两句是海大人，后两句是本姑娘我，海大人就是雪，我呢就是雨，雪和雨本来就是可以相互融化的，是不是，海大人，你今天晚上若是留下来，奴家情愿不要包厢费用，和大人春宵月下，吟诗作对，如何？”

小郑一边偷看海瑞的表情，一边示意春花闭嘴。

海瑞有些不知如何插话，尴尬地咳嗽了一声说：“春花姑娘，多有得罪，鄙人平时多是呆板极少涉此场景，希望你不要见怪。”

小郑趁机插话：“春花姑娘，上次你们这里人手一册的那种《淫课》小册子，还有没有，我们县学里最近有不少生员也有，我们教谕这次来就是想问一下是不是和您手里的是一个样子。”

春花荡漾了一下自己杨柳腰身，风情的眼睛直把小郑瞄得晕乎乎的，说：“你说的那个枕下书啊，你等下，我叫春香给你拿一册来，南平府的小册子都是冷家作坊印的，应该错不了。”

连夜，海瑞将从丽春院借出的一本《淫课》和从生员手中收来的一本，并附一纸措辞客观强硬的公文送抵了南平县衙及延平府衙。

在公文中，海瑞行文道："……吾在京城尝闻，当今圣上，连某一种心爱的点心都会御赐名字，并实行不赏不得食用的政策，更何况宫廷私密的《淫课》，且不说内容的正当与否，但说盗印，请看我呈上的两册内容，图纸均粗糙不堪，睹之可怖，思之可恐，如若当今圣上得知此事，那么，第一个承担责任的定是地方布政使司衙门及州县衙门，故，本职恳请立即查抄冷氏作坊，以占据主动治理的先机，否则事发之日，大罪必当。况且，此书涉及私密，在宫廷小范围使用即可，如今在社会上泛滥，有伤圣人教化。扰乱县学秩序，让学子们的道德渐渐松垮，长此以往，其前程堪忧。本职并非固执守旧之人，但执一县教导之事，定要正学风，促上进，望知县大人，知府大人细纠，明察，速办。"

此公文一式两份，县府知县和县丞先看到，他们知道此公文一式两份抄送了州府衙门，一边小声骂着这个新来的小南瓜（南方来的瓜小子）不通世事，这等无聊事怎可让州府衙门知道呢。一边又不得不快速通知冷家尽毁作坊及已经印成的书籍，然后找出替罪羊。

万事准备完毕后，传海瑞，共同去作坊收缴现存的数百册《淫课》，并当着众人的面，抓捕了冷家作坊的老板冷家兴。

等到书册焚烧完毕，罪人被押。海瑞却突然说："等一下，诸位大人，此人不是老板，而不过是一个替罪羊。"

海瑞的话让县令大吃一惊，连忙打断说："海兄，此人乃冷氏子侄，作刻印生意多年，以前大约作些招牌和年画，现在却开始作这种大逆不道之事，他也是认了的，不会有错啊。"

海瑞说："此人左手一手指完全变形，像是被铁锤所伤，右手粗糙满是老茧，一看便知其身份不是铁匠，便是建筑木匠。怎么可能是刻印作坊老板。”

海瑞从小和母亲一起长大，凡事都靠自己观察，所以养成过目不忘的性格。他观察生活细节声音和手指甲，故稍有细节没有修饰好，即会被他识破。

那位替罪羊大概也是老实巴交的工人，一听海瑞直接点穿了他的身份，吓得扑通一下跪倒在地上，全说了。

他的确是冷家所开的打铁铺的伙计。

看事情已经败露，县衙立即赶到了冷家，询问之后，带走了主事的冷家大公子冷无范。他的名字中有一个范字，果然就犯了事。

海瑞看着众人带走了冷家大少爷，却看不出冷家有丝毫的紧张和难过，不由得惊讶和暗自难过。他知道了，冷家不但在州府有背景，就连县衙也一并被他们家给喂成了一头肥牛，只有耕地的份，没有造反的时机。

焚烧《淫课》画册一事没有被捂住，竟然传到了福建省府布政司、总督府衙门。

派专员下来视察，正逢冷家在延平府任职账房的堂兄出了差错，入了大牢，冷家立即被查抄了。

鉴于南平县对于有讳宫廷名誉的淫课事件处理得十分及时和彻底，延平府主管民政的布政使及部分官员抵南平巡察。

南平县府衙全体人员迎接，话桑麻。

冷家喂养了多年的这些官员们开始一一地疏离，他们在一瞬间就洗掉了冷家用钱财涂在他们身上的泥巴。

不知怎么，就说到了县学新来的怪人：海瑞。

县令说：“我听说此人有种地的癖好，在县学的一个角落里，种了油菜花。”

哈哈哈，一片笑声。

然后就去县学参观，县学照例贴出了字幅，是海瑞的字，那书法遒劲有力，很是养眼。几个官员，指指点点，说，此人确有才华，把县学治理得有声有色。

到了明伦堂，整齐的迎接队伍已经等候多时了。

两个训导扑通跪倒在地上，迎接州府官员，而独海瑞站立迎接。

海瑞说："此处为明伦堂。师道为大，可免礼节。"

布政使一看三人的排列姿势颇像一个山字，哈哈大笑："此规矩确是有的，自成祖爷即位后却渐渐式微。海教谕如此恪守礼节，确实难得，难得。只是，看你们三人如此两跪一立，你的确有作山峰的爱好啊，怪不得人称海刚峰。"

海瑞说："瑞自幼丧父，及至稍长，方能为母分忧，在家中确有山峰之用，但在南平，刚峰无意为峰，望大人明察。"

布政使见海瑞不卑不亢，心里有几分不高兴，觉得此人有些傲慢，便继续打趣海瑞说："听郑训导言及，海兄去丽春院实察，方揪出冷家的作坊。有妓女为海教谕作诗两句：海上生明月，瑞雪兆丰年。海教谕行事真是与众不同，不但擅长书法，而且还擅长吟诗啊。"

海瑞听出此人口中的嘲讽之意，不作声，侍立于地。

那布政使见海瑞理屈，得意之后不忘再追击海瑞："县学大院可修书阁，可修校场，亦可建祠堂，但海教谕独独喜欢种油菜花，实乃怪癖。走，我们去看看一下海教谕种的油菜花去，哈哈哈，春来香如故，不见故人影。不知，这些油菜花会不会吸引到蜜蜂前来采蜜呢？"

海瑞立即阻止有人行的队伍前面，说："各位大人止步，请听卑职细述。油菜花花期刚过，现在着实无风景可观。卑职种油菜花，一来可供青菜食用，再则可供腌制咸菜储存，如到夏末，则可以收菜籽作油食用，一举而多得，不知有何不妥之处。"

那布政使虽然看不上海瑞的骄傲和无礼，但对海瑞的这番话，倒是同意。他一边点头，一边自语："县学生员众多，如此倒也是好事一桩。好吧。海教谕治学有方，颇有心思，我等均得教诲。"

一干人等随布政使离开县学，在县学大门口的迎宾墙上，正写着海瑞拟定十六条《教约》，而其中竟然有此一条，即第十条：诸生接见上人，《会典》诸书明有礼节。今后于明伦堂见官，不许行跪，学前迎接亦然。本学在郭外接官，不许离关门出郊野。宪司官至本县，一见后不许再同有司行三日揖。有犯于各衙门，罪人也，亦勿得免冠叩头，奴颜哀免，自贬士气。盖不特本职力能为诸生立一赤帜，位尊者德必大，其遵制万笃。诿之曰：一介书生可以生于人，可以死于人，有不得不舍礼以媚人焉。是亦以小人心度君子腹也。诸弟子无恐。

第五章 京城心游，继盛上书

嘉靖三十三年夏，海瑞抵京城参加第二届阳明心学辩论会。

王阳明的学生聂豹在大正有德酒楼进行为期旬余的讲座，这一天晚上，海瑞与张居正第一次见面。

徐渭拉着海瑞去见他的好友王世贞，之前，海瑞收到过徐渭的一封信，徐渭在信里说明：他的一组画因为王世贞的一篇评价而价格飚升。海瑞有些戏谑地复函询问，难道一个人还能影响整个画坛不成，谁知徐渭复信说，若是能得王世贞赞美，书画皆价涨百倍。只是，王世贞此人极少赞美别人，多是在骂人。海瑞便在信中质疑起这个王世贞来，一个人的眼睛有多毒辣，怎么会他说好就会众人皆追捧呢。而徐渭的复信马上就到了，说此人乃名门世家，对书画极其精通，眼界高且为人正直，故颇有影响力。

王世贞果真相貌堂堂，英俊却并不轻薄，精明且为人豁达。他对海瑞不以为意，对徐渭却拥抱又念叨。自然，他是极其喜欢徐渭的书画的。

海瑞跟在两人后面，显得没有趣。徐渭不忘时时提及海瑞，说：刚峰兄是位奇人，他的书法自出格调，仙风处处。

王世贞听徐渭如此恭维海瑞，连忙再次向海瑞作揖，歉意着说怠慢，怠慢。

海瑞也谦卑地还礼，示意他们不必在意他，他自会处理自己。

海瑞从一个在学子居居住过的进士那里得知，李时珍每年夏秋都在外采集标本，而冬春在京城书写修订《本草纲目》。有些失落。

王用汲也离京出任苏州府吴江县作了县令。

京城的旧友本来没有几个，却一一不在京城，他只好安静地坐在角落里观察来聚会的儒生们。

有一个蓝冠青衣的青年颇为端庄，也和海瑞一样静坐在一边，直到王世贞拉着徐渭走到他面前，他方起来同王世贞作揖。

然后，另有一个年纪稍大的面相愤怒的儒生也来找到王世贞，于是，一转眼，徐渭和三个人在一起说笑。

海瑞在角落里正在羡慕，徐渭在东张西望中瞅到他，连忙跑过来把他拉过来，说："各位状元探花，请看我最好的兄弟，同是举子出身的海瑞海刚峰，他也是心学的痴迷者。"

海瑞连忙谦虚地作揖作自我介绍说："在下是广东岛民海瑞，现在福建南平，来京城开阔眼界，请各位贤兄贤弟不吝赐教。"

那个端庄的青年人连忙作揖说："原来是南平教谕海兄刚峰，在下张居正，在翰林院作编修。对于刚峰兄，我有耳闻，在官报里有你的笔架轶事，我看了以后就想，什么时候能一睹此趣人，不料想，这么有缘，有幸有幸。"

海瑞吃了一惊，自己不过是在南平县学维守礼节，作了一件恢复师道尊严的事情，想不到，竟然也能传至宫廷，他有些惴惴不安起来。他想问一些深入的情况，但又怕第一次见面，对方心生责怪，便尴尬地笑笑，掩饰过去了。

站在王世贞左手的这位愤怒的儒生有些面生，他也微微一笑，他笑的时候，脸上的杀气全无，进而露出儒雅达礼的温情一面，向海瑞作揖说："居正刚才说的那件事，我也有耳闻了，刚峰兄用心可谓苦矣。在下杨继盛，在下也是刚刚从甘肃狄道被召回京城，而且尴尬的是，提拔我的，竟然是到甘肃陇西视察时被我臭骂了的严嵩，真是可悲，我尚不知回来能作什么事情，所以，我今天是想会徐阶徐阁老的，听说他是要来的。”

徐阶是张居正的恩师，张居正却并不知道今天晚上徐阶会来，一听此消息，有些高兴。

海瑞也是听说过徐阶的，只作了一年的礼部尚书便进入内阁，而且徐阶在京城是儒生们的代表，是阳明学派的集大成者，所以，海瑞也想见识一下这位当朝的次辅。

聂豹讲述从当朝政事开始说起，他喜欢讲述事情的开始，反复地讲，他说：“现时大明朝的工部，表面上是严家的财政账簿，实际上替皇上敛财。工部侍郎严世蕃小处隐瞒，大处一丝不苟。这是事物的内核，任何一种事物，都分为表里，里为隐秘的，但人们往往会忽略表，天天抚摸那些表面的东西却并不知道，那些表面上的东西已经和自己印象中的表不一样了，因为，他们把主要的精力都放在里上，要追寻着，执著地追寻那里，要打开许多未知的秘密。所以，聪明的人，识大体的人，通常会作到里密而表松。

作人到底要作聪明人，还是要作诚直的人呢，这是阳明先生的关注点，聪明的人都只是局限于某一件事物前后，如果过了一件事情，聪明便显得狭小。

所以说，聪明都是狭小的。作人诚直是大聪明，如果能表里如一，则大成矣。

…………”

“讲座原来这么有趣？”海瑞对着旁边的徐渭说。

徐渭说：“讲座没有趣，如果是辩论，则更有趣，你见过街头打架的吗，撕扯着对方的头发，去年的阳明心学辩论会时，出现了这样的场面。”

海瑞被徐渭的话逗乐了，会心地笑。

讲座完了以后，是自由辩论。

心学派对儒家实用派的辩论，果然是冷嘲热讽，像是邻居们争吵，把平时准备好的诗句、联句以及轶事在这个时候一一地列举铺排，显示才能，压制对方。

聂豹和徐阶至后仓的休息房谈话。

张居正从后台退回来，把王世贞、杨继盛、徐渭和海瑞叫到一边来，说，我们去新开张的“一壶”茶楼叙话，等着徐公来和我们说说朝廷大事。

从大正有德出来，走到延庆观，再走过大栅栏的东边，进入一片府宅集中地，在临街的一个开阔地后面有一个简相建筑，门前有宾客出入。

一壶茶楼的题字也是严嵩的字迹，进入的时候，海瑞抬头看了一眼那个壶字，发现士字竟然有些歪斜。

在二楼的河南殿包间坐定后，海瑞插话说：“这个茶楼匾是严嵩的真迹吗？”

杨继盛说：“不挂严嵩的笔迹，恐怕什么商店都开不长远呢？”

张居正接下海瑞的话，说：“严嵩的字起始柔软，结束柔软，却有一股书生气味在里面，字里面看不出此人的质地有多坏，如果多看几眼，还会喜欢呢！”

海瑞说：“我看到那壶字的上头，士字已经歪斜，不知是店老板雕刻时故意的，还是严嵩写字时手抖动了。”

徐渭说：“结构之斜，结构之斜，我刚才也看到了，觉得整体非常舒适。一字太简单了，壶字又太周正了，歪斜一个字的部首，意味着总局的透气。”

徐渭对书法有自己的痴迷，他本人就喜欢改变字的部首之间的结构，从而抒怀。

海瑞说：“徐兄误解，我不是说严嵩的字韵味不好，而是说，士字写得倾斜，是不是会对他的仕途有影响呢？”

海瑞的话声音不大，却掷地有声。

几个人同时把茶杯放下了，看着海瑞，沉默了。

这家茶馆的茶水竟然是冰的，喝到嘴里，说不出的安静和适意。倒茶的茶童一个个均四川口音，他们受过专门的训练，用一个四尺长的长嘴茶壶倒背着倒茶，看起来像是玩杂技，然后那茶童技艺精湛，茶水满杯即止，一滴也不外溢。

张居正说："这家茶楼开张的时候邀请我们翰林院全体都来了，老板这样解释茶楼的名字，一壶茶楼，是取'一片冰心在玉壶'之头和尾。茶水是冰的，自然是冰心在玉壶了。"

张居正解释，众人均端起茶来细品，大声称赞，一片冰心在玉壶啊。

杨继盛有满怀的心事，总是低头沉默着。

王世贞倒是挺爱说话，他说起汤臣，汤臣和海瑞是相识的，原来汤臣现在画人像出名，在宫廷里一住数月，轮流为三宫六院画画，一不小心就致使某位嫔妃怀孕了。

幸好，不久前皇上正好宠幸了该妃子，于是，在登记的图册上找到了这名妃子被临幸的记录，才免去一场灾难。

王世贞说完，众人一阵称奇，说，汤臣该死啊。

张居正说起徐阶和严嵩的第一个回合的交手，他很激动，说："徐公胜矣。"

徐阶是嘉靖二年探花郎，是个名扬当地的奇才。他的佳句妙辞曾经感动过严嵩，严嵩在嘉靖面前赞美过徐阶不止一次。在当时，除夏言，严嵩从不以文采赞美别人。所以，徐阶对严嵩还是报了知遇之恩的。

徐阶痴于心学，性格委婉却为人正直，所以，经聂豹引荐，而拜师王阳明，他是王阳明生前最后一名弟子，尚未举行入室仪式，王阳明便病殁。

徐阶也厌倦八股文字的僵硬和对个人内心的捆绑，所以，他喜欢王阳明关于内心的释放，他在参悟"诚意正心、知行合一"的路途中发现诸多乐趣，那时他正好在基层作官，他把自己的所悟用来治理百姓，广收民心。直至作到礼部尚书。

张居正口中的徐阶则更为片断一些，他说："徐公于我有恩。我任翰林院庶吉士的时候，徐公是翰林院的掌院学士，我当时写了一首诗，赞美严嵩家里的瑞莲瑞竹瑞芝，称之为三瑞，说来惭愧，本意是称赞，但诗里透出冷讽气息。被徐公看到，略作了修改。后面的几句变成了：扶植原因造化功，爱护似有神明持。君不见，秋风江畔众芳萎，惟有此种方葳蕤。这样一改，语词之间多了温和诚意，少了年少疏狂。私下里，徐公说：严嵩有才华，质地不稳。可以不理，却不能得罪。"

张居正把茶杯喝空了，招呼小二一声，便又满了一杯。

他继续说："你们都知道那个用金钱买通俺答的仇鸾吗？正是他导致了徐公和严嵩的第一次正式对决。徐公去年才以东阁大学士身份进入内阁理事，辅助严嵩，但是，徐公之前曾和仇鸾有染，这个仇鸾不知是如何拉拢了徐公的儿子尚宝丞徐璠，手段卑劣，捉了刀柄，要徐公附和他开设马市，以免他和蒙古兵战争之尴尬。徐公看当时蒙古大军兵临城下，只好向皇上献计，同意开设马市。想不到，那仇鸾因为连连升职却得罪了严嵩。再加上，马市开设之后，边境居民生活被打乱，匪盗猖獗，民不聊生。皇上虽然罢了杨兄继盛的职位，却突然明白事态的严重性，派出自幼一起长大的西厂锦衣卫总管陆炳去查探实情，结果大明。徐公看到马市的奏报之后，立即向皇上举报了仇鸾的欺蛮事实，并倚仗有朝中大员的庇护放肆不羁。等到皇上让司礼监拟旨查办仇鸾的时候，严嵩的奏折才上来。他竟然在折子中说徐公有意庇护仇鸾，皇上一怒之下把徐公的奏章扔到了地上。严嵩久久不说话，捡起自己的奏章回家去了。"

杨继盛说："严嵩年轻时盛有文名，在江西当地颇为仗义，不料想入阁拜相了，却惹得众人攻讦，皆因为欲望太多，知与行不能合一，所以虽然内心已经不能回归自己而自知，可悲可怜啊！"

杨继盛也是阳明心学的拥趸者之一，他的感慨颇为语重，让大家齐齐地唉叹一声。

然后，王世贞岔开大家的情绪，说：“既然徐公有第一次的碰撞胜利，就会有第二次的胜利，等待时机吧。”

大家正说笑间，有门童敲门。

原来是徐阶来了。

徐阶坐定后，一一接受大家的作揖。杨继盛和张居正先后在国子监或翰林院作过他的学生，故他们熟悉一些。王世贞第一次见徐阶，知道自己的父亲王忬和徐阶有交情，便礼节有加，徐阶十分高兴，示意王世贞坐下讲话。

汤臣原来是一个装裱匠，因为和胡宗宪是姑表亲而被推荐至严世蕃府内，后被编入宫廷。徐阶虽然和严嵩在内心里不和，但在表面极其佩服严嵩，闻听汤臣是胡宗宪的表亲，十分亲切地问候。

王世贞在一旁介绍说：“这位是我的好友徐渭。这一位是从福建远道而来的海瑞。”

徐阶很开心地看着他们两个，说：“好啊，儒学有望，海瑞也算是我的同僚啊，我曾经在延平府两年，后来才调至浙江、江西。”

海瑞一听，方知，原来学生们经常议论的离开了延平府到京城的大官就是徐阶，连忙作揖，说：“大人威望远播，小可有幸。”

徐渭的画因为王世贞的一篇赞美而流传京城，徐阶先约好了大家一起去徐府赏月，然后看徐渭作画。

自然又是一番寒暄客套，海瑞觉得感慨万分，感觉自己地处偏远，不能天天和这些志同道合的朋友多待一些日子，是一件遗憾的事情。

徐阶讲了文渊阁的改建：“漂亮，气派。文渊阁原本是翰林院的庶吉士们的修编典籍的地方，重修后就成了现内阁的办公地点。是花了大银子整修的，看来严世蕃虽然为人骄狂，但为皇上办差，还是尽心尽力的。”

徐阶还讲道：“皇上去年大修武当山，皇帝在湖广境内待过，又信奉道教，所以，虽然经修得奢侈，却自己开始节俭。皇上自登大宝以来，先后几次大赦天下，减轻赋税，也算是体恤民情了。虽然他在安陆久居，却并不触及当地生民，所以，此等爱民之心皆为天性。既然皇上天性善良，那么，他不会作什么有违民生利益之事……”

徐阶的话虽然说得也在理，可是，在海瑞听来，总觉得此人过于腔调化了。不免心里有些轻视。注意力也不再集中，忽然，他留意到窗外竟然有人影晃动，随后几声喧闹，而后宁静了。

安静下来了，徐阶笑了一笑，说：“刚才的话是说给窗外的人听的。”

杨继盛和张居正都明白了徐阶的意思，徐渭和海瑞却有些懵懂，看着徐阶。

徐阶接着说：“是锦衣卫，锦衣卫虽然被司礼监掌管，但有个别分队已经被严府收买，所以，不但要在锦衣卫的面前讲皇上的好话，还要讲严府的好话。”

众人才明白，方才外面有锦衣卫在监听。

张居正借口小解出去了一下，一会儿回来，确认锦衣卫走了，这才开始谈笑风生了。

徐阶说：“严嵩此人有四个优点博得皇上的喜欢，一是忠君，他明处暗处都作得绝对，所以当今圣上才信了他，宁愿取他而杀了夏言。夏言的确作错了事情，且多次惹怒皇上，但照理不当诛的，杀夏言，其实是皇上向群臣传递一个信号，他信严嵩了。严嵩的第二个优点是博览群书，颇具才情，掌管翰林院时，我曾经例举过几帖严嵩的青词，减之一字失色，增之一字则损毁。精妙之作啊。当今圣上偏执、怪异，却同样才华横溢，所以，他喜欢才华溢出之人。严嵩的溢出在于赞美，挖空了心，故显得真诚，恰好弥补了皇上刻意求道的寂寞。也算是严嵩与圣上亦师亦友啊。严嵩的第三个优点是专一，他对结发妻子忠贞不二，五十年如一日，恩爱如昨，实在也让人感喟。最后一个优点，就是，严嵩对子系均护佑，他的儿子因为他的不关心而失明一眼，故，严嵩对严世蕃百般溺爱。不论是严世蕃作了错事还是他的干儿子赵文华、鄢懋卿等，不管作了什么错事，他都会保他们不死。只要是对他好的人，他一般不会使坏。我入内阁，他是提了附议的，所以，对于他，我并不怨恨，只是在观察。前不久，皇上突然传诏我，一句也不说，只让那黄锦递一张纸条给我，上书：卿齿与德，何如？只有这六个字。这也是当今圣上的怪异之处，传诏内容从来都是只言片语，有时候只让太监传口谕，只有一个字。我刚刚入内阁，不懂圣上何意。齿，是指年龄，而德，则是指德行。我一深思，难道是皇上发现我作了什么错事而反问我吗？这句话的意思，明明是在责怪我年纪大了却德行不好。我甚至怀疑严嵩在后面说了我什么。我偷偷进宫问司礼监李芳，那李芳倒也是个直爽的人，说，万岁爷的旨意只有严阁老一人能懂。你还是去央求他吧。万般无奈，拿与了严嵩看。谁知他看来看去也看不出所以然，进去内室与严世蕃商议许久，方才说：小儿东楼说皇上是问你和欧阳德谁的年纪大？我一听恍然大悟，是我前不久向圣上提议，由欧阳德出任礼部尚书的。从严嵩肯帮我解疑这件事情上来看，此人从质地上来讲并非恶人，但却有一股邪气。”

张居正插话说：“徐公，那严嵩他为了一己之利，诛杀沈炼。不能不算奸臣吧。”

徐阶说：“皇上杀了更多的人呢？况且，严嵩作任何一件事情都是皇上默许的，所以，要扳此人，必须等皇上厌倦了他。”

王世贞说：“那严世蕃曾几次三番地到我家里作客，原是看上我家祖传的那幅《清明上河图》了，甚是可恶。”

“我也听说过此事，你父亲是如何应付的？”徐阶有些关切地问。

王世贞说：“家父拿出一个烧毁了的包裹，把里面残存的一片《清明上河图》以及另一片《秋塞图》给他看了，并说是在山东期间家里尝遇大火，烧毁了一切，房屋也塌毁，最后只检出这两个碎片。”

“严世蕃信了？”徐阶问。

王世贞说：“不是他信不信，而是的确如此，那一年元宵节我妈怀着我，大着肚子去看济南府灯会，结果回到家里，房子已经化为灰烬。此事在济南府的案宗里都有记录。因为不但烧毁了我们家传的宝物，还烧毁了公文若干。”

徐阶说：“要小心了，要小心。严世蕃聪明之极，狡猾之极。他去年看上了我的孙女，便绞尽脑汁地讨好我家璠儿，说什么，两蕃相持，他甘拜下风，愿意叫我的璠儿一声岳父。此事因为我没有同意，至今也未成。但我知道，小阁老看中的东西早晚会得手，这是整个京城都知道的秘密，他的小十九听说是他把整个烟花楼买了下来才得到的。”

大概是说到了痛处，徐阶突然沉默了。咳嗽了两声：“仕途如河流，有漂浮的时候就会被沉底的时候。想来悲凉啊。你们大家多是年华大好，一定要把好自己的航向，让船行得更远一些。”

杨继盛说：“徐公所言有隙，假若前面遇到石头，我偏不躲避，非撞上一撞不可，说不定，我可以把一块石头撞开，疏通河道。”

徐阶说：“继盛，你和士贞、居正是同年。你年龄最长，却心机最少。这是我最担心的。家事有时候还会吵嘴、生气呢。何况国事呢。自己的五指都伸不齐呢，又何况别人乎。你要多忍耐，要多阅历世事，多容纳各种各样的委屈。”

杨继盛见恩师这样说，自然沉默点头，算是顺从。

徐阶把眼前的茶杯端起来：“皇上如若用欧阳德为礼部尚书，那么，一定会重用一些儒生的。我和欧阳德还有聂豹是同门师兄弟，我们曾经一起发过誓，要清扫这世间污浊，要恢复传统美德，要鄙弃浮夸和投机。你们都努力吧。”

说完徐阶将茶饮尽，转身离去。

然而当天晚上，杨继盛、张居正和王世贞就被北镇府司的人带去问话了。

三人分别被带进三个暗房，烛火直射，审问的人在暗处。三个人被问的话都是一样的：“徐阶在赞美了皇上和工部侍郎严世蕃之后又说了什么。”

三个人的回答像是商议好的一样，如出一辙。

杨继盛说：“徐阁老只是和我们议论了一下聂豹的以往学识，并鼓励我们多修身养性，备谋报国之机。”

张居正答：“徐阁老给我们讲了他和聂豹对知行合一的不同见解，并鼓励我们多修儒学，以备朝廷大用。”

王世贞说：“徐阁老只是讲了一些儒学知识，他还说近日对‘诚意正心、知行合一’有了新的见解。然后鼓励我们多求上进，以谋合适机遇报国。”

三份记录相互比照以后，发现并无谋逆犯上之词，于是，当即放了三人。

杨继盛和张居正、王世贞分开以后，心有不甘，想知道到底是皇上派的锦衣卫来查问还是严府收买了锦衣卫来查探。

于是，他派兵部的探兵去严府附近盯梢。结果，果然发现，那几个锦衣卫不是回西苑向皇上禀报，而是直接从严府的后门进入严府。

杨继盛闻听此言，大为恼火，同朝为臣，竟然如此阴险，实在卑鄙。

杨继盛马上去徐府拜见徐阶，走到门口，正好遇到张居正。

通报以后，徐府家人传来话，说，徐公在写青词奏章，不会客。

杨继盛和张居正只好离开，一边走，杨继盛问张居正：“世贞为什么没有来？”

张居正说：“世贞仿佛是去陪徐渭和海瑞去购买墨汁了，海瑞认识一个叫作罗小华的制墨匠，却不知是不是还在京城，于是他们去东城的宣和街去看了。”

杨继盛虽不常动墨舞笔，但对罗小华的墨还是知道的，说：“海瑞一介举人，却识得不少人才，此人甚是奇特。”

张居正说：“此兄不仅性格见奇，见识也深，我看他对阳明心学的见解比我等只高不低。”

杨继盛有些不信，反问：“乡野之人，会有如此造诣吗？”

张居正说：“我大明科举屡有笑话闹出，杨兄可否听闻一个八岁孩子中举吗？”

杨继盛没有耳闻，说：“愿闻其详。”

张居正说：“是正德年间的事，湖广某县放榜，中举的人竟然有一个叫作赵时春的，年仅八岁，八股之制作的干净漂亮。时府学正好视察，疑其后有诈。当场出《子曰》一题让他破题，此子马上应答：匹夫而为百世师，一言而为天下法。此子虽然年少却熟读苏轼，此句借苏东坡之口破了题。一时间举座皆惊。那府学还是不信，又命他以自己的名字为题，复让其破之。谁知那孩子脱口而出：姓冠百家之首，名居四序之先。此子后被录用为举子，并被保举入翰林院，但此子后来稍长，却一事无成。”

杨继盛不明白张居正要说什么，连问：“此事和海瑞有何关系。”

张居正微笑，又作答：“兄可知刚入裕王府作讲读的高拱高大人？”

杨继盛说：“知道，此人刚直，颇有才情。”

张居正说：“此人因在大正有德酒楼出言顶撞正在那里巡视的锦衣卫头领陆炳，而被记入黑名单，直到十多年后，才被夏言发现，并清除出了名单，终于考中进士。”

杨继盛长叹一声说：“命运多舛啊。”

张居正说：“我有幸和徐阁老去文渊阁几次，有一次无意中看到过锦衣卫呈上来的举子黑名单，那海瑞的名字竟然在第二个。”

“看来，那严嵩当政，海瑞是休想再取功名了。”杨继盛慨叹说。

张居正这一次沉默不语了，四周一片安静。顿了一下，张居正说：“我观察了一下海瑞，发现此人一身正气，且谦虚谨慎，不知道哪里会开罪记录官，实是奇怪。此人聪明，看到功名不成，便入仕，想来可成全一些小的志向。”

两个人走到十字街口，作了揖，各奔东西。

杨继盛也想往东城的宣化街走一走，他有多日没有去拜会一个朋友。

在一家酒楼的门口，杨继盛发现了海瑞、王世贞和徐渭，连忙走过去。

“有什么事情吗？”杨继盛问。

王世贞看是杨继盛，连连摇头，说：“半月后是严世蕃的母亲要过寿诞，命令这家酒楼洗地十日。”

杨继盛说：“作威作福。”

王世贞接话：“不过是严府借机敛财而已，到时候自然会有一些地方官员闻讯送上诞礼。”

旁边有一个人接话说：“不过这一次听说严府是为了给老太太治病而大宴百姓的，洗地三日是礼仪。”

说话的人显然是严府的亲戚，杨继盛不由得心里一惊，会不会，刚才那句话被他们听了去。

王世贞大概看出了杨继盛的忧虑，连忙开导他说：“那不过是一过路人。”

海瑞也说：“看不出刚才那个人的身份，应该不是锦衣卫。”

杨继盛反问一句：“海瑞兄来京城不久，何以断定。”

海瑞说：“锦衣卫的脚步轻，试想一下，一个脚步轻的人，一定是把重心放在前脚掌，正所谓踮着脚才无声。而刚才那个人走路的姿势颇为逍遥，看起来就没有接受过任何训练。”

王世贞和杨继盛都被海瑞的观察力所折服，连忙作揖说：“刚峰兄果然名不虚传，目力惊人。”

四人说得投机，便去旁边的红楼喝茶。

在茶楼里，徐渭挥毫作画，海瑞添字，王世贞以小楷备注。杨继盛说：“我来收藏好了。”

四人哈哈大笑。

正谈笑间，杨继盛却突然想起一件事情，连忙把画卷了，揣在怀里，连声说：“失礼失礼，我有一件急事，要去办。有罪有罪，改天，我一天请三位，再叫上居正畅饮。”

半个月后，兵部员外郎杨继盛上书朝廷，弹劾严嵩十大罪状、五大奸宄。

在奏章中杨继盛写道：“……臣敢以嵩之专政叛官十大罪，为陛下陈之！祖宗罢丞相，设阁臣备顾问，视制草而已。嵩乃俨然以丞相自居，百官奔走请命，直房如市，无丞相职而有丞相权，是坏祖宗之成法，大罪一；陛下用一人，嵩曰：‘我荐也。’斥一人，曰：‘此非我所亲。’陛下宥一人，嵩曰：‘我救也。’罚一人，曰：‘此得罪于我。’群臣感嵩，甚于感陛下。畏嵩，甚于畏陛下。窃君上之大权，大罪二；陛下有善政，嵩必令子世蕃告人曰：‘主上不及此，我议而成之。’欲天下以陛下之善，尽归于己，是掩君上之治功，大罪三；陛下令嵩票拟，盖其职也，岂可取而令世蕃代之？题疏方上，天语已传，故京中有大丞相、小丞相之谣，是纵奸子之僭窃，大罪四；严府役严效忠、世蕃之子严鹄，乳臭未干，未尝一涉行伍，皆以军功官锦衣，两广将帅，俱以私党躐府部，是冒朝廷之军功，大罪五；逆贼仇鸾下狱，贿严世蕃三千金，嵩即荐之为大将，已知陛下疑鸾，乃互相排诋，以泯前迹，是引悖逆之奸臣，大罪六；俺答深入，击其惰归，大计也，嵩戒丁汝夔勿战，是误国家之军机，大罪七；郎中徐学诗，给事中厉汝进，俱以劾嵩削籍，内外之臣，中伤者何可胜计，是专黜陟之大权，大罪八；文武选拟，但论金钱之多寡，将弁唯贿嵩，不得不朘削士卒，有司唯贿嵩，不得不掊克百姓，毒流海内，患起城中，是失天下之人心，大罪九；自嵩用事，风俗大变，贿赂者推荐及盗跖，疏掘者黜逮夷齐，守法度者为迂滞，巧弥缝者为才能，是敝天下风俗，大罪十。”

在朝辩会上，黄锦刚读完这十条就引起了一片喧哗。

杨继盛大义凛然，指着严嵩说：“请问严阁老，上述十条我可曾杜撰。”

严嵩咳嗽了一声，温和地说一句：“继盛，老夫与你有何亲密关系吗？”

杨继盛说：“没有。我耻于与你有任何关系。”

严嵩说：“狂妄。那么，我问你，从去年至今，你由狄道典史升山东诸城知县，再升南京户部主事，三升刑部员外郎，四升兵部武选司。一岁四迁，请问，我收你钱了吗？”

杨继盛一时语塞，下面马上有人小声议论起来：“是啊，任何一个当朝执政的宰辅，也不可能把所有的官职给全卖了。”

徐阶在一旁坐听，没有说话。听到有人嘲笑杨继盛的时候咳嗽了一声，下面的人便安静了一些。

赵文华站起来说：“阁老是内阁首辅，自然承担要多一些，窃皇上之权，有些牵强。当今圣上是何等神明，你如此幼稚，这一条可以不理会。既然这一条可以不理会，那么第一条也很牵强，至于大小丞相之谣不过是市井中的猜测和笑料，你是阳明心学之徒，岂可不加查证凭空胡说。如果按照你的逻辑，那茶楼的说书人还说我朝太祖饥饿，住在一个庙里，发现那庙柱竟然是姜米所制，于是吃饱了肚子，从而赢得了天下。难道你也相信吗？此种市井之言大可一笑了之。”

杨继盛说：“那严府家人严效忠和严世蕃确实未进入行伍之中，却冒以军功得谋职位，是不是属实？”

赵文华说：“这更是众所周知的事情，严府公子世蕃在军中患了眼疾，严府派出家丁严效忠前去照顾，结果，那管营的军官不分青红皂白就把严家两个都提了军官，说是为了方便照料严家公子。严阁老听说此事，命令儿子立即退回到宫中任闲职，请问各位大人，内阁首辅的儿子有才华，为何就不能担任官职？”

杨继盛气得脸面发红，两手发抖，说：“巧舌之辩，巧舌之辩。”

赵文华说：“伤心之辩才是。我受阁老之恩，屡想回报，你受阁老之恩，却百般诬告，如果你们不是有不共戴天之仇，就是你丧心病狂，想青史留名。”

赵文华的指责的确代表了一部分朝臣的心声，不管严嵩如何的不是，作为一个官员，不能恩将仇报。如果杨继盛对严嵩不满，早可以在提升任免的时候表达出来，不能得到别人恩惠之后，猛刺一刀。确有欠妥之处。

严嵩在朝内本来开罪的人并不在少数，只是杨继盛的十条罪名，过于虚妄，所以，一时间，竟然没有一个人来呼应杨继盛，这使得场面极其尴尬。

朝辩了一段时间之后，司礼监黄锦又开始宣读杨继盛的后半部分的奏章：

“嵩有此十大罪，昭人耳目，以陛下之神圣而若不知者，盖有五奸以济之。知陛下之意向，莫过于左右侍从，嵩以厚贿结之，凡圣意所爱憎，嵩皆预知，以得遂其逢迎之巧，是陛下左右，皆嵩之间谍，其奸一；通政司为纳言之官，嵩令义子赵文华为之，凡疏到必有副本，送嵩与世蕃，先阅而后进，俾得早为弥缝，是陛下之纳言，乃嵩之鹰犬，其奸二；嵩既内外周密，所畏者厂卫之缉谤也，嵩则令世蕃笼络厂卫，缔结姻亲，陛下试诘彼所娶为谁氏女，立可见矣，是陛下之爪牙，乃嵩之瓜葛，其奸三；厂卫既已亲矣，所畏者科道言之也，嵩于进士之初，非亲知不得与中书行人之选，知县推官，非通贿不得与给事御史之列，是陛下之耳目，皆嵩之奴隶，其奸四；科道虽入其牢笼，而部臣如徐学诗之类，亦可惧也，嵩又令子世蕃，将各部之有才望者，俱网罗下，各官少有怨望者，嵩得早为斥逐，是陛下之臣工，多嵩之心腹，其奸五……”

刑部尚书何鳌是严嵩一手提拔上来的，他一直很安静地听，完了以后，他问：“依大明律，罗织罪名，要言之确凿，依卑职看来，杨继盛受恩后攻讦阁老，并罗列出十五条罪名，且多是模糊的罪名，这些罪名表面上指严阁老贪权，实际上咒骂皇上不辨是非，被一人愚弄。实是可笑之极。严阁老自嘉靖二十三年执掌内阁以来，每一桩小事，哪怕是给文渊阁换一个梁柱，皇上皆知也。何曾发生过先阅而后进之事。阁老多年与皇上相处，顺从者多，反驳者亦不少，你何曾在奏章中提过只字，如此偏颇，简直荒天下之唐，谬天下之论。”

朝中能为杨继盛说话的，只有徐阶。徐阶提前看过杨继盛的奏章，看完之后大怒，摔到了地上，并批评杨继盛幼稚。谁知杨继盛固执己见。

杨继盛那日和王世贞、徐渭、海瑞匆匆话别后，去刑部大狱看望他的一位乡谊，在锦衣卫中任都统。正是这位前几日还很神气的都统却在大牢里死了。

他的手里拿的，正是他精心搜集的严世蕃的十几个罪状。

杨继盛看到他被打得遍体鳞伤的模样，忍不住潸然泪下。

他拿着他手里的带血的纸条，找到这个乡谊所在的锦衣卫宿舍，才查明，原来此人得罪了严世蕃，严世蕃信任此人，让他负责押运了一趟银子，运往江西分宜严嵩的老家，因为大水冲断了分宜的一座桥，严世蕃偷偷地运了一车银子让当地的父老乡亲救急用，而后再归还。不用说，照例只会多还回来一些。

用皇上的银子作好事，迟早是瞒不了的，所以，银子运出去的当天晚上，嘉靖帝就知道了消息，便叫严嵩到西苑回话。严嵩对答自如，并一口承担了责任，说皇上正在清修，这等小事，过后再补充汇报，并且也通报了内阁及户部。

司礼监李芳当即传来了户部及内阁徐阶，徐阶是知道的，户部也刚得知不久，但也是知道的。

故，告密的那个锦衣卫都统就犯了诬告并欺君之罪。

廷杖一百送入大牢，虽然执法的人都是自己人，一百杖没有要了命，却也是皮开肉绽。再加上严嵩恼火地吩咐牢狱里面的好好侍候，于是，杨继盛的这位乡党便一命呜呼了。

杨继盛哪知这些内幕，只以为自己掌握了真正的严嵩欺上瞒下的秘密，连夜写好奏章。第二天，他便拿到了徐阶那里。奏章被徐阶扔到地上以后，他拿回去又反复看了几遍，更为自己的文词激烈而叫好，认为自己尽到了为人臣子的忠义，应该大胆地呈上去。

可是，正在这时候，严嵩却派人送来一把扇子给他，邀请他一定要参加他夫人的寿宴，并嘱：不必备礼，如非要备，则可备十五枚鸡蛋足矣。

杨继盛当然知道十五枚鸡蛋的意思：十五为月圆之数字，十五也是表达长寿如圆月之意。

谁知他忽然想到自己写的奏章，里面虽然历数了严氏父子的罪孽，却并不条理，于是，撕毁了，重新写过。写了十条罪则之后，觉得仿佛没有什么可写了，就根据锦衣卫的血书里的记录，又补加了五条奸事。

写完以后，杨继盛认为大功可成了，十五条罪证，比十五枚鸡蛋砸在人身上更疼痛。

谁料想，经过朝辩后，司礼监的太监们把臣工们的辩词递到西苑，得到的结果是，杨继盛廷杖一百，收入大牢。

第二天，张居正、王世贞、徐渭和海瑞聚在了大正有德旁边的红楼喝茶，徐阶照例没有来。因为此事敏感，锦衣卫在徐府前后活动。

徐阶派家人给正在喝茶的张居正他们送来了一份密函，张居正撕去封蜡，竟然是杨继盛的奏折的副本。

张居正看完了以后给了王世贞，说："唉，不理智。"

王世贞看完了以后给了徐渭，说："唉，不理智。"

徐渭看完了以后给了海瑞，说："想不到，杨兄竟然如此天真。"

海瑞看完以后，递还给张居正，说："杨兄确是天真了些，此次看来，严嵩的党徒的确布满朝廷，现在对抗严嵩，为时尚早啊。"

张居正说："不仅是现在为时尚早，而且，往前看，也是绝望啊。"

那天茶饭啖毕，王世贞研墨，张居正和海瑞抻纸，徐渭泼墨画了两幅寿诞图，并题了款送严府欧阳夫人。王世贞拉着自己的老父亲王忬持徐渭的画作前去严府提前送寿礼，并顺便为杨继盛说情。

严世蕃对徐渭的画欣喜若狂，答应了不再追究杨继盛，但刑部羁押的期限是三年，暂时不变，以教诲杨继盛的年轻气盛。

又等了一个月，王世贞和父亲又去严府，才知道，杨继盛在狱中痛骂严嵩父子，不得已，刑部只好动了刑具，他又受了身体之苦。

徐渭和海瑞也想等着能营救出杨继盛，但左等右等均无望，就辞别了王世贞，离开了京城。

张居正眼见王世贞父子不惜变卖自己的家产为杨继盛奔波，而自己却一直无能为助，恰好自己的结发妻子染病离世，心痛不已。忽然觉得身心俱疲，在送走海瑞和徐渭的第二天，他给徐阶留下千字长信，告病回乡。

第六章 徐阶推荐，上任淳安

嘉靖三十六年入冬，一场大雪把整个皇城都凝固了。

严嵩一大早就入了西苑万寿宫，嘉靖帝果然还没有起来，当值小太监冯保把衣服穿得厚厚的，却仍然在那里打冷颤。

嘉靖帝的寝宫怕有烟火危险，不生炉火。所以，显得格外冷。

嘉靖帝的眠床却是温暖的，因为当初建造的时候在下面通了热气管，从附楼里烧火，那床铺下方镂空气道里就会一直有一股热气。

冯保实在忍不住那一股股寒风，“啊”地一声巨响，打了个大大的喷嚏，把睡梦中的嘉靖帝震醒过来。

正在里面给嘉靖帝摆放热水盆的掌印太监李芳，闻听此声响，狠狠地瞪了一眼冯保，连忙跪过来，看嘉靖帝。

嘉靖帝醒来就喊李芳的名字，然后就说：“朕要更衣。”

李芳连忙把道袍拿来，手无意中摸到了一个补丁，不由得心里一酸，扑通跪倒：“奴婢照顾皇上不周，仙袍已经破洞，奴婢竟然没有发现。”

嘉靖帝咧开嘴笑了，说：“不怪你，是朕故意弄破的，朕只是想知道，一件衣服能穿多久，现在方知道，一件衣服穿了这么久也弄不破啊。朕偏要弄破它，结果，昨天修练则有大长进。看来有时候，打破陈规倒也是好的作法啊。”

他这才看到一旁跪着的严嵩，连忙说：“严嵩这么早来，有喜事吗？”

严嵩连忙上前，帮着李芳一起拍打皇上身上的丝线。一边说：“有两件喜事，臣憋不住，一早醒来就来了。”

嘉靖说：“这么说，你的这两个消息，像屁一样，憋不住了，那好吧，就当着朕的面放了吧。”

李芳把旁边最大的一个木盆端了过来，伺候嘉靖帝沐足。

严嵩知道皇上开心了，嘉靖只要开心，准会在大臣们面前说屁字的，譬如有一次夏言呈上的青词，只有两句：君子务本，本立而道生。意图劝谏嘉靖帝上朝，但是嘉靖却说：“我刚才放了一个屁，你放屁没有。”

夏言一听，愣住了。他不知道皇上要骂他什么，小心翼翼地作答：“微臣没有放屁。”

嘉靖帝立即赐了夏言仙丹一粒。

吃了少许，夏言果真放了一个屁。

嘉靖说：“想教训我了，是吧。我只想告诉你，本，不过是内心里的污浊，需要排除。既然你放了屁了，就老老实实地写青词去吧，临走时点上一柱香，香燃烧完毕之前送来。”

夏言被嘉靖帝的一个屁治理得服服帖帖的。

这件事情在宫中流传了很多个版本，一说是因为夏言不戴香冠，一说夏言闻到皇上放屁而严嵩赞美，他却大声笑。总之，无论什么时候，皇上说关于放屁的话，一定是开心的。

严嵩如今见皇上高兴，连忙呈上文牒，说：“瑞雪兆冬，来年有个好的收成，天助大明得稳定，此为一喜。”

见皇上没有作声，严嵩继续说：“第二件喜事，是恭喜皇上得吉物。”

嘉靖帝把脚从一个木桶里拿出来，然后放到另一个木桶里，刚才是热水，现在的这盆则是温水，温差把脚部的神经激活，有利于修身养性。

嘉靖帝并不知道，现在京城有一个茶楼叫作太白楼，已经开始提供洗脚服务，所有木桶都是从宫中运出去的。而所有的收入，也都归司礼监李芳掌控。

嘉靖帝看着李芳把木桶提走，问了一句：“朕今天是第多少次洗脚了。”

李芳把桶放下，掏出一个手牌，回答嘉靖帝：“陛下今天早晨是第七百九十六次洗脚，双数。”

陶仲文怕嘉靖帝过于沉溺后宫，便编排出逢单数不宜近女色的规矩，因此，嘉靖帝便收敛了许多。

嘉靖帝面露喜色，挥手让李芳退下，咳嗽了一声，让严嵩继续说：“说吧，你又给朕弄了个什么好玩的东西。”

严嵩站起，把手中之物交给了一旁侍立的冯保。

冯保嗜赌，近来总是输，替所有的人干苦工，打扫、洗衣，还要去外面采买用品。所以，轮值他的时间也总由陈洪和黄锦代替了。嘉靖帝见是他，还很奇怪，你这小奴才，朕还想和你猜谜语呢，你跑到哪里去了。

冯保唯唯诺诺，不敢出声，把严嵩的东西递给嘉靖。

嘉靖帝一看这么精细的锦盒，问严嵩：“搞什么名堂，弄这么小的盒子装着，难道是想让我练字用的毛笔。”

严嵩连忙辩解说：“皇上，毛笔乃劳繁之物，虽然能指点江山，却多劳累圣上龙体，故不能算是吉物。此盒中是一双筷子。”

嘉靖帝哈哈哈，一点也不掩饰地笑了，说：“你这个严嵩，怎么越老越像个孩子，大早晨拿个筷子来和我对词句。筷子的确是吉物，因为一看到它，朕就饿了，不是饥物是什么。是饥饿的物。”

严嵩看嘉靖帝如此开心，也媚笑着说：“皇上请恕老臣没有把话说清楚。此筷子不是普通的筷子。”

嘉靖帝打开来，拿出来看，浑然天成的一双玉石筷子，那色泽憾人目光，简直夺天之工。

嘉靖帝十分欢喜，大声说：“朕看此玉浑然天工而成，难道是传说中的蓝田之奇。”

严嵩连忙接话，说：“恭喜皇上得此吉物。此物不但是元末传说中的蓝田之奇，而且是微臣前去武当山视查修建道观时所得。请皇上看看那玉石的筷尾部各有一隐约可辨的字迹，如果在烛火中炙烤一下，便立现。”

冯保手忙脚乱地点着了红烛，并从嘉靖帝手中接过筷子，大概是昨天晚上一夜没有休息好，寒冷过分，慌乱之中竟然忘记了皇上的要求，把筷子的头部在烛火上烧烤，结果，嘉靖帝发现，大骂冯保：“你这奴才，头脑发昏了不成，竟然把我的话当作耳边风。”

那冯保受了惊吓，看到皇上责怪，一时心急，急火攻心，竟然瘫坐在地上。

严嵩大喊，来人。

陈洪刚好进来禀报事情，见此情景，连忙叫两个小太监将冯保拖出万寿宫。并照严嵩的吩咐，将玉石筷子的尾部在烛火上炙烤了一会儿。陈洪拿给皇上看，果然有两个字显现出来：三丰。

嘉靖激动地从坛座上起身，跑下来，说：“是张真人，张真人的字迹。”

严嵩说：“此物早也不现身，晚也不现身，只等微臣代皇上视察武当山的时候才现身。”

嘉靖帝说：“严爱卿你说说详细的情由。”

严嵩说：“武当山道观共有七处需要重建，一百八十三处需要修缮，历时了两年多的时间，才全部竣工。臣到了那里的时候，天清地爽。却只山顶的峰回阁云雾缭绕。峰回阁，是山峰的最高点，也是去另一座峰的路的起点。此阁因为海拔很高，修缮难度很大，宫中派去的工匠，为了顺应地利，决定只修缮破败的地基，而没有修缮阁楼的房顶。微臣那天去那里看的时候，发现那阁楼顶部的一个祖师像面目模糊，责怪他们不认真修缮，谁知当侍卫踩梯子把祖师像取下来的时候，这个锦盒随之出现。皇上你看一下那锦盒里的帛书，就知道，应该是张真人成仙之时的留笔，那字飘忽如云，随时都可能飞走的样子。”

嘉靖帝打开了那帛书，发现只有四个字：得失皆缘。

嘉靖帝有些惊喜，连声称赞说：“好！好！好！”

严嵩说：“微臣贪心，在路上遇到一旧友，颇懂古物，便问他此玉石筷子的来历，他一看大惊失色，说，此筷子乃天成之物，普通人用不了的。这就更让微臣相信，此物归张真人所有。”

嘉靖帝，把筷子掬于手中，反复拿捏，均很合意，说：“严嵩有赏。可是，赏什么呢？我得想一下，赏木桶一只吧。”

嘉靖帝指着自己尚未用过的一只木桶说：“此木乃云南杉木，闻其味可壮阳也，沐其温，可治癣也，浸其汁，可散淤也。也是宝物。用杉木洗脚，是裕王献的方子，听说是前不久被朕赶出宫的李时珍献的。你取一只去，可反复使用。朕用过的木桶均被李芳拿去赚钱了。他还以为我不知，哈哈哈，哈哈哈。”

旁边伺候的陈洪，闻听此言，扑通跪倒在地，插话说：“奴才该死，奴才知道李公公暗箱操作此事，却始终未敢禀报皇上，请皇上降罪。”

“有什么罪啊，我都知道了，连他们的账本都看过了。是替朕赚了不少钱，也花了不少莫名的钱，可听说多是替你们的刚入宫的太监购买被扣在小刀刘那里的宝贝用的，所以，其情可嘉啊。”

陈洪一听皇上并未怪罪李芳，反而有赞赏之意，表情有了变化，连忙叩谢说：“奴才替李公公谢陛下如天之悯。”

嘉靖帝挥手示意，陈洪起身给嘉靖帝打典坛座。

嘉靖帝说：“伺候朕早餐，在后殿的钓鱼台吃饭，要宴舞，严嵩就陪朕食粥吧。”

普通的小米粥，早餐食小米粥，与普通家庭同俗，也是嘉靖帝自登基以来养成的爱民的好习惯。

什么也没有放，但煮粥的技巧却惊人的好，是嘉靖帝的乳娘自小就用此方法给嘉靖帝熬粥，用一个敞口的炒菜用的铁锅盛水，烧开后用一带着诸多小孔的锅盖盖上，继续烧水，蒸汽顺着锅盖的小孔四周流下，正有四个陶碗接着。待蒸汽水接得满了，放入小砂锅里，把小米也放入，文火至粥香出来，便可。

嘉靖帝坐在临水的龙椅上，侧坐的严嵩小心翼翼地坐着，生怕一不小心重心没有了，跌入水池中。

钓鱼台是后殿的一个餐厅，夏天的时候，四面的门均可以打开，空气对流，风吹云动，很是怡人。整个大殿的中间是一个深两米的水池，水池的上面建构了一个四个人对坐的餐桌，有一坐北朝南的龙椅，其他三个均是陪座的竹椅。

冬天的时候，这里原本是基本不用的。但是，嘉靖帝喜欢偶尔坐在这里吃饭，于是，冬天的时候，四个椅子上均铺设了厚厚的一层皮毛，远远地看上去，仿佛有了一些暖意。

嘉靖帝说：“陈洪，你也上来一起坐。”

陈洪连忙谢皇上的赐座，一溜烟一样地沿木排踏上正中间的餐桌。

嘉靖帝说：“我们比赛看谁喝得最快吧，谁最先喝完粥就算是赢，赢了的话，朕把自己的一个秘密告诉他，只告诉他一个人。谁要是输了的话，就去外面堆个雪人，而且要堆得像自己。”

说完，嘉靖看着严嵩和陈洪。

嘉靖笑了，说：“你们不要害怕，这只是比赛，你们可以赢我的。”

陈洪和严嵩都面露苦色，严嵩说：“臣答应。”陈洪也同时说：“奴才愿意陪皇上比赛。”

嘉靖很高兴，说：“不仅要喝粥，还得喝一口粥，用筷子夹一口小菜。不过，如果你一口就能喝完了，那就不用筷子了。”

摆在桌子上的粥碗是中号碗，比平时嘉靖帝用的大两倍。

嘉靖帝突然像个孩子一样喊了一声“开始”。

三个人连忙端起碗来喝粥，第一口，都很大，完了以后要夹一筷子小菜。嘉靖帝的动作太快，他大概一定是要赢陈洪和严嵩的，手一滑，一根筷子滑到了桌面上，然后随即滑落在餐桌的石头底座上，那一根筷子毫不犹豫地断成了两截，落入水中。

严嵩和陈洪被眼前这一瞬间的变化惊呆了，尤其是严嵩，脑子在飞速地转动，可一时之间，也无法再安慰嘉靖帝。严嵩甚至憎恨自己为了邀取奖励而拼命地赞美这双筷子，其实，这双筷子并不是严嵩取的那天发现的，而不过是武当山的镇山之宝，被严嵩巧而取之。

严嵩一时间想不出该如何把玉石筷子摔断的事实给圆满地解释了，一时间愣在餐桌的椅子上。

陈洪聪明过人，一看这情形，连忙说：“皇上不要惊慌，宝物得而又失，一定另有情由，还是听陶少保来解释一下更稳妥。”

一脸灰尘的陶仲文大概在试验火候，没有来得及更衣净面，便跑进万寿宫后殿的钓鱼台这里问安。

陈洪嘴快，把情形简单地向陶仲文说了一遍。

陶仲文说：“恭喜皇上，得到此天物。”

嘉靖帝说：“何喜，刚得即失去，不如不得。”

陶仲文说：“请皇上看一下那筷子折断方位，便知。”

嘉靖帝一听，连忙俯下身子观望，没有看出什么究竟。有些不信，又向左看了看，一条小鱼过来，游到那玉石筷子那里，观看了一会儿，离去。

嘉靖帝说：“你接着说，说明白点。”

陶仲文说道："严阁老送来的天物其实并不是让皇上日常使用的，而是来报信的。"

嘉靖帝哈哈地笑："陶卿家说话处处留玄机，倒是有趣。"

陶仲文说："不是微臣乱说，你看那筷子所落之处，距离陛下的位置，便知，那里是浙江杭州府所在地。当时此钓鱼台乃是工部严侍郎和老臣一起设计所建，此池水的形状故意仿着我大明朝地图样式所建，皇上的椅子位置正是京城，而筷子滑落到的东南方的大致位置，以微臣目测，大约在浙江。况且，一只玉石筷子折断于水中，折于水中，即浙江的浙字，新得之物折断，这本身就说明浙江有事，此两种情形相互呼应，臣推测，此天物应该是为皇上报信的。"

严嵩和陈洪在一旁听明白了陶仲文的解释，一边在内心的佩服，一边等着将来有一日来验证。

正在这个时候，兵部急件，是李芳慌慌张张进来禀报的，说是倭乱危机整个浙闽，浙江更是混乱不堪，一些倭寇数月前已经潜入，先是在宁波、绍兴、台州一带进行攻击，然后他们沿海岸线进入杭州府，并顺河而上，进入淳安、建德两个富庶的江南米乡，大肆掠抢财物。他们白天不出门，出门也一副我大明朝商人的装扮，现在，杭州府已经乱了套，凡是商人模样都被捉进了大牢，牢狱已满，不得已，只好把原来犯轻微罪行的犯人统统放了，可是，依然没有任何进展，现在整个浙江百姓都民心惶惶地，不敢和陌生人搭话，凡有钱的百姓都纷纷离家，投奔内陆省份其他的亲戚去了，真是祸事连连。

李芳把大致情况汇报完毕后，又加说了浙江总督胡宗宪的捷报：说是戚继光在前不久，刚刚在台州守候了几夜，全歼了两艘船只的倭人，打死五十余名倭寇。

嘉靖帝连忙让李芳把桌子上的食物统统撤了，摆上了地图，发现，筷子折断的部位，果真在杭州府。便大声说："朕有了陶爱卿，真是心可安矣，可安矣。现在，严嵩你说说，接下来该如何查办浙江倭寇啊？"

严嵩跪答："皇上，我大明朝海岸线长达万里，每每驻兵把守，几不可能。浙江沿海有胡宗宪坐镇指挥，又有勇将戚继光在那里捍卫，海防应该算是安全。只是，像倭寇的这种小股力量，流窜作案，扰乱民心，破坏治安的事情，我相信，一定和我们大明的内奸有关。微臣一早就听说过，那些倭寇中，有一小部分人本是我大明的渔民，皆因为被日寇抓获，后来在日本岛国生活下去，便成了倭寇，他们中有一小部分人是精通我们的语言，所以，一定要重新选派一些合适的知府、知县下去，把这一波动乱在县辖之内镇压下去，让老百姓把心安下来。"

嘉靖帝问："可有人选。"

严嵩说："支援胡宗宪的兵防，微臣将再和户部、工部等商议一下，给那里提供足够的军粮。浙江扫平倭患的任职人选，请容老臣和徐阶再商议一下。"

嘉靖帝说："不要商议了，把徐阶传来，在这里议了。"

粥加热了以后，又端了上来，嘉靖帝把另一只筷子交给李芳，说："好好保管。"

陶仲文在一旁说："微臣刚才细细观察了，在石桌子上的另一只筷子的方向。"

嘉靖帝有些疑惑，问："卿家说，剩下的这一只筷子也是向朕报信的吗，好的，快快道来，这只筷子要向朕报什么信呢？"

陶仲文说："刚才的那只折断了的筷子位置非常明确，微臣确信是向陛下报信，而且留下一只筷子未断，也暗言此难题必有一个解决的方法。这一只筷子只是筷头的方向指向东南，想来是，东南方向必有一人，可帮陛下解此难题。"

说话间，徐阶匆忙从文渊阁赶到了西苑，进门就急报嘉靖帝："皇上，内阁收到兵部急件，浙江倭患由外而内，现在整个淳安县城已经闹得民不聊生啊。”

嘉靖帝随手把手里一张文牒扔给了徐阶，说：“朕已经知道了，刚才也和陶爱卿和严爱卿商议了，现在既然内患大于外患，那么，我们就可以继续增兵严于律外，然后仔细选人，进入以上诸地，安抚人心。徐阶，你和严嵩都推荐人才吧。”

严嵩说：“微臣荐国子监左春坊左谕德罗龙文任杭州府知府人选，此人是嘉靖二十年进士，在翰林院多年，长于调和人事。应该合适此任。”

“徐阶呢，你有何人选要推荐？”嘉靖帝问徐阶。

徐阶说：“我有一少年才俊，此人与罗龙文同事，是右春坊右中允，名叫张居正。他少年老成，胸怀大志，此时不防让其下去历练一下。”

嘉靖点点头，然后说：“此人倒是有名气，我听说过，把他派到裕王府里去吧，让罗龙文下去吧。”

徐阶和严嵩一起跪下谢皇上恩准。

嘉靖帝突然想起了陶仲文的话，问陶仲文：“陶卿家，你再说说，刚才你说有一个人可以帮朕解决倭患之事，此人在哪个方位。”

陶仲文作揖道：“那筷子的头指向东南福建方向。”

徐阶一听，连忙禀告说：“皇上，臣想起一人，此人可堪当大任呢。”

嘉靖帝说：“快快讲来。”

徐阶说：“微臣上次见一举子出身的县学教谕，虽然官职低微，但此人博学多识，颇有正气，而且目光犀利，定能分辨哪些人是倭寇，哪些人是我大明无辜百姓。”

嘉靖帝问徐阶：“举子出身的人，你怎么会见到？”

徐阶说：“这正是微臣要推荐此人的原因，此人虽然举子出身，但他不卑不亢，言谈举止，均给微臣留下深刻印象。”

嘉靖帝又问：“此人倒是好运气，遇到这么个热爱推荐他的人，此人叫什么名字？”

徐阶说：“回皇上话，此人叫海瑞，自号刚峰，海瑞为福建延平府南平县教谕。”

嘉靖帝说：“噢，我知道了，此人就是你们翰林院大加赞赏的那个不跪上司的海笔架吧。”

徐阶说：“正是此人，皇上。”

陶仲文在一旁插话说：“皇上，就是此人了。此人姓海名瑞，此去浙江，必定会给沿海地区带去祥瑞的。”

嘉靖帝一听甚是高兴，说：“好，准奏。”

嘉靖三十七年春，海瑞携家人海安抵淳安。一路上，海瑞布衣微服，从杭州府过境，然后沿着钱塘江进入建德。

在路上，海瑞便接到驿站的信报，他的好友王用汲刚刚被徐阶从苏州府吴江县调到了建德，要他们共同对付倭乱。

码头上一派繁荣景象，车马舟人来来往往，卖米的人换了羊，然后又把羊让别人捎给远房的亲戚。还有打着油纸伞到码头送情郎的烟花女子，哭哭啼啼，动情十分。一个打渔的老人，坐在船尾吃东西，表情安静，似乎对四周的噪杂的声音充耳不闻。有一个骑马的人说了一句什么话，骑上马远去了，身后留下一溜烟尘和咒骂声。

海瑞和海安刚上岸，就遇到用独轮车推了两袋米的老汉，那布袋大约刚才在哪里刮破了，那个儿子模样的年轻人，用手捂住布袋，生怕一粒米从里面逃出来。

海瑞看他们走得艰难，连忙伸手帮助了一下，谁知那个老者却突然停下来，厉声喝斥海瑞说：“恶贼，不要碰我的米。”

海瑞看了看自己的衣服，又看了一眼海安，觉得自己的装束并无不妥，很奇怪地看着那老者，说：“老丈何出此言，我是外地过客，看你吃力，搭一把手而已。”

那老者横竖地看了海瑞和海安几眼，说：“你骗不了我，别以为我老眼昏花，好欺负，你看看你这身打扮，还有你那被太阳晒黑的脸，一定是从东面岛国来的倭国人。我是不会把米卖给你的，我们新来的县太爷已经说了，不准和倭寇作交易，违者鞭笞。”

海瑞这才明白，这位老者误会自己是乔装易容的倭寇了，连忙憨厚地笑了，说：“老丈弄错了，我是从福建南平来的，再说，那倭寇也不可能说这么好的汉语。”

“哼。我们寨子里都已经因为和倭寇作买卖被抓去十几个人了，那些倭寇，没有一个不和你一样，一口福建口音，脸色黧黑。”

海瑞见那老汉认定了自己就是倭寇，一时间和他解释不清了，也不能为此就拿出官文让他来看吧。想了一想，海瑞说：“老丈如此执著地认为我就是倭寇，可有些不讲理了。据我所知，那些倭寇，多是在船上生活，脚底板特别地大，你只要看一下我的脚便知，我不是的。”

那老汉是个倔强的人，偏偏认了死理，非要认定海瑞就是一个假扮商人的倭寇，想要买他的米。

这一下，可是给海瑞出了一个难题。

海瑞看着围观的人越来越多，越是想不出什么方法该解决这个问题。海瑞也知道，这是一个心地朴实的老者，皆因为村寨里其他人家受了倭寇的伤害，便杯弓蛇影起来了。

海瑞问那老者：“你们通常看衣服和脸色来判断是不是倭寇，显然是不科学的，我想问一下，你们怎么证明一个陌生人不是倭寇呢？”

旁边有人插了一句说：“如果会说我们这里的方言就不是倭寇了。”

海瑞一听，分辩说：“如果那倭寇恰好会说你们这里的话呢，或者那个倭寇本来就是你们这里的人，出外打渔时被倭寇俘虏，成了听命于倭国的人呢。”

那个老者一听，大怒，说：“不可能，我们这里的人怎么会投降倭国人呢，你这个倭贼，被我识破了，竟然还在这里花言巧语，我今天一定要送你见官不可。”

老者说完，捉了海瑞的袖子便走。

海安在后面反复地重复一句话：“大哥，你们不能这样对待我家老爷啊！大哥，你们不能这样对待我家老爷啊！大哥，你们不能这样……”

海瑞走在前面，并不回头，低声说了一句：“海安，不要叫嚣，一会儿我们自会去酒楼吃上好的饭菜。不吃一点苦头，哪有那么好的饭菜招待我们啊？”

海瑞平时不苟言笑，他的话让海安有点丈二和尚，摸不着头脑。海安继续说：“大哥，你们能不能走得慢一些，我让我家老爷喝口水。”

那个胡子浓郁的官差并不理会海安，而是狠狠地往海瑞身上踢了一脚，说：“在水里你们跑那么快，怎么到了陆地上就蔫了呢，你们这帮狗海盗，老老实实地在海里捞鱼就是了，还非要跑到岸上来打家劫舍，这时不好好治治你们，老子就对不住这把家传宝刀。”

旁边的瘦弱书生样的官差倒是没有接他的话，而是笑着打趣胡子，说：“听说你们家的家传宝刀是一把切菜刀啊，你爷爷当年不是生了你父亲以后自切了，然后去了京城进了皇宫吗？”

哈哈哈，两个人的对话引得后面的官差们哄堂大笑起来。

街道两边的人越来越多，海瑞知道，他们已经进入了建德县的繁华地段了。酒坊、绣衣馆、米铺、当铺、青楼、茶馆、旅馆、镖局、风筝店、包子铺、西施豆腐坊、染衣店、棺材铺、糖果店、布庄、赌坊。街头卖糖堆的、扎草人的、卖蝈蝈的、拎着鸟笼闲逛的、背柴的、插着草卖自己的……

拐过十字街头的一个牌坊，走进了一个幽巷，海瑞抬起头，正对着的一个大院正中用朱笔写了“建德县衙”四个行草。

海瑞一看乐了，对海安说：“再忍耐一下，请我们吃饭的人快要出来了。”

海安并不熟悉王用汲，在京城时，海安见过李时珍，只是听海瑞谈起过王用汲多次，并不知道王用汲已经先他们一步来到了建德。

进入大堂，县丞孙士奇已经在等候了，他对着胡子捕快说：“李胡子，先把倭寇押下去，等王大人更衣后来亲自审问。”

海瑞一看王用汲要更衣才能出来，连忙对县丞孙士奇说：有烦县丞进里面通报一下，说是刚抓到的倭寇有一个无理要求。”

“嗯？”海瑞的话把孙士奇听得一愣，他有些不信自己的耳朵，竟然还有如此骄狂的倭寇，连忙不耐烦地说，“知县老爷正在洗衣服，他是一个爱干净的，一时半会儿是不会理应你的无理要求了，下去等吧。”

海瑞不紧不慢地接话说：“我的无理要求很简单，就是想去你们县的烧饼铺里，吃一两烧饼夹二两牛肉，你如果原话带到，我相信他会马上出来见我的。”

那县丞见海瑞出言不逊，不仅有些懊恼，但看到海瑞表情坦然，心里有些没底，难道此知县大人真的和此倭寇有私交不成，如果是这样的话，还是交由知县大人本人来善后好了。

想到这里，县丞孙士奇连忙说：“好好，既然你口口声声地要我把话带给知县大人，本县丞就成全了你，你等着，我这就去后院请知县大人。”

王用汲正在后院里浇一棵已经枯死了的花盆，县丞说：“老爷，门外有倭寇正在骂您呢？”

王用汲一愣说：“又抓到倭寇了吗？”

县丞说：“这个倭寇像是上次抓住的倭寇的上司一样，骄狂之至，竟然还说是你的朋友，要你赶快摆出好酒菜来招待。”

王用汲说：“如此猖狂，这哪里是倭寇，除了李时珍和海刚峰，我还没有遇到过如此抢劫呢。”说完便前去衙门大堂。

一边走，一边听那县丞添油加醋地说那倭寇的模样：“这个倭寇牙齿倒也是好看，不过有些鼠相，大概长期吃生鱼的原因，磨得牙齿尖利，还有，这厮一口福建口音，但仔细听了进去，又仿佛是我广东的乡音，看来，此倭寇长期在南部边境作案，今日来我县境内，一定是来踩点的……”

县丞孙士奇是一个热爱搬弄是非，而且嘴上碎语闲言积如尘埃，初次和他接触的人都会被他的啰嗦吓倒。好在王用汲仿佛已经知道了他的毛病，所以一路上，只有孙士奇一个人在说话，王用汲像是听而不闻，径直大踏步从后院进入大堂。

他一眼就看到了正在堂上打盹、手被一条麻绳绑了的海瑞。

王用汲大叫一声："刚峰兄。"

海瑞梦醒一样睁开眼睛，说："用汲兄，我正要在你的大堂里站着入睡呢。"

王用汲吩咐左右将海瑞和海安的绳索去了，然后又吩咐县丞孙士奇去醉仙楼包一个上好的包房，要给海瑞接风。

那孙士奇见王用汲见到此"倭寇"果然又是搂抱又是请饭的，一时间愣了神，想起刚才自己在王用汲一旁说的那些鬼话，不由得往自己的嘴巴上抽打了一下，说："唉呀，下官早晨起来的时候眼屎没有擦干净，狗眼看人低，请一定要原谅，一定要原谅在下的冒失啊。"

海瑞没有忍住，一下笑了，说："你又何必自责呢，不知者不怪，我呢，本来也是想和王兄开一个玩笑，故意没有说穿自己的身份的，我也有责，我也有责。"

孙士奇见海瑞给了他一个圆满的台阶，于是便满心欢喜地下了。

在一旁吩咐孙胡子去订醉仙楼的包房，还点名要包西江月包房。然后回过头来就插话，嘻笑着说："我如果没有猜错的话，你一定是在科场上被挂了黑名单多年，屡试不第的笔架先生海刚峰了。"

海瑞连忙微笑颔首，说："惭愧，惭愧之至啊。"

几番的争执，海瑞坚决不住王用汲安排的酒楼，而是在县衙的临时客房里开了一间房，和海安同住一室。

王用汲知道海瑞为人节俭，不好刻意劝勉，只好同意，让衙役多抱了两床棉被以御春天夜晚的寒冷。

酒席上，每端上来一道菜，孙士奇便勤快地介绍一番，等到上来最后一道菜——倭寇汤时，孙士奇的介绍把海瑞又一次逗乐了，只听到他说：“这道菜可是王大人来到建德以后作的第一件漂亮的事情。王大人来建德的时候，倭寇正在出没，全县上下的老百姓都被此风言谣语弄得人心惶惶，晚上吃饭的时候，衙门给大人熬了一锅南瓜粥，因为南瓜是从倭国传至中原，后又从中原传至我浙闽等地的，所以我们当地的老百姓都称此瓜为倭瓜，而且此瓜模样怪异，胖而丑陋，这一点也像极了倭人，所以称之为倭瓜。王大人听到我们称南瓜为倭瓜之后，第二天就吩咐全县的大小餐馆均加一份汤或者粥，叫作‘倭寇汤’，就是南瓜汤了。王大人以此方式告诉全县的老百姓们，倭寇并不可怕，只要我们齐心协力，定可以像煮南瓜粥一样地，把他们煮成一锅粥。”

孙士奇说完以后，海瑞便端起酒杯和他对饮了一杯，那孙士奇更是羞愧不已。

王用汲说：“刚峰兄来了就先别急着报到，我这里有一个棘手的案子，明天你随我去牢房里看人，我们一起来审这个倭贼，我知道，你的眼睛是一把剪刀，会把别人所有虚伪的东西都剪除干净的，你一定能帮我把案子审结的。”

干了几杯，海瑞便有些晕了，说：“酒逢知己千杯少，话很投机十句少啊，哈哈，哈哈。说完，竟自顾自己睡着了。”

海安从外面进来，把海瑞背到酒楼下的轿子上，然后随王用汲回了县衙。

第二天一大早，王用汲便派人送来了醒酒汤。

海瑞用餐完毕以后去县衙后院的王用汲宅院见王用汲家人，一进院门，只见王用汲正跪在地上给老母亲缠足。海瑞忽然想起自己的母亲，不由得眼睛一热。

王用汲见海瑞进来，连忙站起身，拍一下膝上的土迹，说：“刚峰兄，我听徐渭兄谈起你对伯母的孝顺，之后才认真学习的，母亲刚才还拒绝我呢，她有些不习惯，我以后争取让母亲习惯。”

海瑞连声称赞王用汲细心。

问安过后，便和孙士奇等人会合去县牢里提审前不久刚刚被抓获的倭寇头目王直。

王直正在那里大骂牢役们给他吃的米饭放了石头子，一会儿就把他的牙齿硌得生疼。一边骂，王直还不停地说："你们就是真的把我当成倭寇，也不用喂我吃石头子吧，想杀我，杀了便是，何必这么费尽心机地折磨我。"

海瑞在福建南平的时候也听说海上的倭寇有多半都是大明的人，因为有时候会因为船帆的方向或者一阵突然到来的大风，被刮到了倭国，于是便在倭国的小岛上生活数月，时间久了，也有留在那里生活的人，他们和倭国本地男人或女子通婚，便成了真正的倭国人，但是，他们的孩子依旧会说大明朝的汉话，所以，他们经常驶船来到浙江沿海一带买卖一些生活必需品，可是，自从嘉靖二年废除市舶司之后，禁止海上通商，长期对海上交易有依赖的沿海居民和海上往来的倭国商船只好在暗地里交易，一开始，倭国的商船也都是守规矩地和百姓进行以物易物的交换，但是，随着一些不法的商船陆续开始抢劫沿海居民和渔民以后，倭寇这个词语便开始广泛地应用在福建、浙江沿海一带。

海瑞一路上一直在读浙江沿海方志，不仅了解了此地的风土人情，还专门看了旧本草在浙江的分布，发现了许多珍贵的药草都在浙江内陆的水米之乡生存。虽然他刚刚踏上浙江的土地不久，但凭直觉，他觉得眼前的这个脾气暴躁的王直应该不是真正的倭寇。

海瑞看了一会儿王直，说："你说你不是倭寇，那你是哪里人，又是在哪里被抓的啊？"

王直看了一眼眼前的这个陌生人，口音轻飘，他觉得，眼前的这个人才像是倭寇呢，他嘿嘿地笑了，说："你难道不是新抓回来的倭寇吗？"

海瑞和王用汲被王直的话一下逗笑了，哈哈哈哈。

海瑞说：“你老实答话，本官兴许可以还你清白。”

那人一听海瑞自称本官，以为是王用汲的上司，马上扑通跪倒：“唉呀，青天大老爷，我说昨天晚上我娘托梦给我，让我今天多吃些饭，原来是为了迎接大老爷您呢。小人姓王名直，本是淳安宋村镇王家湾人，小人家里的一头水牛十天前突然丢了，父亲和我到处去寻找，结果父亲病倒了，也没有找到。四天前有一个人说，牛被一群倭寇烧一个村寨时惊吓到了，向建德新安江方向跑去，哪知我带了干粮，走了两天，走到建德的时候，早被一群人围住痛打了一通，然后也不知什么原因，就被抓到这里来了。”

海瑞说：“既然你是淳安人，那我就更要替你申冤了，你能不能说出你小时候止血用的药草名字啊。”

王直听得一愣，他想不到海瑞像是一个考场的老师一样，突然提一些问题让自己作答，他想了一下，说：“我家地边上长满了猪牙齿和狗牙齿，这就是我们经常用的药草，通常摔倒破了皮，就用狗牙齿嚼碎了敷在上面，如果被毒蛇咬伤了，就要吃猪牙齿了，我就吃过几回，吃了就吐一摊血，之后就好了。”

海瑞一听，大喜，说：“你说得对，那猪牙齿便是中医上的佛甲草，而狗牙齿便是中医上垂盆草，其用处多是止血化毒的。既然你连这些都知道，那说明你在此地必是久居，既是久居的村人，那多半不是倭寇。只是有一点很疑惑，为什么，一帮人打你的时候，你不仔细地辩解说自己不是倭寇呢？”

那王直一听眼前的官老爷相信自己不是倭寇，有些激动，说：“我也很奇怪，怎么，我刚从小船上上岸，就有一群人朝我冲来，我听见旁边的一个人在叫喊说，他就是淳安的王直，和大倭寇头目徐什么是亲戚。那个喊话的人喊完就溜了，我就被一帮捕快给逮住了。说真的，我冤死了，我家的牛现在还没有找到呢，现在我出来几天又回不去，家里只有眼睛不好的老母亲在伺候父亲，我着急得头发都白了，青天大老爷，你要是明察秋毫，就把我放回去吧，只怕我要是再不回去，父母亲以为我出了事，连急带病会死掉的，请您可怜可怜我吧。”

海瑞说："好的，你如果能再回答我一个问题，我就可以放你走。"

王直连连点头，像是私塾学堂里一个急着散学回家的学童一样。

海瑞微微思寻了一下，问道："你说你带着干粮上路来找水牛，沿途可有什么奇怪之事，譬如你打听别人的时候，别人是如何回答的，还有，你是如何坐上来建德的船的，水牛在淳安走失，怎么可能跑到建德这么远的地方啊？"

王直说："大老爷问得好啊，你不问，我还想告诉你这件事的诡异之处呢。我从家里出来，向东南方向寻找，结果，我每到一个村庄都会遇到热心的人，给我指路，他们都说看到了我的水牛：屁股上有一个伤疤，两只牛角有一只折断了，新长出来一点点。他们说得很真实，我就相信了他们的话，可是，他们的话都是一模一样的，连一个字都不差，每一次我问人有没有见过水牛，旁边必会有一个人听到了过来给我指路，这样，我一路走到新安江码头，我坐船时，问那船夫可曾见过一头水牛被渡过河，那船夫竟然也说一模一样的话，这多少让我觉得奇怪，但又说不清楚到底是怎么一回呢，谁知道，我一过河就遇到一群人，他们一边打我，一边骂我是倭寇。"

海瑞说："好了，王直，你现在可以回淳安了。"

王用汲见海瑞刚刚到建德，就如此武断，连忙上前示意海瑞，并小声说："刚峰兄，此案甚是复杂，我们可不可以从长计议，此人乃总督府通缉犯，万万不可放走啊。"

海瑞一笑，也小声说："王兄有所不知，他如果是倭寇，这几天被抓，早就应该有同伙来搭救他了，你看，他已经被关了几天，牢狱连一阵大风都不曾来过，这很可疑，我并不是真要放他走，而是派几个精明能干的捕快化作便衣跟上他，便知，到底是哪些人使了手脚，让我们误抓了此人。"

王用汲说："刚峰兄单凭他说出几种地方药草名字就断定他就是淳安人，是不是太武断了一些。"

海瑞笑了，说："的确有些武断了，王兄，不过，你没有注意到他说的那药草的名字，都是地方的方言名字，如果不是在淳安生活很多年，一个倭寇怎么能知道这些具体的事情呢？”

王用汲说：“刚峰兄有所不知，倭寇有些人本就不是倭国人，而是我大明子民，不过是在浙江内陆给倭国的倭寇作作内应而已。”

海瑞说：“所以，我才建议王兄派人跟上他啊，这一试便知真假，我断定此人乃是被人设计陷害，如果尾随他，必能知道这一路上到底是谁在加害于他。”

王用汲看海瑞如此自信，便不好争辩什么，连忙让捕快张如刀带两三个人换装跟随去。

而后，王用汲把海瑞领到他的书房里，王用汲的书房里有一本《盐铁论》，王用汲说，是他二十岁时的手抄本。还有一本《论语》，是他十多岁时的抄本。

海瑞爱不释手，说：“王兄临怀素日久矣。”

王用汲说：“先临怀素，后临荆公，故现在的字四不像。”说完，用手指了指墙上的“汲水而安”四字条幅。

海瑞仔细端详了一番，说：“兄的字均向下俯视，是有精神之字也。”

王用汲说：“料定你必如此夸我，呵呵，我也知刚峰兄的字，字字向下。”

海瑞说：“向下者，必有人气也。所以我们二人的字均是有热气之字，所以，也有些世俗。而如果一味向上，必可成为大家，那么，也必定不食人间烟火。”

王用汲说：“刚峰兄是说挂在大正有德酒楼里当今圣上的一幅字吧。”

海瑞点点头，说：“不只有那一幅字，旁边还有严嵩、徐阶、高拱、李春芳等人的字，无一不向上。他们的字中，哪怕部首是向下垂直的，他们也会像云彩一样地用虚笔飘逸起来。一者见得风度，二者则见得心性。这些人心性都随着当今圣上一人而动，故无根也。”

王用汲说：“刚峰兄一说，倒真是提醒了我。严嵩父子的字的确是向上攀附之体，可是徐阁老也是一个向下之人。兄台可知，你这次能来淳安和我比邻，正是徐阁老向圣上推荐。”

海瑞一听吃了一惊，略一思索，连忙点头，说：“噢！我终于明白了，我想了一路，也没有想到这一点，原来是徐阁老。”

“原来是徐阁老，徐阁老……”海瑞徘徊了几步以后，突然回过头来，说：“有救了，朝上的书法中，有一个人开始转变写字的方向了。”

王用汲被海瑞的比喻逗乐了，说：“刚峰兄真是孩子一样天真的性情。”

海瑞说：“王兄，刚才我说向上和向下，其实是有所指对的。朝廷这些年来，只管京城的建设，而不计民生之多艰。从福建来杭州的土路和水路上，均有不少从北方逃荒来的饥民。有的是逃兵役，有的是逃饥荒，有的甚至是逃‘女儿税’。女儿税本是正德年间的一种莫名其妙的税赋，当今圣上登大宝之初，立即废除了这项有史以来最荒唐的税赋。可是，谁知道，皇上一意玄修，为求长生不老，竟然要少女的经血作药丸，于是又增加了女儿税。这样一来，与前朝的荒唐有何区别。所以，一些京城附近的人家，一旦女儿长到八岁，若颇有姿色，便及早许配人家，或者是逃出当地。还有，当今圣上，喜欢乐器，为了烧成皇上需要的乐瓮，听说景德镇的大大小小的窑洞共出动了三百七十余座，整整烧制了两年，才烧成了音质不同的音乐陶瓮，然而这些瓮在运输的过程中，不幸颠簸碎了一个，那么，就意味着，要把这些陶瓮再全部运回景德镇，再根据乐音，重新烧制。仅这一项，就耗费白银近五十万两。此数字惊天动地，你知道我是在哪里看到这个数字的吗？就是那天见徐阁老，他的手上有一份景德镇给户部的预算表，整整五十万两白银，竟然只烧了十几个陶瓮，实在可气。然而，当朝那么多大臣，竟无一人有异议，这说明了什么？这说明，当朝的诸多大臣在向上看，他们心里只有圣上，只有自己的饭碗，他们没有装着老百姓，他们好不容易从底层泥土里挣扎着进入了仕途，拼命地向上爬，然后到了一定高度，就再也想不起来往当初自己趴着的位置看了，想来真是可怕。”

王用汲说：“刚峰兄所说只是雪天的一角，我入仕前也有所不知，其实，我大明朝的黄册制度也已经多半荒废。我大明朝的户籍黄册始建于洪武十四年，当时制定这个户籍登记制度是非常合理的，因为元末流民便地，户籍全毁。

我大明初定，之后，洪武帝就命全国各府县编制了黄册，具体作法是以方圆一百一十户为里，每里之中推选丁粮多的地主十人为里长，其余的一百户分编为十甲。十甲又编了次序，轮流服役。按规定，甲中的男子满十六岁即为成年甲丁，然后轮流服役，至六十岁可免。因为十年才轮一次，所以，此项制度得到了全国百姓的一致称赞。而这些户籍登记了各户的姓名、籍贯、丁口、年龄、田宅业产等。如果一个成年男子死了老婆，则可以另立黄册，可免服役。这些黄册是我大明朝初期征派赋役的依据，当时社稷初定，各法令执行严谨且又合理。但是，到了弘治年间，因为里长与官府中负责抄录誊写黄册的书手和负责计算业产、税粮的算手们勾结在一起，进行贪污舞弊。他们在编制黄册时，巧立名目，向人民勒派种种编册费用。我初到苏州吴江县任职时，才了解到这些，造册一开始，就收所谓的纸札费；造册完成，又收衙门使用费，有时如果想多征，则追加预征驳费；解送黄册之前，要向百姓征收解差盘缠费用等等，无法具列。我曾经查办过一个舞弊案，这是最让痛心的事情，某里长和书手、算手受豪强地主的贿赂，把地主的田地假托在他名下，从而逃避税赋，这叫作'诡异'；而后呢，里长和算手、书手一起将这些地主应该承担的赋税劳役一律平摊在贫民小户身上，私下里，他们称之为'飞洒'。据统计，到了嘉靖初年，现行的黄册制度已经基本瘫痪了。我致力于治理此疾已久，前年去春均在吴江县实施了重新丈量土地，然后重新编册。原来已经名不副实的黄册照旧向省布政使司衙门和户部呈报，而实际执行，均依靠，我所制定的白册，这样作百姓们稍好一些，但依旧不能避免里长和书、算手作弊。制度病了，不是一朝一夕可治矣。”

海瑞被王用汲的一番话击中了，听完，长叹息一声，用手拍了拍椅背，又长叹一声。

午饭后，派出去追踪的人中，回来了第一批人。见王用汲和海瑞都在，连忙禀报说：“报告王大人，已经初步查明，停在新安江码头的艄公是别人安排好了的。艄公现在已经被带了回来。”

王用汲连忙让人带进来。

艄公也不隐瞒，只说是一个陌生的人，说一口口音不清的浙江宁波方言，给了一些钱，要我在这里等一个衣着朴素的人，把他拉到码头旁边的衙门口附近的小码头边上，并说明这个人急着找一头牛。

海瑞问："他们一共有几个人找到你？"

艄公说："一共两个人，另一个人看起来长得有些凶，不说话。"

海瑞又问："他们如何交待等你时间的，你等的人要是不来，或者是其他人要坐你的船呢？"

艄公说："他们给了我十天的船钱，要我不出工，就在旁边的芦苇荡边等，对了，这里还有一张图画，这是他们交给我的。"

海瑞接过来，那画画得十分肖似。摆明了，是了解了王直的一切以后，嫁祸于他的。

海瑞沉吟了一会儿，问王用汲："他们如此费尽心机，先偷牛，再设计让官府抓人，我怀疑是因为名字。是不是在杭州府附近活动的倭寇中有一个叫王直的倭寇呢？"

王用汲一下惊醒似的，说："刚峰兄提醒的是，我去查一下前期的通报。"

县丞已经找出了通报来，果然，在通报中有王直的名字。此人系著名倭寇头目徐海的内应。主要活动在建德、淳安等内陆区域，为海盗头目徐海作内应。

海瑞说："王兄一定要好好地注意倭寇最近的动向，我马上动身赶往淳安，我要查清楚在淳安布置的倭寇团伙，这样，我们两个一起，可以把王直给抓了。"

海瑞等不及吃晚饭，便和海安乘船离开了建德，送他们渡江的，正好是前天被抓去问话的老艄公，他说："王大人来到建德，是他们建德人的福分，办了不少好事情哩！"

海瑞听着那老翁赞美王用汲，心里面涌出一股暖意，心里暗暗地想，自己也要像王用汲一样，多作对百姓有益的事情。

第七章 重修黄册，再造青天

一路上，海瑞一直在思考如何在淳安任内解决了黄册失效后的百姓税赋过重的问题。海瑞知道，既然黄册都会如此舞弊，那么现行的粮长制度一定更是漏洞百出。在福建南平任教谕时，海瑞对粮长的恶劣行径已经有所耳闻。

大明万历之前的所有皇帝所实行的税赋制度均是两税法，即分为夏税（主要是针对北方平原地区，收麦子）和秋税（主要针对南方地区，收稻谷）。但因为当时北方水资源不丰富，遇天旱则绝收，所以，常年的税收都是以秋收的稻谷为主。由此可以推断出，江南富庶地区的税赋历来比北方要多一些。而税收的方式也分实物和银两两种，实物为主，称为“本色赋”；而另外的以白银、铜钱或政府印行的纸钞来纳的，则称之为“折色赋”。全国每年征收的粮食达三千万石以上，这些田赋从各家各户中收取后，先要简单储存在地方政府的粮仓里，然后统一运输到京城，统一纳入户部管理。

大明朝的粮长和里长、书手、算手不同，洪武年间，把交田赋一万石左右的地方划为一区，然后任用该区域内土地最多的一户地主为粮长，而后派两人为副手，辅助粮长。粮长的主要任务是征收和押解秋粮。这些负责人每一年必须在农历七月二十日前到京城堪合田赋数量，然后回到县府后，督率里长和甲首去收粮。大明建国初期，长期有征战，故全国上下一心，缴纳税粮的百姓也非常积极。可是，到了嘉靖年间，已经发生了重大变化。

随着粮长的不断腐败，他们在征收田赋时刻意挑剔百姓的粮食质量，还要加收车脚钱、造册钱等十二种额外的名目，使得饥年的百姓，不得不逃荒离开村庄以躲避沉重的苛税。然而，有些粮长，看到家里没有人，便把该户人家的田产加以变卖，然后连同院子里的树木、牲口、几件旧衣服和锅灶都不放过，一一折走。

成祖迁都北京之后，曾经下令缓和过一段时间税赋，但也只是作作表面文章，先前的一些遗风，不久后重新萌芽，舞弊现象层出不穷。

一直到嘉靖年间，嘉靖帝初登大宝时爱惜百姓，减免了很多名目的税赋，还修改了许多制度设计，其中就含有粮长的轮流任职。原来的里长和粮长统统是一个人上任后，直到死去才卸职，有的甚至世袭，老子给儿子，儿子又传给孙子，如此循环下去，恶果则更突出。

实行轮流制以后，大户人家作三至五年后，要轮给中户人家作。这种情形像极了现在的选举制度，哪一方选出来的代表，就代表着背后集团的利益。

嘉靖时期的轮流制度，从一定程度上扼制了粮长的继续腐败，但是却带来了另外的惨剧，那就是，新上任的中户代表，根本无法和原来的粮长所代表的大地主集团较量，这些大地主们想尽一切办法来逃避税赋，那么，新上任的中户粮长，只好把税赋加重到贫穷的农户身上，这样一来，普通老百姓，不但没有受益，反而又受害了，所以他们非常反感。

海瑞就是在南平了解到这一情况后，非常吃惊。他想，朝廷的想法肯定是要帮助老百姓的，可是，执行下来以后，却又是害了百姓，这种矛盾，如何在一开始制定政策的时候就考虑到，如何去避免呢。

他在船上写自己的想法，在车上也写。

五月初，他着布衣走进淳安县衙时，没有人知道他就是新来的县令。

县衙里面的几个人照例在唱跳棋，唱跳棋是一种四方块的游戏，在地板上用彩色的笔画一个正方形的框，里面可以画纵横各两条线或者三条线，然后双方各用六块石子往对方的阵地上跳，直线斜线均行，但必须是隔一个才能跳。至于为什么叫作“唱跳棋”，很多人都不得而知。

海瑞到的时候正是午时，后院里已经打典好海瑞住所的县丞汤有全已经不停地往衙门大堂里打探，问几个正在观望的衙役：“知县大老爷来了没有？”

几个人正在专心地看唱跳棋，并没有听到县丞的问话，县丞汤有全连忙跑到大堂上，把惊堂木叭叭叭地敲响，大声训斥说：“你们这几个顽皮娃子，我听说新来的知县大人可是个不苟言笑之人，你们最好收敛一些。”

旁边的捕快说：“知道了，知道了，这话你都说了十五遍了，你看看你，县丞大人，为了迎接新任知县大老爷，每天让我们打扫衙堂和后院，还要穿整齐的服装，还不准上街去收税，我们现在都好多天没有喝酒了，你知道吗，二老爷。”

县丞汤有全说：“你们这些天呢，的确也作了不少工作，知县大人上任以后会奖励你们的，好了，现在赶快收拾东西吧，我们去码头迎接一下，看看，有没有船来。”

海瑞这个时候接话说了：“不用接了。”

县丞汤有全见两个衣着补丁布衣且瘦弱的农民，根本不会想到是海瑞，便不耐烦地说：“这位老丈，我们现在不办公事，你如果有事要问，请到二十天以后再来看看吧，要是遇灾想减免赋税，就不用来了，因为今年皇上又加赋，我们整个县衙的薪水都升不了，升不了，大叔，你知道吗？我家父亲今年要作六十大寿，王捕头家又添了人丁，还有监狱里的十一间房子都已经漏雨了，需要修缮……”

海瑞一听汤有全很是罗嗦，却也有些青年人的可爱，笑了，说：“汤县丞，我就是新来的知县海瑞，你领我到后院休息吧，其余人等也不用因为等我而在此玩耍，回家吃饭去吧。”

那汤有仝一听眼前的人自称是知县海瑞，一时间有些反应迟钝，心里暗想，这个新来的知县也过于简朴了吧，和仆人两个才只有一个行李包。还有，他的模样，简直和严州府通辑的一个叫作徐海的倭寇头目长得很像。

汤有仝有些结巴，大概是不敢相信，问海瑞：“老爷，上司说您七天前就应该到了，我还以为你路遇倭寇滋事而受困了呢。你能不能说说一路上的情形呢？”

海瑞知道汤有仝有些不敢确定他的身份，连忙拿出吏部的任命书和严州府的堪合书，一并示给汤有仝看，并说：“的确应该七天前就到，只因路过建德一个旧友那里盘桓了几天。”

汤有仝看也不看，把文牒收好了。连忙引海瑞往后面走，说：“老爷先进后院屋舍休息一下，洗把脸，我在本县的凤凰楼包了最大的包间一直等着您来。我叫了本县的遗老及贡生们，还有教谕及严州府驻我县的防倭征役人员。”

海瑞说：“我下午要看黄册及前任遗留卷宗，以及近段时间的吏治情形和上达文牒，明天一早办公，县衙各部皆要参与。”

汤有仝见海瑞刚来到浙江就一腔热情地要作事，心里有些嘲笑，但脸上却坚持要请饭，说：“老爷有所不知，你初来，以后诸事都要劳托县属的那些遗老们帮助，还是见一下他们比较好，以免以后处理他们的事务时有诸多麻烦。”

海瑞一脸莫名，问：“有何麻烦？”

汤有仝一看海瑞的确没有在官场上混际，连忙凑近了小声说：“老爷有所不知，湖广、江浙以及福建均是朝廷税赋重地，而这些遗老和贡生们的家里以后是我们税赋的大户，要是处不好关系，他们便会找百般借口不交税赋。这还不算，县衙里的一些常例支出也都由这些人提供的，而且，因为前两年兴建县学和新安江堤口大闸，县衙里都是向这些大户借了钱的，借据都在他们手上，如果老爷您上任了，不和他们处好关系，卑职生怕您以后的工作难以顺利开展。”

海瑞被汤有仝的一席话震住了，他表面上不露声色，内心里的一块土地被硬物一下刺破，挖了一个不规则的洞。

海瑞把行李放到卧室的床上，床上已经布置了新被褥，海瑞指着卧室里的家具及用品说：“这些东西的费用你都要记下来，通通在我的俸禄里扣出来。”

汤有仝一听，连忙摆手说：“老爷何必分得如此之清楚，这些钱都是我们县衙额外的税赋，只归您来支配，只要您在花费时多想想衙门里的我们这些人，就感激不尽了。”

海瑞突然提高了声音，说：“汤县丞，我不管以前别人是如何作的，自今日起，除了朝廷俸禄，其他的费用一律不准再拿。还有，抓紧时间把我要的文卷给我找到。”

汤有仝看了看海瑞，又试探地问了句：“那，那凤凰楼您真的不去？”没有等海瑞回话，他连忙又加一句，“卑职这就去把包间退了，其他的事情，卑职也照办。”

夜深了。海瑞的桌子上摆着六个文牒，海瑞把他们按照先后的顺序，又重新排放了一下：戚继光签发的在淳安征精兵三百名的加急通知；朝廷派往严州府的负责督运棉布户部提调官在淳安境内被杀的案子责令限期查案；牢头使监牢常满囹奖励申请；夏稻谷旱情实报例表；胡盛荣之妻杀夫案审结签字；徐渭书信。除了这六个文牒之外，还有许多陈年的状纸及某个酒楼老板用血写的追债书。

海瑞看到这些情形以后，不由得心里直冒冷气。

朝廷俸银本就不多，但是，衙门日常开支巨大，上面的官员来视察，名为视察，实为敲诈，如不孝敬一二，则下次提升无望，甚而遭遇贬谪。

为了创效益，各县府大牢长期关押着不少本来罪刑轻微的犯人，一旦关进牢房，不掏数十两银子，休想出来，于是，才有了牢头请赏的文牒。

海瑞看到这里，拍案而起，走到院子里，长叹一口气。

院子里安静而开阔，沿着月光，海瑞看到杂草丛生的围墙边上生长出来的一架丝瓜。

海瑞来回踱步，量了量院子的大小，废弃的田地有一亩上下，荒着实在是有些可惜了，海瑞回到住处，海安已经在隔壁房间传出沉重的呼噜声。

海瑞打开了徐渭的信，让他惊喜的是，这个最近卖画发了财也升了职的朋友猜测出海瑞新官上任可能会遇到经济难题，给他寄了八百两银票。

八百两，这可不是个小数目。普通百姓一年也就是十两银子的开销，八百两，差不多是一百户人家一年的全部开销了。

海瑞把燃尽的蜡烛油用一个小碗盛了起来，从自己的袖子那里抽了两根线，搓在了一起，然后放在那一点油里，点着了。就着扑闪的灯火，海瑞拿起笔，在一项又一项税赋的表格上画“叉”号。三更天的鼓敲过了，海安起来尿夜，看到海瑞房间的暗淡的光，以为海瑞已经睡了，没有多想，躺下便又睡着了。

第二天，海瑞便宣布上任来的第一次为百姓谋福祉的重大决定：革除以往的各种常例费用。

海瑞大堂上对衙门各属人员说：“本官不管淳安政事之前是如何运行的，自即日起，进行克己奉公地变制。我从杭州府一路过来，方才了解，在外盛传有天堂之称的浙江大地竟然也是税赋苦不堪言，百姓民不聊生。但是，他们本来是可以生活得很好的，朝廷的税赋虽然很重，只要地方财政不再附加其他名目的税收，老百姓的盈余就会很多，百姓安居乐业，那么副业就会兴隆，府衙就可以从这些富裕的百姓的副业交易中取得合理的税赋。让鸡吃饱了才能下更多的蛋，而现在呢，我看是杀鸡取卵。我昨天翻开黄册，才发现，淳安县军户已经全部改册，真是荒唐，十户有一的军户现在竟然找不到一户人家。逃的逃，改行的改行。现在戚继光将军要来淳安征三百精兵，如何去落实呢。我仔细查找了一下原因，当初允许这些军户改册的主要原因竟然是可以节约户部下拨的一些衣物和少得可怜的补助。而为了在这些人身上牟取小利，每一个改册的人，淳安县衙竟然每户收取双倍的税赋。荒唐，荒严州府之唐，荒天下之唐。这是把政策卖作了蝇头小利。这些军户没有了，你们冬天是每人发了一顶皮帽子，喝了烧酒，可是来年打仗呢。你如何找这些军户，你们提前把政策已经卖了。一个县衙，如果没有为百姓谋福利的心态，只贪图小利，把大牢填满了罚钱，把户籍修改了，收钱。那么，你们还有什么尊严活着。去当倭寇也可以挣钱，去啊。堂堂一个淳安县衙，竟然靠抓人去改善生活，荒唐之极。百姓不去维护你，只恨你，你们作这个官还有什么意思，有什么意思？”

顿了一下，海瑞拍了惊堂木说：“牢头站出来。”

牢头是个胖子，姓吴，叫吴真桂。海瑞看了一下名册，叫他的名字，说：“吴真桂，你说说你这两个月共抓了多少人？”

吴真桂说：“老爷，这两个月共抓了三十六个人。”

海瑞问：“他们都有什么罪名啊？”

吴真桂说：“两个是偷窃，十个是醉酒后骂人？”

海瑞说：“依大明律，醉酒后骂人该抓入大牢吗？”

吴真桂答：“小人抓他的时候罪名是殴打衙差，反正他们已经喝醉了，自己也记不清楚。”

海瑞说：“那这些人该如何处罚？”

吴真桂说：“每人罚银十两，并罚服兵役三年。”

海瑞说：“从无人上告吗？”

吴真桂说：“没有。”

海瑞问：“为何没有人敢上告？”

吴真桂说:“小人趁他们醉酒的时候写了一个认罪书,让他们按了手印。”

海瑞拍了一下桌子，说：“简直胡闹。”

顿了一下，又说：“吴真桂，现在你有两条路可选，一是继续申请县衙奖励，我可以把奖金的部分给你，但是你必须立即滚出县衙，回家种你的稻田去吧；二是，不再要奖励，立即将所关押部分无罪责的农民释放，并当面道歉。”

吴真桂一听，眼睛转了一下，说：“按照淳安以往常例，牢头关押犯人所处罚金额，每十有两成便归牢头所有。卑职共关押三十六人，罚金高达千两，本人应有二百两赏金。所以，卑职宁愿要大老爷给小人兑现奖励，离职。”

海瑞一听此人如此贪图钱财，大发雷霆，又拍了一下惊堂木，大声喊：“来人，立即拿下。”

那吴真桂一看海瑞要反悔，便直喊“不服”。

海瑞问：“吴真桂，你有何不服？”

吴真桂说：“作为知县你出尔反尔，我自是不服。”

海瑞说：“是你自己选的，你若不要奖励，并立即释放所有在押的无罪责的农民，那么，本职自会着情从轻处理你。可是，你却贪图小利，不知好歹。依大明律，造假谄害无辜者，处杖刑三十，解职；还有，依大明律，你私设罪名，并以赎金买卖刑令，严格扰乱司法程序，可解职发配至边疆，难道你还不认罪吗？”

那吴真桂一听海瑞要认真处理自己所犯的事，扑通跪倒在地上，大喊饶命：“大老爷，小人一时糊涂，再说，罚处牢狱之事，一直是前任知县大老爷吩咐作的，小人也只是执行而已，恳请大老爷饶恕小人吧。”

海瑞见此人如此狡猾，心里的反感加重，正要拍惊堂木继续责问他，这时县丞汤有仝过来向海瑞耳语，说：“老爷，此人系当朝礼部侍郎赵文华的外甥，你不可初来淳安就得罪于他。”

海瑞听得此言，知道此人为什么要奖励了，他知道自己拿到钱以后海瑞也动不了他，即使是淳安真的待不下去了，他也可以随时到浙江各地任职。

海瑞想，初来自乍到，还需要再静观一段时间，再作打算。于是把惊堂木一拍，说：“既然如此，你就是愿意选择第二个办法了，赶快起来去办理吧，然后呈报结果，记住，所关押三十六人，每个人都必须签字，并让本县验过身后，确定无伤才可放行，如若有伤，则要你自掏药费去县医正那里治疗。”

吴真桂连声应下，退到一边去了。

海瑞接着宣布自己要革除的常例内容：“县属各职，各有职责和本分，可惜的是，现在的县衙，一直沿袭旧俗，不管什么税赋，均加赋提成，这样导致了民穷逃离乡土，实可恶也。这有失本朝设置府衙官职本意，所以，现在的县衙没有让百姓满意的制度，是可以推断的。正藉于此，本县现在宣布，从我之下，革除一切旧有常例摊派。

知县每年的常例如下：

夏捐银一百六十两。夏样绢八担，秋粮长银二十两。农桑样绢四担，折色粮银四两。军匠每里银一两，农桑绢银十两。审里甲丁田每里银一两。盐粮长银十两。直日里长初换天字下程一副外，白米一石或五斗，八十里共八十石。审均徭每里银一两。造黄册每里银二两。经过盐每一百引银一钱，每年约有五万引。住卖盐每百引银一两，每年约有七千余引。催甲每里银一两……凡上述常例摊派，今天均革去。

县丞、主簿、典史、教谕、训导、阴阳官、医官、里长、老人、生员、六房吏等各等职务的衙门官员的常例从今天起也一并革除。

之后，本县决定，重新造黄册，重新丈量现有田地，查证虚税，落实乡情，以便更好地摸底淳安之政事。

自今日起，有县丞牵头，主簿配合，共同清查县衙所有财产，并查清其他祠堂、县学、医馆及牢狱等各项财产，均要登记造册。要细致到一张纸，精确到一头牛。

还有，衙门后院有一亩多地，本官准备开荒，让没有紧急任务的海防官兵来帮我把土松了，好种菜蔬和粮食。

还有，大明律之外，本县要据大明律拟定新的纲法举要，要求大家都要献计献策，本官新上任，总是要点一把火的，我希望大家都不要被这火烧着，我希望，这把火能一直烧到冬天里，最好能把大家的冷气都驱走，带来暖意。”

海瑞的一番话，让下面站立各司职人员冒了一阵又一阵冷汗，但等到海瑞说完，大家还是一起大声应下："卑职明白。"

傍晚的时候，后院的地已经开垦出来，海安拿种子来厢房里问海瑞，海瑞正在那里抄一个单据：

知县家什：

暖床一张，银一两八钱。中床一张，银八钱。

凉床一张，银五钱。四柱床二张，银一钱六分。

小床二张，银八分。床板三个，银一钱八分。

案桌一张，银一钱五分。官桌六张，银一两五钱。

交椅六把，银一两八钱。凉伞一把，银一两五钱。

日伞一把，银一钱。雨伞一把，银一钱三分。

小桌帏一副，银八钱。花衣架一个，银一钱六分。

花面架一个，银八分。浴桶一个，银一钱五分。

净桶一个，银一钱。脚桶一个，银一钱。

坐桶一个，银一钱二分。方炉一个，银一钱六分。

砚匣一副，银八分。菜架二副，银一钱六分。

桶盘二个，银八分。摺尺二根，银三分。

粗衣架一个，银三分。粗面架一个，银二分。

厨桌一张，银五分。靴架一个，银五分。

执事架一个，银五分。粗凳二根，银四分。

脚火凳二根，银二分。轿凳二根，银四分。

木鱼一个并架，银六分。锅三口，银三钱。

火盆一个，银一钱。竹椅六把，银三钱六分。

铜杓一个，银五分。火锹一个，银五分。

蒸笼一副，银六分。焙笼一个，银六分。

饭甑一口，银四分。水缸二只，银八分。

水桶一幅，银八分。床笆四片，银四分。

斧头一把，银三分……

海安在旁等了一会儿，海瑞看到了他，便停下手中的笔，问海安何事，海安问，院子里的红萝卜可以种了，丝瓜也可以种，豆角更是最适合架栽。

海瑞把位置说清楚了以后，继续抄他的清单。

那个载入了明史的知县清单，细节到了“茶盅十二个，大白盘十个，汤碗十个，酒盏十个”。

除了知县的家什登记以外，其他包括县丞、主簿、县学教谕训导、县堂、吏房、户房、兵房、礼房等均要登记。除非年限到期，不能使用，续添时也必须补充登记。否则，一年内，县府的开支，不能增添在这些固定物质上面。

这当然是杜绝了官兵们以购买办公用品贪污的最好的办法。

革除了常例摊派，登记了物产。海瑞开始重新造黄册。

这是一个比较费时又费神的工作，海瑞先布置下去，让各里长先进行自查，然后上报县衙。

徐渭的银两在抽屉里，海瑞知道，这钱一定会派上用场的，只是，他有些舍不得，暂时放在那里，不到万不得已，他先不动用这些银子。

里长们不到三天全都报上了自查的结果，全是一些懒惰惯了的旧官僚，这些人多是田多势众的地主，完全按照着旧有的黄册来上报，根本不需要自查。如果真要重新清查人口，那么，势必要清查田产，而且也要重再设定军户。这一定会影响到这些大户人家的现有利益。

海瑞在建德的时候已经从王用汲那里获悉了这些情况，所以，他很快就想出了办法。

他让下属贴出公告，要求各里甲丁们在近期以里为单位成立一个十人小组，称为护卫队，要求全是壮劳力，主要是夜巡护村，因为近期有一股倭寇从水路来到淳安，要抢劫刚刚收入粮仓中的稻米，所以万不可掉以轻心。除了里长所组织的十人护卫队以外，县衙里也组成了一个十人小组，全是年轻力强的捕快，到各乡里去通查情况，及时沟通各乡里动静。

通告发出之后，各里长这次非常配合，因为这次有利益关涉，所以，他们千方百计地挑选青壮年劳力。

海瑞在通告上说，所有护卫队员，在秋收前一定要严守夜晚的村庄，不能出现任何差池。如果一个月后倭寇被我们的护卫队员逼走，那么，县衙将对所有参与护卫村庄的青壮年劳力进行奖励，并推荐入戚家军，家里享受军属待遇。

一时间，大街小巷都开始打听“军属待遇”这四个字的意思，“军属”一下子在淳安成了褒义词。军属待遇不过是海瑞临时想的一个办法，原因有二，一则是戚家军征兵三百名的任务已经摆在了桌子上，二则是军户本就是每十户一轮轮流去作的朝规，但因为执行得很差，到正德时，军户已经差不多荒废，嘉靖帝多年不上朝，不仅把军户轮流的政策丢失，就连黄册也被一些大户人家和贪官污吏不停地修改，最后，成了一纸废品。

原来的军户，每年轮到家人去参军的时候，皇上有一匹布的赏赐，后来被官府减半，但又加了一头羊。再后来，参军有功了可以请赏，可赏赐良田十五亩。再后来，参军牺牲也有不同的赏赐，可是这些，到了嘉靖年间，基本不再通用。

一些饥民到了军队里，不是为了打仗，而是为了吃一口饱饭。

部队的战斗力非常差，所以，在同北方俺答和倭寇的海战中，屡屡败阵。

戚继光是一个治理军队的好手，他喜欢打人，打完以后还送跌打药，然后拉着士兵的手说，兄弟，打你一下，我心里就疼一下，可是不守纪律，到战场上就不是这样打你了，他们直接用矛和枪刺你了。

还别说，这样一打，打出了威信和团结。在戚继光之前，军户提前要练一下基本的武术套路的，可是，到戚继光征兵的时候，军户在黄册里早已经废了，因为贫穷想到部队里吃饭的青年人到了军队以后什么也不会。如果正好有一个人会耍枪弄棒，那么一定会重用。

戚继光却不这样，戚继光领兵在北方边防的时候就自己布阵，用孙子兵法里的小技巧一次又一次战胜了人高马大的蒙古兵。戚继光在训练士兵的攻防上有自己的一套心得，一开始是他自己亲自指挥训练，后来有文职人员作了记录。他的训练方法是分解式的，每一个攻防动作都是有两三个动作组成，攻防在两个动作或三个动作的组合中完成了，攻击敌人的同时也保护了自己。为了让一些不识字的贫民士兵也能学好动作，戚继光给这些攻防的套路起了好多怪异的名字。譬如“插秧苗”“稻草人”“铁牛耕田三式”“倒拔垂杨柳”等。

除了这些近身对敌搏斗的技巧之外，还有两个配合套路，一排十人配合套路，十排分左右佯攻套路等阵型对战方法。

戚继光在一次近身和倭寇作战时击杀了三十六名倭寇并生擒了倭寇头目海生一条。从此声名大振。

戚继光大雨天气里训练士兵，让所有的士兵在雨水里奔跑，引得杭州府无数市民观看，然后到处传扬戚家军铁纪如山、英勇善战的威名。

戚继光开了一个好头，但是，他仍然需要布置很长的海防线，需要大量的士兵。

海瑞的作法立即传到了严州府，府衙里议论一番后，竟然快马通知海瑞，送嘉奖令一个。

颁发嘉奖令的正是严州府新任知府庞尚鹏，他在嘉奖令中替海瑞把每里十人的护卫队员的农桑税赋全部免除，并奖励食盐和棉布等实物。

海瑞看到此嘉奖令大喜过望，那送信差役最后说：“庞知府要小人口头通知海大人，忙完前几天的工作，到严州府一叙。”海瑞也连忙应下。

入夜的时候，海瑞从县丞汤有仝那里取了一叠案卷，全是过去两年里押入大牢的案子，偷牛的、毁田的、溺死邻居孩子的，全是证据确凿的案子。

有一个案卷引起了海瑞的注意：桃源乡吴有桂命案，吴妻李氏和吴友代大祥通奸，致吴有桂死，并沉尸于家后湖内。海瑞心里有些暗恼，心里想，人心何以险恶到夫妻的床上。

再接下阅，发现吴妻李氏平素乡邻和睦，有子女三人，而通奸之男子代大祥家境贫穷，娶妻生子已久。卷宗里有一句话像一把刀一样，一下划破了海瑞的眼睛：代大祥外出三年刚回到淳安，而本案涉案人员竟然有杀人者李氏的哥哥李夏在案中却是来吴有桂家索债的。

海瑞在这些语言的缝隙里发现了案情的复杂。

按常理，外出多年的一个朋友，携带着仆从来朋友家里作客，和偷情谋杀离得很远。李氏已经有了二子一女，不会忍心杀死丈夫，破坏现有的家庭，而且家境贫寒的代大祥已经外出三年，已经娶妻的代大祥即使接受李氏，也不过是个小妾，这一切都不合常理。

因为此案已经三县联合会审，所以，要想推翻此案，必须报知府庞大人知会，再由知府报送浙江巡抚处批准，方可重审。

海瑞连忙修书一封，查封了此案卷，令牢头单独监管此案所涉人员，连夜报送严州府。

第三日，报送差役回到衙门，带来了喜讯，鉴于海瑞前些日子的善政，此案允许发回重审。

海瑞到了吴有桂村宅实地考查了案情，并了解了李夏并没有要到吴有桂所欠他的三十两银子，于是突审李夏。

结果，李夏的回答和案卷所录有重大出入。

一开始，李夏反复说他亲眼所见那代大祥进入妹妹的房间，而后又见代大祥杀死妹夫。当海瑞问他李氏是否参与了此案时，一开始他说参与了，后来觉得妹妹若是没有参与或许可以免一死，便又说，妹妹和代大祥的感情早在三年前已经结束，是代大祥寻欢不成，想杀死妹夫独占了妹妹。

如此前后矛盾让海瑞看出了他的马脚。

而李氏则始终如一坚持说是哥哥不小心把丈夫推入湖内，而救上来后，丈夫溺水而亡，万般无奈之下，便又将其夫的尸体沉入湖底。

代大祥则说，他看到了李夏误杀吴有桂，但他听从了李氏的劝说，没有报官，因为依大明律，误杀也要偿命的。

海瑞为了查证，连代大祥的仆从也审问了，仆从回答简单直接，说：

“吴有桂醉酒，要赖，不还钱，还和李夏起了争执，推搡时被李夏误入湖中，我也参与了救人，可是，因为吴有桂醉酒，意识不清，入水后没有来得及反应便溺水而死。”

经过多方面的比对，海瑞又看了三个县令联合会审的卷宗，决定，此案应该是误判，吴有桂妻李氏和其友代大祥并无奸情，无罪，李夏过失杀人，且有意掩盖事实，当绞。

李夏为了妹妹，最后伏诛。此案陈述完毕结案后，衙门大堂外围满了人，大家都知道，新任知县是一个可以把死人救活的神判官。

当代大祥和李氏被差役们扶出衙门大堂时，两个人跪在大堂外的空地上，对着海瑞的位置，大声喊：“谢谢海大人，谢谢青天大老爷还我们清白。”

而此时的海瑞已经回到了后院，脱了官服，劈起了柴。

半个月后，水曲柳镇胡家庄有一家人报冤案，击得鼓咚咚响。

案情简单，胡家三兄弟状告邻镇的邵时重伤人。叫作邵时重的这个粗壮农夫在和胡氏兄弟争夺山地发生了纠纷，胡氏三兄弟三个一起和邵时重打将起来，那邵时重是当过兵的，下手极狠，三下五除二，拿起一块石头就砸向了胡家的老大胡胜祖，致其当场死亡。胡氏三兄弟拉着尸体来到了公堂之上，求海瑞还他们家一个公道。

县衙里的捕头胡一虎是胡家庄的，一听自己本家兄弟被打死了，带人一口气跑了二十里路，把邵时重抓到了公堂上。

海瑞上堂的时候，那邵时重已经被胡一虎用了刑，招了。

海瑞问胡一虎：“凶手已经全都招供了。”

胡一虎说：“老爷，这个凶手可不是一般的惯犯，他以前有过案底。”

海瑞一惊，问：“什么案底，你怎么查到的？”

胡一虎说：“老爷，此人当过兵，是个强壮的狠角色，他以前当兵时作了逃兵，被总督胡宗宪大人除名，关进了军营的处罚大营，此人竟然晚上的时候打昏了一个看守，逃了出来。他本是桐庐县人，现在躲在建德的这个角落里。”

海瑞一听，觉得这个胡一虎审案倒是蛮细心的，就让他把凶犯邵时重带上堂来。

海瑞一看那邵时重就觉得此人的确有杀气，问完名字和住址之后，海瑞问："你为什么要杀人？"

那邵时重看了一眼旁边站着的胡一虎，突然大声喊："大老爷要替我伸冤，我是被屈打成招，你看看我的右手，我没有杀人，我们只是争吵一下，草民虽然鲁蛮，但断断是没有胆量杀人的。"

海瑞看了一下他的手，五个手指全都断了。

海瑞连忙问："你没有胆量杀人，那你在总督大人军营里杀人逃跑，又算是怎么一回事？"

那邵时重一看海瑞听信了胡一虎的话，连忙辩解说："大老爷，你可以写信问胡总督，本人是在军营里喝醉了酒滋事，打伤了我的上司，被胡宗宪总督除名了。临离开军营时，胡总督还派人特地告诉我，开除我，完全是为了正军纪，过一阵子，风声过去了，就让我回军营里。"

海瑞一拍桌子说："真是个刁民，胡总督为什么对你这么好？"

那邵时重答："是因为战场上，我救了胡总督的命，胡总督嘉奖我，我才喝多了酒误事的。"

海瑞一听，觉得逻辑上仿佛没有问题。

又问："你和胡氏兄弟没有打架？"

邵时重说："我们只是口头上争执，因为他们兄弟理亏，所以，他们出手打我，但他们不是我的对手，我怕出手太重打伤他们，所以我没有敢动手。"

海瑞说："你不是酒后就爱动手打人吗？"

邵时重说："自从那次酒后动手打人，我就戒酒了。"

海瑞从堂桌上下来，围着邵时重转了一圈。

然后，小声问了邵时重一句："酒真戒了？"

邵时重说："回老爷话，酒后小人曾摔掉一颗门牙，我没有补牙，就是为了提醒自己戒酒。”

海瑞说：“绕你转了一周，的确没有闻到你身体上有丝毫酒气。你没有撒谎。”

海瑞招了一下手，让捕快把胡胜祖的尸体抬过来。

海瑞问胡家老二胡胜荣：“你哥哥是什么时候出事儿的？”

胡胜荣答：“回大老爷话，我哥哥是七天前出的事儿。”

海瑞又问：“石头砸伤的部位的血为什么还在流啊？”

胡胜荣答：“这个，这个，怪小人荒唐，昨天晚上家里老父闹夜，说是大哥冤死，阴魂缠着老父，我们叫了道士作法事，谁知大哥的阴魂作怪，不小心让灯笼着了火，烧着了祭台上的布帘，结果救火时，撞倒了安放哥哥尸体的床，导致哥哥的额骨受撞，又流了血。”

海瑞一听，觉得解释入情，且合乎道理。没有仔细再看那血迹。

但是，他却反复地找不到石头砸伤的皮肤破洞和骨伤淤痕。尽管整个头部被流出的血浆涂得模糊，但若是真的被石头砸伤，那印痕是无论如何也清理不掉的。

海瑞问捕头后面的仵作彭同庆：“验过尸了吗？”

仵作说：“小人未验，因为胡氏兄弟不让清理身体的任何一个地方，要保留原本的模样作证据，故小人未验。但粗看伤势颇重，似乎真为钝器所伤。”

海瑞说：“血流过多，却看不到钝器印痕，而你却连验尸都不曾，如何能证实凶犯用何凶器杀人。你们若非存心，便是内中有疑问。仵作，请重新验尸。”

那胡氏二兄弟一听要当场验尸，连忙跪倒上前说：“大老爷，家兄确系冤死，阴魂不散，如果大人非要动他的尸首，能不能允许我们再让道士作法，使家兄的灵魂安歇。”

海瑞说：“灵魂是人最洁净的部分，你哥哥的灵魂若真的存在，他会帮助本知县作出判断，为他的冤屈平反，惩罚有罪之人的，你们退下。让仵作例行检验。”

说完海瑞也上前和仵作一起验证，头部清洗干净后，竟然未发现一丝伤痕，连同最突然受伤的颈部和胸部均无伤痕，血不过是后来涂上去的。

海瑞问仵作，从身体里流出来的血的颜色在数天会变成什么样子。

彭同庆答：“老爷，从身体流出来的血一般三两天后会变深色，甚至完全变黑色。”

海瑞又问：“那若是一个人身体上的鲜血多天以后一直还是红的，是何因缘呢？”

彭同庆答：“老爷，那一定是外人涂抹上的。”

海瑞和彭同庆对视了一下，会心笑了，他对彭同庆说：“那邵时重一身匪气，带到公堂上时竟然知书达礼，可见心中很是平和。我一看他的眼睛，便知，他不是杀人的人。但是罪证如山，我正在疑惑呢，心里想，一个杀人犯会隐藏得如此之深，杀完人以后竟然可以安静地面对他人，且丝毫不乱地罗织条理清晰的理由。正在佩服邵时重呢，突然看到那死者胡胜祖身上的血迹，感觉眼前突然有一道光射来，觉得有了开门的钥匙，果然，我猜测的没有错。一个人死亡几日以后，不可能颜色红得像经霜的柿子一样，若是尸体放了七天，血液还新鲜着，那一定是有人动了手脚。胡胜荣的解释倒也是天衣无缝的，说是火烧到了床，哥哥尸首又遭遇碰撞，可是，一个死人的血液，在几天之后定会蒸发的，不可能一直保存着。而且，反复找不到被石头砸伤的印痕，以及从床上跌落下时摔破的伤口。我猜测，这里面必定有诈。”

彭同庆说：“大老爷真是神明在世，您观察的地方连灰尘落地都不放过。小人佩服得五体投地。”

海瑞点点头。转过身来，走回到自己的堂桌上，坐下，大喝一声，责问：“胡胜荣、胡胜佑，你二人可知罪？”

胡胜荣与胡胜佑扑通跪倒在地上，二人你看看我，我看看你，怔了一会儿，彼此眼神交换了一下，大约意见不一致，竟然当面埋怨起来。年纪稍轻的胡胜佑说："知县大老爷，请明断是非。我家是木匠，我从父亲那里学会了作棺木，但是，去年一年，我一直在建德县作工。七天前，我接到家人的急报，说是哥哥因和一个流氓争执田地而被对方用石头砸死，要我马上回家作棺木，我回到家以后就和二哥胡胜荣商议，一定要告官，可是想不到的是，就在前天，我发现，大哥并非被人所害，而是得病而死。大哥在白天是和邵时重发生过争执，但是并没有动手，大哥是晚上突然发病而死，二哥胡胜荣想出一口恶气，才来告官的，我发现后劝二哥不报官诬告邵时重，谁知二哥私心甚重，想把邵时重开荒的二十亩水田据为己有，所以不停地往大哥尸体上涂抹猪血，以假乱真，并行贿捕头胡一虎，让他协助混淆视听。只是小人在建德作工的时候就听百姓传说海大人神明一样的判案手法。哪知，二哥不听劝，刚才，我看大人已经看出个中猫腻，故我首先自首，望大人格外开恩，饶小人一命。"

海瑞又拍了一下惊堂木，问胡胜荣："你可有什么需要补充的。"

胡胜荣说："大哥的病是因为那日夜晚饮酒所致，而大哥平时从不嗜酒，那天之所以饮酒乃是和白天与邵时重的争执有关，大哥生气而喝酒，最后诱发了喘气病发作，窒息而死。不论怎样，大哥的死也和邵时重有关。"

海瑞说："依大明律，若非当场死亡，因争执而起的意外身亡之事，可在事后找人协调，但不能诬告，并致人无辜被关押。况且，如你弟所言，你私心在先，想占有别人土地，而诬告别人，故应该充军流放。来人啊，廷杖二十，而后充军。"

胡氏兄弟的案子以胡胜荣充军，胡胜佑杖责结束。

那邵时重的手指被海瑞从李时珍那里抄来的一个药方治愈。所以，邵时重特地敲锣打鼓送了一面"海青天在世，淳安县无冤"的牌匾来。

海瑞的这一案子得到了严州府知府庞尚鹏的高度重视，他一边写奏折向内阁及文渊阁官报奏报，一边又向浙江总督胡宗宪呈报海瑞办案细致、公正。

打开奏报的人是总督府文书徐渭，他一看是赞美海瑞的，连忙呈报给胡宗宪。

胡宗宪正在抄写一个兵法的孤本，长卷长长的，看不到头。非常认真。

徐渭说："禀报老爷。小人的一位挚友叫海瑞，现为淳安知县，此人虽然只是举人出身，但他有大才，这不，这是严州府知府庞大人的奏呈，专门夸奖海瑞办的案子的。"

胡宗宪把笔放下，问："什么案子？"

徐渭答："救人。治乱。树立了朝廷公信力，此公不可小觑。"

胡宗宪说："噢，我知道了，是不是你把自己省俭下来的八百两银子赠与的那个人。"

徐渭说："老爷好记性，真是好记性，小人赠与银两的人就是他。"

胡宗宪接过呈报看了一眼，坐了下来，看一会儿，又站了起来，看到末尾的时候，又坐了下来，自言自语地说："庞知府好文采，描述得这么细致入微。海瑞好本事，干得如此高明公正。"

停了一下，他转身对徐渭说："往各县衙发一个通报，以后引起百姓不满，不停上诉的案子，不论是杭州府，还是严州府，这两府的各属县的案子，通通交由此人终审。"

海青天这个名字，竟然很快就从淳安传到了建德、桐庐、遂安等县。

第八章
案中藏案，再赴省城

嘉靖三十八年夏天，淳安县学新上任的教谕赵公辅一进入县学就开始狠抓学风，多次到调皮的孩子家里作家访，并制定一系列学纪和规范学风的制度。海瑞去县学视察的时候，看到了自己过去的影子，和赵公辅谈话甚是投机，见他年纪轻轻，便鼓励他继续参加科考，而且还给徐阶写了一封推荐信。

然而来年才有会试，秋天的时候，赵公辅去京城历练时持海瑞的信件见到了徐阶，回来以后向海瑞大声称赞徐阁老的内敛。而且，他还结识了一个青年才俊，名叫张居正。

海瑞很有兴趣，和赵公辅谈天说地，甚是惬意。这一天，他照例在赵公辅处挥毫写落日：

山头日欲黄，江上树初碧。

去人何忽忽，而不畏于役。

鸟鸣入春林，鸡栖掩屯栅。

风波大如许，且止无远适。

我有十丈琴，与君永今夕。

写完以后，海瑞要那赵公辅起一个名字。刚刚和海瑞踏着稻田小径回到县学的赵公辅被海瑞的诗句陶醉，想了一下，挥笔写下：晚霁行。

海瑞也十分满意，乐哈哈地和赵公辅讨论县学堂舍的修缮及补充。

正谈话间，县衙新上任的捕头马上催骑着快马来催促海瑞。马上催本名马尚催，因骑马射箭的功夫颇好而闻名，后来有人玩笑说他一有什么事情马上就能赶到，于是，他自己改了名字叫作“马上催”。

他果真在马上的时候就大声报喜，抱着拳向海瑞叫喊：“海老爷，您母亲，就是太夫人的船只顺风走了几天，提前了两天到了。现在已经在县衙里坐了。你的儿子已经四岁了，甭提多好看了，像个女娃子一样，很害羞。”

马上催下得马来，跑到海瑞跟前，话却已经说完了。

赵公辅向马上催一抱拳，半开玩笑着说：“马捕头果真是名副其实，在马上就开始催促海老爷了。”

海瑞对着赵公辅一抱拳，然后坐上了马上催的马，飞一般的回到了县衙。

海母谢氏一路车马劳顿正在侧房里的一张小床上小寐，儿子海少贤正在厨房里用小铁铲挖锅灰扬来扬去，看到海瑞便跑到母亲的屁股后面，小脸上花猫一样，一道黑一道灰的。

海瑞上前去抱住了儿子，把他举起来，说：“爹爹给你作马匹，儿子骑马跑一圈，得得跑一圈。”

妻子王氏是海瑞的第三位夫人，之前有徐氏，但因为没有生儿子，加上和母亲的关系僵硬，被海瑞休了。王氏是一房远亲，是海母看上了以后，托人作的媒，生了一个儿子，但两岁时因为一场疫病夭折，后又育一女一男。女儿已经长到十岁了，儿子却刚满四岁。

听海瑞在信中说浙江的风光好，海母便带了媳妇和孙子孙女举家前来。

因为马上催跑到建德和淳安交界处的码头接海母等人，海母坚持要请马捕头吃一顿家常便饭。那马上催再三推辞，还是被热情的海母留了下来。

海瑞便问马上催督办的宋村镇王家湾的王直一案现在有没有进展。

马上催说：“小人在王直的村庄附近打听过了，这王直从建德回来以后，举家搬走了，看样子，这个王直，说不定就是那个倭寇王直。”

海瑞又问：“你没有问他的邻居搬到哪里去住了吗？”

马上催说，问了。这个宋村镇本来是一个小村庄，后来因为战乱，中原地带的一些流民迁徙至此才形成了现在的镇子。听说，这个王直的家里原本是河南新郑人，是不是回了河南也说不定。也有的邻居说，每天秋天，这王直一家三口就会搬到新安江上游的棉花种植区去给一些棉花大户摘棉织布，赚些零钱，第二年春天春播时才回到家里来的。”

马上催说的这种情形海瑞也听说过，前些日子，他调解了一个民事纠纷，就是因全家搬迁了，债主以为是逃债，追到了逃走的人，闹得不可开交，最后才发现，这一家人乃是为了坐船到景德镇去烧窑，赚一些苦力钱。之所以有这样一种举家搬迁的情况出现，是因为倭寇作乱，结果一些逃窜的人家在另外的一个地方发现了不错的生财的门路，便回到村子里，偷偷地带着家人迁往远处。

吃饭了。海母嫌海妻王氏炒的菜太腻了。王氏不敢辩解，海瑞便向母亲解释这油的来源。海母这才知道，原来，海瑞所食的油不是羊油，也不是花生油，而是棉花籽磨出来的油。这油看起来透明，吃起来却粘稠。

吃完饭后，海瑞交待马上催三天之内要查到王直的具体落脚点，然后，察看到底是谁在跟踪他们一家的行踪。

马上催不太明白海瑞一直要他盯着这样一个农夫作什么，他问：“老爷。这王直不过是丢了头牛，何以让你如此费心呢？”

海瑞说：“不是牛，是倭寇。你大概不知，在倭寇的头目中，有一个人叫作王直，形体及口音均与淳安的王直相似。我现在怀疑这些倭寇正在制造事端引诱官府把这个老实巴交的王直抓起来，当成真正的倭寇杀掉，那么，官府一旦放松警惕，他们便可以在暗中隐藏下来。”

马上催听得心惊：“我听说过那个王直，却没有想到这一层关系。老爷的思虑果然周详，小的这就去办。”

这马上催刚上马远去，县衙就传来击鼓喊冤的声音。

传入大堂以后，正是那王直，他的旁边站着一个人高马大的陌生人。

海瑞认出了王直，问他：“你有何事击鼓？”

王直的旁边站着他所在的宋家庄里长宋万桥，宋万桥听到问话，便上前一步跪倒，接海瑞的问话，答：“老爷，是我带王直来认罪的。这王直原来一直和倭寇头目徐海勾结，这不，他们家里最近新收到三头牛，村里人都知道，那是倭人给他的回报。”

王直分辨说：“大老爷，小人冤枉，小人从来不知道谁是徐海。”

海瑞问王直：“那刚才里长所说的三头牛是怎么一回事？”

王直答：“三天前的一大早，我起来给后院的羊添草，却发现原来的牛棚里多了三头牛，这三头牛个个壮实，而且卧倒在我家原来的牛棚里。我给它们弄食吃，它们竟然老实地吃了起来。我正庆幸呢，谁知道，里长却跑到我家里查看牛屁股上的印记，然后非要说是倭寇的牛，我家里一下子多了三头倭寇的牛，所以，他们要我解释清楚。我口拙舌笨，说不清楚。所以，他们便认定我私通倭寇。我们一家三代全是稻农，父亲曾经去参加过张经的军队，但因为想我娘，偷偷地跑了回来，我们家怎么可能通倭呢？请大老爷明察。”

里长宋万桥说：“海大人，王直通倭不是一天两天的事情，您没有上任前他已经通倭了，一开始他不过是把家里的粮食卖给倭寇，有时候还收取乡亲们粮食卖给倭寇。可是，最近两年，他越来越猖狂，不但卖粮食给倭寇，还帮助倭寇订购镰刀和马鞍。那些倭寇有了镰刀便偷偷收割了我们地里的稻谷，运上船走了。他这样作不是通倭，是什么？”

海瑞说：“王直，里长的话是否属实？”

王直一听跳了起来，大声说：“冤枉啊，大老爷。小人是曾经代收过粮食给一个福建的商人，那个商人叫作许栋，此人多在桐庐、淳安和建德几个县活动，在省布政使司衙门有注册的。”

海瑞的卷宗里正好有布政使司登记的外地商人名单，一查，竟然没有这个叫作许栋的人。海瑞把那个名册，啪地扔到王直面前，说：“你收购粮食，也就算了，为何还要替那倭人打造铁器，伤我子民。这一次，我恐怕不能听你一面之词了，来人啊，将此人拿下，收监，待我查实那三头牛之后，再详加审问。”

两旁的差役将王直带了下去。

那王直一看海瑞如此糊涂，不停地大声叫喊“冤枉”，喊到最后，便有些绝望，将要出大堂时，他大喝一声，开始骂海瑞：“海大人啊海大人，你真是虚伪之至，欺世盗名，什么海青天，你不分黑白，是个海糊涂虫。”

海瑞微微一笑，挥手让差役押下去。

里长见海瑞已经将王直收押，万分高兴，跪倒在地上谢海瑞秉公执法。并声称一定要向知府庞尚鹏汇报。

海瑞一愣，但没有继续纠查他的这一句话。

海瑞问里长宋万桥：“关于王直通倭寇的事情，你回去以后准备如何向乡亲们交待？”

宋万桥说：“王直通倭的事情，在我们宋家庄已经成了群情激愤的事情了，如今终于结案，我回去以后要组织护卫队人员对他们家里的其他人员进行监控，而且，这三头牛要收回到镇里，作为公用。”

海瑞说：“收回公用也好，但一定要把牛身上倭寇的标记设法抹去了，不然的话，本官也无法让你们继续使用那三头耕牛，若是杀了则太可惜了，往前说，很快就要收夏稻了，正是用牛拉车的时候。”

宋万桥听海瑞这样关心民生，不由得扑通跪倒在地上，说：“我替宋家庄数百户人家谢谢大老爷的关心，我这就回去处理这三头耕牛了。”说完，退出公堂，一溜烟一样地跑了。

海瑞命捕快马上催跟上宋万桥，而后径自走到了后堂里。

王直正坐在那里喝茶，看到海瑞从大堂上退回来，连忙站起来行礼。他不敢直视海瑞，大约为刚才自己的冒失而窘迫。他说：“大老爷万万不可怪罪小人，小人不知老爷自有安排，鲁莽地骂了老爷您，您一定不要放在心上。这一次，小人一定配合您，我愿意进到监牢里。”

海瑞说：“好的，汤县丞既然已经对你说了，我也就不再重复了，只是辛苦你一下。事后，如果你愿意，我可以帮你办军户，我推荐你去戚家军，如何？”

那王直一听可以去戚家军，眼睛立刻放出光芒，又扑通跪倒，对海瑞说：“小人愿意为大老爷赴汤蹈火。”

戚家军不仅仅是报效祖国，对于一个普通老百姓来说，加入戚家军，就意味着可以享受到军户待遇。这在当时颇好，一人当兵，全家都吃得饱，所以，很多人想入戚家军而不得。戚家军虽然大量招兵，但是要求极高，譬如身高、疾病史、食量、叫喊的声音，甚至精确到挨打时倒地的位置。所以，戚家军个个身体素质过硬，纪律又严明，常打胜仗是必然的了。

海瑞的这一承诺简直是给王直画了一个大饼，一下子填饱了王直的饥饿的肚子。

然而，海瑞刚刚拿下王直的第二天，浙江布政使娄聚德和按察使郑柱冲来到严州府视察民政及倭寇的活动情形。当他们得知，淳安知县海瑞昨天抓了通倭的嫌犯王直，很是高兴，在知府庞尚鹏那里大声夸奖这个海瑞精明能干。

庞尚鹏虽然是经过严嵩的提拔作了知府的，但私下里，却是徐阶的门生。是徐阶指使庞尚鹏走了严嵩的宅院，在严嵩生日之时作了寿诗一首，赞美严嵩和夫人恩爱经年的忠贞。果然，此后不久，庞尚鹏从一个六品的闲职升到了严州知府任。

庞尚鹏虽然谄媚于严嵩，却并没有违心，严嵩对儿子百般的溺爱皆缘于对妻子欧阳氏的忠诚和爱。严嵩自幼贫寒，娶妻欧阳氏却是富贵之家，且对他百般照顾，严嵩很感恩，给欧阳氏写了很多艳词，直至儿子严世蕃因疾伤左眼，悲痛缠身，方才停下。

严嵩对感情的忠贞不但让满朝文武大臣佩服，而且当今圣上嘉靖帝私下里也很是欣赏，认为此人对年少时受夫人之恩，终生不忘，是办大事的人，可以当国。所以他才有了后来的首辅地位。

所以，严嵩把庞尚鹏当自己的人对待，可是庞尚鹏暗中却只听徐阶的。

这娄聚德不知这些内情，完全把庞尚鹏视为严府同门，小声对庞尚鹏说："海瑞办理的这个王直可是小阁老八百里快递急找的人，所以，要立即从淳安押回来，直接送抵京师。"

庞尚鹏看娄聚德说话声音突然放小，而且很是紧张，连忙问是何原因。娄聚德结巴了，看了看旁边的提刑按察使郑柱冲，那郑柱冲是一个小人，一个见风使舵的主，一下领会了娄聚德的意思，连忙向庞尚鹏说："庞知府，你和严阁老交往颇久了，怎么会不知道小阁老的坏毛病，他就是爱逞强，爱杀人吗？"

"杀人？"庞尚鹏有些模糊，有些不太明白郑柱冲的话，可那郑柱冲却并不再解释，而是冲着庞尚鹏笑了，用手往自己的脖子上咔嚓一下，作示范。

庞尚鹏虽然不知道娄聚德和郑柱冲有什么阴谋，但隐约中，他总感觉有一丝丝不妙。他执行了娄聚德的指令，但在差役出发前，他匆匆在差役耳边说了一句："要海刚峰看情形处理。"

那差役刚要出门，郑柱冲却拦住了那差役，说："你不用去了，我今天带队亲自去。这个王直可是一个忘恩负义的小人啊，不抓住他，连总督胡宗宪大人这里，我都没有法子交待去。"

庞尚鹏没有想到郑柱冲会亲自去抓人，连忙站起身来，说道："郑大人，要不要下官陪你一起去呢。从水路去淳安更快捷一些。"

郑柱冲看了一眼旁边静坐在那里不停吹茶沫的娄聚德，走向备好的马匹前，说：“走吧，庞府台，来严州府自然是要你带路的，难不成还要我们给你跑腿，你坐在家里喝茶不成？”

庞尚鹏这才意识到了两个人的到来是事先都安排好了的，他不由得连连点头，说：“我这就收拾衣物，这就去收拾衣物。”

郑柱冲连忙制止了庞尚鹏，说：“我说庞知府，可真有你的，我们是去抓人，又不是去巡察久住，收拾什么衣物啊，我是要你快制文牒，去淳安府要王直的文牒。”

“文牒？什么文牒？”庞尚鹏虽然不知道这两位大人葫芦里究竟卖的是什么药，但他总觉得，事情仿佛有什么不妥。但一时之间，他又找不出有何不妥。

庞尚鹏本想问作为提刑按察使的郑柱冲为何不出示总督的亲笔令或是按察使的羁押令，而是要他出示文牒拿人。但细想一下，淳安乃是自己的管辖范围，两位大人到来大约是和自己共同商议的意思。

于是，瞬间写就一个立即押淳安嫌犯王直进京的文牒，而后和郑柱冲上马，带十名随从赶往码头。

海瑞正在和妻子王氏说一种花生的新鲜吃法，他一边把剥好了壳的花生果实往磨豆的小石磨上放一边说：“要把花生里的油全都挤出来。”

妻子王氏一边看海瑞磨花生油一边捂着嘴笑，说：“指望着你来养家，家早就没有油水吃了。我知道你是说花生的粉沫可以作成花生饼子，虽然没有了油分，但也是很香的，是吧。”

海瑞连忙点头，说：“是啊，怎么，你刚到这里没几天就知道这个事情了。”

王氏笑了，说：“这种方法我们琼州府早也就有了，这没有什么新鲜的。倒是这里的人吃鱼全都把鱼鳞给刮掉了，我看着很奇怪，他们这里的都说鱼鳞不好吃。鱼鳞怎么会不好吃呢，这里的人吃东西可真是讲究呢！”

海瑞说：“我们在琼州府多是吃小鱼，鱼鳞很软，不去也就无所谓了，这里人多吃河鱼，有些是专门养殖的鱼种，鱼鳞大概是很硬的，吃不动，自然就不吃了，这有什么好奇怪的。”

海瑞母亲正在外面教海瑞的女儿红袖择豆角，一根一根择得很干净。

这个时间，衙门里突然来人通报：“海老爷，驿站来报，省府的按察使郑柱冲大人和府台庞尚鹏大人正在赶往县衙的路上，现在大概在官驿那里休息喂马，一会儿就到大堂。”

海瑞一惊，省府按察使大人和府台大人同时来到淳安，莫非出了什么岔子不成。

海瑞想了一下最近正在忙碌的王直通倭案，一时间也想不出会有什么事情，海瑞洗把脸，更衣，到了前厅。

庞尚鹏见到海瑞以后甚是欢喜，说：“你果然和我想象中的一模一样，瘦小，骨削，一副南蛮硬汉模样。”说完径自哈哈地笑起来。

海瑞见庞尚鹏这么坦诚，连忙起身称谢。

郑柱冲见此二人如此相见恨晚地寒暄不止，脸上有些有不自在，端起身边的茶碗，冷冷咳嗽了两声，提醒一下二人注意他的存在。

海瑞果然知趣，连忙上前拜见按察使大人。

郑柱冲也连忙摆出一副上司嘴脸，夸赞了海瑞某个命案处理得很好，他看了结案参语，写得逻辑分明，条理清晰，简直是命案审结的典范啊。

海瑞自是一番自谦。

如此三番，一杯茶已经凉了，待到差役将茶水续上，才开始说正事。

郑柱冲不等海瑞禀报，直接追问起通倭的犯人王直的事情：“海知县，本官听说你抓到在浙江通缉的嫌犯王直，现在特地查问此事。”

海瑞说：“卑职已经快马向州府衙门禀报去了，想不到郑大人和庞大人这么快就赶过来了。”

郑柱冲又问：“此人现在何处？”

海瑞答：“为了安全起见，此人暂时关押在衙门后院的过渡审讯室里。”

郑柱冲说："此人身上干系重大，想你初来，不知该如何处置此案，我现在要马上带此人回杭州，交由总督府胡宗宪大人来处置。"

郑柱冲不等海瑞答话，连忙大喊一声："来人，跟随淳安差役去提嫌犯王直，直接押走。"

海瑞一时不知道该如何阻止，他看了一眼庞尚鹏，又看一眼郑柱冲，情急之下，他大喊一声："且慢。"

那郑柱冲示意他的手下留步，然后转过脸问海瑞："海大人，有什么特殊的事情要交待吗？"

海瑞说："没有，下官虽是初来乍到，但是这个王直却是不止一次打交道了，下官以为，淳安县宋家庄的这个王直他并不是真正的通倭犯……"

郑柱冲仿佛猜出了海瑞接下来要说什么似的，急着打断了海瑞，说："不是通倭犯？那海大人为什么要抓他呢，这可真是奇怪的办案方法。"

海瑞正要解释他为什么要抓王直，郑柱冲打断了他，说："海大人，此事关系重大，你的理由已经不重要了，现在本官要把犯人王直带走，你前头带路。"

海瑞又看了一眼庞尚鹏，希望知府大人能帮他说一句话，哪知庞尚鹏不知就里，替郑柱冲说了一句："海大人、郑大人和布政使娄大人今天一早就到严州府说王直的事情，看来此事非同小可，我看你不用审听从郑大人的安排，牵扯到淳安的事情，以后你继续作好就行了。"

海瑞见知府大人也这么说，就通知县丞把前天审结王直的笔录取出，和犯人一起带走。

谁知，郑柱冲却制止，说前面的口供不用看了，我们带回去重审即可知悉一切。

海瑞一听，连忙追问："郑大人，此事恐怕不合情理，依大明律，嫌犯的一审口供至为重要，若不一并带上，嫌犯极易翻供的。大人不带上，恐怕不妥吧。"

郑柱冲听闻此语，一下了解了海瑞的为人，知道他是一个作事认真的人。

摆了摆手，只好接下来了海瑞手里的供词。

大概是走得急，王直大概正准备吃饭，还没有吃，就给郑柱冲的人强行带了出来。王直被抓进来的时候，是海瑞吩咐好的，抓住王直不过是一个幌子，借抓假通倭的王直进一步引出经常活跃在建德和淳安等的真倭寇王直。

可是今天前来监管室提审他的差役们个个凶神恶煞一般，把刚刚吃了两口的饭盒一脚踢翻，拉起来便朝外走。

从狭窄黑暗的房间里，突然来到阳光强烈的室外，王直还有些不适应。见到在外面等候的海瑞，王直大叫救命，希望海瑞能上前来安慰他一下。可是，庞尚鹏却和海瑞一直在说话。王直突然发现，这一次带他走的差役的衣着不同，是省按察使司衙门的差役服装，他甚至怀疑是海瑞骗了他，把他真正地当作了王直抓了起来。

他本能地大叫："冤枉啊！冤枉！"

庞尚鹏关心地问起海瑞正在丈量土地，重新确立军户的事情。庞尚鹏非常欣赏海瑞的作法，在表面上是为了重新建立黄册制度，把军户补充上，实际上把一些隐瞒的土地一一挖掘了出来，一些小聪明的农业主为了逃避兵役，临时把位置不好的水田便宜出售了，或者用低价租凭转让给其他贫困户，总之，使得自己家的田亩减少。

为了能顺利地推行军户黄册的重建工作，海瑞专门召集全县各里的大地主集会，从各大户家里每户抽出二十余亩薄田划为县衙直辖水田，用来补充给没有田地但有劳力可以输送给戚家军的贫农家庭。这样作的结局使得愿意为国家贡献兵士的家庭有了一些薄田。

时间很紧，郑柱冲已经上马在等，庞尚鹏要海瑞一定要写一个文字总结一下淳安的丈量土地的工作步骤，然后有时间一定到严州府细细汇报和商谈。

然后，庞尚鹏上马随队伍离开，王直则一直大声叫喊，他误解了海瑞，大声地喊："海大人，骗子，你是个大骗子。"

海瑞被王直的骂声惊醒了，在衙门里来来回回地走。海瑞有些后怕，若是王直到了省城，而提刑按察使司不理会初审供词，直接逼供，使他招供通倭，那么，王直性命难保。

海瑞的女儿珠儿这时候悄悄地跑到前院里来，她手里拿着一串猪肉香肠，正吃得津津有味，被海瑞看到，海瑞曾经教过她的，不能吃别人的东西，尤其是猪肉。海瑞抢过她手中的香肠，一把扔到了地上，问她："谁给的食物？阿父不是告诉过你不能吃别人的东西吗，尤其是这种肉肠，你阿婆不是也教过你吗？"

珠儿并不知道阿父海瑞为什么这么生气，她的脸色苍白，很是吓人。珠儿呜呜呜地哭了，说："是衙门蒋大叔送来的，我娘也吃了呢。"

"我告诉过你，你娘可以吃，但是你不能吃？"

"可是，阿父，为什么？"

"因为我们是回回。"

"那我娘为什么就能吃呢？"

"你娘不是回回。"

"那我也不是回回。"

"珠儿，你怎么这么不懂事，一个女儿家怎么能吃下人的东西，你昨天背诵的礼仪廉耻都忘记了吗？"

"阿父，我饿的时候，什么都会忘记的，有一次，我都忘记阿婆和阿娘到底谁是谁了。"

"胡闹。回到后院去，不准吃别人送的食物，今天罚你午餐不能吃东西，听到没有。"

下面的人很快在衙门里传言，说海大人表面上是清正廉洁，实际上却贪墨收礼。海瑞回到家里，坐在书房里习字，他大声叫了珠儿一声，写下四个字让她看："清白持家"。

珠儿并不懂这四个字和她手里的食物有什么关系，看到阿父一把把她手里的一块花生糕打落在地，便呜呜呜地哭了起来。

海瑞说："你已经七岁了。七岁就应该知道谦让了，阿父和阿婆都教过你的，融七岁能让梨，你却天天这么贪婪，这该如何是好。"

珠儿说："阿父，我不吃饭好了。"

海瑞很生气，不知珠儿在和自己赌气，大声地说："不吃最好。哪有一个女孩子这样爱吃别人的东西，而且还是陌生人的东西。"

海瑞正要仔细地给女儿讲他幼时，阿婆是如何教育他要如何保持尊严，如何抑制自己的贪欲。海瑞把掉在地上的花生糕捡拾起来，吹了吹上面的尘土，递给女儿。正要坐下来，这时，跟踪宋万桥的捕头马上催回来了，说是有重要收获要马上见海老爷。

海安将来人引到了海瑞跟前，海珠儿便跟随海安离开。

马上催气都没有喘好，大热的天，他里面的汗衫已湿透了，汗透出来，显得十分狼狈。

海瑞示意他坐下说，连忙把石桌上的一把扇子递给他，关切地问："怎么样，快讲来。"

马上催说："小人遵老爷吩咐一路不敢大意，吃干粮，睡在那些人的隔壁，终于追到了杭州府，这些人竟然是杭州府新任知府罗龙文大人的亲信。他们在杭州府驿馆里大吃大喝，小人只有一次听到他们的谈话内容，竟然多次提到京中一位大员的名字。"

海瑞连忙问："当朝大员，是谁呢？"

马上催说："回老爷话，他们多次提到严嵩严阁老，还反复说起小阁老。小人虽然愚笨，但也猜出，他们说的是严嵩的儿子，被天下女人谈之色变的严世蕃。"

海瑞一听笑了，问："严世蕃为何被天下女人谈之色变呢？"

马上催支支吾吾，有些小心地说：“老爷有所不知，这严世蕃学当朝圣上，喜欢御处女，而且每一次都用一块丝巾放在所享用女子的下面，完了以后把那块带血的丝巾存放起来，据传，此人一年竟然最多存放过九百七十块丝巾呢。”

海瑞说：“市井奇谈，当不得真的，继续说这个宋万桥的事情吧。”

马上催说：“这些人除了多次说小阁老之外，还不停地说起王直的名字，小人听得不十分明白，大概觉得，他们口中的王直是杭州知府罗龙文的朋友。罗龙文在杭州西湖畔有一处私宅即为这个王直所送。小人一时听糊涂了，难道在我们这里关押的王直和罗龙文大人是朋友吗？”

海瑞一下子惊醒了一样，重复地说了两句：“你是说，那天在座的一个人也叫作王直是吗？是吗？”

马上催被海瑞的提问弄愣了，愣了一会儿，他也忽然明白了一样，说：“老爷，小人刚才想到一件事，是不是我们关押的那个王直是冤枉的。”

海瑞点点头，说：“是冤枉的，这个我早在来淳安之前就猜测到了，只是没有想到，背后操作此事的竟然是朝廷命官，我本以为是倭寇的同党们这样作的，这可实在是让人疑惑啊。”

马上催说：“那天在座的人中没有叫王直的人，但是，小人听到他们不时地说到王直这个名字，仿佛就在杭州府辖地，而且和那个知府大人关系非同寻常。”

海瑞点点头，说：“此事看来非同小可，罗龙文乃是严嵩的干儿子，他怎么可能和王直有联系呢？”

马上催没有听明白海瑞的话，看着海瑞。

海瑞摆摆手，马上催说，你先下去休息吧，本官自有安排。

海瑞坐在案几边上思考了半个时辰，决定要马上赶赴严州府，将淳安县的王直从庞尚鹏和郑柱冲手中截留下来。

他急忙修书简三封，一封加急快递给建德王用汲，让他携带上当时在建德审问王直的案卷先到建德城外五公里处的严州府等他；又给严州府台庞尚鹏修书一封，让加急快递，请求他无论如何也要先将嫌犯王直滞留，暂不带到浙江按察使司衙门；最后一封书信是给徐渭的，是告知信，说明自己已经上任月余，并遇到一棘手案件，请求徐渭帮助调查一下罗龙文是否有通倭嫌疑，并告知，他几天后即到省城，与他会面。

三匹信差的快马驶出后，海瑞觉得那马蹄声一下一下踢向在自己心里一样，王直若是真有个三长两短，那么，也许就是他的一时疏忽。想到这里，海瑞有些后怕，他很怕提刑按察使郑柱冲连夜把王直处死，或是直接押往京城。那么，王直就会被冤死。

他连家都来不及回，吩咐海安将他的衣服送至衙门大堂，他换下官服，微服出门，包袱里是他保存的王直的一份牛税契证，这是王直被抓的时候留给海瑞的，说是证明那牛是他们家的证据。这头牛是他父亲留给他的，想不到，牛竟然被偷走。他寄希望于官府，所以将牛契证留在了海瑞那里，希望能靠海瑞给他找回那头牛。

海瑞也在内心里发誓要帮王直找回那头牛的，可是一时间没有多少头绪，他的内心有些烦躁。

可不论如何，这牛契不但可以证明牛的模样和牙口，同时，也可以证明王直的身份，这头王直父亲留下的牛证上面的名字是王直的，这足以证明，此王直不是倭寇，而是淳安善良百姓。

海瑞徒步走到淳安县码头，乘了一艘小船往建德方向划去，然后在陆地乘快马赶往严州府。

建德县城本是严州府驻地，虽然县衙和府衙一南一北，但距离仍是很近，海瑞到达严州府衙的时候，王用汲已经在后院里候着了，庞尚鹏正和王用汲叙旧，看到海瑞来了，十分欢喜。

这庞尚鹏虽然是徐阶的弟子，却与胡宗宪私交甚笃，话锋一转，就转到了胡宗宪指挥抗倭的问题上了。

庞尚鹏问海瑞："刚峰兄，关于你重新丈量土地，重建黄册制度，并用甲丁补充军户的作法，胡宗宪总督听说了，他很是欣慰，他直夸你懂治理河流啊。"

海瑞有些迷惑，反问庞知府："府台大人，您刚才说总督大人赞我懂治理河流？"

庞尚鹏笑了，连忙解释说："一开始我也被总督大人的话闹糊涂了，以为总督大人最近手下缺少治理河流的官员了，所以想到你。可是转念一想，也不对，治理河流是河道衙门的事情，关刚锋兄何事啊？我思考了一会儿，琢磨出总督大人的意思了，他其实是夸你很会疏通河流，很会疏通现在正在面临着的县域矛盾。"

海瑞一下听明白了，答庞尚鹏说："府台大人明鉴，下官出此下策，目的有二……"

庞尚鹏用手势打断了海瑞，说："刚峰兄，总督大人已经猜出你的用意了，他也是告诉我，你这样作的目的有二，其一是真正地发现强壮且有智慧的士兵，其次是可以利用这次保甲的行动，趁着一些地主或者稍富余的人家不愿意让自己的孩子参加护卫队，于是有一些糊涂债，便免了贫户的，以求得那些贫农户把土地登记他们的名下。这一次清理，把原有的地主家的土地实际数量摸得很清楚，今后若再派人去收税，他们想逃税赋都来不及啊。"

海瑞说："府台大人，此法并不是下官首创，黄册重修及保甲法选兵，古已有之，重新丈量土地先前也朝臣奏报过，被严阁老否定。而这些情况想必府台大人是知晓的。刚峰也是万般无奈，才出此下策，刚峰知道，如此作下去，势必会引起在朝中有亲戚的地方士绅的不满，但在兵役不能保证的情形下，这样作的确还算有效。"

庞尚鹏示意海瑞喝茶，然后说："刚峰兄，现在并不是在公堂之上，我们只是家常说话，请不要客气。我早就想和你好好聊一聊了。而且，我多次听徐阁老在信中提及你，他说你虽然只是举人入仕，但熟知阳明先生心学大义，个人品性耿直，他日必有大用处。其实，后来徐渭也曾在酒宴上说过你的科考，实乃常见事也。一旦被锦衣卫写下名字，十年之内，会试无名，这乃是从前朝传下来的惯例，刚峰兄以后不必过谦，我们私下以兄弟相称。万不可再一口一个下官的。”

海瑞听了会心一笑，说：“好。府台如此交心，刚锋就不再罗嗦了。我这次来除了汇报近期的丈量土地的情形之外，还有一件急事需要府台帮助办理。”

庞尚鹏说：“喝茶，边喝茶边慢慢说，我一定尽全力帮刚锋兄督办。”

海瑞说：“请问大人昨日和按察使郑柱冲大人一起从淳安带来的通倭嫌犯王直现押在何处。”

庞尚鹏说：“那王直因为一直不招供，郑柱冲大人连夜把他押回杭州按察使衙门审问去了。刚峰兄，看你脸色不好，有何不妥吗？”

海瑞将自己怀中的一个牛契拿出来，递给庞尚鹏，说：“府台大人，你看一下这个，这是嘉靖二十九年登记的一个牛契，名字为淳安人王直。”

庞尚鹏看了一下那牛契，说：“这个牛契没有问题，你接着说。”

海瑞站起来，走到王用汲身旁说：“刚峰还没有赶到淳安时，在建德短暂休息了一天，当时，建德衙门的捕头刚好抓住了一个通倭嫌犯，此人正好是昨天府台和按察使郑大人共同抓走的这个王直。当时，经过审问，我和王大人发现此王直不过是丢了牛而前来寻牛的乡下人，和通倭的罪名根本联系不上，于是就当即把此人放回到了淳安。”

王用汲连忙将当时和海瑞共同审理的王直的供词摆放在桌子上，邀庞尚鹏看。

庞尚鹏说：“既然此人并非是通倭嫌犯，那么郑柱冲大人为何急着要抓此人回去呢？”

海瑞说：“府台大人，下官……”

庞尚鹏一听海瑞又不由自主地说出下官，连忙微笑着用手指了一下海瑞，“哎”一声提醒他。

海瑞不得不摇头一笑，说："庞兄。刚峰正是发现了此事的蹊跷，所以当里长宋万桥把王直送来衙门认罪的时候，我故意抓了王直，然后派人跟踪那个宋万桥，终于有了新发现，原来，从王直家的牛丢失到寻牛在建德县被抓，又到被我放走以后，再用三头体部倭人印记的水牛来陷害王直，这一切都安排精巧周详。我派的人跟踪宋万桥的结果是，他发现宋万桥竟然跑到杭州府向杭州府台罗龙文禀报情形，具体的详情他并没有听到，但我感觉到这件事情整个过程有人在幕后策划。我本来抓住王直是想引出到底是谁在通倭这一事件中掀风起浪，没有想到，被您和按察使郑大人抓个正着，几乎我还没有来得及将王直收入监牢，你们就赶了过来。我现在很怕郑大人一时冲动将王直就地正法，那，我可是很对不起王直了，而且，凭着我县衙门捕头马上催回来后的禀报的内容，刚峰可以猜测出，在整个严州府和杭州府内陆进行抢杀和非法交易的倭寇一定是另一个叫王直的人，而且，此人和我大明朝官员有勾结。所以，恳请庞兄马上向按察使郑柱冲大人快报，一定要他不能处死王直，卑职和建德知县王用汲均有要情禀报。"

庞尚鹏拿着王用汲刚递给他的初审王直的口供细细咀嚼。

他吩咐记事官过来记下几件事情："速将海大人所抓捕王直一事的前前后后快马送总督府报胡宗宪总督知晓。其二要派府学学正及训导均去淳安县察看，将海大人所行丈量土地重修黄册的细节一一记录，回来后要编成典册，本府要进行推广。最后，要快马通报布政使娄聚德大人和按察使郑柱冲大人，就说严州府知府庞尚鹏有重要事情要审问通倭嫌犯王直，我随后就到，请按察使郑大人暂时不要刑讯他。"

记事官一边用笔记录一边应承着，完毕之后便要退出。

海瑞在一旁突然插话："庞兄，且慢去通报郑柱冲大人。"

庞尚鹏一愣："刚峰兄是何意？"

海瑞说："我是怕庞兄适得其反，若是你现在通知郑大人，而郑大人恰好真的要用此王直作替罪羊的话，你的通报会让他非常不安，说不定他会马上就动手让他画了押并杀了他。”

王用汲也站起来，附和海瑞说：“我也有此担心。”

庞尚鹏沉吟了一会儿，叫回记事官，说：“那先暂不打扰郑大人，其他的事情速去办吧。”

茶碗收拾完毕之后，三人坐上马车赶往杭州府。夜晚在桐庐县驿馆落脚，三人月下闲谈，庞尚鹏说：“一路上我一直在思考，我应该马上给恩师徐阶写一封书信，禀报一下此事。但想来尚未确定，犹豫而未定。徐阁老在内阁为严嵩副手多年，一直伺机反严嵩，并不是为了取而代之，而是将严嵩的势力解散，还大明朝一个清明公正的会试。想起我当年在殿试中取得探花郎，但却一直不能入仕，直到借严嵩之力。还有我的挚友胡宗宪，更是靠赵文华入仕。我大明朝有几人不知胡宗宪是严阁老的得意门生呢？可私下里，胡总督却与徐阁老惺惺相惜也。这次事件若真的查到是罗龙文、娄聚德和郑柱冲通倭，并以通倭的名义来滥杀无辜，一定可以借机好好参劾他们一本。”

海瑞沉默不语。

王用汲说：“府台大人说得有理。前一段时间我听京城来信说，裕王新王妃生了一个儿子，圣上不知何故不高兴，那严嵩竟然把着办筵席的银两不批，而刚好新王妃生完孩子以后身体有小恙不能喂孩子奶水，负责裕王府供应的户部官员听从严阁老的吩咐，竟然连奶妈都不给裕王府派送，直到裕王给严世蕃送了一块皇后的玉佩后，严家才敷衍了事。我听说，京城里各王府和官邸中，裕王府是最穷的一个，所有宫里的太监和宫女都不愿意在裕王府当差，因为没有赏钱。这简直是欺人太甚。”

庞尚鹏说：“这件事我倒也有所耳闻，其中内幕事关当今圣上隐私，不便向二位透露。但严家把持朝纲，皇上偏信道教领袖陶仲文，陶扬言二龙不能相见，故无重大事情，裕王不能见皇上，所以才导致裕王和皇上沟通至今无法具体传达。”

海瑞说：“前年在京城见到徐阁老，他说裕王基本上是通过他在和皇上相互传话的。还有司礼监的小太监们个个都是皇上的眼线。”

庞尚鹏说：“徐阁老当时还在裕王府上任讲读，现在任裕王侍读的是高拱高肃卿。徐阁老虽然还经常往裕王府走动，但毕竟不是侍读了，很多话有时候早一刻和晚一刻讲都不尽相同，所以裕王现在的境地很是尴尬。这也是天下诸多心学学子竭力要倒严的一个重要原因。嘉靖的天下成了严家的天下，连当今圣上的儿子都要给严家送礼，这简直是天下第一荒唐事。”

海瑞说：“在京城时就听说了一些谚语：嘉靖嘉靖，家家干净。王子乞讨，阁老高兴。儿子独眼，心若明镜。外有宗宪，内有懋卿。青词宰相，七十得宠。”

庞尚鹏说：“还有更恶毒的呢，有一次胡宗宪在酒宴上叫我出来，给我看了两句民谣，竟然是骂胡宗宪的，大概是说皇上派胡宗宪不是为了杀倭寇的，而是为了和倭寇修好，从而要用银两购买日本扶桑女子为皇上炼制丹药用，简直是民间传奇，可笑之至。”

王用汲说：“其实，民间传闻也不是全都造谣，这个民谣大概是捕风捉影，我在京城时的确听说过胡宗宪从日本倭人手里购买扶桑少女的说法，只是不知是否属实。”

庞尚鹏哈哈地笑起来了：“是胡宗宪在押解一群十三人倭寇送入京城的时候被人看到，以为是胡宗宪给皇上专门捉了少女呢。这正是胡宗宪恼火之至的情由。像胡宗宪这样一个一生中不肯低头的人，怎么会作如此荒唐的事情呢，所以，今天在此，算是辟谣了。”

海瑞说：“我也听徐渭兄在信中多次赞美胡宗宪总督，我知道他的左胳膊上有三道疤痕，是他一生中一共低过三次头求人，每一次他就用刀把自己的手臂划破，作一警示。实在是可叹可服。”

庞尚鹏把已经燃尽了的蜡烛挑了又挑，那烛火像一个往黑夜中疾走的马匹，又像是刚刚朦胧升起的太阳。

庞尚鹏说：“忽然想起胡宗宪，我们还是睡吧，明天一早还要赶路，我们明天在桐庐码头上船大概傍晚可到杭州码头，我想明天还是先到总督府，听听胡宗宪的意见。”

海瑞附和一声，说：“那我们就回房先睡了。”

回到房间，海瑞对王用汲说："王兄，庞知府明天准备先到总督府，把事情来龙去脉告知胡宗宪大人，胡宗宪虽然也对阳明心学颇有心得，但他毕竟是严嵩一手提拔的门生，我总有些担心，会不会……"

王用汲没想到这个问题，被海瑞一时问愣了，他模模糊糊地说了一句："我见过此人几次，公私分明之至，为人颇为端庄正派，应该不会有什么事情吧。"

海瑞说："但愿如此。"遂熄烛火而眠。

天不亮就被驿馆里住着的一群作丝绸生意的安徽人弄醒了，这是一些长居浙江的安徽人，说话的腔调已经有江浙的味道了。

庞尚鹏起得晚了一些，看到海瑞和王用汲在茶坊间坐着等他，连忙歉意地说："昨夜想得多了一些，失眠了。我一直在想，若是告诉胡宗宪，他会不会很为难啊。一方面是他的恩师严嵩，另一方面是他内心的民族大义。所以想来想去，我觉得明天一到杭州还是避开胡宗宪，我们直接到按察使司找郑柱冲大人要人好了。我们最好把证据都一并呈上，要求郑大人会同严州府和杭州府等一同审案，这样就不会有问题了。"

海瑞说："会同审案？"

庞尚鹏说："这种事情以前经常发生的，自严阁老上台以后少多了，因为满朝大臣尽是他的下属。会同审案一般是涉及朝廷重要事件或者和审案的当事人有关联，而当事人又不能避开的，就需要会同审案，达到平衡律例的目的。"

海瑞说："这个我倒是知道，因为前不久，我刚刚在桐庐参加了一次会审，只是说这件事情会不会太小了？"

庞尚鹏说："若是胡宗宪知道了，一定会大吃一惊的。其他事还好说，可是通倭事大。自从当今圣上登基以来，连续都有人通倭，于是，圣上决定从第二年起废除了市舶司，完全封闭涉外航海码头，目的就是避免江浙及福建沿海有官员通倭。可是，现在，废除了市舶司之后，官员通倭是杜绝了，那倭寇和海盗经常来骚扰沿海的百姓却成了又一块心病，一直难以治愈，而且越来越恶化。因此，我断定，不论是哪一级衙门，一听到涉及通倭案件，必会会审，以示公允。”

海瑞说：“若真能作到这样，倒也是不怕了。”

桐庐的码头被一群倭寇占了许多时日，刚刚恢复通行，便服出巡的庞尚鹏、海瑞和王用汲混迹在来往的人群中间，还要经过两道检查，一道检查行李，一道检查身体。

三人无一例外地配合检查，检查得很仔细，一个差役搜完海瑞的身后，还问海瑞从哪里来，当听海瑞说从淳安来，便汇报了一下负责检查的小头目，仿佛是踌躇一会儿，才放行。

三个人都会心一笑，海瑞赞美桐庐县的作法。庞尚鹏说：“严州府有一个惯例，因为淳安较为贫穷，一般总会派遣在贫穷地方作过县令或县丞的人来，而桐庐县比较富裕，一般则是派遣在富裕地方作过县令的人。”

海瑞和王用汲一起问庞尚鹏：“那，这在穷地方和在富裕地方作过县令的人有什么不同吗？”

庞尚鹏说：“在穷地方作过县令的人呢，不太喜欢富裕的人。见到衣着光鲜的人总想找茬，而在富裕地方作官的人不太喜欢穷人，见着衣衫褴褛的人总想找碴。”

海瑞和王用汲连忙对照自己，答：“也是，也是。”

海瑞的淳安县较穷，所以，海瑞看到穷人就有一股亲切感，而王用汲在富裕县建德作知县，知道富裕的人家多知礼仪，而穷人只有在大灾大难中才懂礼仪，平时都是爱沾便宜的主。

庞尚鹏说：“看我们三个人的衣服，只有刚峰兄是布衣，所以，那官兵就对刚峰兄多检查了一道程序。”

海瑞说：“怪不得，我还以为他们一直是这样仔细呢。可是，这样作也没有道理，因为那些个倭寇可都是衣着昂贵的。”

哈哈哈，三个人对视而笑。

掌灯时分，船行至杭州码头。骑马先抵达的总兵和其他随从人员已经在码头迎接了。

徐渭竟然也在岸边叫喊海瑞的名字。在一个写着胡字的灯笼旁边，徐渭着便服在那里挥手。

庞尚鹏说："唉呀，看我这记性，送的两封快信中，第一封就是给胡宗宪大人的，咱们在路上还议论要不要胡宗宪知道呢，呵呵。这事怨我，这事怨我。"

王用汲说："庞大人不必自责，这事即使你不快报，胡总督焉有不知之理，你报了，然后我们一起再去找胡大人，说不定他还真能够站在中间，帮我们一把。"

海瑞也点头附和。

徐渭年纪比三人均小一些，性格也稍显活泼。

安顿好住处以后，徐渭非要请三人到西湖边上的一家作醉鸡特别有名的北方酒楼吃酒，赏西湖夜色，吃绝世美味，本来是美好的事情，可是海瑞却连声叹息。

徐渭说："刚峰兄不要叹息，你若是嫌我浪费，我下次定会注意的，这不是我最近发了一笔小财吗？我的两幅《冬鹤图》因为充满了仙气被当今圣上所喜欢，所以在官报上表扬了我一下，所以，一时间我的画价格猛涨。其实，说到这里，我还要感谢刚峰兄啊。"

海瑞有些讶异，问："贤弟没有弄错吧，如何要你感谢我？"

徐渭用手比划了一下，笑着说："感谢你的墨啊，上次你托李时珍从宫廷中给我捎回来的罗小华的墨啊。"

海瑞一下子想起来上次在京城时，和汤臣、王世贞以及王用汲一起误入了京城书画的一个筵席，便认识了罗小华。因为比邻而坐，交谈甚欢，海瑞从罗小华那里了解到他新研制了一种淡香久远的桃核墨，因为罗小华在这种墨中加入了桐油烟，桐油即是桐树籽燃而成油，此种油烟为淡黑色，融入墨中可以淡化浓墨，在山水画中，使得淡笔层次清晰，且可增加墨中香气。

罗小华刚刚研制出来，尚未形成固定的配方，所以，制墨极少，给了海瑞一块浅墨，后来海瑞又托李时珍到罗小华那里取了几块这种桃核墨送给了远在浙江的徐渭。

徐渭说："那墨神奇之至，拈来轻，磨来轻，砚无声，嗅来香。我以前画葡萄，总觉得那些葡萄会从我的画中掉下来。不是自吹我画得逼真，是我老觉得这画中的葡萄太重了，重得想要掉下来。现在，用此种墨，简直如有神助，淡浓相宜，所以，这一次要特别地请刚峰兄多喝两杯。"

说完举起酒杯和海瑞皆站起来。

酒饭完毕后，徐渭非要带三人去西子楼去听桃花曲。

海瑞和王用汲均表示已有酒意，不适合再外出走动，可耐不住徐渭的盛情，还是跟着去了。

原来是一个烟花楼。脂粉味道浓得海瑞和庞尚鹏直皱眉头，王用汲仿佛对这些地方并不陌生，和徐渭小声说着西湖的一些街巷趣事。

西子楼，顾名思义，一定有女子貌若西子的。

那徐渭却像进了自己家一样，把三人领到了三楼的一个临西湖的阁楼里，大厅里摆放着徐渭的画桌和画笔。

有一位佳人坐在一个古筝前正在试音，见到徐渭来了以后，连忙起身问安。

徐渭说："这位便是我的西施，她可是名满杭州，她叫作王翠翘。哈哈，怎么一样，千金买她一笑都值是不是？"说完独自哈哈大笑起来。

海瑞和王用汲均不敢仔细打量她，远望去，此去的确如画中古典美女一般，有股仙气和冷艳的美。

茶是白菊，大概放了冰糖或者蜂蜜，入口有一股淡淡的甜。

琴声起，那王翠翘已经唱出声来：

桃花坞里桃花庵，桃花庵下桃花仙。
桃花仙人种桃树，又摘桃花换酒钱。
酒醒只在花前坐，酒醉还来花下眠。
半醉半醒日复日，花落花开年复年。
但愿老死花酒间，不愿鞠躬车马前。
车尘马足富者趣，酒盏花枝贫者缘。
若将富者比贫者，一在平地一在天。
若将贫者比车马，他得驱驰我得闲。
别人笑我太疯癫，我笑他人看不穿。
不见五陵豪杰墓，无花无酒锄作田。

唱完以后，徐渭向王翠翘介绍今天来听的客人——庞知府、王知县、海知县。到海瑞的时候，徐渭又补充了一句："这位海瑞，可是我多次和你说过的友人，他也是刚刚从福建来到浙江不久。"

那王翠翘一听，连忙向海瑞深作一揖，要单独给海瑞再唱一曲，海瑞连忙推辞，那女子轻起朱唇，已经唱出来了。这次是一支琵琶曲：

上阳人，红颜暗老白发新。
绿衣监使守宫门，一闭上阳多少春。
玄宗末岁初入选，入时十六今六十。
同时采择百余人，零落年深残此身。
忆昔吞悲别亲笑，扶入车中不教哭。
皆云入内便承恩，脸似芙蓉胸似玉。
未容君王得见面，已被杨妃遥侧目。

妒令潜配上阳宫，一生遂向空房宿。
宿空房，秋夜长。夜长无寐天不明。
耿耿残灯背壁影，萧萧暗雨打窗声。
春日迟，日迟独坐天难暮。
宫莺百啭悉厌闻，梁燕双栖老休妒。
莺归燕去长悄然，春往秋来不记年。
唯向深宫望明月，东西四五百回圆。
今日宫中年最老，大家遥赐尚书号。
小头鞋履窄衣裳，青黛点眉眉细长。
外人不见见应笑，天宝末年时世妆。
上阳人，苦最多。
少亦苦，老亦苦，少苦老苦两如何？
君不见，昔时吕向美人赋。
又不见，今日上阳白发歌！

这一曲真是哀怨之至，听得在座的几个人安静地坐在那里。待到唱完以后，徐渭带头叫好。海瑞和王用汲也随着徐渭的赞美频频点头。

徐渭正要和大家吹嘘他和他的西施的爱情故事，那王翠翘突然跪倒海瑞面前，落泪不止。

海瑞连忙上前扶她起来，他非常不解地看着王翠翘。徐渭也是很不解地看着王翠翘。

王翠翘站起身来，捋顺了一下头发和衣服，对海瑞说："大人，我们并不相识，我不过是替我的一个生死患难的姐妹感谢大人的救命之恩的。"

海瑞更迷惑了，想问，但觉得过于冒昧了。还礼说："不知姑娘是不是弄错了，但听你的歌声的确很美，很感谢文长兄的美意，觉得在这样美好的西子湖畔，听这样动听的曲子，遂感觉到自己真实的活着。这是多少年没有的感觉了。"

王翠翘答："大人，我早就文长说起过您的名字了，知道迟早有一天会见到您，所以一直等着这一天，刚才的那首曲子也从未唱过，是第一次唱。您在京城的时候曾经和李时珍大人救过一个从宫中出来的宫女，那是我最要好的姐妹，我们两个一起逃出来的，一起流落到杭州。她后来跟随一个商船去了京城，说是寻家人，不知下落。但她说起你和李时珍的名字，要我遇到了一定替她报答。我想一下，也不知该如何报答，就唱了一曲《白发歌》。我忽然想起她来，说不定，我们到了白发的时候不知道能不能见面。”

海瑞突然记起了，那是十年前的事情了，他去京城历练，碰巧在回客栈的时候遇到一个受伤的宫女。

海瑞一下子想起了，十年前的那场宫女之变，一下子仿佛明白了全部。

他连忙说：“我已经忘记名字了，但我知道她的模样。你们……你们，不，你的声音很是动听，让人想念家乡。”

王翠翘说：“文长第一次听也这样说，墙上的《思归图》就是他第一次听完的曲子以后画的。”

徐渭插话说：“既然刚峰兄这么喜欢听翠翘的曲子，那就再坐一会儿，她的古筝才是真正的好。”

过了一会儿，王翠翘盘膝而坐，古筝的声音如流水一样，汩汩地淹没了他们。

第九章
通倭如谜，翠翘如歌

一大早，海瑞起来作操，往左弯腰，往右弯腰。动作作得特别慢，很滑稽。

王用汲就在那里笑他。

庞尚鹏问："刚峰兄作得是哪种操啊。"

海瑞说："这是我小时候自己想的一套操，当时我发现，早晨的时候院子里的那一排向日葵是向东弯腰的，到了中午是向南，而下午是向西。我就完全按照向日葵的这一天的三个方向在慢慢地弯腰，我觉得如果这样坚持作下去，就可以像一株向日葵一样，活得有收获。"

王用汲和庞尚鹏被海瑞的解释逗笑了，庞尚鹏指着海瑞说："想不到，想不到刚峰兄还暗藏着这一股子天真啊。"

哈哈哈，海瑞也觉得被庞尚鹏说中了，开心地笑起来。

阳光的确很好。

一干人马来到按察使司衙门的时候，大堂外无人把守，大门也紧闭着。

随从们叫开了门，负责管营的是一个张姓千户，衣衫不整地出门来，一边走一边作威作福地骂人打扰了他的清梦，但看到庞尚鹏、海瑞、王用汲几个人的官轿，连忙紧张起来。正了正衣服，揉了揉眼睛，笑着说："我当是谁呢，原来是庞知府到了，小的这两天和按察使大人昼夜在审钦犯，休息得不好，礼数若不周的地方，请庞知府多多担待，多多担待啊。"

庞尚鹏作揖道："一大早来打扰郑大人，实在是有急事商议，烦请张千户快速禀报一下，就是严州府知府庞尚鹏携淳安知县海瑞、建德知县王用汲一齐前来求见。"

张千户应了差事，把三位大人及随从让进了按察使大堂里，侍候了茶水后，才向后院的编号营房旁边的按察使司公事楼走去。

过了一会儿，张千户慌慌张张地跑出来，回复庞尚鹏说："一大早，胡总督派人来请郑大人，听说是总督大人和巡抚大人以及布政使娄大人和按察使郑大人共商大事，小的早晨贪睡，郑大人走的时候小的不知，刚到后院郑大人公事房才听小厮们说的，各位大人见谅。若真有事，还望各位大人午时过后再来过。"

海瑞看了一下庞尚鹏和王用汲，三人均感觉到事情有些棘手，大约郑柱冲已经有了防备。所以，海瑞决定先敲山震虎一下，对张千户说："张千户，今天，庞大人和我们两位知县均是为了淳安一桑农王直而来。这王直虽然是我所抓，罪名通倭。但是，因为一审案卷中此人所供内容均与通倭无关，不知郑大人和张千户所审结果如何，万望告知一二。"

张千户听到王直的名字，脸色一下变了，说："三位大人，淳安人王直虽然种稻桑为业，可是却通倭已久。郑大人把王直的哥哥王耿和嫂子均抓来盘问，一问才知，原来此王直并非原来的王直，他的弟弟王直早在多年前和他一起外出时因热病发作而死去。此王直虽然与已逝的王直稍有相似，但只要细心观察，还是会发现有许多不同之处，于是，王直便在杭州府学作豆腐，回到村子里以后制作豆腐，借以迷惑村人。其实，王直的哥哥已经知道，此王直只是借弟弟的名字在淳安、建德、桐庐一带积蓄财物，装船运往倭国。小的，这两天两夜没有合眼，全在审问王直，你看看小的眼睛已经肿得睁不开了，啊啊。”

说话间，这张千户哈欠连天，倒也不像是装模作样。

王用汲和庞尚鹏被张千户的一席话给洗了脑，一下子怀疑起海瑞的初审来。他们用眼睛斜视着海瑞，示意他继续和张千户对话。

海瑞问：“制作豆腐？张千户你是不是记错了，卑职在审问王直时也曾经了解到他在杭州府的经历，可是，据卑职所了解，此王直在杭州府可不是制作豆腐，而是学作祭祀用的牛皮鼓。”海瑞急中生智，想起王直在建德寻牛被抓的情形，决定随口乱说一通，诈一下这个张千户，若是这个张千户镇定自如，那么，事情还要进一步周旋。

谁知这张千户一听海瑞的问话，连着打了两个哈欠，歉意地笑着说：“海知县，我这两天头脑非常模糊，仿佛是我弄错了，那王直在杭州府的确是去学了两年的牛皮鼓，是学了牛皮鼓。”

海瑞哈哈笑了起来，又突然停止，喝声问：“张千户，到底是学制作豆腐，还是去学作牛皮鼓了呢。”

那张千户被海瑞弄得愣了，一时间不知道该选择哪个方向，就模糊着回答：“我也记不清了，海大人说什么就是什么吧。”

海瑞提高了声音，喝问张千户，说：“张千户，你们竟然连初审的供词看都不看就信口给王直编造罪名，那王直曾经随从哥哥在桐庐作过一阵子木匠，怎奈他与雇主家的女儿牵牵扯扯，惹人烦厌，方才辞去他。这一点在初审的供词中记录得非常清楚，你竟然说在杭州府学作豆腐，实在是信口开河。”

张千户一时乱了马脚，不知道该如何回答海瑞的责问，庞尚鹏听到张千户无言以对，也插话责问：“张千户，你刚才那一番话，差一点，我都误以为真，谁知经海大人提醒，我才知道你竟然私造罪名，诬陷他人，这是何道理，还请教张千户能据实以告。”

那张千户一着急，在原地转了一圈，跺了几下脚，哭丧着脸说：“各位大人，您就不要再难为小的了，刚才的话也都是娄大人和郑大人交待的，具体的审问情形，小的并没有参与，小的只在门户把风，娄大人和郑大人一个人审问一个人记录，这次的案子办得又快又密，连衙门里的记事官都没有参与，你就饶了小的吧，要是非要纠缠个明白，小的还请您到总督衙门去找郑大人好了，小的恕不奉陪了，各位请吧。”

海瑞转过身来和庞尚鹏低语了两句，然后对张千户说：“我们可以去总督府见胡宗宪大人，但是，现在我们必须要看一下嫌犯王直的情况，好和胡大人交待。”

张千户连忙阻挡住去路，对海瑞说：“请恕小的难以从命，通倭嫌犯王直现在是独立看管，明日即将押赴京师，在此之前，总督大人已经下达命令，所有人都不得接近犯人，请各位大人见谅。”

三人见这里把守森严，料定是见不到王直，便一起回到驿馆。

在路上，三人商议后，改方向去总督衙门。

上轿之前，庞尚鹏说：“此事若是总督大人也得到了相关指令，那么我们只能听他指示，我们需要先试探一下，若是总督大人切实并不知情的话，那么，我们要试探一下他的态度，实在不行，我看，还是要靠总督大人来救王直。”

海瑞和王用汲不无担忧，几乎是同声说：“这样说来，王直岂不是凶多吉少。”

庞尚鹏说：“根据我多年的观察，若是胡宗宪知道此事一定会包庇通倭的罗龙文的，也定不会冤枉王直的，所以，我们还是先到总督府再说。”

总督府照例是忙碌的，一群衣着朴素的百姓跪在衙门大门左侧，海瑞上前问了一句，回答竟然让人感动，说是要来参加戚家军的。

海瑞和王用汲大概查了一下人数，有四十人。

海瑞问他们："乡亲们，你们是哪里人，为什么要来参加戚家军啊。"

四十人里有一多半是义乌人，另一小部分来自温州，说话的口音有些曲折，海瑞听着有些困难。但大概的意思海瑞还是明白了：原来这些人都是当地较为富裕的农民，原来有倭寇和海盗的时候，每年收成一半甚至还要更多都被抢了去。现在有了戚家军，他们所生活的城镇安定了许多，已经有一年多没有出现过一次海盗抢劫的事情了，所以，他们这些有热血的年轻人在私下里常常商议着，一旦有机会一定要参加戚家军，不但要参军，还要把自家的粮食拿出一部分来，供应军需。

庞尚鹏和王用汲也都被跪在这里的百姓感动了，庞尚鹏说："乡亲们，既然大家如此懂大义，那么就请大家站起来吧，跟着我们一起进到府里面拜见总督大人吧，相信总督大人一定会为你们这些义民的举动而感动的，那么，你们的愿望就很容易实现了。起来吧，乡亲们。"

这样，庞尚鹏、海瑞和王用汲领着浩浩荡荡一队人马进入了总督府。

已经有人禀报过后院了，徐渭正在二道门的屏风那里迎接着，一同迎接的还有刚刚从前线军务中赶回来的戚继光将军。

见过面后，一同赶到了胡宗宪的大厅里。

胡宗宪的毛笔未干，正在抄论语。翻开的宣纸册上正抄至"道之以政，齐之以刑，民免而无耻；道之以德，齐之以礼，有耻且格"。

徐渭把胡的书法立起来，众人皆叹服，胡宗宪的书法本来偏于柔弱，有些赵孟頫的小楷的味道，但是现在因为多了一股指挥将士的炮火味，立即有了力量，字里行间皆流淌着热烈和张扬的一股子气势，所有人都感觉到了这样一股气质，所以皆称赞。

胡宗宪笑了一下，问庞尚鹏曰："庞兄，其实，抄到这里停有两个缘故，一是听说你们来了，我要洗手等候，再则，每每读至此，总有团疑惑，想请教你这位心学研究会的成员了，此句中最后一字——'格'，到底指的是什么呢？"

庞尚鹏乃是徐阶和欧阳豹的学生，在翰林院期间曾是阳明心学研究会的重要成员，对几本经传自是熟悉不过。只见他一边欣赏胡宗宪的书法一边会心笑着，说："胡兄的这些小楷深得赵孟頫要领啊，虽然顿笔和落笔均和赵字大相异，可是初始之笔及笔端流露出来的气息均是赵字的典范作法，入得进，而又出得来，实不愧是一员虎将也。"

海瑞和王用汲也均对庞尚鹏的点评颇以为是，频频点头。

庞尚鹏继续答胡宗宪的问题："胡兄问及的格字，弟在辩论堂上正好与同会的其他同仁说到过，此处的格字应该理解为悦服的意思。不但遵循规则，而且还心悦诚服。孔学提及内心的层面，后孟子复又提出'性善'，直到荀子时复又提出'礼乐刑政，其实一也'，即又一次甩开了心理的方面，但不久就被汉代的重儒并伦理治天下所否定，到了宋时，理学达到了高潮，我们经常听到的'大公无私'、'先天之忧而忧，后天下之乐而乐'这种把道德当作了宗教的作法又一次使得论语中的这句'道之以德，齐之以礼，有耻且格'更为实用和通用了。我大明律法虽然对于贪腐多有严惩，但对于民生多以道德规范之，故，与此句并不矛盾。要真正是使生活在贫苦中的百姓有一个'格'的内心，何其难也。"

胡宗宪也点头说："受教了，庞兄，此处的格，我原本以为是顺从意思。而且，我看到一本民间集注版本的刻本，也是解释成顺从之意，想不到，此处还这样解释的。受教了，受教了。"

海瑞这时插话了，他先是介绍自己："胡总督，卑职乃严州府淳安知县海瑞，此次来杭州是为一个通倭的冤案而来。刚才大人抄录的《论语》中的这句话，卑职有不同解，也想和几位大人交流一下。"

胡宗宪说："好啊，海刚峰，你一到浙江，我就听说你了，朝廷的官报中，我也看到过你在福建南平处理关涉朝廷颜面的《淫课》一事，作得很好。还有，虽然我没有去过淳安县，但是，你那里正在搞的重修黄册和重新丈量土地的事情，我也是知道的。你说，你说，我忘记了，你们都是徐阁老以前的学生，今天真是巧合，可以和各位心学成员，来切磋一下论语，实在是一大快事哉。"

海瑞连忙站了起来，走到胡宗宪的书法面前，借助于格字的口字说话：

“格字从口，口多是表达内心的愿望的。卑职以为，此处的格字不但可以理解为顺从和悦服，更应该理解为向往和认同。在《礼记·缁衣篇》中也有这样的字句，‘夫民，教之以德，齐之以礼，则民有格心；教之以政，齐之以刑，则民有遁心’，在此处可以看出，‘格心’和‘遁心’乃相互对应也，遁即逃走，而格字意思与遁字相反，自然可解为归依和向往。”

海瑞的解释更为客观，胡宗宪不由得站起身来，将手中的笔落下，一挥而就，另写了一幅横幅，笑着说：“刚峰既然将此句阐释得如此清晰，那么，我相信你在淳安一定会‘教之以德，齐之以礼’的，所以，我决定献丑，将这两行字送与刚峰兄。”

分庭落座后，方才进入正题。

胡宗宪让戚继光介绍了一下在台州正集中和倭寇对决的情景。

戚继光不但精于计谋和海战，讲述战况的能力极强，三言两语就将敌我之间的优势和劣势言明，戚继光就利用倭寇在海上连续航行身心疲惫的特征，不让他们上岸喘息。一旦这群倭寇已经上岸作乱，那么，他一定等这群倭寇进入陆地的核心部位，然后调集大部人马，四处围剿，如此效果非常之好。因为这些倭寇好水性，不怕船战，但陆战却并不十分厉害，所以，每一次战役下来，均大有斩获。

介绍完毕以后，胡宗宪又让徐渭介绍一下他最近作了哪些工作。

徐渭哈哈哈地笑，说：“下官奉胡总督之命，在西子楼包下了一豪华的包房，并奉命和一名叫作王翠翘的女子谈情说爱。”

徐渭没有说完，海瑞和王用汲均被逗笑了。

胡宗宪补充了一句，说：“这也是为了剿倭贼之大业啊。”说完，胡宗宪提醒庞尚鹏有什么要事需要禀报的，可赶快说。

他好像忽然想起海瑞刚才的一句话，就顺便指了一下海瑞，说：“刚峰，你刚才好像说到什么冤枉的通倭犯，到底是怎么一回事？”

庞尚鹏给海瑞使了一个眼色，意思是先不要据实以告，自己先拿话试探一下胡宗宪，于是庞尚鹏插话问道：“胡兄果真不知，海知县前不久，刚抓到一个叫王直的通倭嫌犯，此人乃是淳安县宋村镇王家湾人，此人大概是以淳安稻桑农的身份在严州府内陆活动，给海盗头目徐渭作内应，屡屡坏我大明军队，作恶者颇丰。”

庞尚鹏说完以后，胡宗宪表情没有变化，不像是有所掩饰。而且胡宗宪示意庞尚鹏继续说下去。

庞尚鹏确定胡宗宪的确并不知详情，便退后一步坐下了，说，那还是请海大人详细讲明吧。

海瑞正要说话，徐渭被一个官差叫出去。

海瑞喝了一口茶，继续说：“总督大人，卑职与此王直有多面之缘，第一次会面是在严州府建德县衙里，卑职刚巧在莅任中途路过建德，又巧遇有人报官说是抓住了淳安通倭嫌犯王直，便亲自过问了几句。卑职虽然尚未抵达淳安，但一路上查史册观地方志，对淳安和严州府所属其他县域内的民生状况略有知晓，在建德时，卑职就问过此王直，发现此王直只是丢了一头牛，而又被人误导了方向，来到建德寻牛的。所以卑职就感觉此事必有蹊跷……”

正在这时，徐渭从外面进来了，他看了一眼海瑞，又看了一眼胡宗宪，很是为难地打断了海瑞，然后趴在胡宗宪耳朵旁耳语了两句。

胡宗宪点了点头，说话了：“海大人，不要说了，刚才徐渭讲了王直现在何处，你的话虽然已经说完，但我如果没有理解错的话，你应该是想说，此王直是被冤枉的，是不是？”

海瑞答：“总督大人明鉴，此王直正是被卑职所冤枉的。”

胡宗宪指了下海瑞，说：“刚峰，你接着说。”

海瑞答:“卑职从建德到淳安以后，一直盯着王直，后来果真发现了线索，原来，王直家里有一天突然来了三头牛，王直粗心，没有看到牛的腿上有倭人作的标记，所以被里长宋万桥所捉，并送抵淳安县衙。我经过仔细察问，决定暂时抓捕王直入淳安大牢，这样造出风声，好观察里长宋万桥和其他人的动静，后来，派出的人跟踪里长宋万桥，发现，此宋万桥竟然跑到了杭州府来报信。只是可惜的是，卑职刚在牢里审了王直一次，还没有来得及将王直被诬告的公文颁布，庞大人却带着按察使司郑柱冲郑大人来了，并说是奉总督大人之命前来提审犯人，卑职一时无法说明实情，故造成如此尴尬的现状，请总督大人万万要保全王直的性命，那王直临被捉进囚车时，大声骂卑职骗了他，王直的声音至今仍在卑职的胸中回荡，像一把刀子刺入我的胸腔一样。”

胡宗宪听完海瑞的简述，叹息了一声，说：“好了，如今我已经知道具体情况了，你们先回去吧，明天我给你们消息。若真是罗龙文和娄聚德、郑柱冲共同抓的人，我要先问一下娄聚德。”

庞尚鹏和王用汲回到驿馆休息，而海瑞则和徐渭去杭州府鼓楼十字附近的一家装裱店去装裱胡宗宪的书法。装裱店的名字叫作“宣和逸”，招字是徐渭所题。

坐官轿到西子楼要走大路，也少许多情趣。装裱完书法后，海瑞和徐渭步行向西子楼走去，沿街的商铺林立，有一家中医药铺新开张，大概是要免费送一些汤药给百姓，所以，门口排起了长龙一样的队伍。

海瑞指着这些排队的人，说：“这省城的人身体总娇贵一些，总是喜欢吃草药，乡下人就懒得这样认真了。出热出冷地，躺在太阳下面晒一下就算是治病了。”

徐渭说：“这倒不是城里人爱得病，说到底还是这些人太懒惰了，天天坐在荫凉下面看蚂蚁上树，跑到烟花楼里嬉戏，要么就是跑到赌坊里两天两夜不出来，出来的时候连衣服都输了个精光。所以，有些人内心里没有支柱，就容易被一些小疾小病击倒，吃药还不一定好呢，要是不吃药，准一命呜呼了。”

赌坊里的生意果然好，门口站着的人都是打手，个个胡子很长，模样凶狠，谁看他一眼，他就恨不得把人家眼里的自己给挖出来。

海瑞心想，要是把这些赌坊都禁了，有多好，不至于好多家庭因为赌债而妻离子散了。

这样想便也这样说了："文长，你说这些赌坊，虽然说给官府纳了少许银两，可是，他们这里害了多少人呢，官府不能把这些赌坊都封掉吗？"

徐渭说："刚峰兄，这些赌坊给官府纳的银两可不是一点点，而是很多很多。所以说，地方官府虽然明知道这些事情对百姓并无多少好处，但还是睁一只眼闭一只眼。好在，胡总督在浙江开了一个好头，他特别要求杭州府的所有酒楼赌坊和青楼赌坊，均不能借贷筹码给客人，客人输光了不准借钱给别人，若是查到有违规者，立即封馆。这样作，其实就是为了避免那些嗜赌如命的家伙们输光了钱开始大量借钱，最后不得不把自己的家业也赔进去。"

海瑞一听，连忙点头称赞："此方法甚是合理，好，好！"

西子楼的龙井茶是最好喝的。

这是徐渭不止一次在书信中向海瑞透露的，坐在临江的三楼赏月光，听琴曲，如神仙一样。

海瑞想到宋词的一个词牌名：临江仙。

徐渭问帘子里面的王翠翘打扮完毕了吗？里面传出丫环的声音："徐大官人，稍候一下，小姐今天穿了戏服，要为二人唱一曲。

徐渭便嘿嘿地退回到窗子边上，看着发呆的海瑞，玩笑地问："刚峰兄，陷入哪个嫂夫人的念想里？"

海瑞转过身来，答："我想起一个叫作临江仙的词牌名，想来，这名字起得真是绝妙，临江品月，真能成仙呢！"

徐渭说："如此说来，不如我们两个在此提笔得句，何如？"

海瑞点头称是。

纸墨备好以后，海瑞挥笔写下：

青青河边柳，苑苑陌上桑。

临风似相向，道阻意以长。
流莺飞上杨，归雏回东墙。
翩翩曳文裾，水中双鸳鸯。
此为胶与漆，彼独参与商。
乾坤浩无垠，大化何茫茫！
鸢飞与鱼跃，各以适其常。
鸿鹄沧溟栖，以俟风云将。

这首临江品月而挥就的诗句，名字由徐渭起的，本来叫作《西子楼记》，后来想一下，觉得海瑞不一定喜欢如此透露行迹，就又改名字为《塘上行》。这首诗并没有停顿在风花雪月的脂粉气息中，徐渭读了，不由大声叫好。尤其是后面的几句自喻，像一次起飞前的雄鹰，一切都不过是为了完成一次高远的飞翔。

徐渭把海瑞的诗句刚刚收拾妥当，在里面千呼万唤不出来的王翠翘终于出来了，她画了眉，染了唇，着了戏服，一出来就把徐渭和海瑞的眼睛搞花了。

徐渭更是目不转睛地盯着她看，说："刚峰兄刚刚说的是真的。"

海瑞笑着问："我说的什么是真的？"

徐渭说："临江而成仙啊，我看我的翠翘已经成仙了，你看看她眉目之间的美，简直就是仙女。"

海瑞一下被徐渭的痴逗笑了。琴师坐在了一旁，调了音，开始弹奏。

这是有些哀怨的曲调，一起音，就把两个听众的心轻轻摁住，海瑞听到秋天树叶子落在地上的声音，徐渭听到海水一点一点浸透岸边的细沙的声音。

两个人十分陶醉地坐在那里，听王翠翘的唱词：

不如归去，不如归去。
一声动我愁，二声伤我虑；

三声思逐白云飞，四声梦绕荆花树；
五声落月照疏棂，想见当年弄机杼；
六声泣血溅花枝，恐污阶前兰茁紫；
七八九声不忍闻，起坐无言泪如雨。
忆昔在家未远游，每听鹃声无点愁。
今日身在金陵上，始信鹃声能白头。

这是一首明初方孝孺的名诗《闻鹃》而改成的昆曲，这种短曲多在民间流传，想不到王翠翘竟然也会唱。

徐渭和海瑞被唱曲和唱词感动得一塌糊涂。

茶水上来了，因为需要唱曲，王翠翘喝龙井茶从来都放蜂蜜少许。所以，当海瑞喝到这种蜜制龙井茶的时候，一下子清爽了许多。

茶确系养生之用，就着茶，海瑞和徐渭说起了王直之事。

卸了妆的王翠翘进来侍候二人喝茶，听到徐渭和海瑞谈到王直这个名字，连忙说："我知道王直住在哪里！"

而王翠翘口中的王直竟然是真的海盗头目。

这其实正是徐渭追求王翠翘这么多日，最想知道的消息，徐渭早就可以问王翠翘，但是，徐渭不想让王翠翘知道，他真正追求她的原因，因为徐渭彻底喜欢上她了。

他甚至在自己的内心里一次又一次地挣扎，宁愿辞职不作了，从此和王翠翘隐居乡下。

为了追求王翠翘，徐渭可是费尽了心机。

他费了三个月的时间了解王翠翘作息、出行及爱好，他知道王翠翘爱去西湖旁边的一个灵隐寺为她的旧相好徐海上香，祈祷平安。于是便在那家寺庙的大门口撰写了个绝联：一张口便知前世今生，三柱香了却左恩右怨。

这只是一个小小的埋伏。

他还算准了时间，在王翠翘即将进大殿拜佛的时候，他还故意丢了一件求姻缘的半如意在蒲垫下面，半如意，自然是寻找自己另一半如意的郎君或是娘子了，在茫茫人海中，若是能机缘巧合，对上了另一半，自然需要五百年的修行。

如此铺垫作足了之后，徐渭又假装受伤逃进了西子楼王翠翘的房间，胡宗宪派一小队人马假扮成倭寇，去追杀徐渭。在西湖边上的所有店铺和烟花楼搜寻，搜到西子楼的时候，王翠翘发现了徐渭。

她发现了徐渭腿上的伤口，及时地给他作了包扎，还小心翼翼地把他藏在了卧室旁边的暗室里。

倭寇走后，徐渭醒来，才发现自己的挂在身上的半如意不见了。

他心里暗喜，表面上却不动声色。

果然，那王翠翘自从发现了徐渭身上半如意后，对他格外地好。清洗创伤，喂药喂食，极尽殷勤。

徐渭的腿伤好了以后，留了一些银子，悄悄消失。两个月后，他就以浙江总督府幕府的身份来到了西子楼。此时的徐渭三十刚过，他结发的妻子潘氏也刚刚逝世不久，徐渭相貌英俊，如今又多了些沧桑的人生阅历，显得沉稳而伟岸，王翠翘见到他以后，当时失色，像是被什么击中了一般。

惊喜所至，整完妆容再见，才知道眼前的徐渭确系著名的文人，他诗书画三绝，儒道佛均通，虽然年纪并不大，却饱经沧桑，透着一股成熟的魅力。

王翠翘把他的那半块玉如意给了他，问他："徐先生的腿伤全都好了吗？"

徐渭答："劳王小姐挂念，腿伤虽然已经痊愈，心里却有一个伤口久久未愈。"

王翠翘的脸一下红了，问："徐先生的心灵有何伤口？"

徐渭答："虽然离开这里两个月了，可是每一天每一刻均感觉在你这个房间里的走动，眼前全是小姐你的一颦一笑，食物也全是你这里的味道，连同曲子也是。"

王翠翘说："哪有先生夸奖的那般好，翠翠向来勇敢，但现在都不知该如何是好了。"

徐渭说："这半块玉如意，小生送与翠翘小姐好了，本来还有半块，但怪我不小心，有一次在灵隐寺作客时丢了。虽然并不珍贵，却也是家传之物，当年我父母亲是靠此对玉如意结缘。小生送与小姐，以答谢救命之恩。"

王翠翘说："徐先生家传之物，翠翘更不能要。先生要真是答谢奴家，那就请先生给老鸨说一下，包下我一年的唱词，不再接外宾即可，这样，我就可以潜心练习新曲，奴家喜欢安静，不喜欢热闹地活着。"

徐渭说："这个好办，我把你赎身出来，且暂时买下你住的这间临江阁楼，日后有友来聚，你这里便可作为歇息之所。"

徐渭见王翠翘不愿意拿出另一半玉如意，便知她的心意，知道她心中有另外一个男人：海盗头目徐海。

接下来的时间，月圆之夜，徐渭必陪伴王翠翘至夜深。王翠翘练琴，他便作画。有时候也写两段唱词给王翠翘。

日子平淡却也安宁，只是徐渭和王翠翘心里都有一根刺，一时间都无法自己拔出。

是胡宗宪最后帮了王翠翘的忙，在一次海战中，戚继光的船队击沉了倭寇的船，倭寇头目徐海受重伤，被胡宗宪拿下，关在西湖边的一个地下牢室里。那些拼了命的倭寇找不到徐海，便拼了命地在杭州最繁华的闹市里杀人，每杀一个人都会在死人身上刷着四个大红的字：放了徐海。

王翠翘也听说徐海被抓了，天天以泪洗面。

王翠翘和徐海的关系是民间传说的版本，说法不止一个。一是说她本是徐海的结发老婆，后被人抢了去；一是说她本是京城中逃难的宫女被徐海救了，还有一说是她本是倭人，后来因为幼时被徐海带到浙江沿海，谁知，后来徐海长大后参与了海盗，成了海盗头目，便只好把她放在一个只卖艺不卖身的烟花楼里。

王翠翘与徐海的关系，胡宗宪并不确切知道什么，但是，正因为此女与徐海的关系不寻常，才让徐文长费尽心机地去接近她，拉拢她，最后想通过她把徐海给招安了。

胡宗宪一开始的想法不是杀徐海，而是招安。心想，既然他是一个海上的盗贼头目，那么就把他招安了，让他继续治理海上，这样他有了正当的理由不必担心朝廷的船炮，朝廷也可以不再每年安排重兵看守沿海，军粮供应一直是大明朝的一项大的开支。最重要的是，若是招安了徐海，重新开设市舶司，还可以从徐海那里每年可收到不少的岁贡，如此一举三得，何乐而不为之。

胡宗宪为了设此局，可谓是煞费苦心。他把颇有文名、屡试不第的举子徐文长招至总督府里委以重任。

事先，胡宗宪已经知悉，徐渭在民间乐坊颇有文名，他填的曲目在各酒肆及烟花楼传唱极广，更加上刚到总督府不久，徐渭的结发妻潘某病殁，于是胡宗宪刻意安排徐渭接近王翠翘，从而打通徐海的关节。

让胡宗宪没有想到的是，那徐渭一下坠入情网，不论如何也不敢过分打听王翠翘和徐海的关系。

胡宗宪也曾私下里问过徐渭，后来想通了，若是真能成全徐渭的一段姻缘，又能让王翠翘为他所用，那才是最好的结局。

所以，他不再催促徐渭，而是设计了一个残局，让徐渭持优势兵力突破了王翠翘的内心防线。

徐渭有一天突然喝醉了酒，一个人跑到了西子楼，睡梦中仍不停地喊叫王翠翘的名字。王翠翘知道自己失常的表现引起了徐渭内心的痛苦，便抱着徐渭哭个不停。

徐渭酒醒了，发现自己躺在王翠翘的怀里，连忙把她轻放到床上，给她留了一个纸条，上面写道：我为了你，决定救徐海出来。

果然，第二天，徐渭仿制了胡宗宪的一个手谕，将徐海从西湖的地下牢房里救出，并把他安置在杭州城郊外的一户渔民家里疗伤。然后把地址给了王翠翘。

王翠翘看完徐海以后，徐海马上消失得无影无踪。

第二天，王翠翘叫使女请徐渭去喝茶。是新到的龙井茶，她自己不愿意独享。

那天，她去了灵隐寺，还特地卜了一卦，回来以后，一直笑容满面的。

徐渭一见到她，就看到了她脖子里挂着的那半块玉如意，徐渭却故意假装没有看到，问他："新茶尚在田地里，并没有成熟，你这里何来新茶？"

王翠翘说："因为我今天是新人，所以，我所泡的茶也是新茶了。"说话时眉眼含笑，风情万种。

徐渭觉得自己终于把一个绝色美人感动了，内心里荡漾出珍珠一样光亮的幸福。徐渭觉得，自己今天才真正在王翠翘的内心里种下了一棵芽苗。

但关于徐海，徐渭依旧不问只字。徐渭知道，那是一把锁锁住的东西，在王翠翘不主动打开，出示其内心的波澜，徐渭的任何问询都会伤害到他们目前的感情。

徐渭真心喜欢王翠翘的一颦一笑，觉得只要看着她，任何食物都是香的，任何话语都是入耳的，任何道路都是平坦的。

因此，当海瑞和徐渭坐在西子楼里吟诗作画时，忽然听到王翠翘说："我知道王直住在哪里！"

听到这里两个人感觉到窗外遮住太阳的云彩一下闪开了，棋盘上的阳光亮了起来。海瑞和徐渭相视笑了一下，说："要不，我们厮杀一盘楚河汉界。"

王翠翘则在一旁吩咐下人去旁边的翡翠楼去点四个菜送来，她要陪两位大人一起饮酒。

夏天已至尾声，凉凉的酒灌入腹中舒坦了许多，长期并不沾酒的海瑞今天也有了酒兴，和徐渭连碰了三杯。

男人酒过三巡，女人方可入席。

徐渭招呼王翠翘坐下来给他们倒酒，徐渭对海瑞说："我要娶翠翘，你要祝福我。"

王翠翘脸一红，没有说话，却也把酒杯举起来了。

海瑞见时机成熟，问王翠翘："请问翠翘小姐，那王直究竟住在杭州城的何处，他平时作什么？"

王翠翘说："王直住在北城的桃花里，那里是一片作豆腐的小作坊，王直家里也是作豆腐的。"

海瑞又问："这王直除了作豆腐之外，他还作什么为害乡里的事情呢？"

王翠翘说："此人平日里在四周的名声不坏，因为他们家的豆腐比别人家的豆腐好吃一些，生意好了，他总会少作一些，早早地就卖完了，然后照顾别人家的生意，所以，人缘也不错。此人是帮助徐渭运输物资的，所以，他家的宅院很大，盖了一栋两层阁楼，主要是屯放徐海从内地偷抢回来的物资。"

徐渭喝完了杯中酒，说："照你这样说来，此王直并没有干过触犯大明律的事情，要是这样的话，可就麻烦了，我们不能无缘无故地去抓一个没有前科的人来审问呢？！"

王翠翘有些为难，停顿了一会儿，说："王直并不是杭州府的人，他的本名也不叫王直，好像是叫作王真。他是严州府桐庐人，此人年轻时争强好胜，爱打抱不平，不管是谁受欺负，他都要一问到底。后来，他被一个贪赃的官员利用，经常在街市上醉酒后无故打人，却因为官府有人撑腰而无人敢问。人就这样变质，从一个正义后生慢慢变成了地痞无赖。直到有一天深夜，他的双腿被蒙面人打折。在床上躺了两个月后，他成了瘸子，于是他背井离乡，来到了杭州府，先是乞讨，但因为得罪了杭州府乞丐帮会的头目，而又一次被打折了双腿，幸好被路过的打家劫舍的海盗徐海救起，那个时候的徐海还不是海盗头目，他当时率领的倭寇队伍从来都只抢东西不杀人，当他看到这些大明朝的百姓没有被他这个海盗所伤害，却被自己人打折了腿，不由得悲从中来，他找了医生帮助医治，但医生也无回天之力，只能将王直的新伤医好，旧伤无法彻底医治，所以，王直仍然是一个瘸子。徐海给了王直一些银两让他作些小生意，一开始是卖花布，后来卖米粮，再后来就是卖豆腐。”

王翠翘说完了，徐渭和海瑞都陷入了沉默中。徐渭一会后说：“王真，王直，他倒是挺会改名字。”

王翠翘不懂，问徐渭：“怎么了，他的名字？”

海瑞笑了，说：“王真的两条腿折了，没有了腿，就是王直了。”

噢。王翠翘听懂了，坐在一旁抚了几下古筝，余音缭绕，很是婉转。

徐渭和海瑞知道，若是听王翠翘的口述，料定那徐海和王直原本都是善良的人。因为在王翠翘的眼睛里，这个世界上的任何物事都是安静的。

二人离开西子楼，海瑞连忙回到驿馆，告知庞尚鹏和王用汲。

三个人坐在椅子上，正对着月亮，茶杯里也各有一枚月亮，三个人一直坐在那里，大约有一个时辰，三个人都沉着气，不说话。仿佛正在举行一个沉默比赛，哪一个先说话，哪一个就输掉了。

直到街上打更的声音越来越近：“天干物燥，小心火烛，夏末秋初，小心蚊虫。”

三个人这才一起站起来，一齐叹息了一声，各自回房间睡下。

第二天一大早海瑞便起来洗漱，完了以后看到王用汲急急地往茅房里跑。庞尚鹏睡得正香，海瑞吩咐驿馆人员不准打扰，便和王用汲一起到早市上吃早点。

杭州府的繁华尽数晚二市，早市上逛街的除了生活妇女就是外地人，夜市上逛街的才会有俊俏的娘子。

海瑞和王用汲在一家包子铺坐下，各自要了一笼小笼包子和一碗豆腐汤。

豆腐汤一钱一碗，价格表上是新写的，原来的价格被贴住了，不知究竟。一些老顾客纷纷提建议说，豆腐汤的价格涨得太高了，以前一钱两碗，现在一下涨了一半，有些过分了。

老板说："我们原来一直是用王家豆腐坊的豆腐，可是昨天不知何故，这王家一家人突然消失了，不作生意了，周围作豆腐的都是作粗豆腐的，谁也不愿意像王直家这样作精豆腐卖的却是粗豆腐价格，所以，他们提出来，要作精豆腐就要加倍付钱。我们饭馆虽然是小本经营，但也不愿意降低质量，正是因为常来的都是老顾客，所以才宁愿用精豆腐，不愿意用粗豆腐，烧汤精豆腐要文火炖，出味，粗豆腐豆渣多，一煮就化了，不好喝。所以呢，我们只能先暂时涨价了，若是王家豆腐坊开张了，我们再降下来，各位老主顾，不知如何？"

有几个人齐声说："好说，好说，这汤味不变就好，我们会常来的。"

海瑞和王用汲也都被那一钱的豆腐汤给陶醉了，海瑞喝了两碗，一边喝一边心疼地说："要是让我娘知道我在外边喝一钱银子一碗的豆腐汤，那还不骂我败家。"

王用汲说："刚峰兄真是孝顺，出门在外，还念念不忘太夫人。"

海瑞这才发现自己无意中说漏了嘴，嘿嘿一笑，说："我爹早逝，娘管得多些。我都结婚多年了，她依然是把我当成孩子，呵呵。"

两个人话锋一转，海瑞说："刚才听这饭馆老板的话音，仿佛那王直已经逃离了杭州府。"

王用汲说："是啊，会不会王翠翘说的同时已经知道那王直逃走了呢？"

海瑞一愣，心里一惊，难道那王翠翘真的知道王直要逃离，而故意隐瞒吗？但转眼一想，若真是这样，她又何必告诉我们这些呢，她不说，不什么都不会发生了吗？王直甚至也不用逃。

想到这里，海瑞心里定了一下神，对王用汲说："应该不会，此女现在已经坠入情网，对徐渭兄弟可谓情深意重，绝不会在这个时候对徐海和王直有所袒护。”

回到驿馆，庞尚鹏已经收拾完毕等在那里。总督府的传令官一直没有来。按照计议中的步骤，三人一起去按察使衙门，再次去见郑柱冲。

结果，刚一出门就得到了总督府的通报，有急事，必须马上赶到总督府。海瑞和王用汲相互看了一眼，均感觉事情可能出现了波折。

果然，总督府前厅坐满了人。总督胡宗宪坐在正中间，新上任不久的巡抚张经坐在左侧，布政使娄聚德坐在右首，旁边坐的是按察使郑柱冲，杭州府知府罗龙文，再往下是徐渭和其他一些面孔陌生的官员。

看坐后，胡宗宪对郑柱冲说：“郑大人，你把事情的经过简单说一下吧。”

郑柱冲站起来，显露出腹部的伤，然后颤悠悠地坐下，有气无力地说：“下官昨天晚上晚饭后觉得那王直的白天的态度甚是傲慢，心里面有些不安，大概有一些不祥的预感，于是想起到地牢处去查看一下。结果，还没有赶到，就看到有火光在地牢的院子里烧起来了。下官命令随从人员快去灭火，并让捕快们去截在牢狱门口，斩杀劫狱之人。西湖地下地牢是一个迷宫，若无专门的人引路，一般人是无法走出来的，可意料之外的是，这些人竟然有一人通晓五行八卦之术，他们救出了王直，试图逃狱。外面的弓箭手在门口用乱箭射死了前来劫狱的七人，加上王直，一共死亡八人。”

郑柱冲说完后，胡宗宪问：“你的伤又是为何呢？”

郑柱冲说：“卑职并没有参与厮杀，卑职赶到时，抢劫人员均已倒地，我下地牢检查死者时，被一个佯死的背后偷袭，刺中了腹部。此人也已经被随从杀死了。”

胡宗宪说：“为何不留一个活口？”

郑柱冲说：“这些倭人个个身手敏捷，在民间，有一个传说，说是这些倭人会遁地术，若是马上杀死他们，他们会遁入地下，消失得无影无踪，所以，卑职下令，以箭射杀了他们。”

胡宗宪问完了话，又问庞尚鹏："有何问题，可向郑柱冲来提问。"

谁知庞尚鹏尚未说话，海瑞已经迫不及待地问话了："请恕卑职直言，卑职对郑大人受伤一事存有两处疑惑？"

郑柱冲知道海瑞是有名的探案高手，内心里不仅紧张了一下，可脸上仍然笑容满面，问海瑞："海知县请问。"

海瑞说："其一疑问是刚才你说有一伴死者突然从背后袭击你，那个已经受伤的人怎么会从背后刺中你的腹部呢？其二疑问是你说这一帮人一共七人去西湖牢底救人，那西湖牢底共关押多少犯人，驻扎多少士兵和看守差役，共有多少道门锁，怎么可能被七个人就轻易地闯入？"

郑柱冲答："海知县所问问题奇怪，你难道怀疑我受伤是假的，不信你来验我的伤？"

海瑞说："郑大人若真愿意让下官验伤，我愿意查验。"

胡宗宪打断了海瑞，对郑柱冲说："你继续说，为什么那七个倭人就能突破我们的看守？"

郑柱冲说："这个，这个，下官也正在查明，仿佛是那些倭人已经多次到我们的官牢里去踩点，熟悉了我们换班时间，他们仿佛是趁我们换班的时间，疏于防护，所以才杀了进来。"

徐渭借着倒茶的机会走到了海瑞身边，耳语他："我今天一早已经派人去查找北城王直的豆腐坊了，此人已经离开了，而且连同院子已经租给其他人了。"

海瑞一下愣住了，他心里知道郑柱冲作了一件杀人灭口的事情了。但海瑞仍然不认输，继续发问："既然嫌犯已死，我现在倒想请教郑大人，当日你和庞府台到淳安县衙拿人，口口声声说是总督要你抓的人，可是我们到了省城以后才知，胡大人并不知悉此事，是何道理。还有就是，我想当面请教郑大人，此王直乃是我淳安桑农，我抓他本意是为了引出背后陷害他通倭的主犯，我有一审的过堂供词，大人带走犯人为何不一并带走王直的一审供词，这一切均与大明律不合，请大人明确回答下官。"

郑柱冲答："此人系通倭罪犯，关系重大，本官乃是怕你不知情而被此等惯犯迷惑，所以才急匆匆地抓此人回杭州。王直和徐海乃朝廷通辑重犯，胡总督也常常过问我们按察使捉拿此贼，所以，此次从淳安转移王直虽然并非是胡大人的指示，但也是胡大人以往就指示了的。王直若系淳安桑农，那么，朝廷为何要通缉他。海大人，你的一审供词我已经看过了，你也可以让胡总督过目下，若是我们呈报一个通倭的嫌犯的供词里全是证明自己是老老实实的桑农，北镇府司或者是朝廷会如何看待我们浙江的刑狱。海大人，你初任县衙，大概还不知晓朝廷对此等重大案件的一贯作法，所以，我才急匆匆地把王直移至杭州。"

海瑞一听，气愤异常，但知道郑柱冲把一切证据都毁掉了，当时不拿一审供词，事后，若再补上，依大明律也不是能作数的。

海瑞一口气顶上来，大声问责郑柱冲说："郑大人，请问你是如何证实你所抓的王直就是朝廷通缉的王直呢，你难道不知，朝廷通缉的王直本名叫作王真？"

海瑞的这一问犹如夏天的一个大火炉，一下罩住了郑柱冲。郑柱冲如热锅上的蚂蚁，在那里反复挣扎，一时间找不到合适的理由来证实。

此刻，坐在一旁的罗龙文插话了，他说："那么，海大人，你又如何能证实被杀的王直不是通倭重犯呢。若王直不是通倭之人，昨天晚上的劫狱事件又该作如何解释呢？"

海瑞心里清楚，劫狱一事实属郑柱冲他们故意制造，从而达到杀人灭口的目的。但一时间又找不到任何证据，王直死了，而真正通倭的豆腐坊老板王直又逃得不知去向，即使王翠翘出来作证，也不管用了。

海瑞只是觉得自己太对不起王直了。当初抓他的时候若是能想到这一步，说什么也不会抓他。

可是，海瑞知道，即使淳安县衙不抓王直，那些人也一定会在建德或是桐庐把王直给抓了顶罪。王直是死定了。

海瑞沉默了一会儿，答罗龙文的问话："下官第一次见到王直是在建德，当我问他如何利用草药治病的时候，王直一下说出了几个当地生的野菜名称。这种野菜名字现在已经换了称呼，只有在淳安生活多年才能说出此种野菜的名字。而通倭的嫌犯多是地方移民或是外地因灾移民，这些人语言和生活方式和当地人均不相同，故常常会被地方官员查出，原是倭人假扮。一个原居民是不会为了个人利益而毁坏乡亲们的利益的。这是其一。还有其二，王直的一审供词乃本官审后盖了印的，依大明律，同一犯人，必由最初审供词禀报至最后，不得有任何更改，而郑大人却不管一审供词，私下移走犯人，又因外因致犯人死亡，所以，不管你们如何认定，下官要求，一定要把王直初审的供词一并附上。下官相信此王直是清白的，下官也要求总督大人能派我继续究查此案，海瑞保证让案情在大白于天下。"

胡宗宪斥责郑柱冲说："依大明律，提审或转移犯人一定要带上一审供词，海瑞说得没有错，就照海瑞说的办，将一审供词和二审供词，一并上报朝廷。等候发落。"

郑柱冲本来还要争辩，旁边的娄聚德和罗龙文一起附议。还有新上任的巡抚张经和徐渭均附议，事情便就此决定。

当晚，胡宗宪在府邸内招待庞尚鹏、海瑞和王用汲。

海瑞一直闷闷不乐。

胡宗宪说："海知县，你且回去等音讯吧，我料定司礼监那里会发回重审此案，因为涉及通倭大事，皇上一定会派刑部或是大理寺来协助重审，到时候，我会通知你和王知县进入审案小组。"

海瑞一听，觉得有了希望，一边谢过，一边思考着，该如何收集证据。

在杭州一转眼就待了十日，回到家里，发现女儿海珠儿已经死了。

海瑞看着女儿灵位，不知所以。原来，珠儿竟然是因为海瑞批评她的那一句话，她竟然当真绝食起来。绝食便绝食吧，她藏在一个隐秘的地方，等到母亲邱氏找到她的时候，她已经四天没有吃食了。

邱氏和祖母谢氏一起哭着求珠儿吃饭，可是，珠儿竟硬是不吃，到了第五天，珠儿已气息奄奄，灌入了一些汤水却终未有用，睡死过去。

海母见到海瑞以后又是抹眼泪，又是打他耳光，海瑞也是忍不住痛哭失声，海妻邱氏本来已经坚强地挺过来了，如今看到海瑞如此动情，便又一次嘤嘤哭泣起来。

一时间，院子里哭声一片。

第十章 倭寇无间，善恶无常

刚刚入秋，皇宫一片热闹，新选来的秀女正在上淫课，礼部侍郎赵文华和工部侍郎严世蕃以及吏部侍郎鄢懋卿一起坐在阁楼上查看这些秀女们的身材。这些只有十一二岁的小孩子们，只有几个别的乳房成了形，大约是自小就没有接受这方面的教育。淫课的最后一个章节是微笑、走步和袒乳。

走步和微笑时均是一片混乱，笑声不断，到了袒乳时，却安静之极。每个女孩子都紧张得不敢说一句话，示范的宫女年纪稍大一些，当她们袒露自己的乳房时，下面的女孩子们一下张大了嘴巴。

这个时间的西苑也是一片热闹，陶仲文正在和朝中的严嵩、徐阶、李芳、高拱等重臣解释这几天傍晚时分的海市蜃楼。

因为这些天在京城天坛的一面功德墙上，总会有一只龙和一只凤在那里飞舞着，大约在酉时左右，夕阳将落未落之时，天坛的墙壁旁边总会有一阵阴风作怪，而后便是海市蜃楼。

要说是海市蜃楼也并不准确，因为墙上的影像不是雾，而是光影。

一龙一凤，这究竟意味着什么呢？很快就因为一个瞎子的计算而得出来了，是龙凤呈祥，今年的中原一带因为雨水充足玉米总算是一个好的长势，棉花也长势喜人，甚至秋天的红薯及其他作物也都长势喜人，这多少给冬小麦旱荒的中原一个安稳的希望。

来自民间老百姓自己的说法让嘉靖帝听了着实高兴了几天。

他大肆奖励这次重修角楼的工匠，包括严世蕃从宫中找到的那个小太监。

小太监叫作张得祥，姓氏是自己偷偷改的。原本姓黑，但因为大明皇上姓朱，所以，姓黑的注定了会被诛杀，所以，他在家人遭难后，隐姓更名，并自己割了生殖器，混入宫中作了太监，这才不至于被饿死。

开始，只是听说寺庙里的香灰可以治伤口，张得祥便在京郊的一间寺庙旁边自宫，然后把偷来的香灰全都撒在上面。可是他不懂季节，选在了盛夏时节，天气闷热，他术后不能动弹，被蚊虫叮咬不说，伤口甚至还溃烂不堪，万般无奈，他爬到了寺庙门口，被一个好心的香客发现，才救下他一条命。

直到他遇到严世蕃之前，他一直饱受病痛折磨，因为他自己切割得不干净，也就是说，阴茎没有完全切割干净，外面剩余了一点点，本来是个念想，可没承想，这一截脆骨竟然渐渐往外长出，疼痛不说，因为当时切割时刀具不利，导致割茬不平，每一次尿尿都滋衣服上，所以，冬天里，张德祥的裤子天天是湿的。

严世蕃得知了之后，第二年春天便将他带到地安门外方砖胡同的小刀刘家里，这小刀刘是宫庭专请的刀匠，人称刘一刀。

刘一刀的刀是金银合制而成的，听说是为了消毒创口，不至于被割者被感染。刘一刀的独门技巧是刀后锁人。他有一个制作精巧的门板，被阉割后并不能马上躺下来休息，而是由两个人架持着在房间里来回遛达一个时辰，然后一躺就是三天，三天内不能喝水，张德祥被捆绑在那个门板上，双手双脚均被一个软绳固定，小刀刘说，若不固定，被阉者第二天准会触摸，因为痒，这种触摸最容易引起感染。

门板上带着可以活动的两个洞口，一个大便用，一个小便用。

被绑了三天，把插在阴茎根处的麦秸杆拔掉后，尿液排出，算是大功告成了。

张德祥这第二刀可算是受了大罪，但也只是半个月的时间，半个月以后，他就再也没有以前的尿裤子的痛苦了。

严世蕃不但让他的身子彻底干净了，还花钱找到了他当时借钱押在典当铺的宝贝，借钱当然是为了进宫，像他这种自己作了手术，若是没有五两银子的贿赂，找一个亲戚介绍，他是不可能进到皇宫里作太监的。

严世蕃帮了张德祥大忙，张德祥感激得跪在地上直磕头。

收买人心是严世蕃最会作的，这一点他是深得父亲的真传。然后，他又让张德祥在工部的所有工程行伍里面学习，不仅仅是木工活，连同泥瓦活，他也要有所懂。

因为建筑角楼，不单纯是木匠的工作，还有泥瓦匠的配合。

历时一年零四个月才完工的四个角楼成了京城内城的一景，落成典礼的那天，嘉靖帝让陶仲文卜了卦，卦词甚好。

嘉靖帝便盛装前往，站在离西苑最近的西南角楼那里哈哈大笑，然后长袖而舞，看得众臣子目瞪口呆。

而严嵩却当场写青词曰龙翔大地，万木适春。

最后的结局是，这个叫作张德祥的小太监有了六品的头衔，并可以在乡下置一份土地，好好安葬自己的家人。

而角楼建成的第二天，就出现了海市蜃楼的情形，只是因为前几天天气不够晴朗，又加上众人并没有注意。

是一个乞丐发现这一奇观的，那乞丐以为是自己的影子，在那个墙前面手舞足蹈，结果才知道，太阳已经在西边的山后面了，这个墙上的光线到底从何处来的呢？

这个乞丐不知道这些，大声嚷嚷着有鬼，便跑开了。“鬼”吸引了更多的人，于是，这个消息便传入西苑。

直到那个在京城天桥最有名的瞎子计算出出现此影像的时间地点所对应的天干地支，最后说是龙凤呈祥，嘉靖帝仍然很奇怪，他和陶仲文一起悄悄出西苑，微服到天坛附近的街市上找茶楼。

终于在天坛前面的顺水胡同找了一个三层楼的茶楼，三楼的包间安静，且有看景致的露台，十分雅致。

夕阳像一个孩子的脸，一点点躲藏到夜晚的布幔下面，暗红的云彩渐渐散去。

只见天坛旨意墙上的平面白底的墙上突然泛起黄色和紫色的光泽，像绣出的花朵一样，一点一点厚实、清晰，果然是一只龙和一只凤在风中的起舞，或是嬉戏。

这时候，一阵风将一段音乐吹过来，是隔壁的一个教坊乐团在演练一曲《灵霄羽衣曲》，那是一支节奏散淡的曲目，主要适合于祭祀，或者表达疏远而淡淡的哀愁和相思。

这个时候陶仲文突然跪倒在地上，说：“主子万岁爷，恭喜您修炼到了真君的第一层，你听窗外的曲子。”

嘉靖帝说：“你是说，朕今日子时可驭处子？”

陶仲文说：“陛下子时可驭一女子，年纪应在十四周岁。”

嘉靖帝问：“这又是何讲究呢？”

陶仲文答：“奴才刚刚掷签算过，陛下应该是上午巳时得道，若子时行房事，间隔七个时辰，那么二人计十四个时辰，故奴才以为十四岁为合时，为养身之女也。”

嘉靖说：“好吧，起来吧，朕就听你的，你大概不知，十四岁女孩子已解风情了，朕多半会驾驭不了。”

陶仲文答：“陛下，您从现在起，已经是灵霄上君，不是皇上您自己了，所以，万事皆小，如轻羽，如浮萍，只管在你自己的感觉里行走，就是前行。”

说话间，隔壁的羽衣曲又一次弹响，嘉靖帝说，今天晚上月色应该不错，你就去把这个弹琴的人找到，我要听她的琴声。

陶仲文马上答应，说，此女子琴声如流水，定然能带来顺遂的音乐。

正是在茶楼里和陶仲文讨论晚上的性事的嘉靖皇帝被这个茶楼的市井气息给感染了，觉得有些动摇。

这个时候，锦衣卫的都指挥使陆炳快马跑到，赶到这座茶楼里急报，北方俺答的存粮不足，又一次趁着我们秋收之际，前来索要粮食和棉布，他们的先头部队又攻陷了大同防线，节节进逼京城，现在兵部一片混乱，新进的一位主事，左侍郎候补官张居正主张调山东俞大猷部正面迎战，而兵部尚书张鏊却因为知晓浙闽沿海海战正处于关键时期，而我国库粮草不足，所以坚决不主张正面迎敌，一时间吵得不可开交，我来给皇上打个招呼，要赶快给裕王爷也打个通报，那张居正是他刚刚聘任的侍读，所以，我也想让裕王劝一下张居正，不要老和赵炳然作对。

陆炳虽然和严世蕃交情甚好，但是他从小在皇宫里长大，和嘉靖皇帝共吃一个乳房的乳汁长大，所以，对嘉靖是忠心耿耿，一旦在集团利益不利于嘉靖帝的时候，他会毫不犹豫地站在嘉靖帝的身边。

这次就是这样，本来他是和严世蕃交情好的，和徐阶、高拱、张居正基本没有任何来往，他看不上这些文人们傲慢无礼的脸色，所以，平时和严世蕃在一起喝酒逗乐，借酒撒泼者有之，借酒闹事者有之，但一旦遇到关系到了皇上或者是裕王的利益，他还是分得清疏远与亲近。他极力保护裕王的利益，其实是一种变相的忠君，虽然嘉靖帝并不喜欢见自己的两个儿子，可是裕王毕竟是未来的皇上，嘉靖帝先后派徐阶、高拱和张居正三人到府里面作讲读，可见也是从多个方面培育自己的儿子。

这一切陆炳都看在眼里，所以，哪怕是张居正和赵炳然吵了一架，他都会想到，这关系到裕王和严嵩的利益关系，关系到皇上以后在自己的儿子和宠臣严嵩之间作选择。他就提前报告，让皇上知道，心里有底。

陆炳的母亲是皇上的乳母，从湖北安陆州被皇上带到了京城，陆炳也由一个小混混当上了锦衣卫的总管。陆炳无德，因为不读诗书，所以万事皆浅薄行事，只讲一个义字，不懂得深入思考。但他运气好，有一次西苑大火，他发疯一样地把嘉靖帝背出了行宫，自己的衣服被烧着了也浑然不知，嘉靖帝很受感动，当即对他说："朕要你永享荣华富贵。"

于是，这个陆炳便忠心耿耿地干起坏事来。他干的好事不多，基本上是严世蕃的一只有用的狗，但对于皇上，却忠心得厉害。

陆炳刚刚离开，嘉靖帝正要收拾东西，坐轿回西苑，这时又驰来一匹快马，是司礼监陈洪。陈洪神色慌张地将一个插着鸡毛的浙江急递递给嘉靖帝，跪倒说："主子万岁爷，奴才陈洪斗胆禀报实情。"

嘉靖帝没有说话，但摆了一下手。

陈洪连忙又说："主子，奴才斗胆想说出实情，此书信乃是八百里加急快递到内阁的，可是吕公公说，此信慢了半天时间，应该是被人看过了。"

嘉靖帝拿着那个急递，说："封章印戳均完好无损，堵口处的草木纸也无被撕过的痕迹，你何以如此断定呢？"

陈洪答："回主子万岁爷，此猜测乃是吕公公所作，奴才也觉得公公的话有些道理。一是时间对不上，八百里加急，若无天公作难，必能七天后的下午到，可是现在却是晚上才到，问送信的差役均是快马而来，并无不妥之处，所以吕公公就教奴婢一个方法，这信封的烤蜡若是一次封成，则会在文火炙烤的情况下轻易松开，若是曾经被打开过，则那封口的烤蜡是两次混合，厚度增加，文火炙烤许久方能打开，而且蜡油由于炙烤时间过久也会变色，导致信封弄脏。"

嘉靖说看了一下信封，果然有些被打开过的模样，就摆了一下手。

陈洪在蜡烛下面炙烤了一会儿信封的开口处，果然，信封由于两次涂蜡液，烤了许久方才打开，里面所呈的，正是浙江总督府八百里快骑送达的王直通倭案的案卷。

陈洪打开来，正要念，被嘉靖帝用手势制止。

嘉靖帝问陶仲文："陶卿家，你猜，他们有没有坏朕的规矩？"

陶仲文说："依微臣之见，他们不敢坏了皇上的规矩，微臣近日卜星相，发现万物安然，皆无异常，应该是吉兆。"

嘉靖说："吉兆，可是北方俺答的这次进攻又该如何解释呢？"

陶仲文说："堵塞久了便需疏通，疏通久了便生事端，仍旧需要堵塞，俺答也好，倭人也好，不过是堵得久了，他们的利益需要疏通。"

嘉靖说："你是劝朕开通和北方俺答以及倭国东瀛的贸易往来吗？"

陶仲文说："需得打胜仗，之后威服他们，那么马市也好，布丝烟市也好，均可大规模地开办，不但可以开得好，而且还可以利用此种交易机会赚到银两，以增强我国力。"

嘉靖帝听得一愣，连声称好，停了一下，又说："你随朕来，坐朕的轿，接着讲讲你的见解，这一下可真是出乎我的意料，你竟然除了知晓天文、气象，还懂得如何治理国家，这可真让朕刮目相看呢，朕要赏你，赏。"

得了指令的陶仲文示意陈洪先行退去，然后和嘉靖帝一起坐上轿子。

嘉靖帝说："陶卿家，你继续讲你的见解。"

陶仲文说："回皇上的话，微臣刚才所讲并非自己的思考所得。而是前些时日，微臣去太医院查李时珍手抄的一本医书，正好遇到内阁的徐阁老，不知何故议论起浙江胡宗宪的现在处境，徐阁老随手将一个旧的奏折给了我，我一看竟然是胡宗宪十多年前的一个奏折，听徐阁老说，当时正是因为此奏折，胡宗宪被打入大牢三年，可是，刚才微臣的观点全都是胡宗宪当年的说法，十多年过去了，现在依然有道理。"

嘉靖帝一下子被陶仲文的话说得沉默了。

停了一会儿，嘉靖帝又问："陶卿家，你再说说，胡宗宪的那道奏折上还有哪些有道理的事情？”

陶仲文说：“微臣没有仔细看完，依微臣的意见，此人是个干将，但是他也有偏执之处，譬如他在当时的奏折中好像要集全国之力打仗，扩大军队编制，甚至提出在军队的编制中建立织布兵和农事兵，这大概是他获罪的原因，他竟然想建国中之国，有些过于大胆了。”

“严嵩也好大胆，竟然将此人从狱中救起。”嘉靖帝接着说。

说完以后，又哈哈地笑了，说：“严嵩有功。”

回到西苑里，永寿宫的外殿坐着严嵩、徐阶和司礼监掌印太监李芳。陈洪也在一旁立着。

闻听皇上回来了，全体人员连忙都站起来了。

候得嘉靖帝坐好，所有人等行叩拜礼。礼毕之后，严嵩率先跪倒禀报事情：“皇上，老臣昨夜没有睡好，刚才麻烦李公公给我盛了一碗皇上的醒神粥。”

嘉靖帝说：“好，好，事后让李芳给你煮一钵送到府上，是好东西，朕乐意让你们分享。”

严嵩说：“既然皇上不怪罪老臣，那么老臣就得寸进尺了。老臣今天早上和徐阁老一起收到了浙江八百里加急的快递，一共两封，一封是面呈皇上，刚才经由李公公派陈公公已经转呈了皇上，还有一封是给内阁的，是胡宗宪等人联名写的。大致是这样的：目前浙江出现了一个十分荒唐的通倭案。可是一审供词和二审供词截然不同，所以，我和徐阁老商议后，将胡宗宪附送的一审的那个供词收压下了，直接给皇上呈的应该是胡宗宪在信中说的二审的审结词。老臣想过了，这其中或许有文章，但是既然经过胡宗宪和杭州府罗龙文以及严州府庞尚鹏三人的手，以及刚刚调任过去的浙江巡抚张经也签署了名字，应该不会出什么大事情，这样的裁决，我们内阁商议了一下，把责任承揽了下来。浙江的案子不能让胡宗宪过于操心，因为他除了统领沿海八省的军务之外，最近兵部、户部调集了大量的粮草，正准备让他和倭寇们决一死战，此时小事不可乱了军心，所以，请皇上定夺，如何给浙江回复。”

嘉靖帝没有看到被严嵩和徐阶他们压置下来的奏章内容，但也没有心思去看。嘉靖帝是一个渡船的人，他已经遭遇过无数的风浪，所以，对这种在急流中偶尔的些小浪花已经提不起多大的兴致了。

但他定了一下神，还是征求了下徐阶的意见，他问：“徐阶，你说说你的意见。”

徐阶看了一下嘉靖帝的脸色，大致是在揣测，但很快便低下了头，答：“皇上，老臣也附议严阁老的话，臣以为大局为重，当前最大的事情应该是以稳定浙江的军心为主，所以，胡宗宪签字的一切申请奏章均应批准，并限令胡务必于秋后倭人来袭时决一死战，并一举全歼敌人，为以后的海上贸易铺通道路。”

嘉靖帝说：“既然二位卿家意见一致，此事就这样办吧。另外，还有兵部的争议，关于蒙古俺答进犯我大同关一事，朕想听一下你们的意见。”

严嵩说：“此事在内阁也已经达成一致意见，我和徐阁老均同意兵部左侍郎候补官张居正的意见，调集山东俞大猷部分兵力两路夹击来犯蒙古士兵，老臣也听说俞大猷善于用兵，从来都是以弱势兵力大胜来犯的敌人，颇具威名，只是关于俞大猷的粮草问题，兵部目前尚十分紧张。老臣已经派出吏部侍郎鄢懋卿去江南五省去巡回收取盐税，希望能就此补一下国库的亏空，同时也命令他即收到即发回户部，并及时调拨给俞大猷部。”

徐阶补充说：“此事严阁老想得周详。当春时老臣曾经和严阁老说过盐税有拖欠，且春天收盐税较容易一些，严阁老当时就劝我说，秋后算账是相宜，因为国库历来到秋后就会有很大的亏空，若是没有盐税来弥补，那么前方的战士的军粮供给一定会吃紧，所以盐税一定要留到秋后才能收取。现在，微臣终于明白严阁老的远虑，很是佩服。”

严嵩也当即对徐阶说：“徐阁老办事从不操之过急，稳中又有效，也让老臣佩服得很，要说盐税不收，而今年的工事用银比往年开销多达一倍，也都是因为徐阁老的谨慎计算和开源设法有关系，所以，我也要为徐阁老请功，皇上。”

嘉靖一听，两个人当着他的面相互吹捧起来，哈哈一笑，说：“有功就赏，今天，朕就先赏你们一起听陶卿家新编的三十六曲了，是院子里三十六个乐瓮，三十六个人演奏出来的。陶卿家说了，时间久了，十八个人就可以演奏，再过些时间呢，九个人就可以演奏，再过些时间三个人就可以演奏。你们不相信吧，我也不信。所以，想让你们和朕一起见证一下，今天是三十六人。全是宫里以前的舞女，不但演奏，还有舞蹈呢？”

皇宫里歌舞升平，浙江总督府里可是等得心急如焚了。

胡宗宪怕庞尚鹏、海瑞、王用汲闷得慌，特地安排他们三个人共同审结一起命案，正审案时，忽听探兵来报，说是西子楼的王翠翘姑娘被一群倭寇挟持而去。

徐渭一听慌了神，急忙通知正在府中待命的戚继光而去，海瑞和王用汲也跟随徐渭而去，只留下庞尚鹏一人审案。

一群倭寇被堵在了车水胡同的一个旧塾学堂院子里，这户人家已经搬迁到京城去了，所以，院子里杂草丛生，高高的阁楼上也落满了经年积累的烟花碎皮和残破树枝。

大门外面围满了戚家军的将士们，戚继光正在布置人员从西边的窄胡同里爬墙进入这个院子里细察，对方有弓箭手，还有人质，虽然估计对方不会伤害王姑娘，但确保万一，所以戚继光还是没有轻举妄动。

待后门和西面的人员一一到位，戚继光突然命令人员撞开了院子门，发现，只余几名事先写好了蝌蚪文字的伤残倭人，他们一见到官兵进来，随即拿出身边的长刀刺入腹中，自尽了。

徐渭认识这些倭人写的字，把这几个遗书看完后，徐渭长长地叹息了一声，最后说：“他们这几个人都是福建人，长期在海上生存，家人被朝廷的税赋逼死，自己乘船到了倭国，发现那里的土地虽然稀少，却并不饥饿，原因是他们有一支又一支的船队四处贩卖东西。他们也就跟着到了我大明的境地，一开始是可以交换东西的，后来朝廷封了海，禁止海上过来的船只交易，他们也只好在沿海的小岛上生活，靠从内地的一些百姓手中低价买一些棉花卖给倭人为生，他们后来与倭国的女子通了婚，生了儿女，再后来，就加入到了倭人的团队里，他们原本并不是强盗……”

戚继光在一个角落里发现了一块白手绢，拿给徐渭看，徐渭认出了那块手绢，正是王翠翘所留。那块手绢里包着一棵草。

几个人一时间被这个暗记迷惑了。

王用汲说：“一棵草，是不是王姑娘给我们报的平安啊，你想想，草生天地间，随遇而安，是不是姑娘要随他们而去了。”

徐渭先是点头，后是摇头：“王姑娘知道我会来救她，故留此暗记，若是她自己随遇而安的话，那么，她不必留下任何记号，径自去会那徐海便是了。”说完看着海瑞，希望他在关键的时候能悟出一些什么。

海瑞顿了一下，说：“我有些猜测，却不知是否荒唐。草包在布里，自然是一个草包。浙江及福建沿海皆喜欢用麻绳编织而成的这种草包来装稻谷及其他物品，会不会王姑娘被他们用一个草包样的东西装了，像是平时拉车的运了出去，若是还来得及，立即封了码头和城门，并通知尚线的余杭和萧山两个码头一同查验，或许会有头绪，这只是其一。其二，我还在想，草是一个字的部首，手绢又是布，草裹在布里，是不是一个暗示萝卜的意思，那会不会是王姑娘被安排住进罗龙文罗大人的府里，要是这样的话，安全问题无忧，但若真是如此，便又是一个通倭的线索，仔细渗透进去，会不会把王直救出来。”

徐渭听完很是激动，觉得两种可能都有道理。王用汲也表示同意。

徐渭连忙和戚继光商议对策，戚继光听完徐渭的转述，立即分派三个小组下去，一个小组去查码头，另一个小组负责杭州城的两个城门，第三个小组立即去盯杭州知府罗龙文罗大人的府邸，不论有任何异常均马上回报。

戚继光的作战风格把徐渭和海瑞以及王用汲给震惊了，只有一刻钟的时间，三队人马清点完毕，任务交待得清清楚楚，如何执行，中间若有疑问应该如何自行处理和上报处理，等等均在布置任务时介绍得条理万分。

徐渭夸赞说：“戚将军真乃文武双全，他刚才在一瞬间就形成了如此密集又准确的方案，若是以此来写文章，也定是稳妥之至。”

戚继光听到了徐渭的夸赞，转过身来笑道：“徐兄弟这次可是损我了，我自幼喜欢舞枪弄棒，对文字这种过于坚持和慢悠的生活不感兴趣，我受了父亲的影响，总觉得好男儿应该战死在沙场，呵呵，其实，任何一个领域也都是战场，都有凶险需要涉过。”

戚继光要随部属去码头那里细查，海瑞和徐渭也要求跟随，王用汲骑了马，在前头带路。

城门晚上要锁，所以，码头是最安全的，平时根本没有军官把守，不过是一些客船和临时支起的店铺在这里守候着个别买主。

戚继光和徐渭、海瑞、王用汲一干人等在半山坡查看过往码头情形，站在高处，可以清晰地看到城里三条通往码头的路上都走着哪些人。

戚继光的眼睛在战场上训练得非常灵光，他率先发现了从西城过来的一个人数不少的队伍，这个队伍前头是一辆马车，后面是三辆人拉的木架子车，车上堆放着草包。戚继光心想，会不会是这一帮人呢?

这帮人在街上大摇大摆的姿势倒是像个大户人家走亲戚的架势。可是，前面有一个骑马的年轻人突然离队径自跑向了码头。

戚继光有了警惕，对着旁边跟随的两个瘦长身材的将士说，你们马上下山坡调集一百人持刀军和五十名弓箭手堵在这一拨人的后面。

徐渭和海瑞还正在闲话，王用汲拿着一个军用的望远镜看远处海湾里飞翔的海鸟，一直在赞美，说：“很好看，很好看。”

等到海瑞、徐渭和王用汲反应过来，戚继光的手下已经将那一小队人马拦截下来了，原来是戚继光看到那拨人马中有探子探完了码头有官兵正在搜查，所以退回来让车队停下，掉转马头往回走。

戚继光一看不好，马上让守候在旁边的人马下去截堵。

戚继光也赶过去检查，带头的一看官兵的旗子上写着一个大大的“戚”字，率领几个人跑了，戚继光马上让部下挨个检查草包，果然在大车后面的一个草包里找到了被捆绑得像一个粽子一样的王翠翘。

打开王翠翘的绳索以后才知道，原来王翠翘不乐意和徐海同去东瀛倭国，而遇到强迫。她边说详委边哭泣，原来徐海曾经发过誓，第一永远照顾她，并永远尊重她的意愿，不强迫她作任何事情，可是这一次竟然霸王硬上弓，强迫地把她当成了一个粽子一样，想要偷运出境，吃掉。

送王翠翘回到西子楼已经夜半时分，戚继光派了一组官兵扮作闲杂人等在西子楼住下，以保护王翠翘的安危，然后和徐渭、海瑞和王用汲回到了总督衙门等内阁和司礼监的批复。

深夜时分了，胡宗宪正和巡抚张经下围棋，胡宗宪轻易就能取胜，显得很从容，不时地和张经说说浙江目前的一些琐碎的事情需要张经注意的。

看到徐渭、海瑞和王用汲、戚继光回来，胡宗宪吩咐下人装了一壶茶，并吩咐下去：要把驿馆的灯拨亮了一些，一旦有朝廷的回复要立马传回来。

巧得很，话音刚落，马蹄声紧，朝廷八百里加急快递回来了。

是秘函。胡宗宪看完以后转给了张经，张经看完了以后转给了徐渭，徐渭看完以后转给了戚继光，戚继光看完又转给了庞尚鹏，庞尚鹏看了以后生气极了，直拍桌子，最后转给了海瑞，直到王用汲看完。以后，胡宗宪说话了：“朝廷有朝廷的想法，或许他们明知道这样作会委屈了一些本分人，但也不得不这样作。”

海瑞看了看众位，大家显然已经认可了总督大人的说法。他斟酌了一下，站起来，向胡宗宪说：“总督大人，卑职有一计谋，可以抓住那王直，而把无辜冤枉的王直换回来，这样既能向皇上交差，也能彻底给倭寇一个震慑，那个淳安桑农王直是卑职故意抓的，明知此人并不是真正的倭寇，卑职不忍他就此替罪。所以卑职想了一个计谋，就是明天贴出告示，宣布通倭犯人王直立即押赴京城，并派一队人马作个样子。然后，我们就根据王姑娘的指示，到王直家里布控，我相信，他一定会闻风而回，甚至有可能摆酒庆祝，这正好可以一网打尽。”

徐渭也补充说：“这几天我们总督府的侍卫已经在王直居住的北城桃花里布控，发现已经出租给别人的院子这几天突然又空了。看来此前郑柱冲大人那天所言王直已死，是不可信的，我也觉得刚峰兄的话有道理，若果真那王直已死，那么，把正在关押的淳安王直押往京城也是最后必须要作的选择，所以小人以为刚峰兄的建议可以一试。”

胡宗宪看了一眼庞尚鹏，又看了一下海瑞和徐渭，说：“那就姑且一试吧，大家先休息吧，明天再细谈。”

第二天早饭后，王翠翘姑娘派人送来了最新的消息，原来徐海答应她依旧留在西子楼，并告诉她王直的豆腐坊又开了，还是在北城桃花里的老位置。

王翠翘还附纸条说明，这一次豆腐坊不再单纯地作豆腐了，而是改作了一个铸造厂，白天作豆腐，晚上就铸造兵器。所以，这些人很不简单，一定要小心提防。

戚继光带五十个人分两拨进入城北的桃花里豆腐坊，那里生意果真好得很，豆腐汤作得也果真有特点，排队买豆腐的人在另外一个窗口，排长队的人中竟然还有不少乞丐。

原来新开的豆腐坊在城内不少地点贴具告示，为乞丐免费提供一斤豆腐，每天都可以去领，所以说，排队的人中才有不少乞丐。

戚继光喝了两碗豆腐汤仍然不过瘾，正要叫喊着再来一碗，忽然发现外面有轿子的车铃声响动，然后一个拐杖先从车棚里出来，一个咳嗽不止的中年男人从车上下来。

戚继光一看，是个瘸子，知道了，此人便是王直，于是，拿起碗来，作了个架式，要走过来再去打一碗汤，走过王直身边的时候，戚继光突然出手，可是，手一触摸到王直手臂，发现那王直身上竟然有功夫，他只是一抖便躲过了戚继光的手，戚继光的手差一点闪着，连忙借助旁边的桌子，把碗放下，然后往左一躲，装作是刚才脚下滑了一脚，连忙对着王直作了一揖，趁着王直也还礼的间隙，戚继光一侧身拿住了他的双臂，反锁，紧身，然后大喝声："兄弟们，动手拿人。"

两个王直一起坐在浙江总督府，胡宗宪和张经坐在中间，其他人等一排坐在两侧，直直地盯着两个王直来看。胡宗宪说："这两个人倒真是长得相像，你看看他们的眼睛和嘴唇，都有些像。"

海瑞说："看来，这帮倭寇费了不少心思才找到一个名字相同相貌又相似的人。"

王用汲也点头附和。

徐渭在一旁插话说："胡子。若是这个真王直加下面的胡须，那就简直是一个人了。"

胡宗宪咳嗽了一声，在座的诸位立即哑了声，张经示意徐渭开始记录。

胡宗宪便开始问王直："听说你的豆腐作坊免费给难民提供吃食？"

那王直看了一眼胡宗宪，眼睛一翻，没有理会。

胡宗宪又问："你觉得你没有罪？"

那王直又看了一眼胡宗宪，眼睛闭上了。

徐渭啪地拍了一下桌子，警告说："总督大人问话，你老实回答，不然你会受皮肉之苦。"

胡宗宪又问："你是没有杀过人，但是去年，你在淳安李家潭镇一次抢劫了三十余户人家的稻谷，一船赚足了一个冬天的奢华生活，那三十余户中有五户桑农因为还不起租债而远走他乡，还有两寡母因为作难而自尽，更有十几户整整一个冬天靠乞讨为生。还有，你在建德境内的几次高价轰抬稻谷价格的事件，让成千上百户稻农从很远的地方赶来，结果你们利用天气炎热而稻农又急于用钱的心理，反过来又拼命降低价格，你们造成了多少稻农在阴雨天气里返回，而导致那些稻谷在雨中生了芽，最后不得不当作地肥扔到了地里。还有一次，你一定非常清晰地记得，你们雇人运输你们抢来的粮食，运输粮食的人中，有一个老人叫李万全，你们为了赶时间竟然不让他大便，直到他拉在了裤子上，老人回家后就惊心而逝。你们却一路笑话那个老人竟然拉在了自己的衣服上。还有……我不想再举例了，你以为施舍几块豆腐就可以完全抹掉你杀人时的血迹了吗？你翻眼不理我，以为我们掌握的你的情况很少，其实，我们掌握了你的全部情况，你看看你旁边的这位王直，淳安的桑农王直，他本应该在家里陪着妻儿数星星，可是，现在他竟然面临着死亡，这也是和你有关，当然这件事的幕后指使不是你，可是你也同样是凶手之一。”

胡宗宪说完后，等着王直反驳，谁料想，王直竟然哭了。他扑通跪倒在地上，对着胡宗宪说：“大老爷，小人的确该死，过去作了那么多伤天害理的糊涂事。可是，自从小人的腿瘸了以后，一直在后悔以前的行事，即使是帮那徐海作事，小人也从来没有作过一件伤天害理的事情。大人刚才所列举的几件事情均是我经手干的，但我没有参与抢劫，我只是负责提供情况说明，而且我亲耳听徐海布置任务，他也是交待部下不能抢劫一空的，至于后来怎么会变成惨剧的，我真的就说不清楚了。那个拉屎拉在自己衣服上的李万全，回家死去，其实大人若是明鉴，可以问他们家里人，他不是因为我们的威逼而死，而是死于中毒，他吃饭时放错了酱油，把抹案板和门枢防虫咬的一种毒药放到了饭里，自己不知道，家人发现时已经死了。我是事后去他家里付他酬劳时才发现的，他们家里人收了我的酬劳以后不知怎的又向官府报了官，说是一群倭人把老人逼死了。天地良心，因为是抢劫的财物，路上从来都是不准休息的，而且每一个参与的人包括我们临时找来帮助的桑农都有报酬的……说这些情形，大人也许不会信，那我还是说说我的想法吧，我从来没有想过要帮助倭寇抢劫财物的，但是，后来他们帮助找到了打伤我腿的凶手，我是因为感激才答应帮他们的，这些人一开始也并不抢粮食的，都是老老实实的生意人，可是不知道为什么，官府查出来他们是倭人，限制甚至杜绝出售粮食给他们。我一开始还不知道他们抢粮食，直到李万全那一次，我才知道，他们原来是跑到内陆的富裕乡镇晚上偷抢的粮食，他们把粮食存放在一个偏远的地方，等到半个月后，风声松了，他们才会运出去。正是因为这样，我才多次换工作，我开过粮米店，其实主要的任务不是卖米，而是给他们仓储他们抢来的稻米。我得了很多报酬，基本上，我都在平时的卖米或者卖豆腐的过程中全都施与了当地的百姓了，大人想必是知道的，我曾经在杭州府的赈济司的衙门口放了七百多个制作很好的拐杖，我听说后来他们是全部免费发给了杭州城的一些乞讨的人和瘸腿的人，尽管杭州府说是府台罗大人新官上任的善举，其实，那一次是我送的……我不想举这些例子，我现在只想说一件事情，这个叫作王直的长相和我很相似的淳安桑农，是徐海安排的，具体为什么，我到目前还不知晓，连他的妹子王翠翘也不知晓，所以大人若是认为是我害了王直，我认罪，但我想恳求一下，能不能不杀我，因为小人在佛祖面前发过誓，小人这一辈子只要活着，就要帮助和我一样的瘸了腿的人。”

王直的话把在座的所有人都惊呆了，原来这个世界总有一些曲折的经历必须要说出来才能证明自己，这个瘸腿的王直虽然作过无数的坏事，但他的内心现在竟然这样善良，这是出乎所有人意料之外的。

胡宗宪听完王直的话也是愣住了，他原本准备的责问及疑惑都被王直刚才的话打消了，这个人虽然是一个帮凶，但是他说到底，良心并没有坏掉，该如何处置他呢？或者是，眼前的这个王直狡猾无比，以上的所说并不是实情呢？

胡宗宪陷入一场两难中，他咳嗽了一声，看了一眼徐渭。

徐渭连忙站起来，将记录册递给了胡宗宪看。

胡宗宪又看了一眼庞尚鹏、海瑞和王用汲，海瑞马上站起来，慢声问王直："你既然知道徐海所抢粮食为百姓一年辛苦所得，有的甚至欠下巨大缺口的租赋和需要上缴国家的税赋，而你们一抢，他们就意味着要面对地主和官府的双重问逼，要么卖女卖儿，要么就要背井离乡，你是如何想的，难道送几个拐杖，免费送几块豆腐就能勾销你的罪孽吗？你听说过，杀了人把这个人的衣服送还给别人，就要别人来感激的吗？王直，老实说，你到底是想坑害更多的百姓，还是帮助百姓，你把他们的家都毁了，反过来又来帮助他们，这不是一个可笑至极的逻辑吗？天地下哪有这样的道理，若你真的不忍心他们生活水火之中，那就不必再助徐海作伤天害理的事情。"

王直说："我能作到，彻底不和徐海来往，不信大人可以监视我，小人从今天起就彻底和任何倭人和海盗决裂，小人已经信佛出家，即使大人们宽容地赦放了小人，佛祖也不会放过小人的。若是大们将小人关进大牢，小人也认了，这一切都是因果报应。小人只求不要杀我。"

胡宗宪看了一眼海瑞，又看了一眼庞尚鹏，庞尚鹏无话要问，张经无话，王用汲无话，徐渭正在认真地记录刚才海瑞和王直的一问一答。

胡宗宪当场宣布，淳安桑农无罪，当场释放，并补偿单衣一套，盘缠二两碎银，王直豆腐五斤。

那王直被押入总督府看管营房，等日后再发落。

第二日，徐渭在杭州府码头送海瑞和王用汲，随行的有王直。

这时戚继光正好巡兵路过，见到海瑞和王用汲，抱拳送行，临上船时，戚继光说不日要入训新兵，要海瑞和王用汲回去以后传达一下征用青壮劳力的愿望。

戚继光特地上了船，仔细地问海瑞淳安的保甲军户的实施情形，海瑞仔细地讲述了一番后，答应戚继光，回到淳安当即给他送来五百精兵。

戚继光大喜，说："刚峰兄定能助我成功防御这次徐海的秋季掠夺。"

船行至建德县境内，王用汲下船。

行至淳安境内，王直和海瑞一起下船，那王直扑通跪倒在地上，失声痛哭。

海瑞无论如何也劝解不了，码头上人来人往地，都盯着王直看个不停，海瑞一身布衣打扮，也没有人注意到他。

海瑞知道王直受了委屈，连忙把他扶起来，安慰他说："你赶快回家报个平安吧，不管怎么说，最后，我还是把你给带了回来，不然的话，我这个知县也作得不心安呢？"

王直哭着说："小人正是感激海大人重承诺，为了救小人的性命，您所作的一切小人都看见了。反正这次是有人故意陷害小人，若不是大人明查秋毫，小人这条小命一定没有了，我这次回去，收了秋尾，马上就带领村子里的一帮青壮甲丁，去参加戚家军，我一定要好好打击倭人。"

海瑞觉得这王直经受这一趟冤狱，竟然更加明白事理了，还主动提出要参加戚家军，不由得高兴万分，吩咐他随自己一起回县衙，海瑞说："走吧，我给戚将军写一封推荐信，这样的话，你和你的同伙也有用武之地，说不定，将来建立军功，还能得到提拔呢？"

两个人说得兴高采烈，直奔县衙。

可是，县衙里竟然空无一人，海瑞大声喊汤有仝的名字，也无人回应。

走到后院里，海安正在劈柴。见到海瑞回来了，连忙停下手中的活计，大声叫道："老爷老爷，大事不好啊，刚才县丞汤有仝还来这里寻大人的印章，说是驿馆里住进了一个高官阔公子，已经在这里吃喝三天了，县城里的十几个酒楼的菜都点了一遍，都不合这个少爷的口味，刚才汤县丞来的时候说，他竟然被那个阔公子绑起来打了半下午了，下午来看老爷是否回来，那恶少点着老爷的名字，叫你给他洗脚呢。唉，这可真是气死人了？"

海瑞听得莫名，看了一眼旁边唯唯诺诺的汤县丞，拍了拍桌案，携了桌子里的一封信，向安府街的淳安驿馆而去。

第十一章 惩胡公子，拒鄢懋卿

海瑞走到驿馆的时候，太阳刚刚落山，淳安的部分烟花街道的灯笼已经提前挂了出来，一些卖米和粮油的店铺开始关张了。

县驿馆门口围了很多人，海瑞从人缝隙中钻了进去，看到汤有仝，大喊一声：“汤县丞，你在作什么？”

汤县丞看到海瑞，眼睛都红了，像见到了救星一样，跳出来，大声说：“老爷啊，您可回来了，你得赶快劝告一下胡公子吧，我们这些下人都吃不消了。”

海瑞说：“不要慌，慢慢说来，到底是怎么一回事？”

汤有仝说：“老爷，十天前，衙门里接到安徽黄山府的公函，说是总督胡宗宪的大公子要通过水路过淳安境，恳请我们务必接待。卑职想总督的官位甚高，自作主张地把胡大公子的接待规格提升为府台的标准，可哪知道，胡公子为人挑剔之至，根本不满意，这不，先是要求我们将所有的房间都打扫干净，他要一天住一个房间，还要我们给他找来淳安最好的酒楼的厨师来驿馆现场作吃食，待卑职办完这些事，他又不满意，把我县知味楼、醉仙楼等几个酒家的大厨作的饭菜全都打翻在地上，还把当天负责驿馆饮食的驿丞绑起来鞭笞，还有呢……”

说话间，汤有全捋起自己的衣袖，露出两条红紫的血印记让海瑞看，接着哭丧着脸说：“小人因为劝解公子也遭受鞭笞，实在是无礼之至，无礼之至。可是，老爷，按照惯例，我们还要打发公子一些随行的盘缠，您不在的时候，我和主簿商量了一下，为了让公子满意，我们决定用八百两银票上贡，现在老爷您来了，还是您作主，若是嫌少，小的就把修河的款项再挪借一些，若是嫌多，小的就匀下来二百两银子，因为县学的一个图书楼需要重新修整，只要一百五十两银子……”

海瑞没有等他说完，打断了他，说：“汤县丞，胡宗宪大人何等清正廉洁，你不问青红皂白就认定此人是胡家公子呢？”

汤有全说：“老爷，我们是先收到公函的啊。”

海瑞说：“我初上任时便已经明确规定了，取消全部常例，你还有捕快王金术等五人在赌场里抽取了佣金，你以为我不知实情，念在你们拿了银子之后多用来补充公费上，我也就默认你们平日生活腐败。即使这位公子爷是胡家大少，那么，他既不是朝廷封疆大吏，又不是钦差公办事务，为何如此周详地招待于他，他来了招待清汤稀饭即可，你们先在外面侍候着，钱万万没有理由打发，叫捕头马上催带几名捕快上来。”

汤有全领了海瑞的命令，马上叫了马上催带着十名捕快赶到。

海瑞走到驿馆的食馆里，发现厅堂里一片狼藉，一个使女模样的女孩正在劝解一个衣冠不整的富家公子，这个面孔儒雅的富家公子无论从哪个角度看过去均不似凶恶贪婪之，但却作出贪婪无知之事，海瑞异常疑惑，他大声咳嗽了一声，问道：“阁下莫要胡闹，我是本县的知县海瑞，有事可先同我说。”

这位胡公子转过身来，用手抠着鼻子，走近了海瑞，轻浮地笑着，看了海瑞上下几眼，说：“海知县，好啊你，我都来了几天了，你却躲着不见，还派一些厨艺糟糕的厨师来糊弄我，你难道不怕我到我爹那里告你的状？”

海瑞讪笑了一下，突然端正起来，喝声问道：“这位公子，你从哪里，来淳安有何公干，可有勘合公文？”

海瑞的声音引起了那公子的紧张，可一会儿，他又镇定下来。他用一条干净的棉手绢不停地擤鼻涕，擤完了，拿着那个手绢往旁边的士兵脸上擦，场面甚是荒唐。他径直到海瑞面前，上下打量了他一通，说：“你不要跟我来这一套，我还偏不说我是谁，我现在只想吃上好的春笋，我听说浙江人聪明得很，把春天的鲜嫩的春笋采摘好以后放在地窖里存放，一年四季都可以吃到新鲜的春笋，是吗？”

海瑞不理会他，继续喝问：“这位公子，你几日来共住客房三十间，点饭菜一百两银子，你可知我淳安百姓每户人家一年的开销才几多？我告诉你，我们淳安的百姓富庶的不过二十两银，穷困不足十两银子就过了一年，你一个没有任何功名的公子哥就来大手大脚地糟蹋粮食，你怎么对得起在太阳下面辛苦劳作的稻农们。小哥幸好没敢说出自己的来历，看你也不像胡宗宪总督的嫡出，胡大人公堂之上露出内衣全是旧衣，虽然在浙江作一省总督，但是他在街上和我们一起吃烧饼竟然用手接着那饼渣，这样的家教怎么会出现如此奢侈的孩子，所以，你最好老实交待，到底是何许人也！”

海瑞的话是一个圈套，让胡宗宪的儿子钻进去以后，再也打不开那绳结，于是只好死不承认自己是胡宗宪的儿子。这正中了海瑞的设计，只听得海瑞一声怒喝：“一群废物，竟然被一个假冒的毛头小儿整得团团转，来人啊，把此人的衣物扣押，以抵食宿费用，此人上了锁，由马上催负责直接押送至杭州总督府，我修书一封，说明情况，冒充胡大人的公子，还是由胡大人自己解决比较好。”

海瑞说完，手一挥，那个胡公子傻了眼，大声叫喊：“冤枉，没有冒充，我就是胡家大少。”

海瑞听到他大声喊冤，就示意停了锁，然后掏出一个信封来，里面有两张信函，让那公子看了一眼，问：“你说你是胡大人的公子，你来辨认一下，哪一封信是胡大人写的？”

胡公子看了一眼眼前的字迹，又看了一眼另一张信笺，有些迷茫，说：“家父从不书信与我，故字迹并不相熟，但我知道这两封信应该都是家父的笔迹。”

海瑞说：“来人啊，将他锁了，送往省城。”

海瑞说完以后，将刚才让胡公子看过的信笺撕得粉碎，那是县学教谕赵公辅前不久看到菊花早开有感，而写的几首诗让海瑞批评指正的。这个不学无术的胡公子竟然连自己父亲的字迹都不能辨认，实在是需要教训一番，海瑞算是替胡宗宪教训了儿子，又给淳安县衙门省却了不少的上贡银两。

果然，第三天，押解“假公子”到杭州总督府的马上催赶了回来，当晚明月高照，马上催在海瑞的院子里喝了海瑞母自酿制的地瓜酒，很是兴奋地讲了胡宗宪如何劈头盖脸地骂他的这个不孝子，说是给他丢尽了脸面，还罚他在阁楼上抄写胡宗宪的诗词凡三千言。马上催说：“这不，胡大人虽然知道大人扣留了公子随身带的不少银两，还是特意又吩咐小人又带回了两百两银子作为赔偿，老爷，不送上司的儿子银两已经够厉害的啦，竟然你还扣留上司儿子的银两，你真的不怕胡大人报复您啊？”

海瑞说：“说实话吗，我真是怕。我倒不是怕胡总督报复我，我个人的前途受影响，而是，我早就听说胡大人是出自严门却作官最为清正廉洁的一个，他给赵文华送礼是世人皆知的事情，你可知道，他几乎把自己的全部家底都搭了进去。为了施展自己的抱负，把自己的腰弯下来，其实就像是射箭，你懂吗，射箭，不是要弯弓吗，要先弯腰，箭才能射得远，我相信胡大人这只箭射得会很远的，这些天与他相处，更加确立了这一点，正是因为我了解了这一点，所以才敢如此决绝地锁了这位胡公子，他太丢他老子的人了，若不治理他一下，日后他必会给胡总督惹出大祸不可……”

马上催说：“小人把信送给了徐渭徐大人，就出来等消息，小人也是担心有什么不利于大人的消息，所以没有急着赶回来。直到今天一早，我又到徐文长府上，徐大人才高兴地回复我说：“胡大人没有说任何责难的话，还长叹息一声，说，当世之上，若多几个海刚峰，那么，仕途风气会好之又甚好也。小人正是听到徐大人如此回复，知道胡大人是个不同寻常的人物，大人没有危险了，所以，马不停蹄地赶了回来，给大人报信。”

海瑞也很开心，听到马上催的话，连连举起酒杯，与马上催碰，有一轮月亮在酒碗里面，海瑞小心翼翼地端起，对着马上催说：“若是将这一轮明月一起喝下，那么内心里一定是亮堂的。”

马上催没有听太懂，嘿嘿地笑，说：“大人说话文绉绉的，小人是个粗人，我喝完这杯，就回去了，大人休息吧。”

入冬后的第一场雪就把淳安县城西北部的十多户人家的茅屋压塌，两个老人被房子埋了，两个待产的孕妇也因为惊吓而死。

接到里长的汇报后，海瑞马上让邱氏煮了一锅花生姜汤，并吩咐海安套好马车随后送汤过来，又吩咐衙门值班的差役马上把两间储存杂物的房子，四间临时的客房，还有海瑞的书房统统整理打扫干净，铺上地铺。

海瑞到了被冰雪袭击的村庄时，天刚蒙蒙亮，海瑞让差役把火生起来，把能点亮的灯笼都点亮，让这些房倒屋塌的冻得瑟瑟发抖的乡民先烤暖了身子，然后老人和妇孺乘马车，青壮年步行到县衙里来。

很快，县衙里接连收到灾情的汇报，临近安徽黄山府的一些山镇因为积雪很大而导致房屋损毁严重。

海瑞让主簿把库房的账目拿来，发现淳安虽然贫穷，但库存的银两还是能抵御这一次冰雪灾害的，于是他命令库房立即下拨银两给无家可归的农户建筑土屋，造价相当于这些房屋倒塌之前的样式。

上百口淳安县城郊村的农户住进了县衙里，有时候还要帮着海瑞种一下院子里的地，还可以旁听海瑞断案，这些村民可是遇到了百年难得一遇的清官。所以，这些乡农非常自觉，天气转好了，他们便回到原来的住处，帮助官府派出的工作队搭建房屋。

海瑞则把县城及偏远山镇的受灾实情用快递上报严州府衙门和总督府衙门。然而两天过去了，没有得到州府衙门和总督衙门的任何回复，却收到急递送来的一纸接待官文，原来是吏部侍郎兼盐政都御史鄢懋卿即将来严州府巡盐税的官报通知，那文牒中说道："本官素性简朴，不喜承迎，凡饮食供帐，俱宜俭朴为尚，毋得过为华侈，靡费里甲。方今民穷财尽，宽一分则民受一分之赐，务宜体谅。"

这官样的文章说得可真是漂亮，可私下里，严州府却已经私拟了一份接待巡盐政钦差大臣的规格及标准随着此官报一起下发了。那标准高极，对于刚刚遭受了冰雪灾害的淳安来说，户库几乎干瘪，这个时候如果按照严州府规定的规格来招待鄢懋卿的话，那么，县衙门里的这些几十号人等过年时连肉都吃不上了，恐怕还有挨饿的危险。所以，想了一宿，第二天一早，海瑞决定，派马上催快马实地察询一下杭州府富阳县给钦差大人鄢懋卿的接待标准，并交待马上催连夜返回，不得有任何流连。

马上催回来后，给海瑞里里外外地全作了回报，让海瑞吃了一惊：这位素性简朴的钦差大人，每餐必有十六道金盘大菜，每酒席必有六人以上少女侍舞，每酒席不得少于白银四百两，每日必洗木桶浴，且要求年纪十六岁左右的未嫁女子侍浴，最为离谱的是，鄢懋卿不但要求所用筷子和餐具皆用金银制品，每一次用过以后就让随从装进行囊里，他竟然连自己的尿桶也要求用白银制造。所以，这位钦差大臣，不但贪婪无度，而且到了无耻的程度。

海瑞反复看了鄢懋卿的官文，心里不由一笑，取了纸笔，写了封回禀的帖子，说明淳安刚受风雪之灾，百姓居无定所，县衙已经住满了灾民，所有琐碎的事情均接踵而至，并希望钦差大人能免了淳安今年的盐税。信末，海瑞再次诚恳地希望钦差大人能考虑一下减轻淳安的税赋，他代全县六万父老叩谢。

然而，鄢懋卿的回帖很快传回来了，依旧是旧腔调，生性素朴和简陋待之即可，另加了一句，盐政乃秋冬国之重税，岂可省略，必须尽力为国赶逐，方能让皇上安心。

又来了。海瑞看到回复以后，坐在衙门大堂里苦笑，灾民们已经陆续回到家里重建茅草屋了，海瑞给建德王用汲那里递了书信，请求帮助。王用汲派了数十辆马车拉了建筑用的木材和茅草来大力帮助。

海瑞忙得不亦乐乎，把建德远道而来的救援队安排下去之后，海瑞坐在大堂里又一次给鄢懋卿禀贴，这一次海瑞不再客气了，而是软中有刺，不亢不卑。他委婉表达了在杭州府的见闻，说：钦差大人在官文中说是要简朴，可是卑职正好在杭州府遇到一个富阳府的同僚，他说您可是奢华无比。卑职还听说您连尿桶都要用银的，这一点可是让下官为难，下官只能给您提供简朴的招待，只能按照您官文中的方式招待，不知这样可否，若是您能委屈如此，下官定是欢迎得很。

海瑞的这一招简直如神算一般精确，半个月后，严州府庞尚鹏来到淳安视察灾情，见到海瑞大声笑，哈哈哈，莫名其妙地笑。稍停之后，庞尚鹏才解释了原因，原来是他前不久收到了一封斥责信，是钦差大臣鄢懋卿大骂严州府淳安知县海瑞借雪灾之名怠慢钦差，乃是大不敬，念及严州府历来在盐政管理较为规范，且近日冬雪封路，遂决定将今年严州府的盐税推迟至来年春天征收。

鄢懋卿绕路而去，海瑞向庞尚鹏说起自己的两封禀贴，又一次惹得庞尚鹏大笑。

庞尚鹏和海瑞一起到雪灾受损房屋重建的村庄里，被新建起的统一规划好的布局惊呆了，连忙夸赞海瑞有心。

海瑞说，这样布局并不是为了好看，也不是为了庞大人的赞美，而是为了节约稻农的田地，因为这里的农民多是水田，旱田极少，所以，能少占一些土地就可以让他们多分到一些旱地，用来种蔬菜或是瓜果。

回到县衙里，汤有仝正在那里查木材的数量，登记在册。

庞尚鹏问海瑞："如此细致地登记，有何打算？"

海瑞说："大人有所不知，这些木材全是建德和桐庐的富裕户听说淳安受灾而捐赠过来的木材，用于灾民的修房和毁坏公共桥梁的修饬。可是，过一阵子，我们也要将这些木材的详细用处列一个清单回报给捐赠的人们，算是淳安县衙的一个感谢和回复，让他们感觉，这些捐赠捐得值，都派上了用场。"

庞尚鹏听了十分由衷地作了一揖，说："刚峰兄，徐渭老在我面前夸赞你作事细致周详，今天算是在这里得到了验证，愚弟佩服之至啊。"

海瑞自是客气一番，让值班的差役沏了茶，坐下，一一回答庞尚鹏的疑问。两人从当前的形势说到年俗，又说回到当前的形势，谈兴很浓。不知怎的就说到了徐渭，庞尚鹏因为一桩贪墨案子，刚从杭州府罗龙文那里回来，在杭州依旧住在徐渭安排的总督驿馆里，于是了解到徐渭的一些情况：原来徐渭正遇到前所未有的麻烦。

海瑞问庞尚鹏："是那王翠翘？"

庞尚鹏喝了茶，点头称是。

原来是不久前，徐海和戚继光在海上作战失利，受了重伤，逃到了西子楼。总督胡宗宪不但不抓徐海，反而要徐渭好好作了王翠翘的工作，要王翠翘好好侍候徐海养伤，并希望徐海能考虑投降，把漂在大明沿海数千只商船都停泊下来，若能接受浙江和福建的安排，则可以生新划定区域，分粮分田，作大明的子民。若是刻意要造反，作大明的叛国海盗，那么，戚家大军现在兵力充足，粮草充足，二十万大军在浙江和福建沿海一字排开，只等来犯。

谁料想，正在王翠翘专心照顾受伤的倭寇头目徐海的时候，有三十艘倭人大船从台州开过来，直开到杭州府附近的海面上，用大炮连轰了三天，造成了杭州湾两岸数十万百姓的房屋倒塌，数千人当场死于非名。这一次强大而密集的火炮进攻，把没有来得及启动的戚家军的几艘军舰也当场击碎，这三十艘大船轰击完以后，马上退到三十里以外的海面上等着戚家军进攻。

可是戚家军一时间不能立即修缮好已经被炮弹击坏的船只，只能在沿海的村庄帮助百姓建房救难。

迫于压力，胡宗宪同意交出徐海，那徐海硬是把王翠翘也带走了。

“所以，文长贤弟一直担心王姑娘的安危是吗？”海瑞问。

“是啊。不过，这只是其中的一件事情，我来淳安是要告诉你另外的两件事情，第一，本来已经准备好了一笔赈灾的款向给你的，可是这一次，要上缴给总督大人了。因为现在沿海的防线要加大，戚继光将军准备重新操练一批精兵，要和倭寇决一死战。不过，我已经把淳安的灾情完整地附在了给胡大人的禀贴里了，淳安看来要自救了。第二件事情就是徐阁老来了一封信，信上说，王世贞父子两个因为一幅画的事情得罪了严世蕃，那王忬已经被关进大牢里，徐阁老在信里写得模糊，但语气异常沉重，仿佛已经无救，所以，我来告诉你一下。”

海瑞一下愣住了，他忽然感觉世事是一条长长的锁链，每一个人的烦恼或者困难都会以另外的一种方式传染，他治理县域遭遇了大雪灾，而他好友的心爱女人却陷入生死未卜的境地，另一个好友却也遭遇父亲被刑拘的结局。

海瑞说：“我明天正好要到杭州府去一趟，要回答杭州府台罗龙文大人关于半年前我审结的桐庐县一桩命案的细节，去到以后，我想，还是找文长给我安排住处，顺便再安慰一下他。”

庞尚鹏一听，立即站了起来，说：“罗龙文这个时间叫你去，问一桩旧案？此事想来有些蹊跷？”

海瑞也觉得此事可疑，答庞尚鹏说：“罗大人的公函中只说是此事虽小，但牵涉他内人的一位至亲，他不得不简单了解一下，好回话给他们。还客气地说了几句夸奖的话，说是要向我讨教探案中的一些基本技巧。其实，庞大人见笑，我并没有任何技巧，不过是认真地观察每一个细节，并记录下来，仔细端想而已。”

庞尚鹏说：“刚峰兄，刚才我因为尚未思考成熟，一直犹豫要不要告诉你，其实，徐阁老有一个密函寄给了张经大人，张经大人连夜知会了徐渭和我，并让我通知你、王用汲和桐庐知县曹时方。徐阁老在密函中说，利用戚继光和倭寇的这一次决战，我们可以来一次彻底的‘倒严’。”说到这里，庞尚鹏停了一下，四处又打量了一下，继续轻声说：“上次王直事件，虽然王直终于没有被杀，但是，我们却已经打了草，惊了蛇。特别是刚峰兄你，已经是严党眼中的一根刺了。此次‘倒严计划’，徐阁老和高肃卿大人的意思是由‘心学研究会’的同仁为主要参与方，你的任务是配合徐渭稳住王翠翘，那王翠翘对你有感恩，这件事情不知道徐阁老是如何得知，总之，他要你在紧要的关头一定要求王翠翘，无论如何也要让她劝服徐海归顺朝廷。本来徐海和王直与罗龙文、赵文华和严世蕃有勾结，若这一次朝廷让他归顺，他也一定会乐意的，可是，严世蕃一定会怕徐海归顺之后暴露他们的秘密，一定会杀人灭口的，这个时候就由张经和戚继光负责徐海的生命安全。若此事大功告成，日后，徐海一口认下当初和王直曾经私同罗龙文作过一些大逆不道的事情，那么，皇上盛怒之下，一定会治了严世蕃的罪，严家从此便倒矣。这个计划，既然没有生命危险，也不必正面和严世蕃过招，惹祸上身，直接暗渡陈仓，实在是一次千载难逢的大好机会，所以，明天我和你同去杭州府，一同共商大计。”

海瑞听庞尚鹏的分析，只觉得自己的一只胳膊已经搅进一盆已经糊了的泥盆子里，一时间说不出内心里的滋味，但想到徐阁老当初对自己这样没有任何功名的后生仍然不遗余力地帮助，一股正气涌上心头，他伸出手，握了一下庞尚鹏的手，说：“下官定遵从徐阁老的命令，不遗余力地参与计划。”

两个人的手握了一下，松开，便走出县衙的大堂，互相作了一个揖，然后道别。

第二天一早，海瑞就带了海安上路，这一次去杭州需要盘桓一段时日，所以需要海安跑前跑后地照料。

到了傍晚的时候，船靠了岸，果然，码头有了官兵在检查过往的行人，凡是带了大批的衣物和稻谷的小船都要接受问询。原来是总督府衙门接到秘密的情报，说是在严州府桐庐县的一处地下仓库里，有数千斤倭寇抢到的粮食，近日倭寇乔装成农民在分批往杭州府运，然后在杭州湾附近集中装上大船运往倭国日本。

让海瑞感到奇怪的是，徐渭的府邸也有重兵把守着，通报进去以后，徐渭也不见出来。是一个老仆迎着海瑞进去的。徐渭在画画，画春天的一只鸟儿，飞翔的姿势，大约画得投入，老仆的通报竟然也没有听到。

海瑞站在一旁欣赏，画完了，方才看到海瑞，自然是一番热情地问好，并要海瑞给他题字。

海瑞踌躇了片刻，在画上题下“鸟去人长望”五字。

海瑞知道徐渭想念王翠翘那鸟一样婉转的唱曲了，以至于画得这么入神。

海瑞问为什么家里也派了这么多官兵看守。

徐渭摇摇头说：“我也不赞同的，是总督大人爱惜我。是这样的，昨天夜半时分收到一支利箭射来的一封战书，署名竟然是徐海，他说，为了他心爱的女人，他一定要在这几天找时间来和我决战。我把信给了胡总督，我猜测是倭寇使的声东击西之计谋，大概是想借此，让我们轻疏防范港口和码头的治安，便于他们趁着月黑风高运输粮草。可是胡大人宁愿信其有，一边加强码头的检查，一方面派了一个一百人的先锋营的队伍保护我，同时也在我的府里面布控，以便有机会捉拿徐海。”

海瑞便说起明天要到罗龙文府上拜会一事，徐渭反复交待，不管罗龙文说什么，一概均要应下，以稳住罗龙文。两个人一直在坐在烛火下说到三更的鼓声敲响，才躺下休息。

海瑞和罗龙文见面后，例行公事地问了一下上次帮助桐庐县审案的一些情形。

罗龙文反复地求证，死者到底有没有被人下毒。海瑞把当时自己的问话笔录给了罗龙文看，罗看完以后十分感慨，叹息一声，对海瑞说："刚峰兄办案细致，这一见果然名不虚传呢，好了，我这次可以理直气壮地回复我那内人亲戚了，我告诉他们，死者的确是在争风吃醋的斗殴中受伤而死，并非被人下毒谋害而死。"

然后开始话一些家常。

罗龙文说起钦差大人鄢懋卿，罗说："刚峰兄大概不知内因，此事影响非同小可，因为鄢大人乃是代天巡盐税，你可是犯了大不敬之罪，若是那鄢大人和你治气的话，他可是有生杀之权。总督大人先是为你们淳安的灾情说了一番虚辞，虽然说是受了灾，但这也不是侮辱钦差大人一路上开销过大的理由。你知道的，钦差大人一路随行并不只是他一个，而随行那么多官兵的总账却都要算他一个人身上，这是不公平的。本来，他为皇上公干，辛苦奔波，却又遭遇下面地方官员的误解和攻击，可以想象，鄢大人也是有怒气。我呢，素闻刚峰兄刚直不阿，一直有心结交，这次看到，总督大人也为刚峰兄说情，也就帮助刚峰兄说了几句好话，钦差大人这才决定不去严州府巡盐税。这次叫刚峰兄来，也无非是想告诉兄这件事情。"

海瑞一听，连忙作揖，说："罗大人对下官的爱护，刚锋很是感激，只是鄢大人作事言行不一，实在是令下官难以信服，故才会出此下策让鄢大人难堪，如果鄢大人不计较下官的愚直，那下官自然是感激不尽。"

看到事情说完，海瑞正要作势告辞，只见罗龙文忽然拍了拍手，一个仆人捧着一个锦盒出来，递给海瑞。

海瑞连忙推辞。

罗龙文连连摆手示意他打开看一下。

海瑞打开锦盒一看，吓了一跳，原来是厚厚的一摞银票，少说也有五万两。这可不是一个小数字，对于存银并不多的大明王朝，银票的数额一直并不大，这一大摞银票，应付今年的灾情和帮助灾民重建家园那可是绰绰有余了，甚至还可以帮助稻农们更换一下新稻的品种呢。

海瑞不知道罗龙文要卖什么药给他，一时间哑住了，看着罗龙文。

罗龙文嘿嘿嘿地直笑，说："刚峰兄不用担心，这钱可不是给你一个人的，是杭州府看到了严州府的淳安建德两县雪灾的官报，作为邻近的府衙，我可是以府衙的名义给你们的助款，建德王用汲那里是三万两银票，你这里受灾严重是五万两。"

海瑞一听，这罗龙文的确是在向他提供帮助，心里有些疑惑，但还是觉得心里面一暖，甚至对自己内心里产生的对他的戒惕和厌恶也感到惭愧。

海瑞说："若真是杭州府的帮助款项，那下官可真是要替数千受灾的百姓给大人行礼了，说完，站起来，双手作揖，鞠躬到底。"

罗龙文一下笑将起来，哈哈哈，说："你和王用汲果然是一个心学研究会出来的，行事模样也完全相似。本官虽然行事乖张，但对于心学是从心里面向而往之的，所以，对徐阁老也是心存敬意的，所以，我希望刚锋兄不要像其他人一样，以派系论人。"

海瑞这一次是真的被罗龙文弄糊涂了，这是他第一次与此人打交道，觉得此人挺仗义的，知书达礼，绝不像传说中的严党：骄蛮跋扈。

可是，送图画的人总是会露出匕首的。

海瑞刚刚作揖说完谢意。

罗龙文将茶碗放下，犹豫着说："刚峰兄，实不相瞒，把你召来，除了转赠我府衙助款一事和桐庐命案一事之外，本官确有一件棘手的事情想请你帮忙。只是，我一直不好启齿。"

海瑞没有听出话外之音，很诚恳地说："大人在大雪中为下官送了炭火，你说吧，只要是下官能出力，一定是竭尽所能。"

罗龙文说："若是刚峰兄真想帮忙，其实，并不费力，只是举手之劳，可是……"

海瑞看罗龙文如此委婉，料定是一件棘手的事情了，也有些犹豫，看着罗龙文，等他说出下文。

罗龙文说："是这样的，刚峰兄，其实，刚才本官问你桐庐命案一事只是借口，本官是想央求刚峰兄救关押在总督衙门大牢里的王直。"

海瑞仿佛一下子明白了，罗龙文如此这般地巴结他一个知县，原来确有所求啊。

海瑞脱口而出："罗大人，这恐怕非在下官能力范围之内，况且，那王直乃是朝廷通倭重犯，大人又是如何与此人有纠葛的。"

罗龙文说："王直原名王真，乃是本官的至亲，他的母亲是我母亲的妹妹。只是可惜，王直的父亲却是被倭寇杀害的。一开始，我对王直通倭是深恶痛绝的，恨不得见到他就杀了他，后来，了解了王直以后，才知道，他并不是助纣为虐，而不过是因为倭寇头目徐海救过他的命，他不过是为了报恩，而且，他也是有原则的报恩，至于由于他提供的一些信息而导致无辜百姓的死，这也是出乎他的意料之外的。刚峰兄，若是一个人已经知道自己的过失，并已经开始弥补自己的过错，你觉得是处死他有益，还是让他活下来，继续让他赎罪有益呢。当然，我这样说，并不是就此原谅了他。只是，我听说总督大人要把他押往京城，若是押往京城，我觉得王直一定是性命不保，前几天，我也厚着脸皮到了总督府上求情，希望总督大人能放过王直这一次。谁知总督大人说，若是初次抓捕王直的海瑞和王用汲二人中有人提议放了他，那么，此案便可以内中情由不详的名义搁置下来。本官是得了总督大人的提醒才想恳求刚峰兄能高抬贵手，放过王直这一次，你放心好了，若是此次放回王直，我一定派人把他监视起来，若是他再敢通倭，或是和徐海有任何联系，不等你们，我就直接把他给拿下了。"

要作假证。海瑞在心里暗暗嘀咕了一下，五万两银票要么不要，要么拿了银票就要作一个假证放人。

他斟酌了一会儿，对罗龙文说："大人，海瑞虽然耿介，但并不迂腐。我深知大人的意思，只是要我作假，日后若真有事端恐怕并不妥，不如我留下一份结案建议书，以我的名义上书总督大人，恳请他放人，并实施牢外监督一年的方法，若一年后王直仍然无通倭情节，则可完全放任，不知此法是否可行？”

罗龙文一听，大喜过望，大声说：“意想不到，意想不到，刚峰兄在外人眼里迂腐无比，想不到你却是如此玲珑之人。”

海瑞被他的赞美弄得有些不好意思，心里想，若不是急需这五万两银票，我才不愿意要你赞美我如此玲珑。想到这里，脸上讪笑着，取了银票，告辞而去。

然而当海瑞把银票摆到徐渭和庞尚鹏面前时，他们两个一下子惊呆了。刚刚赶到徐府的巡抚张经、王用汲和曹时方也被眼前的银票惊呆了。

海瑞并不解他们的表情，兴奋地说起这五万两银票的用处：“有了这五万两银票，我决定将淳安西面的两个半山腰上的村庄迁至山下的路边，统一筑造房屋，让他们以后不再遭受风雪之灾……”庞尚鹏拍了一下桌子，打断了海瑞。

徐渭插话说：“刚峰兄，你这一下把我们的计划全打乱了，你这是要坏大事啊！”

海瑞有些莫名，问徐渭：“文长，你莫要急，请细细说与我。”

徐渭说：“根据徐阁老的密函指示，我们大家一致商议要先审王直，以王直为突破口，了解徐海的全部活动范围，并以王翠翘为说客，要么劝徐海投降，要么就布控徐海的活动空间，抓捕了他。在这一连串的事件中，突审王直是第一重要的，你现在却给罗龙文留下了牢狱之外执行的建议，那么就意味着，今天晚上，胡大人就可能放了他，此人已经无罪被释放，我们就无权审讯，那么，关于徐海的资料来源就全部丢了。王翠翘现在也被徐海给掳走了，我们连后备的人选都还没有找到呢，你这不是坏了大事吗？还有最重要的，就是利用徐海的证据，证死了罗龙文和严世蕃均与徐海有勾结，从而上疏圣上，弹劾严世蕃。你这样一搅和，把大门的钥匙弄丢了，我们这一帮人可该怎么办啊，进不了门，什么事情都作不了！！”

徐渭刚一说完，庞尚鹏就补充说：“要不，我们不要再争执了，我们马上想一个理由，看看能不能赶在罗龙文赶到总督衙门之前，我们就把王直给转移到另外一个地方审问，要是这样就好了。”

海瑞也感觉到了事态的严重性，他后悔莫及，连连自责说：“要是我现在就赶回去把银票送还给罗龙文罗大人如何？”

张经摆了摆手，说：“不好，那样就暴露了我们这一群人仿佛有什么预谋一般，海知县这样作的确给我们审王直造成了被动，若是能像庞大人所说的，我们能不能想到一个好的理由把王直给留下来呢？”

王用汲说：“找人冒充倭寇，去救王直出来如何？”

徐渭连忙摇头，说：“若是关押在我的府里，当然可行，可是现在关押在总督衙门的大牢里，真是救出来，总督府衙的官兵会有死伤不说，胡大人也必定会担上罪名，此计不妥。”

海瑞说：“就像我上次抓假王直来吸引真王直一样，能不能找个士兵假扮倭寇，并承认诸多罪名，这些罪名均与在押犯人王直有关，因此，必须要等王直把这些问题交待清楚，方可放人。”

海瑞说完，众人一片沉默，仿佛觉得此法可行，又仿佛觉得此法过于危险，若真的没有审出王直的罪行来，那么，这名被抓的官兵可是要杀头的啊。因为一旦牵涉到通倭，朝廷有明文规定，一律按重大案件来执行刑法。”

庞尚鹏说：“不知可否由海瑞和王用汲联名保举王直作我严州府驿馆馆长一职，若是可行的话，既给了王直一个机会，我们也可以控制王直，这个理由，我们到总督衙门里和胡大人也容易交涉。”

张经说：“此计甚妙。此计既合了总督大人的心意，又达成了我们的目的。就这样办理吧，海瑞和王用汲二人就在这里写联名的保举文牒吧，顺便让庞知府也盖了印，这样就可以马上去找总督大人要人了。”

海瑞起草这份保举王直的文书，王用汲最后具名。各自盖了章以后。庞尚鹏又字斟句酌地轻声念了一遍，也加盖了印章。

之后，徐渭在府里摆了简单的筵席款待几个挚友。张经有急事告辞，其他的人均小饮了几杯，然后在徐府的客房里休息了一下。

接近傍晚的时候，一行人在徐渭的带领下来到了总督府。由徐渭领着，自然不用通报，他们径直从侧门进入总督府的后院。在总督大人的会客厅里坐下后，徐渭进入里面的寝楼禀报。

胡宗宪也刚刚从总督衙门签完戚继光所拟的临时扩充预备军役的计划书。胡宗宪详细听了一下戚继光关于预备军役的设想。原来，戚继光的这套预备军役的整套方案和设想是从海瑞的保甲法那里得来的。所谓预备军役，就是并不是正规官兵，在没有正式入伍之前，只享受正式官兵的一半待遇，不配发官兵衣装等。但是，只要是预备军役的青壮年农民，一旦军事情势需要，必须服从调遣，马上编队入伍，英勇杀敌，否则不要军法处置。

胡宗宪对这套方案异常欣赏，因为，这套方案不但照顾到了稻农和桑农的两季农忙，也给朝廷节约了军费开支，真可谓一举两得。

他很开心地签了字，吩咐戚继光尽快确定设置预备军役的区域，并要求当地府台和县令全力配合。

回到府里便看到徐渭和海瑞他们，徐渭在他耳边耳语了几句，胡宗宪知道了大概，便吩咐下人去换新茶，胡宗宪说："我们这里多产乌龙茶，这一次，从中原地区有人捎给我一大包绿茶，不知道为什么，入口时稍有苦味，回味时发现有香甜，一时觉得美妙，便想要大家来分享一下。"

众人便一致道谢。

徐渭示意了一下海瑞，海瑞便开了口，说："胡大人，卑职和王知县以及庞府台经过反复协商，均觉得那嫌犯王直虽然涉及通倭情节，但考虑此人涉案并不深，而且他为人颇明是非大义，一直也心怀歉疚之意，我们几个均认为，杀一人不如救一人，特地共同联名保举王直，庞府台并同意王直出任我们严州府驿馆馆长，此人在生意场上颇多年，很是懂得经营，且有心帮助受难百姓，从这两点考虑，均适合我朝驿馆馆长人选的基础条件，再加上，此人身有残疾，行动并不方便，可以说，虽然大人放了他，但相当于交给严州府在牢狱之外执行罪行了，这是卑职和王知县共同具名的保举书，上面也有庞府台的签名，请大人过目。”

胡宗宪摆了一下手，示意他们三人坐下，说：“海知县的意思我明白了，但是保举书就不用看了，因为王直，本官已经放了他。他现在已经出狱了，自由了。”

停顿了一下，胡宗宪觉得有些不对，连忙问：“不对啊，海知县，怎么这里保举有你，可是罗龙文罗大人求本官放人的时候那个申请书上也是你啊。”

人已经放了！

海瑞看了一眼庞尚鹏，又和徐渭、王用汲对视了一眼，知道来晚了。这可真是一件让人感到气馁的事情，几个人反复议论的结果，竟然这样轻易地就泡了汤。

海瑞看着胡宗宪，连忙解释说：“在遇到罗大人之前，卑职已经想好了要和王知县一起联名保举王直，正好罗大人问起这件事情，我也就表达了此意。卑职的本意是放王直出来以后可以为官府所用，一来也算是看管他，二来可利用此人的能力，为百姓谋些利益，卑职并无他意，望总督大人明鉴。”

胡宗宪听明白了，说：“朝廷刚刚传下来一道关于剿倭的密旨，不急于杀一两个倭寇，而在于一网打尽。所以，本官才按照罗龙文罗大人的申请，放了那王直，本官是想利用王直的行踪，继续抓捕那徐海。”

徐渭一听，连忙问：“大人莫非已有良策？”

胡宗宪说：“你们既然都关心此事，不妨说与你们听了，但你们要记住，此事仅限于今天在我这里说一说，此后便不算数了。本官放王直时曾经旁敲侧击地对他说了一句，说是你肯劝徐海归降朝廷，那么，本官保证徐海及他所有部下的生命及财产安全，本官还保证给他们所有人安排耕地和居住地，让他们在沿海地区住下来，想耕作就耕作，想打渔就打渔，过上神仙一样自由的日子。那王直闻听此言以后，点了点头，说是虽然他决定不再与徐海有任何往来，但是若是能劝降他，他一定会试一下的。”

然而第二日，在北城的桃花里王直的老宅，便有人发现了王直的尸体，王直的下人向官府报了案。

海瑞、庞尚鹏和王用汲闻讯赶到的时候，正碰上罗龙文在那里查验尸体，他一见到海瑞便满脸悲伤地说：“海知县，你来得正好，王直尚未尸检，他乃是被利器所伤，看伤口，应该是倭人的弯刀。”

海瑞和庞尚鹏均是命案的推断高手，两个人上前查看了几眼，果真如罗龙文所说：王直是被倭寇所杀的。

难道真的是徐海派人杀了王直吗？几个人百思不得其解，悻悻然而回到徐府。

徐渭陪着胡宗宪去了台山，海瑞和王用汲摆了棋盘，一边下棋一边推论王直的死。

海瑞说：“若是王翠翘姑娘在这里就好了，有好多疑点都可以得到解决了。”

话音未落，戚继光一身戎装进来了，他大声地叫着徐渭的名字，他原来并不知道徐文长陪着总督大人去了台州。

看到海瑞以后，他也是一脸惊喜，他说：“他这一次巡察沿海的时候，把王翠翘姑娘救了，这不是，把她带到了徐府来了，因为西子楼已经被其他人所占。所以，我第一时间给文长兄报喜来了。”

轿子停下，一个如月光一样朦胧的美人出来，果然是王翠翘。

第十二章
倭寇大破，海瑞待罪

“王直死了！”王翠翘惊叫起来，说，“你们放心好了，一定不是徐海派人杀的，因为这几天，徐海正在纠集一股从东瀛来的武士，听他说，这些武士是从小就被训练出来的，是杀人机器，徐海在房间里说话的时候，我听到了，他说，这些武士一个人可以抵上百人，这一次，他们来了数千人的队伍，为的是逐一击垮大明的戚家军，夺了戚家军的战船，然后占领沿海的城市，分了城市里的财物。我听得很是心焦，可是，他们绑了我，不让我动弹。”

王翠翘一直站着说，众人也皆陪着她站着，直到庞尚鹏示意她坐下来，众人才意识到。

坐下来说话节奏会不由自主地放慢，王翠翘呷了一口茶，微笑了一下，刚才因为说话太快的缘故，心里的喘息未平，不由得咳嗽了几声，待调匀气息，王翠翘接着讲她看到的情况：“我平时所藏身的那个村庄并不是徐海的根据地，而是要坐船过一个岛，然后往大海里走很远，仿佛才到了一个村庄，要走两三个时辰的水路，因为每一次都是走夜路，我现在想起来，都觉得像是作梦一样，不能确定是不是真的去过那里。每一次到那里，徐海就会问我好多事情，关于文长的事情，关于戚家军的，关于总督大人的，我并不知道具体的事情，每一次的回答都是模糊的，所以，他后来便不再问我了，把我送回到杭州府附近的一个乡村里。直到有一天，我出来洗衣服，看到一个姐妹被一群官兵调戏，上来和他们理论，谁知道，便被这群人捉了去，要不是我大声叫喊戚将军的名字，差一点就……”

说到这里，王翠翘眼圈一下红了，掩面而泣，嘤嘤如落雨。

戚继光也很无奈地说：“这群小畜生，我已经处置了他们，每人八十军棍，怕要了他们的小命，就分两次打，恐怕他们要躺在床上过半年了。不过，要说这些富贵子弟的官兵打仗还真不含糊，学兵法阵局均很得要领，只是纪律有些松垮，尤其是管不住自己的裤裆。这件事情，我私下里再和刚峰兄商量，去义乌招兵，这可是你上次在总督府里给我的建议。”

海瑞这才意识到戚继光真的去了义乌和温州招了兵，因为这两个地方相对于淳安较为富裕，这些地方的百姓当兵打仗就是去打仗，而不是因为饿得走投无路了，到军营里来吃几顿饱饭，吃饱了喝足了，在战场上却怕死得厉害，找到机会就逃跑了。

海瑞建议戚继光到田地肥沃的义乌或者温州等县去招一批青年士兵，和以前从淳安或是建德逃难到军营里的饥民作一个详细的战斗力对比，再下决定。谁知，戚继光根本没有作对比，一听就明白海瑞话语中暗含的逻辑，于是直接到了义乌招了不少青壮年男丁。

但这些家境颇好的青年们，入伍没有多久就显露出他们的本性：轻浮，组织纪律性很差。训练结束以后，他们就爱在驻扎地附近调戏妇女，或是偷鸡摸狗，整个是一群小流氓。

这次，要说还得感谢这些小流氓，正是他们把王翠翘捉了来，才算是把王翠翘从倭寇中解救出来了。

燕窝粥送来了，戚继光率众人先到外堂休息，让王翠翘先吃些东西，休息一会儿。

戚继光出外堂之后，马上让手下的消息营将士传令下去，八百里快骑到台州通知总督大人这里的情形。

然后坐下来，和庞尚鹏、海瑞与王用汲商议如何迅速察破王直之死，并大破这次大规模来袭的倭贼。

断案高手有两个，庞知府和海瑞，但是若论行军打仗，这三人可全是外行。

所以一时间场面有些凝滞，个个都很焦急，却找不到事情的突破口。

思忖了半天，海瑞说："还是等王姑娘说说情形吧，我们可以先打探清楚这些倭寇上岸以后第一个着陆的地点，若是能了解，便可以布置人马埋伏，进行截杀。"

戚继光摇了摇头说："倭寇的大船逃遁之速甚快，即使我们大军在他们的登陆点埋伏，他们一定会事先探知的，因为，他们每次乘大船前来，必定提前很多天派出探子，这些探子要么是我大明朝的子民，父母兄弟被他们抓在了手里作了人质，而不得不为他们通风报信，要么就是贪图了他们的钱财。所以说，刚锋兄所想的情况，几乎不存在。"

庞尚鹏补充说："他们长期在海上，若是给养不足，必定会弹尽粮绝的，到彼时，我们大明舰队便可出动。"

戚继光又摇了摇头，说："府台所说的情形也不会发生，因为我海防线过长，他们的给养不在浙江沿海登陆，便可以福建登陆，又或是可以到山东沿海登陆，总之他们烧杀抢掠一番之后，舰队便可支撑数月，而我们的官兵只在福建和浙江两地的两处设有防御体系，所以，要主动出击，几乎没有可能，只能守株等待之。"

见说了半天，并没有用处，海瑞和庞尚鹏相互看了眼，便叹息了一声，不再言语。

戚继光说："我知道几位大人一直想查出王直之死的真相，以及朝廷大员中到底有没有人通倭，可是，现在是战时，所以，一切都只能对外，对内的指控怀疑都应该停下来。这也是总督大人经常教导我们的。”

王用汲听了这话，比较认同，甚至有些激动地说：“戚将军，你说吧，我们都认同，还有我们在这个时间能帮助你作些什么？”

戚继光正要回答，王翠翘出来了，她身体有些虚弱，咳嗽着。

王翠翘依旧接着刚才的话说：“王直不是徐海杀的，一定不是的。徐海不是那种杀自己兄弟的人。”

看大家不明白她说的话，王翠翘又说：“他不是个坏人。他有一个兄弟在一次战争中替他挨了一刀，他竟然在下一次战争中又替那个人挨了一刀。他是一个有恩必报的人。还有，这些天，他把我带到一个地方，可是，他发现在我总是发呆，知道我喜欢上了文长，就避开我。他一直尊重我，从没有碰过我一下，他有一天喝醉了酒，在我面前说，他知道他配不上我，但他喜欢我，若是强行要了我，就不是真的喜欢了。所以，我一直很感激他，他是一个有情义的男人。”

庞尚鹏和海瑞对视了一眼，然后安慰王翠翘说：“事情现在没有调查清楚，官府现在没有认定王直就是徐海派人杀害的，所以，请王姑娘先放心。现在夜色已晚，大家先各自安歇吧。”

戚继光也怕一路颠簸的王翠翘由于精神紧张而出了问题，所以也随声附和庞尚鹏，要求王翠翘在徐府下人的侍候下，先行退下休息。

夜深了。戚继光沉吟了一会儿，对大家说：“王姑娘说她记得徐海关押她的地方，所以，我们明天一早等总督大人回来后，最好还是建议把王姑娘送回到那个村庄去，这样，一则可以不让徐海起疑，二则，说不定还可以让王姑娘继续劝降他们。”

海瑞说：“若是送王姑娘回去，那她会不会有危险呢？”

戚继光说：“我们有两个身手不错的下人陪着王姑娘，关键的时候可以保护她。”

庞尚鹏一听，觉得戚继光预想周全，也附和着同意。

大家各自散去以后，庞尚鹏和海瑞、王用汲又就着烛光说了一会儿王翠翘。

海瑞说："这两天，我听到一个民谣，仿佛是在杭州大街上流行着的，唱词是这样的：旧时月，照浙江，一家亲，保家乡；治河政，助农桑，驱倭寇，稻谷香。我听着很是押韵，就专门记了下来，今晚对比了一下，方明白了，原来这是浙江的百姓歌颂胡宗宪与戚继光的，旧时月就是胡，而一家亲自然是戚。"

王用汲连声赞美海瑞的敏感："刚峰兄正解，正解。我一直在想，大街小巷的孩子都在唱这首曲子有什么特别意味呢，现在完全明白了。"

庞尚鹏说："胡宗宪官声的确颇好，在这首歌谣里得到了验证。只是两位还要好好考虑一下，我们该从何处下手，来证实罗龙文、严世蕃与徐海有勾结呢？"

海瑞说："根据王姑娘的情报，可能倭人要大举来犯，这个时候，我觉得戚将军的话有道理，我们暂时还是把家恨放一边，把重点放在国仇上，等待时机，要他们自己露出马脚才好。"

庞尚鹏和王用汲也认同海瑞的话。

可是海瑞自己却又转折补充了一句，说："只是怕这次大战中，徐海和他们都被剿灭了，那可是死无对证了。"

王用汲说："所以，刚才戚将军说的要王翠翘姑娘返回去，劝降徐海是一个好办法。只要徐海降了，严世蕃若真的和他有勾结，就一定会暗中使坏，想法杀他灭口，届时我们只要暗中保护，说不定就可以挖掘出严世蕃的通倭罪证。"

庞尚鹏和海瑞也点头，更夫在外面一直喊着时辰，三个人打着哈欠，各自回房休息。

第二天一早，海瑞还没有起床，就听到徐渭的声音。徐渭刚洗了脸，说是连夜和总督大人赶回来的。他和海瑞、王用汲以及庞尚鹏打了一个招呼，便直奔左首的厢房看王翠翘，他一路小跑的样子，让王用汲和海瑞一起笑起来。

“一日如三秋兮。”王用汲玩笑着说。海瑞也呵呵地笑。

早餐后，就被通知到总督衙门会面。张经和徐渭早就到了，王翠翘也在徐渭的旁边坐着，胡宗宪以及胡宗宪的一个副将也在。

果然不出海瑞他们所料，总督大人给大家传了皇上的秘旨，说：“这次兵部调集了山东、天津，以及抗击蒙古俺答的俞大猷部尽数前来浙江，这几支大军，总人数达三万人马，均要听从浙江总督衙门的调遣。我们派出的线报人员已经在陆续回报倭寇的情况，他们计划先破台州，再下宁波，所以，在数月前已经在台州潜伏了许多内应人员，我这次去台州主要是清查潜伏在我台州境内的倭人内线。这是一个重要的工作，不怕他们从海上登陆，就怕他们里应外合，一举攻破我们的城池。所以，我们现在，已经在台州和宁波布下了千军万马，只等他们来犯。现在，我回来的重要目的就是马上把王翠翘派回去，回到杭州湾的那个渔村里，我给王翠翘一个保命的金牌，在万分危急的时刻，可以拿它来换一条命，因为，只要持我大明总督府字样的金牌，就可以活命一次。倭寇也可以活命，所以说，那些倭寇都想得到我的免死金牌。让王翠翘冒险再度返回，就是要王姑娘一定要劝降徐海，我保证给他封地，并把他的所有人马办理黄册，以后，他就不必再在海上拼死拼活地为了一口粮了，而是可以组建一个村子，自给自足了。只要能劝降，我就能保证他有幸福日子过。这样呢，也就避免了倭寇的里应外合，那么，这个仗不用费吹灰之力即可战胜。所以，找大家来，就是各自发表一下意见，若是你们没有意见，就马上分头去作事。”

大家你看看我，我看看你，仿佛没有什么需要补充的，就均沉默，表示没有意见。

胡宗宪接着说：“这一次一定要大获全胜，我们准备得很充分，包括朝廷方面的给养，也特别把盐政税赋的部分款项增作了军队供给。所以，这一次，我们只能胜，不能败。这几天浙江百姓也是群情激昂，期待着我们这一次能有一个好的战争结局。所以，我给大家分工一下，分完就马上回去收拾，立即动身。徐渭随戚继光大军仍然在台州，庞尚鹏、海瑞及王用汲随张经去杭州湾埋伏下来，若是王翠翘没有劝降成功，便会发出警报，这时，你们便要带领人马，活捉徐海，救出王姑娘。我带领一帮人马守在宁波，等着从台州分出来的倭寇分队人马。”

分配完毕之后，还有一些疑问。譬如避免遭遇倭寇穿着同样服饰，所有遭遇的军队均颁发了可供变化使用的暗语，等等。

海瑞和王用汲有些兴奋，摩拳擦掌，恨不得也找来一身戎装来穿，直接参与战斗。

总督府的西广场已经聚集了两万官兵，为了贯彻戚家军的阵地作战的思路，也为了鼓舞士气，胡宗宪决定举行一个演练，然后再分兵。

这也是戚继光的提议，先演兵再出兵士气将会比没有任何仪式而出兵高出一倍，有了官兵高昂的士气，再加上戚家军新近专门针对倭寇的弯刀阵而练习的鸳鸯阵，戚继光觉得，此次行动一定会大获全胜。

在练习鸳鸯阵之前，戚家军无非就是盾牌在前、长枪在后的布兵方式，可是对于身手矫捷的倭寇来说，那个阵瞬间即被瓦解。为了对付倭寇的弯刀阵，戚家军也反复试了几种阵形，终于确定了鸳鸯阵的布兵方式。在鸳鸯阵中，戚继光除了要求士兵有娴熟的技术，还充分注意到了小部队中各种武器的协同配合，每一个步兵班同时配置长兵器和短兵器。这样，在接战的时候，全长十二尺有余的长枪是有效的攻击武器，但是它的局限性则是必须敌人保持相当的距离，如果让敌人进入枪杆的距离之内，则这一武器就等于作废了。所以，这个时候短兵器的士兵正好可以补上来和敌人进行贴身肉搏。戚家军的最小单位为“班”，一个步兵军事班大约十二人，戚继光是这样配备的：队长一名，火夫一名，战士十名。这里的火夫不是炊事的伙夫，而是主管火药的火夫。这里的十名士兵，有四人配备长枪，是第一轮进攻的主力，但是前面还是四名盾牌兵，右方的士兵手持大型的五角形藤牌，左方的士兵手持小型的圆形藤牌。四个长枪手之后，还有两名士兵携带大明最厉害火器——“钯”。镋钯是一个“山”字形的炮仗武器，铁制的，长约七尺，顶端的凹处放置火箭，即一支绑有炮仗的箭，点燃之后可以飞出很远，致人于死命，威力极大。因为此物不允许民间生产，所以，在军事中，只有大明朝才有，每一次和倭寇打仗，此物均能发挥其厉害。

在参观完演练以后，不论是演练的士兵，还是观看的军官和地方官员，均士气高昂。

戚继光布置完军事进攻的一些细节和要点以后，宣布去解散，要大家去大杯喝酒，大块吃肉。

士兵像大雨一样，流向了不同的方向。

胡宗宪先带着徐渭回府了，接着是张经，然后是戚继光。庞尚鹏、海瑞和王用汲也从刚才兴奋的场景中回味过来，回到驿馆里。

午餐是丰盛的。丰盛得厉害，像是农家过年了一样。

吃得好，自然会有好心情，王用汲唱起了一个小调：“旧时月，照浙江，一家亲，保家乡；治河政，助农桑，驱倭寇，稻谷香。”海瑞和庞尚鹏给他打着节拍，很是享受。

午休是没有了，总督府的马车已经停在了驿馆外面，等着这些文职官员先坐马车先行。

庞尚鹏收拾完毕后，从房间里出来了。遇到徐渭，便一起到了海瑞和王用汲共同居住的套房里。

徐渭要马上随戚继光乘快马赶往台州，临走之前，把一封信留给了海瑞，说：“若是这次我有什么不测，就请刚锋兄将此信设法交给王翠翘王姑娘。”

海瑞哈哈笑了，笑完后，看到徐渭表情严肃，觉得笑得并不得体，连忙拍了拍徐渭的肩说：“文长，你放心吧。我一定办到。我想，事情不至于如此悲惨，若是我们戚家军大获全胜，此信仍然要不要交于王姑娘呢？”

徐渭想了一下，点点头说：“刚峰兄提醒了我，我还要再修改一下才好。信还是暂时不给她了。但你要代我传一句话，就是：两情若是久长时。”

海瑞记下了，倒是王用汲在转身的时候叫住徐渭，说：“又岂在朝朝暮暮。”说完自顾哈哈地笑了，徐渭也跟着讪笑。

王翠翘尚留下了记号，大概是真心喜欢徐渭吧，王翠翘在沿途的树上或者是墙上所写的标记全是一个“长”字，是长相思，又或者是长相厮守。

总之，张经的部队跟着王翠翘的标记，很快就走到了王翠翘所留的十里杏花村。庞尚鹏看了看地图，说：“这里仍然属于杭州府的地界，但是再往前走五里就到了嘉兴府的属地。”

浙江巡抚张经说：“这徐海真是聪明，他正好在嘉兴府和杭州府两地的交界处建立了一个村庄，找了一些从内陆讨饭到浙江的百姓来作他们的内应在此村庄生活，其实就是他们的同伙。”

海瑞和王用汲一直盯着这个叫作十里杏花村的地方看，王用汲问一下庞尚鹏：“府台大人，不知此处的杏花村是不是山西人逃荒过来建的？”

庞尚鹏说：“正是，此处是生产上好山西酒的地方。听说，山西杏花村一帮酒民因饥荒逃难而来，他们住在这里之后，大量种植杏树酿酒，方圆十里全是杏树，一到春天，花开喜人，所以，后来他们自己把村庄的名字改作‘十里杏花村’。”

部队驻扎以后就接到了王翠翘的飞鸽传书，原来徐海还没有从海上回来，要两天后才能回来。

张经马上也放飞十只信鸽分别向胡宗宪和戚继光报信。

同时也得到了戚继光的最新信息，原来，戚家军在台州下桥湾和一江山岛两面埋伏，前后夹击来犯的倭寇村田晋一郎所率四百六十名弯刀帮，活捉了倭寇头目村田晋一郎，还缴获了他们所携带的全部火枪和弯刀，这一次伏击因为是在夜晚打响的，所以张经拍着桌子赞美戚继光的胆识。

庞尚鹏看到张经有话要说，连忙问："张大人是不是已经预测到戚将军会有此胜仗。"

张经说："是啊。前些日子，戚继光每天晚上都让他们的亲兵团五百人穿着黑衣服并蒙着眼罩在西城的几处防御场馆训练，而且，蒙上眼睛的人要在黑夜里凭着脚步声和跑步的节奏来识别是不是自己人。当时，总督大人领着我们这些官员们参观的时候，我们不知道戚继光这是要作什么，现在全明白了，他们天天在夜间训练，这些人在夜晚的时候听觉异常敏感，而且在可视条件甚差的时候，他们可以准确地击杀敌人，所以，这一次他们果真在夜晚进攻对方，以至于对方根本没有还手之力就已经全部被控制了，甚至连狡猾之至的倭寇头目也未能幸免，所以，戚将军的用兵真是有大神通啊，有大神通。"

"要是这样，那徐海也一定会很快就会得知村田晋一郎被戚家军所败的消息，那么，他会不会带兵或者带着王翠翘逃离呢？"海瑞问。

张经被问得一愣，显然海瑞的问题是极有可能发生的，只是大家并没有预想到这个问题。

张经沉默了一会儿，庞尚鹏替他回答了："若是徐海得到此消息后，第一时间一定是要赶回到王姑娘的住处，将其转移，或者带走。"

海瑞说："若是这样，王姑娘劝降的难度岂不是增加了数倍，这该如何是好？"

张经说："那我们就是遵循总督大人的号令，宁愿抓不到徐海，也要保王姑娘的安全，我们现在就进行军队的分配，派四路人马，从四个方向把住王姑娘现在居住的上德村。并派一小队人马乔装为难民根据标记找到王姑娘所住的人家敲门，无论如何也要设法救出王姑娘。"

十五名身手均不错的"难民"选定后，先行出发，然后，张经率领大部队分四路包围了徐海苦心经营的上德村。

上德村原本是徐海的一个仓库，后来，从内地逃难来的这些人在此处种植果树及蔬菜，又引自己不少的同乡前来投奔，再加上徐海自己的一些手下年纪大了，也要落户到这里，所以，短短七八年的时间里，这个村子由最初的两个院落发展到两百个院子，两百多户人家。因为这个村子地势较好，除了两边的平原之外，中间有一个比较高的丘陵正好用来建立一个烽火台，有专人值班，可以看到四处赶来的人马是不是对这个村子不利。

所以，张经派一批难民先行，目的就是先占领这个村庄的制高点，然后再找到王翠翘的住处。

营房还没有整理完毕，又收到两只鸽子飞回来的传书，均是王翠翘的，第一封信的内容和刚才看到的一模一样，大概是王翠翘怕张经他们收不到，又送了一次，第二只鸽子传来的内容是胡宗宪从宁波发回来的消息，说是徐海就在宁波附近，现在他的部队的火力是最为强大的，戚家军在台州大捷后，已经派一小支分队前来宁波，但效果并不好，因为徐海的这一拨人马不多，在海上和陆地上来回折返，戚家军的士兵被他们的远程大炮所伤者甚众，所以请张经不必在杭州湾那里苦等徐海上钩了，直接把王翠翘带到宁波来。

王翠翘果然受了伤，救下她的十几个难民也说不清楚伤害她的那些人的模样。

王翠翘也说不清楚这些人的模样，但是倭寇是无疑的，因为他们的口音压得很低，又是在天刚蒙蒙亮的时候来袭击她，只一下就把她击打得晕倒了。而几个化装成难民的赶到的时候，发现王翠翘已经不见，这几个人都有过杀人的经验，看了一下床单上的血迹，知道凶手没有走太远，几个人把床下、柜子里和院子里的天井里均找了一下，没有发现尸体，那就意味着王翠翘没有死，而是被对方给掳走了。

于是，这几个人就顺着一个车辙往东边的海边方向走，结果走了不远就发现一个赶车的白头发老人，截住车问路的时候，一个难民无意中掀开了轿帘，就看到了王翠翘，短兵相接，十五难民死了一人，杀了倭寇五人。

庞尚鹏、海瑞和王用汲自是不必再跟随到宁波。临离开的时候，海瑞突然想到徐渭的嘱托，连忙追上轿车，喊住了王翠翘。

海瑞说："王姑娘，文长兄弟有一句话要我带给你，两情若是长久时。"

王翠翘脸一红，头一低，回话说："谢谢海大人，妾身全明白。"

马队过去之后的尘烟模糊了前路，海瑞看着那尘烟吞噬的远方，觉得一切都是未知。他深深叹息一声，转过脸看着庞尚鹏和王用汲说，好在灰尘一会儿就散开来。

一队马队过去之后，京城西门城楼的金陵笑笑茶楼门前的马路也灰尘模糊了，王世贞约了汤臣在此见面。

王世贞一见汤臣就泪流满面，他的父亲王忬正是因为汤臣的一次失误而被严嵩送入了大牢，不论他如何努力，严府里仍然没有任何消息。

事情起因非常复杂，汤臣也并不知晓。原来有一天，严世蕃差人把他叫至府中，让他鉴定一幅年代久远的珍宝。汤臣到了严府以后，大吃一惊，原来严世蕃的手中竟然有北宋张择端的《清明上河图》，此图被后世多次临摹，但只有北宋末年大书画家米芾藏有真迹。汤臣一眼看到了米芾的手迹。汤臣迷恋苏黄米蔡四家书法，尤以米芾为甚，所以，他觉得有幸能见到此画的真迹，实在兴奋不已。

但是，当他用手触摸画上米芾的字迹时，感觉颇为异常，连忙用嘴湿润了手指，然后用力地擦向那字迹，汤臣发现，原来此画上的米芾的字乃是别人临摹，因为米芾的字从不第二笔添补，而此画上的字虽然惟妙惟肖，却是多次修补后的字样，用手一湿润便立即可见笔画中隐约的重叠。当然，这也只是书画行家汤臣能看得出，严世蕃不明白，汤臣便用水冲洗了画，过了半晌，那画现出原来的模样，原来画的旧色及旧迹均是书画行家故意制作出来的。

这一下可惹恼了严世蕃，他连忙上奏皇上，拿了王忬。

汤臣这个时候才知道，此画原来是王忬所献，马上派人快速通知远在山东为官的王世贞，可是为时已晚。当王世贞赶回京城的时候，王忬已经被押入大牢。

在茶楼里，王世贞说了他父亲在大牢里遭遇了非人的摧残，牙齿也已经损坏，因为所吃的米饭里全是石子。

汤臣说，我认识一个在刑部牢狱部门的官员，其实此人也是严府的人，但是，若是求他帮助在牢里照顾一下伯父的饮食问题，应该是可以作到的。

王世贞点了点头，然后问汤臣："兄长可曾获悉，我父亲具体的刑期。"

汤臣说："我仔细地打探过了，没有定。"

王世贞一直摇头，说："都怪我两年前的冲动，两年前，我和弟弟跪在严府门前要求严阁老放过杨继盛，后来，我还专门写文章讽刺严嵩父子。这大概是埋下了祸根。"

汤臣说："是世蕃公子要治你家的罪，你知道如烟吗？"

王世贞一听就明白了，原来，父亲曾经在外养过一个小妾叫作如烟，如烟自然是烟花女子，王忬怕王世贞母亲生气，一直在隐瞒在外，后来还是被夫人发现。最后，王忬狠心和如烟断了来往。

万般无奈的如烟不得不重操旧业，后来被严世蕃看上，娶到了府上。于是，她成了一个带毒的箭矢。

汤臣细说了严世蕃是如何害王忬的。原来爱好收藏珍奇古玩的严世蕃除认识一些像王世贞这样的大名士之外，还认识一些生意人，甚至还认识一些江洋大盗。这些大盗，入得地下，进得皇宫，什么事情都敢作。严世蕃正是从他们手上买到了米芾珍藏过的那幅《清明上河图》，当然，这幅《清明上河图》是汤臣后来才看到的。那大盗信誓旦旦地开出高价，说是从王府上偷得。严世蕃这才动了陷害王忬之心，他假意和陶仲文交好，并传达信息给陶仲文说，《清明上河图》是一幅祥瑞之图，此图适合存放在朝廷，而不是私人。况且"清明"二字，本就是赞美我大明王朝的清风，何以让一个右都御史独享了这国家荣誉。于是陶仲文借清明祭祀之名建议嘉靖帝找得流落在民间的《清明上河图》，以获得真正的清明之象。

嘉靖帝交给严嵩父子去办，严世蕃这才公报私仇。

接下来的情节，王世贞就知道了，忽然有一天，严世蕃带着锦衣卫突然来到王府，限三日内写好青词，将家传《清明上河图》献于皇上，定有重赏。

那王忬正在为真画被盗而痛心不已，给远在山东的儿子写的信还在路上。这个时候又遭遇严家逼迫，万般无奈之下，他找了一直合作的画匠，用了两天两夜的时间摹了一幅《清明上河图》，交与了严世蕃，这才中了计。

王世贞听到这里，知道此事皇上已经知道，但是皇上并不知道内情，所以有了上书圣上的冲动。

汤臣马上劝阻他：“世贞万万不可莽撞，现在未到时机，现在徐阁老的势力正在慢慢强硬，你的同年张居正也开始进入皇上的视线，听说，徐阁老推荐他到了裕王府作讲读。下面的官员们也有一些清流依附于徐阁老，现在看来，一股倒严的势力正在逐渐形成，但是这股势力虽然渐成气候，没有合适的机会也不敢轻举妄动。所以，你一定要多和徐阁老沟通，然后伺机救伯父。还有就是，我已经写完了一份证据，证明从你家里出来的那幅画乃是江洋大盗故意换走的。因为，同时被江洋大盗换走的名画，还有东门翰林院陈以勤家的一幅唐伯虎。我现在把两幅临摹的画都收在了手中，以备有朝一日当朝验证。现在，你若有什么单独的行动，恐怕皇上根本没有机会看到，你已经被送进大牢，而徐阁老眼睁睁地看着你，却也无能为力，只要你不在大牢里，就有可能救出你父亲。”

王世贞瞪着汤臣，问他：“兄长说，迟早有一天，你可以将家父找人临摹的那幅画证明为江洋大盗所换？”

汤臣说：“伯父的罪由我起，这一点小事，就是有死罪，我也会证明的，这样的话，皇上听了一定会赦免伯父的罪行的。然后，如果能在严府找到真迹的话，那么，说不定就可以倒严了。”

王世贞说：“汤兄何如此助我等倒严？”

汤臣说：“不为别的，只为看不惯。”

王世贞说：“我听说汤兄为皇上画过像？”

汤臣说：“已经是五年前的事了，皇上平时是不见人的，我那次见皇上，也是在门外画，皇上睡着的时候才能靠近。”

王世贞嗯了一声，再也找不到话来问，他想不明白，当年曾经在舌战群臣、轻松击倒朝廷重臣杨廷和的皇上，为什么十几年来不上朝，不和百官见面，难道皇上得到了什么见不得人的重病了吗？

西苑上元殿里，嘉靖帝突然兴致来了，要去钓鱼。

“要钓鱼？”李芳正在给嘉靖帝煮粥。

“是，朕要看看后院里的鱼长大了没有，要是后院池塘里的鱼长得肥，那么，朕的百姓这一季就是丰收了。”嘉靖帝把宽大的道袍向上掀了一下，露出渐渐隆起的肚腩。

“奴婢这就去叫两位阁老来。”李芳作势要去叫人。

“把那个新上任的礼部尚书高拱也找来吧。”嘉靖帝说。

“奴婢这就去办。”李芳出了门，碰到陈洪，然后吩咐陈洪去礼部找高拱，自己则去西苑大门口附近由原来的豹房临时改成的近水楼看一下，两位阁老是不是在这里写青词。

到了近水楼，果然看到两个内阁大学士在看同一副字，是：墙上芦苇，头重脚轻根底浅；山间竹笋，嘴尖皮厚腹中空。是冯保的字，是他讽刺陈洪不学无术，整天搬弄一些新来的小太监们对打，他则搬个凳子坐在阁楼上看笑话，打输了的要罚倒马桶，赢了的就奖励洗温泉，搞得司礼监一片混乱，而又因为他比黄锦和冯保来得早，是司礼监最早的秉笔太监，所以除了李芳，没有一个人敢说他一个不字。所以，冯保气不过，就在西苑的近水楼的楹联的旁边又贴了这样一个楹联。

严嵩看出像是李芳的笔迹，但又比李芳的字俊透得多，一时猜不出是谁的字。

徐阶呵呵地笑，说：“严阁老有所不知，司礼监的冯保是有名的《永乐大典》迷，自幼喜读诗书，琴棋书画均有不俗的功力。”

严嵩说：“此子的字颇似怀素，又比怀素的字多了一些文人的静雅，实在是委屈他（作太监）了。”严嵩看到李芳来了，把三个字临时咽了下去。

李芳一看这楹联，就讪笑着说：“这一楹联若是皇上知道了，一定会笑的，因为，这是前几天，皇上骂陈洪的，皇上问陈洪一个字，结果陈洪吓得一溜烟跑到西苑司礼监的当值房去查字典，查了半天才过来禀告皇上，结果，皇上问的根本不是这个字，皇上一生气便罚他抄《千字文》二十遍，还顺口骂了他一句‘嘴尖皮厚腹中空’。”

嘴尖，陈洪的长相并不难看，但模样倒是中庸的，只有嘴尖这一处还算是特点。

严嵩和徐阶被李芳的话逗笑了，连忙跟随李芳到了后院的荷花池。

高拱要乘轿过来，还须一会儿。

嘉靖帝兴奋地让侍从们把鱼竿准备好了，每人一竿，然后比赛钓鱼。

严嵩和徐阶找到鱼竿的位置坐好后，施浅礼对嘉靖帝说：“皇上，老臣有急奏……”

嘉靖帝指了指他自己的浮标，示意他们不要说话，然后嘉靖帝自己倒是兴奋地叫了一声，把鱼竿用力地甩了起来，发现鱼饵仍在，那鱼并没有上钩。

嘉靖帝有些郁闷，继续把鱼竿扔到了池塘里，死死地盯着驿动的浮标，像个孩子一样，表情生动。

严嵩的浮标也被鱼儿咬了，可是他不敢抬杆，怕先钓出鱼来，皇上责怪，所以，他聪明地把鱼竿轻轻晃动了一下，鱼儿果然受到惊吓而去。徐阶看在眼里，也采取完全和严嵩一样的策略，努力地使正在晃动的浮标平静下来。直到高拱来了，嘉靖帝也没有钓到一条鱼上来。

李芳在嘉靖帝耳朵边耳语了一阵子以后，嘉靖帝摇了摇头，说：“朕今天只想和几位臣工嬉乐一番，你自在一旁侍候即可。”

李芳连忙退下，李芳大概是想让皇上用他专门准备好的鱼饵，把前几日放养在这里的一条红鱼给钓出来，以示吉祥。可是皇上今天兴致好，想靠自己的耐心来钓鱼，所以他不由得担心起来。

果然，高拱坐在皇上一侧，他是一个直率的人，一会儿就率先钓上来一条鱼，他哈哈地给嘉靖帝报喜，倒也颇得圣意，他说：“臣叩谢皇上给臣带来福祉，以前臣钓鱼多次，从未见上钩者，今日坐在皇上身边，果然有了鱼上钩。”

嘉靖帝看了一眼严嵩和徐阶，意味深长地说："后来者居上啊，后来者居上。"

说话间，徐阶的鱼竿被鱼拉下了水，徐阶正犹豫要不要把鱼拉上来，他急切地看了一眼严嵩，只见严嵩只盯着自己的鱼竿，作出爱莫能助的姿势。

嘉靖帝看出了徐阶的尴尬，连忙说："徐阶，你不把鱼钓上来，难道是想让鱼把你给钓走不成？"

徐阶一听皇上发话了，连忙半弯着腰将鱼竿甩起，他聪明异常，用力的时候，先向右动了一下线杆，然后又正常拉起，结果，那鱼钩上是空的，鱼饵自然是被鱼吃了，而鱼回家睡觉去了。

高拱很不屑地看了一眼徐阶，过了不久，他又钓上来一条小鱼，又一次谢圣上的恩赐，说："第一条鱼是皇上带来的福祉，这一条鱼是微臣自己的努力，可是鱼比皇上的恩赐那条要小了许多。"

嘉靖连续收了两次鱼钩均没有鱼上钩，鱼饵依旧在。

他有些生闷气，看着高拱的两条鱼说："高爱卿的那条鱼是吃了徐阶的鱼饵后上来的，你看看，那鱼的肚子已经圆了。"

徐阶便借机讨好嘉靖帝说："鱼游向高大人那里，过皇上的鱼竿却故意绕过，可见，鱼儿是知道皇上是真龙天子的，故而不去招惹。"

嘉靖一听甚是高兴，连连点头，说："徐阶的话有道理，难怪朕钓鱼总是收获不大，不是朕耐心不足，是鱼儿闻出朕的身份了，哈哈哈哈，哈哈哈哈！"

这一笑，鱼儿果真闻出他的身份了，再也不咬食他的鱼饵了，一直到午饭时，嘉靖帝也没有钓到一条鱼。

他把鱼竿往地上一扔说，好了，回上元殿。

路上，嘉靖帝命严嵩为今天没有钓到鱼作诗一首。

严嵩一下愣了，为没有钓到鱼而撰写诗一首，难道还能赞美皇上没有钓到鱼吗？

徐阶看他焦虑不堪，连忙咳嗽着提醒严嵩说："阁老可还记得刚才所看到的楹联？"

严嵩一想到那楹联，马上有了答案，遂对嘉靖帝说：“皇上要老臣作诗，老臣一时想不出，只好借前朝一首诗念给皇上听听——数尺纶丝入水中，金钩抛去永无踪，凡鱼不敢朝天子，万岁君王只钓龙。”

嘉靖帝哈哈哈又笑了，笑得轿子直颤抖，他连忙夸奖严嵩说：“不愧是大学士，饱读诗书，连解缙的诗句也不曾忘记。好，好，这首诗以后算是你严嵩作的好了。”

严嵩谢过嘉靖帝，然后颤巍巍地从袖中掏出一张加急了的奏折，递给嘉靖帝，说：“皇上，这是总领浙江福建军务的浙江总督胡宗宪的密函。”

李芳接了信函，给嘉靖帝准备好了放大镜，并为他展开。

嘉靖帝快速地浏览了一下，说：“照胡宗宪说的办吧。”

严嵩一听有些紧张，连忙说：“老臣有异议。”

嘉靖咳嗽了几声，喝了一口李芳递过来的茶水，又吐在了另一个小太监递过来的手绢上，清了一下嗓子，说：“严嵩有何话，说吧。”

严嵩说：“臣以为，胡宗宪的劝降只能缓一时之急，那徐海若不能用，日后仍要除之，若是惹起后患，则是倭患又起，不如就此斩草除根。这样，不仅安我的海防，亦可节我大明粮草每月近十万两，十万两白银，足足可以将万寿宫里里外外重修一遍，而胡宗宪所提劝降一策，无非是要开通海运，化倭寇为倭商，化抢掠为买卖，但焉能预测这伙倭寇出身的匪徒不再贪我大明稻谷和丝绸，所以，即使通商，也一定要清剿倭患，使海上的贸易完全摆脱倭寇的影响，方可安矣。”

徐阶也在一旁附议，说：“皇上，臣徐阶附议，胡宗宪的想法可谓两全，却不易防范，须知，若杀敌大战三百回合便见分晓，可是若防敌，则须我大明数万士兵日夜提心吊胆，臣也以为，当今之计，宁可一战，也不能留其后患。”

嘉靖帝用力地敲了一下旁边的乐瓮，李芳便也跪倒说：“奴婢不懂这些军机大事，但也知道，严阁老和徐阁老二人是在替皇上省粮草，好来修万寿宫。”

嘉靖帝沉吟了一下，说：“可是胡宗宪在密函中明明说，那徐海本是我浙江子民，长期奔波于海上，早已经厌倦漂泊，只要朕颁一上谕，赐他们众人黄册，并分一些田地与他便可稳其心。而且与他们长期联络的倭寇，他们也可以帮助提供线索，进而将倭寇一网打尽。”

严嵩说：“皇上可知这些倭寇虽系我大明子民，有的却已经与倭人通婚，纠缠之关系一时无法斩断，这且不说，这些人手中多有积蓄，皇上分了田地之后必定在日后要向这些人收取税赋，那么这些人若是不从，便又生隐患。所以，以老臣之计，唯有除掉，才绝后患。”

嘉靖帝听着听着便累了，说：“朕鱼没有钓上来，说不过你。高爱卿有什么见解？”

在一旁跪着的高拱一听皇上点自己名字，连忙答话说：“回皇上的话，卑职以为严阁老的话颇有道理，我大明现在内修水利，外抵倭寇，开支实在是大，而河南、山东两省多年灾荒，导致大批流民无处安置，所以，在此时，不是劝解倭寇投降的时候，而是一战而歼之的时候。”

嘉靖帝听完以后，敲了一下乐瓮，说：“自行办理去吧。”

西苑上空的云彩慢慢地厚了起来，一点一点向东南方向移动。

陶仲文说：“皇上把云彩派到胡宗宪那里剿倭寇去了。”

嘉靖帝哈哈地笑，说：“不但有云彩，还有雨。”

胡宗宪就在雨中接旨。火器不能用了，一些弓箭手正在不远处试弓箭，准备和倭寇遭遇战时射杀他们。

接完旨，胡宗宪并不回雨棚，而是直接跑到了弓箭手的前面，吩咐他们要牢记夜晚的识别暗语。

胡宗宪已经从宁波转战到了台州，和戚继光会合在一起了。然后戚继光怕胡宗宪有危险，故意把胡宗宪引到了离台州不远但位置也十分重要的温岭湾。按照戚继光的战争顺序安排，胡宗宪所率的这支轻装部队，应该是最后的主力，从攻上岸的倭寇背后杀出，致敌于死地。

进攻的暗号为三连发的土炮。

胡宗宪也知道戚继光的战术从来是秩序不乱，条理清晰，所以，不好挑瘦拣肥，只好领小队人马到了温岭。谁知刚到这里驻扎下来就下起了雨，而更让他出乎意料的是，皇上的旨意正好和他的申请相反。

雨到子夜时停了。

戚继光兴奋地喝了两碗酒，在一个地图面前，一直待立。

在温岭的胡宗宪把湿透的衣服换了下来，走出了军营，观察远处的一个小岛上倭寇活动的情形，借助于望远镜，隐约可以看见巡逻的灯笼，以及取暖用的篝火。

庞尚鹏、海瑞和王用汲收到王翠翘从宁波飞鸽传回来的纸条，上面写道，她已经劝得徐海心动了，要和她一起回杭州。

庞尚鹏和海瑞、王用汲商议一下，连忙把这一喜讯告知在帐篷里指挥部署的张经，最后用飞鸽把这一消息传至数百里之外的胡宗宪。

第二天一早，张经就派人先包围了王翠翘所居住的那个渔村，并让副将扮着平民进入了王翠翘所住的宅院，发现，只有王翠翘一个人在，徐海并没有和王翠翘在一起。

张经有些紧张，连忙带兵进入王翠翘的住处，问徐海的情况。王翠翘吃惊地说："天刚蒙蒙亮的时候，来了十几个官兵，说是要奉了巡抚大人的命令，先让徐海去辨认几个人。"

张经一听，有些紧张了，问王翠翘是否记得那几个官兵的打扮。

王翠翘说："我没有出门，只是在厢房里听到官兵的问话，然后丫环小乔出来看的时候，徐海已经取了衣服跟随而去，我还想，这么早招徐海过去，一定是总督大人要徐海帮什么忙呢？"

张经说："总督大人现在台州和戚将军在一起，目前知道你们行踪的只有我们这一路人马，难道是倭寇知道了徐海的意向，要捉他回日本不成？"

王翠翘一听，一时乱了阵脚，下意识地往前走了两步，到张经面前说：

"巡抚大人，你可以想办法，徐海可是小女子反复劝服的，若是他有什么不测，小女子会一辈子不安的。"

转身又看到海瑞和王用汲，又连忙上前拉住了海瑞的衣服说："海大人，徐海虽然以前作过许多坏事，可是他始终心在我大明，即使过去他抢劫粮食的时候，有一户人家的老人病了，老人的儿子逃难去了，他把老人救了，一直带在身边，像父亲一样养着，这一下就是十多年，如今这位老人已经七十多岁了，就在这个村子的中间一个院子里住着，徐海所有的部下，均叫这位老人爹。如此重情义的一个人，请大人一定要救他。"

海瑞被王翠翘的描述感动了，他让她坐下来，平静一下心情，说："会不会是朝廷，或者是总督大人在此处又派了其他一路人马来，以备我们劝降不成，而来围剿徐海的呢？"

张经说："也有道理，但先不管这么多，我们兵分四路，马上从村子的四个方向去追，争取把徐海找到。若是看不到追兵，就到这个村子十里外的那个集市处会合。"

分四路。自然是，庞尚鹏、海瑞和王用汲各带一路人马，马上去追。

庞尚鹏先到了这个叫作"晒盐"的小镇的集市上，到处都是晒盐的人，店铺里，集市的码头船渡里，以及拉板车的人的车子上，全是食盐。

这是一个以晒盐为主要产业的小镇，各个家庭作坊和集市上县衙设置的盐政部门签了协议，便可以自行在家里晒盐，之后要交到盐政的大仓库里，统一或者分散地运到市府衙门，或者外地。

张经和王用汲也先后赶到，一问，一路上均没有见到的官兵的踪迹。

"若是坐马车，应该不会这么快就过了晒盐镇的。"王用汲说。

"那就在此等候一下刚锋兄吧。"庞尚鹏建议。

三个人让随行的官兵到集市旁边的一个空地上休息，三人到了镇里的这家装饰颇讲究的茶楼上等海瑞。

这一等，就是一个时辰，海瑞仍然没有踪影。

三个人隐约觉得有些不对，即使是海瑞的马车出了问题，那步行也该到镇上了啊。

三个人下楼，召集人马，马上沿着海瑞行走的那条小路去接应，在去小镇的三里处，果然看到了僵持在一起的两队人马，其中挡住对方去路的正是海瑞的一小队人马。

张经上前问清楚了情况。原来，假借张经名义带走徐海的人马是京城快马赶过来的锦衣卫，而派他们来的正是钦差大臣赵文华。刚刚升任兵部尚书的赵文华这次是奉皇上的密旨前来浙江督战，必要时可以便宜行事。

所以，他就先派五十名锦衣卫快马来到杭州府，这些人旁听了胡宗宪的兵分几路的谈话，然后快速跟踪了张经他们一群人，很快就将徐海骗了出来。

海瑞截住他们的时候，是以浙江总督胡宗宪的名义和他们僵持在一起的。

海瑞说：“总督大人有令，战争时期，徐海乃至关重要人物，必须由总督大人和戚将军共同处置。”而这五十名锦衣卫却因为来时匆忙没有带赵文华的任何密旨和文牒，所以，只能用语气压人。说什么，是钦差大人特派先锋营，奉命捉拿徐海并严加看管，以防止此人和外敌里应外合，其他人等不得干预，否则就是违抗圣命。

张经到了以后，问为首的锦衣卫，说：“既然是赵文华大人的密令，那你们为何又假借我的名义捉人呢？”

锦衣卫答：“此事不便告诉你，但请你等马上离开，否则，以后有任何后果，你们都担当不起。”

海瑞说：“皇上将沿海八省的军机事务，不论大小，一应交给了浙江总督胡宗宪胡大人，这一点满朝文武官员皆知，你现在空口无凭，我等岂能把通倭重犯徐海交与你，若你是徐海的同党又该如何是好。所以，你们可以跟随我们回杭州，但徐海暂由我们看管，若钦差大人果真有重要事情密审徐海，那也要等钦差大人到了以后，才能来此领人。”

海瑞的严词从来如此，像手持匕首一般有威胁力。但是这些京城来的锦衣卫从来都是拿人领赏的，哪有拿了人未领到赏钱就放人的道理，所以，尽管海瑞和张经等人义正辞严，但这帮锦衣卫依旧不予理会，甚至，个别人还抽出了鞘中之刀剑欲行霸道。

张经一看，这些人仗着在京城作耳目，竟然对朝廷官员轻视如此，一声令下，弓箭手马上对准了这五十名锦衣卫，然后大声说：“若不能出示你们前来公干的旨令，请立即放人，否则，休怪本官不讲情理。”

为首的锦衣卫说：“张经，你好大胆，竟然违抗皇上的旨意。”

张经说：“你们这群奴才，口口声声借皇上之命前来压人，若真是皇上有令，岂能如此儿戏，由你们几个毛头小贼前来节制本官。来人啊，将这五十人给我拿下，关入大牢。我倒要看看，你们这群锦衣卫，到底是奉了皇上的命令，还是在下面来胡闹。”

庞尚鹏和海瑞、王用汲几乎同时劝阻张经，但均被拒绝。海瑞吃了一惊，心想，想不到平时文质彬彬的张经，竟然还是一个有血有肉的汉子，一时间不由得对他充满了敬意。

一干人马回到巡抚衙门里，马上就将王翠翘送回到了西子楼里，徐海被庞尚鹏和海瑞、王用汲带到驿馆里。

张经和五十名锦衣卫等赵文华的到来。按照分工，庞尚鹏和海瑞、王用汲要负责摸清徐海的真实心理，以便部署接下来该如何围剿这一次前来的倭寇。

午饭后，张经也来到了驿馆里，和徐海对话。海瑞将他记录的问询徐海的简况给了张经。张经一看，大吃一惊，原来，倭寇的船只上已经有轻型的飞弹炮，这种炮比起大明戚家军的土炮来说，要威力大很多，却又携带方便。更致命的是，日本的船只的外皮全用了铁皮包装，吃水浅，航行速度上比大明的船只也要快，所以，海上战争日本倭人的装备要占绝对优势。

但是若是地面战争，日本倭人虽然能冲杀，毕竟人数有限，且倭寇头目从来都是亲自冲锋陷阵，所以，一旦头目死亡，那么，倭寇便阵势大乱。

这是海瑞琐碎的记录。

张经审视了一下徐海，接着问他说："若是他们不上岸，我们就不能战败他们了。"

徐海笑了一下，说，他们一定会上岸的，因为他们来的主要目的不是打仗，而是要低价购买一些物品，或者抢劫一些物品，再说，若是他们不上岸，船上没有吃的，他们也必须得上岸找吃的。若是戚继光不能击沉他们的船只，他们一定会到杭州湾我的住处附近来联系粮食或其他用品，这个时候，我可以借机说服他们，要他们正当地作生意，不准再骚扰无辜百姓。"

张经想了一下，问徐海说："你劝他们正当地作生意，他们会听吗？"

徐海说："他们本来就是生意人，是因为我大明朝不给他们生意作，现在，若是总督大人打赢了他们，逼迫他们同意以稍高于我们自己销售物品的价格卖给他们的话，那么，他们回日本后还是有很大利润，而我们的百姓也正好可以将吃不完的余粮卖给他们，以改善自己家里的生活状况。"

张经说："你是说要让朝廷出台政策，恢复市舶司对日本通商了。"

徐海说："其实，严格意义上来说，还不能算是通商，是多余农作物的外销，仅此一项而已。"

张经说："可是，此事关系重大，皇上定不会答应的。"

徐海说："皇上根本不用知道，因为这只是总督大人私下的权力，不是恢复通商，而是组织当地的稻农桑农将多余的作物加价售给倭人，以换取钱财，同时也可以换来常年的和平，这样，总督府里的官兵只来检查交易是否合理即可，而不用年年备战这么辛苦了。"

张经想了一想，说："按理来说，你的提法倒是一个不错的设想。"

徐海说："这可不是小人我的想法，而是有一次我在翠翘那里听到的，讨论此方法的仿佛是我眼前的海瑞海大人和徐文长。”

海瑞一愣，想起有一天月圆之夜，在西子楼听王翠翘唱曲子，然后说到了倭患年年有，便讨论了此种方法。后来，徐渭还写了一个完整的解决倭寇战争的方案上呈了胡宗宪，这才有了今天的胡宗宪让王翠翘劝降徐海这一事件。按胡宗宪的想法，就是，先让王翠翘劝降徐海，然后再让徐海作中间的保证，要和那些常年来往大明朝和日本的这些船队和倭寇们和平相处，但倭寇们必须要掏出不菲的价格来购买大明朝的物品，这样就不用双方长年累月地都为此付出极大牺牲了。

张经深思了一会儿，觉得徐海的话可行，便让庞尚鹏和海瑞、王用汲陪他一起去吃晚饭，他收到信息，说是钦差大人赵文华马上赶到。

第二天的早晨，摆放在客厅里的一只前朝的景泰装饰的瓶子掉落在地上，碎了。张经从书房的床上起来，看到破碎的瓷片，隐约有不祥的预感。

果然，还没有等洗漱完毕，院子里已经布满了锦衣卫。

张经连忙出门接旨，张经以为是有圣旨下达，谁知，竟然看到一直用白手绢擦鼻子的赵文华，赵文华和张经昔日曾经因为殿试的名次有矛盾，后来张经弃文从武，颇有建树，才得提拔，如今，两人相见，五味杂陈。

赵文华说：“张大人一向可好。”

张经作了一揖，不答，以示不屑。

赵文华说：“昨天我派来的五十名锦衣卫听说被张大人关起来了，可有此事？”

张经说：“回钦差大人问话，下官只是秉公办差，五十名锦衣卫并未被关押，只是暂时安置在一家旅馆中休息。”

赵文华突然发怒，一拍桌子，说：“大胆张经，这五十名锦衣卫是我派出的先锋营，负责前来捉拿和看管朝廷重犯徐海，他们奉有皇上密旨，你却不问三七二十一把他们抓了起来，这简直是借机报复本官，借私怨为难朝廷公差人员，甚至差一点贻误捉拿朝廷重犯的大事。来人啊，将张经给我拿下。”

等胡宗宪和徐渭赶回来的时候，张经和徐海已经被锦衣卫就地处决了。

海瑞被禁拘在驿馆的单独房间里，接受一轮又一轮的审问。

胡宗宪和徐渭到驿馆的时候，张经刚刚入土，赵文华给他的罪名是通倭，要抄没财产，家属充军。

胡宗宪看到被折磨得眼角布满血丝的海瑞，二话没有说，直接到巡抚衙门找钦差大臣问责去了。只留下徐渭陪伴海瑞。

徐渭让随行人员把熬好的一锅人参粥盛了一碗，端给海瑞说："刚峰兄，先吃一碗粥，总督大人会弄清楚事实真相的，你不用担心。"

胡宗宪一见赵文华就作长揖，然后问严阁老安。拉完了交情，马上严肃起来，问张经和海瑞所犯者何事。

赵文华看了看胡宗宪所带来的亲兵，低声说："汝贞兄，皇上有密旨给你。"

胡宗宪示意随从全都回避，然后跪倒在地，说："臣胡宗宪接旨。"

赵文华连忙将他扶起，说："汝贞兄，即是密旨，故不得宣，你起来自己看吧。"

胡宗宪一眼就认出了严嵩的字，密旨是严嵩代笔的，旨意内容，虽然只有三言两语，却处处玄机，处处凶险。

"张经为人正直，他死得冤枉啊！"胡宗宪一声长叹。

"家产抄没，家属充军一事，我均已经上报朝廷，汝贞兄若想表达心意，尽可以补偿他们家，就让他们家奴数人充军，财产尽数保留吧。"赵文华说。

"那皇上那边……"

"不是皇上那边，是阁老那边，你尽管办吧，我会有办法上报朝廷的。"

停顿了一下，赵文华又说："对了，这个海瑞，如何？"

胡宗宪答："还是放了，此次王直的案件，他非常清明，不好乱加罪名与他。"

赵文华说："可是严兄懋卿对此人恨之入骨，我来之前，反复交待，要革了此人的职啊。"

胡宗宪说："不瞒兄长，我正要上书，要提拔此人呢。"

赵文华说："阁老说你作事总爱完美到小节，果然如此，好吧，阁老要我凡事向你学习，这次，我就听你的，一切你来办吧，只是旨意不得有任何错失。"

胡宗宪扑通跪倒在地，对着北方磕头谢过，说："臣谨尊圣旨。"

徐海的死给王翠翘带来莫大的痛苦，她把气撒在了徐渭身上，任徐渭如何解释，她根本不听，只是说："总督大人欺骗了小女子，你也欺骗了我。"

徐渭模仿徐海的笔迹，给远在日本的几支倭寇头目写了信，通报了台州和宁波两城的富裕和军官防守情况，让几支倭寇头目上岸作战。

结果被埋伏在各处的戚家军一举全歼，从而扫清了横行在海上多年的倭寇集团。

论功行赏的夏夜，正是十五的月圆之夜。

王翠翘一身盛装打扮，来到了篝火通明的舞台上，又一次唱了那悲切的《闻鹃》。

不如归去，不如归去。
一声动我愁，二声伤我虑；
三声思逐白云飞，四声梦绕荆花树；
五声落月照疏枝，想见当年弄机杼；
六声泣血溅花枝，恐污阶前兰茁紫；
七八九声不忍闻，起坐无言泪如雨。
忆昔在家未远游，每听鹃声无点愁。
今日身在金陵土，始信鹃声能白头。

舞蹈如风吹桃花，风吹来她身上的香气，让好多士兵陶醉不已。

然而，一曲唱毕之后，只见王翠翘如一只张开了翅膀的鸟儿一样，甩了一下衣袖，跃入舞台旁边的湖水中。

徐渭大叫一声“翠翘”，也疯了一般爬到舞台上，然后从王翠翘跳入湖中的位置跳下。

紧接着，又有几名官兵跳入水中。忙乱中，只救了跳水稍晚的徐渭，而王翠翘，只留下一条长长的白飘带。

徐渭拿着那条白飘带，疯狂一般在舞台上走，从这头到那头，从那头又到这头，然后一头扎下来，鲜血直流，人事不醒。

赵文华进入西苑的时候，发现热闹得很。

原来是，皇上临幸的一个宫女又给嘉靖帝生了一个公主。而在这几天前，裕王府里也有一个宫女怀孕，此事也关系着龙脉的延续，故也算是大喜事。

双喜临门，所以，嘉靖帝正在敲击三十六个乐瓮，并让陶仲文测天文和地理，以求名字。

很快，陶仲文便测出天文情况：“西南多雨，中部干旱。所以，女孩的名字便可取冲字。”查野史，嘉靖帝曾经有多次宠幸宫女而未被记录，以至于生下了孩子并不承认，只好赶出宫中，而这个叫作董六六的宫女，取了皇帝宠幸她时的一小片衣角作为证据，而保存了自己的孩子，还获得了下半生的荣华富贵。

赵文华在近水楼等了足足一个半时辰，才被小太监通知觐见。

徐阶正在那念着近日的内阁处理的必须回报的大事件。

“松江县的棉布上供朝廷三十万匹，内阁拟拨二十万匹给浙江戚继光的部队作新军服，奖励此次歼倭之捷。”

“准了。”

“万寿宫修建过程中，杭州知府罗龙文从杭州运输过来十五船上好的木料作梁柱，这些木料本是从倭寇手中截下来的要运至倭国的，知府罗龙文在杭州府各处招贴，将被倭寇抢掠走的木料上缴给朝廷，杭州府用税收代为支付木材的钱。此一项，给户部省去了三十万两银子。特赏御书房皇上批阅的《资治通鉴》十册。”

“准了。”

“浙江总督胡宗宪总领八省军务，现在因为巡抚空缺，又身兼巡抚一职，现求调严州府知府庞尚鹏任浙江巡抚一职。啊，庞尚鹏是微臣荐上的。”

“准了。”

“淳安知县海瑞，在本次审王直案中，有功，但又因被张经迷惑，参与通拟倭寇徐海一案，有过。功过两抵，因此前有民声怨恨，说此人有贪墨盐税一案，现在已经命令巡盐御史袁淳去查证，若属实再论其罪与赏，现在先继续让此人回淳安依旧执县令，待罪。”

“准了。”

……

赵文华长吁了一口气，看看楼下的那副对联，不知道什么时候已经换了，现在的对联是：等闲识得东风面，卧看白云初起时。（六岁方孝孺）

第十三章 知府上书，海瑞洗罪

嘉靖四十年秋末，海瑞在杭州徐渭府邸静养了十多天以后，被海安用马车载回了淳安。

一回到县衙后院就惊呆了，原来后院大门口被当地的百姓糊上了臭鸡蛋甚至大便，还有一些人用制作冥钱的纸张写了海瑞的名字，而名字后面的两个字让海瑞吃惊不小：贪赃。

母亲病倒在地上，县衙里的人再也不来帮忙了，连同海瑞的俸禄也被扣了，答复说是海瑞犯了重罪，被朝廷押入大牢，正等候处决，俸禄自然是不能领受了。万般无奈之下，海妻邱氏只好缝了儿童的衣物拿出去换了几钱碎银给婆婆抓些草药。

海瑞回到家里，看到形容憔悴的母亲和瘦弱如骨的妻子，一时间悲从中来，从行李中掏出来临来时徐渭赠给他的一百两银子给了海安，说："明天阿母生日，割二斤牛肉，还有，打一斤酱油和酒。"

了解了海瑞的真实情况以后，婆媳两个终于露出了笑脸，妻子邱氏更是哭一会儿笑一会儿，海母对海瑞说：“汝贤，这些日子，苦了你媳妇了，你不要亏着她。”

海瑞第一次听到母亲夸奖媳妇，感动万分，和妻子二人双双跪倒在地，说：“母亲，孩儿不孝，害你患病又无钱医药，是孩儿想得不周全。这下好了，我回来了，一切都过去了，万事会好的。”正说话间，衙门里来人传话，说是巡盐御史袁淳大人有话要问海瑞。

一到县衙便被袁淳来了个下马威，袁淳坐在县令的位置上，一拍惊堂木，说：“传盐商王有财。”

话音刚落，王有财就从旁边的一个房间里出来了，他指着海瑞说：“海大人，你一向可好啊。”

海瑞问：“你认识我？”

那王有财一听这话，笑了，说：“海大人，你得健忘症了吗？今年春天，你说要到省城里破一个案子，盘缠有些紧张，我就送了三百两银子给您。后来，你家人身体有小恙，又到我的店铺取了二百两银子，合计五百两银子，你还曾经打招呼说是要免去我三年盐税。”

海瑞一听，明白了。脸上不动声色。

突然反问：“王有财？你说你送给我三百两银子作盘缠，可有人作证，可有字据。”

那王有财果然是有备而来，随手从袖子里掏出一张借据，说：“大人，您可能忘记了，你当时说不以个人名义借钱，只加盖了衙门的公章。”

海瑞一看，公章竟然被盗用，连忙转过头来问县丞汤有仝，汤有仝吓得不敢正眼瞧海瑞，连忙摇头说：“老爷，你看一下那借据的日期，当时的确是您在淳安，你是秋天走的时候才将大印交由我保管的。”

海瑞探案多年，各式各样的古怪案件均有所破获，这点小事自然也是难不倒他的，所以，他依旧并不气急败坏，而是冷冷地看着那王有财，问：“王有财，你确定这印鉴是我加盖上的吗？”

王有财一听，连忙拍胸脯说：“海大人，你可不能赖账啊，这借据是晚饭后我手拿着，你亲手盖上的。”

海瑞说：“我实话告诉你吧，借据上所标出的八月初八，这天，我因为有事向严州府台庞大人禀报，特地一早赶到了建德，后又与庞府台一起到了杭州，直到一周后方才返回。我去严州府所办事情乃是公差，随行均有记录。你却说是晚上你手拿着，我加盖了印鉴，难道淳安还有两个海瑞不成？”

王有财一听有些惊讶，他大约没有预料到海瑞可以证明当天不在场，一时间乱了方寸，他不停地望向御史袁淳，像是要得到提示。

袁淳果然这个时候帮了他的忙，问道：“王有财，你和本官说这个借据中的时间是你自己后来添加上去的，那会不会是晚记了两天。”

王有财得到了答案，连忙改口说：“是啊是啊，小人一时心急，正要和海大人解释此事，这个时间当时是没有填写的，是我后来想起添上的。”

海瑞依旧不急，继续问他：“王有财，你作盐生意，是不是每天记账？”

王有财看着海瑞，不知是陷阱，理直气壮地说：“小人作的是小本生意，自然是每一笔账都记得清清楚楚。”

海瑞又问：“既然你每一笔账都记得清清楚楚，为什么我借你的钱你连日期都记不清了呢？还有，如果你每一笔账都记得清清楚楚，那么，本官借你的钱就应该记录，你不要动，现在就派人去店铺里取来你的账本，若是真有记录，本官现在就赔付你钱财，若是没有，你讹诈朝廷官员，依大明律，八十大板后充军，你可要想好了后果。”

袁淳在一旁咳嗽了几声。

王有财心里有了底，站直了身子，回答海瑞说：“大人，你当时明确要求小人不准入账的，因为这是您私人借的钱，并答应免除小人的三年盐税，所以小人就当是孝敬您老人家了，店铺的账册上自然是没有记录的。”

王有财的话一出口，海瑞就觉得，此人是真小人。

海瑞有些生气了，站起身来，拍了一案几，问："王有财，我来问你，你不是还有第二张借据吗？"

王有财听完就从袖子里取出来。

海瑞说："这第二张借据的时间又是何时呢？"

王有财说："这张是您在杭州期间写信给家人，然后是你夫人前来取的钱，同样盖有县府衙门的印鉴。"

海瑞说："笑话，我夫人怎么会有县衙大印呢？我走期间淳安一切政务全由县丞汤有仝署理，那么，汤县丞，是你带着大印去王有财那里取的钱吗？"

汤有仝连忙摆手说："不是，不是，卑职从未用此印盖过任何文件和账单，所以大人不必牵连到我。"

海瑞说："大印在你那里，你却不知道有个借据上盖了印，难道是我夫人偷了你的大印不成？"

汤有仝一听连忙称是，说："极有可能，极有可能。"

海瑞说："无聊，依大明律，现任官员若是丢失大印依罪当即除职，并处在任前两年俸禄用作找寻差缠。你想被除职吗？"

汤有仝一时间被难住了，说："老爷，我真的不知道，那借据一定是假的。"

海瑞说："王有财，你可听到了，若是造假印鉴可不是充军之罪，依大明律，可斩立决，你还不从实招来。"

王有财一听斩立决，有些绷不住了，腿开始打颤，他侧了侧身子看着袁淳，发现袁淳避开了他的目光。

海瑞一看时机到了，大喝一声："王有财，你说说第二张借据究竟是怎么一回事啊？"

王有财语无伦次起来，扑通跪倒在地说："是汤县丞盖的。"

汤有仝这一下乱了阵脚，说："事已至此，袁大人，您就说句话吧。"

袁淳在一旁冷冷看着，忽然说："海知县在朝廷享有清誉之名，朝廷派我来查证，此事已经明晰，王有财乃是一介刁民，来人啊，将此人拿下，拉出去重打五十大板，并罚没店铺所有收入逐出淳安境内，公示三天，以示警告。”

海瑞看着袁淳将戏演完了，仍不作声。

袁淳见海瑞留了台阶给他，连忙沿阶而下，笑脸对海瑞说：“海知县，我乃奉皇命和新任吏部尚书鄢大人之命，来严州府仔细察看淳安、建德二县所受灾情以及盐税的收缴情况，想不到遇到此事，给海知县带来的误解，还请多多包涵。另外，我尚有重要事情要回杭州府一趟，就此别过。”

说完，出了门上了轿，奔杭州府而去。

冬至的前夜，京城东区，严府里一片佛教的诵经声，后院里则是道教的法事场地。家仆们个个皆穿着孝衣在厅堂和院子里穿梭不停，严府前院的正堂里供着灵棚。严嵩的结发妻子欧阳氏离世了。

严世蕃一身孝衣在灵棚那里跪着待客，严嵩也一病在床。

晚上，烛火点亮了严府的前院。

严世蕃的大儿子严绍庭跑过来，对严世蕃说：“爹爹，孩儿今天在城东的太极庵巡逻的时候遇到了一个绝世女了，乌发如云，容貌闭月，孩儿已经打探清楚了，是徐阁老的孙女，请爹爹一定要给孩儿提亲，不然，孩儿就死了，孩儿现在无心吃饭，也无心公职。”

严世蕃大骂严绍庭没有出息，为了一个女子便要死要活的。

鄢懋卿则过来圆场，把严绍庭劝到一边，哈哈笑着对严世蕃说：“不是有其父必有其子吗，大哥应该高兴才是啊，不过，你放心好了，这件事包在小弟我身上，我改天以吏部提调干部的名义就上书，建议徐阁老的公子徐璠任工部侍郎，这样一个大人情，谅徐璠会乖乖地把女儿送上。”

严世蕃一听，极为舒坦，拍了拍鄢懋卿的肩膀说：“兄弟为绍庭设想周全，不过，我只是恼此子竟然挑选祖母去世的时候说这件事，要是被老爷子知道，那还不动家法。”

鄢懋卿一听连忙正了正身体，捂住嘴，小声说：“兹事体大，要甚加小心才是。”

鄢懋卿要离开时，严世蕃才说："明天出殡后，我们要说一说浙江的事，好好总结才是。"

鄢懋卿连忙点头说："这一次幸亏我们及时到了杭州，杀了那王直，后来机缘巧合，又杀了徐海，不然，这一切就不好收场了。现在紧急要处理的不是杭州的事情了，而是如何除掉张经的余党。"

严世蕃说："你是说庞尚鹏和那个知县海瑞？"

鄢懋卿点点头说："正是。"

严世蕃说："重要的不是这两个小角色，而是现在正往朝廷里游说的高拱和张居正，以及徐阶，下面的那两个人，让罗龙文一个人就应付了。"

鄢懋卿说："这两个人可不能小觑，我派去的袁淳，可谓精干毒辣，你也是夸奖过多次的吧，这次愣是让海瑞给退了兵，而且竟然还在我面前对海瑞露出敬意，实在是可恨。"

严世蕃说："如此说来，我们真要好好说一下小儿的婚事了。"

鄢懋卿仿佛马上明白了严世蕃话里藏着的话，哈哈笑了。

严嵩的药加了蜂蜜，有些甜。严嵩不喜欢，一口吐了出来，吐了丫环一脸。

严绍庭却开心得不得了，大声说："爷爷终于把勾引父亲的丫环给教训了。"

话音未落，严世蕃领着严嵩的十二个干儿子前来问安来了。严世蕃听到了严绍庭的话，却也不好当着众人的面骂儿子，只好用一只眼睛斜斜地瞪了他一眼，便引众人入座。

问安完毕后，严世蕃就把浙江的事情说了一个大概："浙江现在有些乱，胡宗宪一心只想着清史留名在拼命地和倭寇作战，竟然连我母亲的殡礼也不来参加。大家看过礼单了吧，胡宗宪竟然只让人捎来了一张真丝席子，他真是节俭到禽兽不如的地步了，当年我父亲退了他的礼又送给他一座金佛，金佛，文华兄，你知道那座金佛吧，那可是皇后娘娘赐给父亲的。谁知我听说胡宗宪转身就把金佛给卖了，买成马匹了，这个不懂感恩的……"

严嵩听到这里，咳嗽着打断了他，说："你们这群畜牲，这一次浙江的倭患，若不是那胡宗宪在浙江，你们这些人，大多都被抓到天牢里去了，咳咳，咳咳，东楼，胡宗宪送给你娘的那一张真丝席子是你娘的嫁妆，当时也是我给他的，他一直没有舍得用，珍藏着，这时候还回来，像新的一样，即可表白他对我们严家的心意了。你们这群畜牲，你们以为我不知道你们在浙江作了什么，让罗龙文在那里蹲着，抢了那么多东西卖给日本人，要是我再年轻几岁，我非得打断你们几个的腿不可，咳咳，这下好了，胡宗宪把你们的屁股给擦干净了，你们倒嫌弃他的手臭了，你们都滚吧，滚，别让我看见。”

一群人见严嵩真的生了气，一时咳嗽不止，便退出后院，到了西院的严世蕃府邸，西院的建筑规模和皇上的西苑一模一样，是同一个建筑工匠设计出来的，只是没有皇上的西苑占地面积大，但大致的房屋方向以及建筑式样都刻意模仿了西苑，甚至连进院的二层阁楼也专起了同样的名字：近水楼。

近水楼的门口贴着严世蕃的工笔字：两个黄鹂鸣翠柳，一行白鹭上青天。

上了二楼，可观赏严世蕃宅邸的壮观，一排三十间上下两层的阁楼弯着腰摆开，夜晚的灯火闪烁，总让人以为是一座妓院。

严世蕃有时候还真让这二十七个小妾像妓女一样地服侍他，以贪图淫乐。

坐在那里说了一堆闲话之后，严世蕃终于说了正题：“既然鄢懋卿派去的人没有将海瑞和王用汲的把柄抓到，那么，趁着胡宗宪还在浙江，罗龙文还在杭州，应该马上把庞尚鹏、海瑞和王用汲三人调离浙江，这样的话，浙江的这起倭寇案就像是一尊泥牛被我们推进了大海里。”

罗龙文说：“庞尚鹏是徐阁老的门生，海瑞和王用汲也均系徐阁老间接或是直接的推荐，该如何处理他们的调离呢？”

鄢懋卿说：“这个问题，我来解决，关键是，浙江的徐海和王直都死了，以后该如何处理我们手头上的余货呢？”

严世蕃说："有一个光头，不是和尚，天生就光头，长相极其窘异，此人善游泳，是渔民，早些时候和王直一起抢过粮，后来因为喜欢一个倭寇女儿而去了日本，现在夫妻携家小均回到了杭州府，我已经派人控制了他，以后，他就是又一个徐海。"说完哈哈大笑。

众人你看看我，我看看你，心里有共通的笑，便哄堂大笑起来。

嘉靖四十一年春天，淳安县衙，海瑞正带领一群差役一起光着上衣作木工活，一个桌子年久失修，被虫噬得空了腿，散架，还有一个柜子也毁了一半，于是，海瑞便在农忙而衙门清闲的时候，作这些事情。

午饭时间还没有到，海安突然兴奋地从后院赶过来，说："老爷，你快回家照顾夫人，我去找接生大夫，夫人要生了。"

"要生了！"海瑞一听，光着上身就跑出了衙门，一摸身体，又跑回来了，穿了上衣，快速地跑回了家。

孩子是早产，因为营养不良，邱氏出现难产的症状，疼得把海瑞的胳膊都掐肿了。

从午时一下到未时三刻，孩子哇地一声，接生大夫说："是个男孩子，母子平安。"

海瑞出了一身的汗。

正在病床躺着的海母谢氏一听说媳妇生了孙子，一高兴就从床上跳了下来，病竟然一下子好了，精神奕奕地下床给儿媳炖了一只老母鸡。

"种地都是为了收获"，再也没有比收获一个儿子或者孙子更有成就感的了，海瑞开心地用手抓住邱氏，一直说："夫人，你受苦了，你受苦了。"

海母一口一口地喂儿媳，一边喂一边说："你可是给我们海家立了大功了，从今天起一个月内，你什么活都不能干，你伺候我这么多年了，生个孩子，这是上天的安排，也好让老婆子我也伺候伺候你。"

看着婆媳两个说着温情话，海瑞坐在门口，一时间竟然流出眼泪。

这时，院门外突然有了一些喧闹，海瑞循声出来，看到县学教谕赵公辅正率领一干师生打扫院子门口的垃圾及粪便。为了让围观的人明白他们在作什么事情，他特地用大楷写了一个横幅挂在那里：海大人是清官，贪赃是谣传。

这几个字虽然感情并不浓，却是最为有力的还击和解释。海瑞看着努力干活的赵公辅，有些感动，但他没有上前去，而是悄悄回到了院子里，海家有了新生命了。一边走，海瑞一边默默地想，这会不会也是他自己的一次新生。

京城西苑的乐瓮又响了三十多下。

嘉靖帝自己封自己为灵霄上清统雷真君，并举行了冠戴仪式，内阁阁员以及六部九卿均要参加，所有参加者均要戴花冠。

仪式前，陶仲文念上清君献词，为徐阶撰写。还要念近期皇上所作善事一件：为宫外的安乐堂增加了五万两白银的棺木费用。这样，可以免除在宫里的宫女太监去世后无钱订作棺木而不得不席革裹尸的尴尬。

仪式结束以后，赏茶，赏敲乐瓮，赏粥，赏座。

在西苑上元殿的外厅里，君臣数十人，均穿戴奇异地坐在那里，喝粥，喝完粥又讨论国家大事，显得甚是滑稽。

工部尚书空缺，一切都由工部侍郎严世蕃作主，新上任的工部主事为徐阶的儿子徐璠，他是第一次参加这样的场合，有些紧张，喝粥的时候不小心发出巨大的声音，惹得众人发笑，便被罚再喝粥一碗，不准发出任何声音。

议事与否要通过占卜，负责扶鸾的是陶仲文的朋友蓝道行，这个年纪比陶仲文要长许多的白须老人是一个周易通，知会天地万物规律及演化，故，陶仲文特别地把他领到西苑，作为皇上特别扶鸾大师。

扶鸾又称扶乩，此说法旧时已有之，原因是当时的人皆相信世间自有神仙在，而且神仙经常会下凡到人间，每一次都会驾凤乘鸾，所以求神仙询问诸事答案便称为“扶鸾”。

这个占卜的仪式非常神秘，大致需要一些天文历法知识，首先要在一个沙盘上立一个丁字形木架，具体摆放是这样的，要让直长的一端悬锥下垂，架放在沙盘上，由两个分别用食指搭扶横木两端。在念完请神的咒语，依法请神时，木架的下垂部分就在沙盘上画出文字，或者怪异的图像，便成为了神灵的启示和答案。

蓝道行正是每每都能逢凶化吉，故被嘉靖帝称为蓝神仙。

这次的占卜是圆中有方，却无数字。蓝神仙把手中的一枚铜钱扔到了池水中，说，卜辞说朝中财政亏空，要议户部之事。

正在这时，内阁值事官员报喜，嘉靖帝听到报喜二字，就示意李芳给当值官一顶花冠，让他念喜报的内容，那官员是个声音洪亮的人，大声念道："胡宗宪亲率戚家军大军于浙江温州一带与剩余的倭寇进行了最后决战，全歼了日本十艘船上的五百余名倭寇，取得了决定性的胜利。"

下面的六部官员们连忙三呼万岁，一片喜悦之声。

当值官禀报完毕却依旧不走，说是还有一封八百里加急的快报，是严州府知府庞尚鹏直呈内阁徐阁老的。

嘉靖帝一听，依旧说："念。"

当值官得了令旨，便揭下鸡毛，撕开信封，展开来，数行苍劲小楷呈现，当值官清了清嗓子，念道："严州府庞尚鹏谨奏：巡盐御史鄢懋卿公报私仇，借口巡查我严州府属县淳安盐税收缴情况，派下属袁淳造假诬陷淳安知县海瑞，致使淳安县境内数万百姓愤之。事后，淳安县学教谕赵公辅私下寻访，找到作假证者，澄清事实，方得知，造假诬陷者王有财乃是受袁淳指使而为，事后被打，如今依旧受伤在床，此人事后悔罪，承认一切。本官细查之下，方知，除了盐税一事，海瑞所遭遇诬陷一事，竟然还和之前海瑞查处的王直通倭一案有关，据微臣查证，被杀害的王直以及突然死亡的倭寇头目徐海均和杭州府知府罗龙文有来往，此事知情者均已死，故无证据可立案。但事情的真相只有当时查案的海瑞知道，故，微臣恳请彻查杭州知府罗龙文和盐政御史鄢懋卿……"

念到这里的时候，嘉靖帝突然敲响了身边的乐瓮，大声喊：“鄢懋卿今天来了没有？”

严嵩咳嗽着站着起，答话：“他在近水楼候着，没有进来。”

嘉靖帝说：“传他进来。”

李芳指使一个小太监去近水楼通知鄢懋卿觐见。嘉靖帝示意继续念。

当值官继续念：“臣自前年春与淳安知县海瑞结识，一直颇欣赏他的治县方略，他用保甲法重新恢复了当地的兵役制度，同时还重新丈量了土地，减轻了稻家桑农的税赋。他爱民如子，布衣粗食。臣曾经听总督胡宗宪大人在筵席上赞美海知县，母亲作寿，却只到市场上割二斤牛肉，如若我朝廷不对此等官员进行褒扬，却还要故意诬谄……”

这个时候鄢懋卿已经跪在了门口等候皇上问话。

嘉靖帝敲了一下乐瓮，说：“好了，你先停下来，不用念了，鄢懋卿，我来问你，你派什么人下去诬陷那个知县去了？”

鄢懋卿一下被嘉靖帝的询问吓得浑身颤抖，一时间不知道东西南北了，好一会儿才扑通跪倒在地，语无伦次地答：“回皇上，奴才派袁淳并非去诬陷海瑞的，而是去催要盐税的，之所以派人下去第二次催要盐税，是因为第一次巡盐时发现部分县域受了灾，或者是正在兴修大型的水利工程，一时间挪用了盐税款项，故奴才就让他们缓交的，想不到，会遇到一个告状的人，便审理了一下，我到现在也不知道那个人是故意诬陷海瑞的，当时并没有觉得他很恶劣，奴才只是罚了杖打和充军，至于充军，恐怕此时也已经实行了的。”

嘉靖帝听完了以后，没有说话，徐阶正要说，却被严嵩截了去。

严嵩说：“老臣管教不严，皇上，但这也是老臣之前有过安排的，皇上这次修万寿宫的同时，又重修了武当山的山门及瀑布山的第二道门及两栋殿阁，户部当时做预算时全都算做了盐税的实收。老臣当时就下令鄢懋卿故意先推迟一些困难的市县的盐税，这样作一则是防止逼得百姓无任何家用的银两，二则是为了南面的武当山。武当山冬天重修的难度相当大，但到了第二年春天重修，又怕上一年的盐税被户部用到其他地方而没有银两，所以老臣才让鄢懋卿派人下去第二次巡盐，这一次征上来的盐税主要用于南修武当，及改造东城的嘉靖红作坊，好为皇上的春末祭祀活动作足漆器及酒器。另外，老臣早就得知，每年第二次巡盐的时候，总有一些地方官员趁机增加税赋，结果把所收缴的大部分税赋留下衙门私用，而小部分上缴盐税，这是老臣在吏部随手拿的各种官员递上来的弹劾书，全是副职弹劾正职，知县弹劾知府的奏折。因此，老臣也曾经嘱托鄢懋卿等一干人马，下去以后一定要单独征收盐税，如果是稻农桑农，不涉及盐税则一概不允许多收其他名目的税赋，以显彰皇上的爱民之心，所以，盐政巡视官员每一个府县均会下严厉的贴子一个，简朴招待和住宿，任何一个县均不超过三天时间，而且，如果有人行贿则一律拒绝，把钱返回后，明示市府衙门或省府衙门，让他们酌情处理。庞尚鹏的奏折大概就是已经处理完海瑞海知县的禀告文件，这样的文件有很多，也会有一些衙门为了维护自己制辖范围的官员们的清廉，而采取一些保护措施。皇上！老臣昨日与陶仲文陶大人闲话今年的节气和天气，盼望皇上的万千子民有一个好收成，陶大人说湖北方向有吉祥之雨，这大概和重修武当张真人的驾仙阁楼有关。可是这些银子都是盐税所供，所以，老臣以为盐政官员鄢懋卿还是给皇上卖了命的，请皇上明查。”

嘉靖帝听完了以后，站起身来，当着大臣们的面，转过身来就尿尿，尿完了，说，退下吧，都。

然后，各臣子们小心翼翼地半躬着身子退出上元殿。

高拱还要去裕王府，先行告辞了，张居正小声地和徐阶说刚才严嵩的话里的虚假。

正说着，严世蕃突然凑了过来，他突然正经八百地行了大礼，然后叫了一声徐世伯。

徐阶有些惊异，不知这严世蕃的葫芦里卖的什么药。只好也还了礼，微笑地看着他。

严世蕃又作了一个揖，说：“感谢世伯今天在皇上面前没有为庞尚鹏辩护，让家父保足了面子，我知道，那庞尚鹏是您当年弟子中很有才华的一个，当年因为推荐去严州府，家父也是出了力的。如今庞尚鹏八百里加急弹劾袁淳和鄢懋卿，必有事因，你如此宽宏，让侄儿佩服之至，故刚才才行如此大礼。家父回到家里一定会教训那鄢懋卿的。只是侄儿还有一件事情，乃出于诚意要和世伯一家修好。我家犬子，您是认识的，就是在锦衣卫当差的严绍庭。他的生辰八字颇为平衡，我找陶仲文陶大哥算了一下，和你家的长孙女的八字竟然出乎意料地偶合。所以，小侄特地向世伯先行禀报，回头，我将小儿的生辰八字和彩礼送上，望世伯成全。”

徐阶本想一口拒绝，但忽然想到严嵩的那一段话。知道皇上还希望严世蕃把武当山重修完毕，把五月祭祀的器具作好，所以，皇上的心里头装着严家，倒严，看来是不可能成功了。这个时候，是不能得罪这个严世蕃的，徐阶知道，宁愿得罪严嵩十次，但是，他的这个儿子，一次也是不能得罪的，因为，他知道严嵩的为人，严嵩虽然一心向上攀爬，也有敛财的欲望，但他诗书满腹，毕竟知礼义廉耻，有自己作人的底线。严嵩的容人也是朝廷里有名的，可是这个严世蕃的小肚鸡肠则是闻名朝野的，得罪了他的人，从没有什么好下场。

故而徐阶略沉吟了一下，还是微笑着说：“长孙女玲儿自小娇惯，徐璠几乎是把她当作一个儿子在养，还是回去征求一下她的意见。另外，令郎绍庭我是见过的，印象很是精干，倒是一块好材料。”

严世蕃看徐阶如此委婉，却也不敢拒绝的模样，心里暗暗地笑，但表面上却依旧对徐阶作揖：“小侄今天甚是冒昧，但是突然想起此事，便再也放不下，所以，请世伯见谅，我的失礼回头在彩礼中弥补。”

徐阶点了点头说：“好吧。”

三天后，徐府里迎来了严府的第一批彩礼，五个箱子里分别放满了胭脂水粉、金银首饰、衣物鞋子、纯银筷子和书画。

严世蕃为了表达诚意，竟然把元赵孟頫的一幅真迹送来作为聘礼。这是严嵩交待的，因为徐阶的字虽然近王羲之，但却是从赵孟頫而来，所以，这幅赵字的真迹对于徐阶来说简直是无价之宝。

手不忍释，目不忍离，上下左右，仔细地鉴赏，忘记送行，忘记管厅堂里哭闹的长孙女。

他把徐璠叫了过来，说："先应下来吧。"

送彩礼的人得了回帖，吹吹打打地回严府报喜去了，而徐府这边的长孙女却开始大闹徐阶，原来，这个长孙女喜欢上诗书俱佳的文弱书生表哥何其多。

何其多是泰州人，他的父亲何心隐是徐阶的师弟。但因为何心隐最小的一个妹妹嫁与了徐璠，所以，才有这一层姑表亲戚。

何其多进京会试时曾经住在徐家几日，便结识了徐家的长孙女，诗词传情，西厢记在他们家里上演。

所以，当严府里的人走了以后，徐阶看着那幅字，又看了看在一旁哭闹的孙女，叹息一声，甩袖入内室。

淳安县衙里一个老妪正在哭泣，海瑞刚刚把儿子拉屎，衣物上的屎迹尚未清除干净，便跑上堂审案，县丞汤有仝连忙把手绢递给海瑞，指了指自己的肚子处向海瑞示意。海瑞一看，果然有一团黄黄的屎迹，不由得暗自窘迫。

老妪状告儿子不孝，拿了她养老的钱去讨好还未过门的媳妇。可是当她不给儿子的时候，儿子竟然恐吓她说若不给钱，他自然不能讨得媳妇欢心，也不能娶到她，那么，就不会养老。

那老妪和海母的年龄相仿，更让海瑞难过的是，那老妪也是守寡多年，养活一个儿子几多辛酸，此子不喜读书，却热爱作木匠，然后，作母亲的想尽办法，拜托一个老木匠教他，他却学得不认真。他不过是想借机接近那个老木匠家的女儿。

那老妪滔滔不绝地诉说，把县衙里的几个当班的人员都感动了，悄悄地在一旁抹眼泪。

海瑞用笔一直在手边的一张纸上画“孝”字，他画了一个人土下面埋着，而上面的人的早已经忘记了。

海瑞想，孝不应该死后了再去后悔，要生前就给养育自己的父母亲一个安详快乐有依赖感的晚年。

海瑞想了一想，对老妪说：“阿婆，我现在就出台一项关于敬老孝亲的规定，凡是孝顺的男丁经过里长的推荐均有奖励，发‘孝子’的奖牌一枚挂于厅堂；而不孝的男丁均有惩罚，挂‘不肖’木牌一枚。并且通知县学、兵署等各部门，凡不肖子弟，一律禁收。以后，县衙还会专门召集里长，把平时这些不孝的子弟统一到一起，去孝子家里作家丁，接受感化，若永远不感化，则永远要被派去不同的家庭作家丁，以示惩戒，这样处置你的儿子，阿婆，你满意吗？”

那老妪一听如此处置自己的儿子，有些后悔了，反复摇头，不知所措，大概是怕儿子真的和自己断绝关系。扑通一声跪倒在地上，求海瑞不要出台此项规定，又说她儿子平时还是很听话的，大概近日是受了那女孩的蛊惑。

海瑞答应不给她儿子发放不肖木牌，她才磕头谢过，离去。

海瑞看着老妪离开的身影，有些伤感。

县衙里的差役送来一封书信，海瑞打开来一看，是徐渭的。让海瑞吃惊的是，信函里还装着一个软软的包袱，原来是王翠翘留下的十数个绣了字的手绢，那几个字上面写着给海瑞大人。

手绢，仔细闻一下，脂粉的香气依旧还有，这些手绢要么自己用，要么应该给徐渭，为什么写着海瑞的名字呢。

海瑞百思不得其解，他坐在烛火下来回地走，走动的时候身体带来的风把烛苗吹得左右摇晃，这晃动又株连到了海瑞的影子。一时间，看到自己的影子在舞蹈。

海瑞忽然想到李小雅。还记得第一次见王翠翘的时候，王翠翘就给海瑞跪下了，当时就是替李小雅下跪的。难道王翠翘有一些暗喻，要海瑞往《诗经·小雅》里找吗?

海瑞翻出自己手抄的一本《诗经》细细地翻了一个上午，也没有找到答案。

有一个手绢掉在墨盒的旁边，沾了一块墨汁，海瑞连忙叫邱氏，邱氏正在月子里，海瑞只好自己拿着手绢到了院子里，从井里打了一桶水，用盆子盛了来洗。

那手绢被水湿了以后，竟然跳出一行又一行工整的小字，海瑞拿出来一看，大吃一惊，原来这些小楷皆出自徐海之手，是他和严家作交易的一个又一个收据。海瑞把十几个手绢全都放在了水桶里，里面的字一个一个显现，显然，这是徐海放在王翠翘那里的一个账本，之所以上面绣上了海瑞的名字，是王翠翘知道，大概只有海瑞才能猜出这手绢的秘密。

海瑞长长出了一口气，暗自心惊，心想，若不是这手绢被风吹到墨汁里，他还想不到要洗一下这手绢呢，想来，这个世间，没有无缘无故的风，这风大概也是王翠翘请过来的。

手绢晒干后，那些字竟然擦不掉，也不知徐海是用了什么特殊的墨汁，海瑞发现这些字大概用了特殊的药水，一旦显现出来，竟然不容易被撕掉和毁掉。

手绢上的字是颜体小楷，手绢上的账目详细地记录了徐海给罗龙文送礼金，并由罗龙文转送严世蕃、鄢懋卿、赵文华、陆炳及宫中司礼监李芳、陈洪和黄锦三人的礼金数目。

给胡宗宪送过一坛酱菜，后被退回。

给徐渭送过十盒桃核墨，收下。

这个手绢上的墨字不知是用什么特殊墨汁写就，一旦被晒干，便全都不见了，只要喷洒一些水，便立即显影。

海瑞怕如此三番地显影，总有一次会丢失，于是，立即抄写到一个册页上。又连忙修书一封给徐渭，将账册又多抄一份给了徐渭，并在信中征求徐渭意见，此账册要不要送京师。

夜里，孩子哭了，海瑞睡不着，越想越觉得此事关系重大，想都没有想，跑到厢房里叫醒了海安，让他备马车，他要连夜奔赴严州府，找知府庞尚鹏通报。

第二天清晨，天蒙蒙亮，海瑞到达建德，他先到了县衙王用汲那里，吃了早饭，然后和王用汲一起到了严州衙门。

庞尚鹏好茶道，摆了茶床给两个老友兼下属要泡一壶上好的西湖龙井。当听到海瑞说徐渭提供给他的十几个手绢上是一个又一个账单时，一下子激动了，停了下来，说："当时去那个倭寇村庄营救王姑娘时，我就有心查找一下徐海有没有留下什么证据，关于徐海和罗龙文以及严世蕃的，但是，随行的时候我问了张经大人以及搜过徐家院子的几个总督衙门的官兵，均没有任何收获。我一直还很纳闷呢，心想，难道这个徐海心怀这么坦荡，宁愿自己死，也不愿意连累朝中的靠山？"

王用汲说："当时我也有这样的疑惑，一直想找机会和你们商议一下，可是没有想到，赵文华突然插进来，把事情全打乱了，所以，这件事就忘记了。要是当初就留意这些，说不定还能找到徐海留下来的明账呢。"

海瑞说："贤弟说得在理，一定是赵文华把明账全都销毁了，以为我们不可能再掌握他们和倭寇交易往来的任何证据了，所以才敢肆无忌惮地杀了张经，并拘押了我。现在想来，此证据至关重要，一定要转呈给徐阁老，并央求徐阁老面见皇上才是。"

论至最后，海瑞忽然又想起徐渭，说："此账单上可也写着文长的名字呢，虽然所收礼物皆为用品，但若纠缠起来，亦是于他不利的。我征求了他的意见，要不要上送呢？"

庞尚鹏说："文长虽然是一介书生，但为人坦荡见底，他断不会为此小事而阻止我们倒严的。此事关键的人物不是文长，而是文长背后那位大人。"

海瑞也点点头："是啊，受牵连的不会是文长，最后，应该会牵连到总督大人。"

王用汲问："你们觉得胡宗宪大人此人如何？"

庞尚鹏和海瑞不约而同地点点头，表示赞赏。

王用汲说："我虽然只与总督大人见过几次面，话也说得少，但从言谈举止间感受到他是国家之栋梁。总督大人处事从不会简单地从自己的思路出发，总是周到地照顾前后左右，此人心底无私利之念，故行事端庄大方，威严甚好。只是可惜的是，他出自严嵩的推荐，心存感激，一辈子尊严嵩为师，从不违抗严嵩之命令，所以，一旦涉及到严嵩的利益，他一定会受到牵连的，想来实是不忍，如何是好啊？"

海瑞说："用汲不必烦恼，凡此时，大多事情比起推翻把持朝政的严党来说，都稍微显得轻巧了，总督大人的为人，谅皇上也是知晓的，如果真的受到了株连，那么，到时候，我们三人，还有其他官员，会为这位总领沿海八省的军务大臣求情的，放心吧。"

庞尚鹏说："有理，我们马上以八百里加急，直接报内阁徐阁老亲启，非亲启不得交接。"

于是，由庞尚鹏草拟，海瑞执笔的一个八百里加急奏折及十数张手绢，以及这些手绢的浸湿方法说明，还有海瑞笔抄的副本，一并送入京城去。"

京城西苑，徐阶的儿子徐璠在上元殿外殿汇报"嘉靖红"制作情况。

嘉靖红是一种掐丝造型釉瓷瓶，因为景泰年间以蓝色为主的工艺品在皇宫大内非常受追捧，而被人称作是"景泰蓝"。所以，嘉靖帝喜欢红色为主的这些花瓶和花架，所以，一时间，宫中皆称作是嘉靖红。

嘉靖红是用嘉靖帝炼制丹药用剩下的血水加工制作而成，所以，每一个工艺品里都有后宫无数宫女的处女经血，所以，当嘉靖红被制作出来的时候，常常会有一些宫女偷偷地把这些工艺品摔碎，既然无法报复皇上，无法改变自己的命运，所以，偷偷地潜入工部在内宫里的某几个阁楼里砸碎刚刚制作好的嘉靖红，成为宫女们表达自己贞烈的主要行动。

锦衣卫看守了几个晚上，也抓到了一两个宫女，但皆因为肚子里怀了嘉靖帝的骨肉，而不能惩罚，只是可惜的是，这些被嘉靖帝临幸后怀孕的宫女们，因为年纪太小，心智尚不成熟，根本不好好珍惜肚子里的孩子，而是拼命地打击自己的孩子，所以，多数年纪尚幼的宫女怀孕，往往都会流产的。

主管工部嘉靖红生产的太常卿因为管理不力被免职，刚刚从主事任上直接跨过太常卿而任侍郎的徐璠现在是兼管宫中嘉靖红的生产，徐璠刚上任不久，一股子精力，把宫部嘉靖红生产线上的所有工匠都登记造册，画了像，注明了详细资料，给嘉靖皇帝看，然后还根据现有工匠的年纪，调查了他们家庭继承的情况，并备用了一大批造型工、掐丝工、点红工、烧制工、打磨工。一个嘉靖红工艺品，需要至少八个人合作半月以上才能完成。

徐璠得到了嘉靖帝赏赐的珍珠粥一碗，做父亲的自然高兴。一高兴，脑子里突然清醒了起来，他的手里现在正拿着一份奏折，是他的学生，御史邹应龙的急奏，奏折上说。

世蕃凭借权势，专利无厌，私擅爵赏，广致馈遗，每一开选，则视官之高下，而低昂其值；及遇升迁，则视缺之美恶，而上下其价；以致选法大坏，市道公行，群丑竞趋，索价转巨。如刑部主事项治元，以一万二千金而转吏部；举人潘鸿业，以二千二百金而得知州。至于交通赃贿，为之通关节者，不下十余人，而伊子锦衣卫严绍庭，中书严鸿，家奴严年，知府罗龙文为甚，即数人之中，严年尤为狡黠，世蕃委以腹心，诸鬻官爵自世蕃所者，年率十取其一。不才士夫，竞为媚奉，呼曰萼山先生，不敢名也。遇嵩生日，年辄献万金为寿。嵩父子原籍江西袁州，乃广置良田美宅于南京、扬州等处，无虑数十万，而以恶仆严冬主之，押勒侵夺，怙势肆害，所在民怨入骨。尤有甚者，往岁世蕃遭母丧，陛下以嵩年老，特留世蕃侍养，令其子严绍庭代为扶榇南旋，世蕃名虽居忧，实系纵欲。狎客曲宴拥侍，姬妾屡舞高歌，日以继夕。至于严绍庭，本豚鼠无知，习闻赃秽，视祖母丧，有同奇货，骚扰道路，百计需索。其往返所经，诸司悉望风承色，郡邑为空。今天下水旱频仍，南北多警，民穷财尽，莫可措手者，正由世蕃父子，贪婪无度，掊克日棘，政以贿成，官以赂授，凡四方小吏，莫不竭民脂膏，偿已买官之费，如此则民安得不贫？国安得不竭？天人灾警，安得不迭至？臣请斩世蕃首，以示为臣不忠不孝者戒！其父嵩受国厚恩，不思报而溺爱恶子，弄权黩货，亦宜亟令休退，以清政本。若臣之言述有不实，乞斩臣首以谢嵩、世蕃，幸乞陛下明鉴。

可以说，此奏折不但未有任何夸大，简直在有些方面，为了行文的方便，还作了简略和裁剪。但徐阶却一直不敢直接上报，因为，皇上对严嵩的信任度仍然很高，若不能一举击垮，则必有后患。想到前年吴时来和张冲上奏弹劾均被迫害的事情，更是犹豫。嘉靖三十七年三月，刑部给事中吴时来、刑部主事张冲和董传策在同一天上奏折，弹劾严嵩父子，罪名是坏边防、鬻官爵、蠹国用、党罪人、骚驿传、坏人才等六罪。三人奏折皇上读完以后并未怪罪严嵩，反而迁怒于吴时来和张冲、董传策三人，多亏了徐阶从中周旋，结果吴时来被充军横州，张冲被充军到都匀，而徐阶的同乡最轻，被充军到南宁。

此事还惹得严嵩排挤徐阶很久，直到徐璠给严嵩家送了礼，这才算是徐阶低了头，很快，在严嵩的建议下，徐璠受到重用。

此刻看着邹应龙的奏折，徐阶心里一片模糊，他不知道，如果现在就送上去，皇上到底会如何处置严家。

皇上对严嵩已经没有以前信任了，这是他直觉已经分辨清楚的事实，但怎么说，严嵩已经侍候皇上二十年了。感情不会像一棵树被锯倒那样干脆的，即使是树被锯了，那只要有根在，树干第二年还是会发芽的。

胡思乱想一会儿，徐阶觉得一切仿佛又清晰起来了，想来，还是再等一下，不能着急，一定要找到合适的机会再把此奏折送给皇上。

徐阶把奏折藏好了，放在袖子里，去上元殿给皇上写青词，这一次是皇上亲点的徐阶，因为连续两个主题的祭祀青词严嵩都逊了徐阶一筹，所以，嘉靖帝有些失望，认为严嵩虽然很有底蕴，但到底是老了，有些措词已经呈现出平稳而庸常之势，故已经不适合写青词了。

徐阶赶到了上元殿的时候，蓝道行正在殿外的三十六乐瓮中间布置沙盘，见到徐阶之后，蓝道行很是开心，说：“子升兄，何兄心隐在京期间曾多次和我议论你的位置，说是二十年已经足够了，现在是你该翻身的时候了，故我会在接下来的占卜中帮助你除去严党诸人的。”

徐阶一听，很是意外，他有些习惯性地小心翼翼，四处张望了一番之后，拉着蓝道行到一个大瓮前，小声地说：“神仙兄弟，我也暗自思量过几次，皇上因为上次不愿意去南宫居住而迁怒于严阁老，后来，在春节期间祭祀文昌星的时候，皇上要求严阁老代为祭祀，他竟然不骂自己，这是礼部尚书赵文华应该交待过的啊，所以，皇上动了怒，将赵文华的抄家，充了军。从此也冷落了他。可是，我仍然觉得，皇上的脑子里有很多话还是要对严阁老说的，你有没有发现，皇上在严嵩不在的时候，经常欲言又止，其实，他是想和严嵩说一些事情，但抬眼看到严嵩不在，就停下来。所以，每每至此，我都有些胆颤心惊，若是长此下去，严嵩定会再次崛起，正愁入心扉，万望神仙兄提醒我一二。”

蓝道行嘿嘿一笑，从怀中取出一个圆环，这不是普通的玉环，而是一个会变色的玉环。蓝道行说：“皇上这次要卜的爻辞是身边臣子的忠与奸？”

徐阶大吃了一惊，问：“若以你之卜卦之术，可得出结论吗？”

蓝道行说：“子升兄勿躁，自然是能分得清楚，所以才敢为皇上扶乩的。”

说完，他把手边一框沙土又一次均匀地撒在设置好的沙盘上，对两个侍候在一旁的小太监说，站位。两个小太监马上扎好了马，双手伸出，老实地抓住了木架子。

蓝道行用手中的长长的拂尘一甩，对站在门口的当值太监黄锦说：“黄公公，请皇上。”

黄锦一溜烟似地跑了进去，大声说：“蓝神仙准备好了，请皇上起驾观蓝神仙卜爻辞。”

蓝道行把一叠宣纸打开，用小笔蘸饱了墨水，等着风吹开一页纸，便写上日期和时辰，然后大声说："皇上请问愿想？"

嘉靖帝咳嗽了一声："如今的辅臣贤否？为何达不到天下大治呢？"

蓝道行把这句话记下来以后，用火烧了，烟灰化作粉末落入沙盘里，蓝道行手中的铃铛开始丁当作响，过了一会儿，沙盘中的那块玉环自己飞跑起来，像是有人推着它圆圈转动，过了一会儿，它突然倒在一片灰尘里，圆环变墨，而圆环在沙上写下的字是"山"。

蓝道行解卦词，说："山在沙盘的上方为高，山高为嵩，圆环变墨黑色，说明了严嵩不洁，不洁则为贪墨。故此卦易解得很，严嵩为奸臣，奸臣当道，故众贤臣无法施展心中的抱负。"

嘉靖帝依旧在咳嗽，但仿佛对蓝道行的占卜挺有兴趣，便又问："孰为贤臣呢？"

蓝道行把这句话也记下来，然后用火烧掉以后，让灰末落进沙盘，那玉环在沙盘里转了两圈，两圈，之后落入沙盘的右侧一个火盆标记的地上，玉环变成红色。

蓝道行用白棉绸布包了那玉环呈给黄锦，让他递给皇上观那玉环色彩的变化，并在一旁解释说："沙盘的右为东，火盆为华亭。那沙盘转了两圈，即说明此人在嘉靖二年入仕。徐阶乃嘉靖二年探花郎，是皇上钦点的进士。玉环变红，红为赤诚，所以，徐阶为贤。"

嘉靖帝闻听完蓝神仙的卜辞之后，久久不传出瓮声，蓝神仙和侍候在外的小太监们都直直地立着，静等着皇上击打一声乐瓮，才算是号令，可以散伙的号令。

嘉靖帝真的忘记了，他大概沉浸在严嵩奸贪的细节里，独自伤感，又或者是在生气，总之，他忘记了殿外的这一拨人还需要他来解穴。

正是在此时，从皇宫里过来的快骑，那锦衣卫将信件直接交给了徐阶。

徐阶打开以后，大喜过望，写着他名字的这个包裹，竟然就是海瑞执笔的奏折和十几张隐藏着证据的手绢。当他看完海瑞誊抄的账册副本以后以及关于手绢秘密的说明之后，不仅大喜，他隐隐觉得，现在，正是此刻，皇上在上元殿里生闷气的时候，不如一下把海瑞的奏折及邹应龙的奏折同时呈上。

于是，徐阶托了蓝神仙，将信中内容的重要干系说与了蓝道行听，并恳求他把两个奏折送呈嘉靖帝。

蓝神仙进去了，徐阶等人在外面依旧等着，不敢离开。

大约一柱香的时间，黄锦出来，匆匆往近水楼的锦衣卫驻地跑去，又过了一柱香的时间，黄锦领着锦衣卫的新上任的都指挥史仇大良进入上元殿，又过了一会儿，上元殿里传出一声敲击乐瓮的声音，传徐阶觐见。

嘉靖四十一年五月，月圆之夜，严嵩被勒令退职回家闲休，严世蕃被沈炼的部下抓捕入狱。

公告先在大正有德茶楼的官报里传出来，两天后，公告贴出来。

京城大街小巷的酒楼和旅馆都在拆换严嵩题字的匾额。而徐府里，排队求字的人已经挤满了门房，徐璠回家探视刚刚升职的父亲，发现，父亲的字已经一字千金了。

秋天，浙江总督胡宗宪因受严世蕃案牵连而辞职归田，徐渭因为胡宗宪辩护被锦衣卫抓去拷打，从而疯癫。

海瑞的升职调令因为胡宗宪的去职而作废，海瑞去锦衣卫管成地看望徐渭，大吃一惊，他快速找到王用汲，借了一些钱财，打通了锦衣卫的主管，给徐渭治疗伤口，但徐渭精神已经崩溃。

海瑞内疚之至，因为，徐渭提供的证据间接导致了胡宗宪和他二人的悲剧。

嘉靖四十一年冬天，海瑞刚从京城回来，就接到调令，被调往江西兴国任知县。

第十四章 上任兴国，复遇倭寇

海安把柴堆整理好，天空飘起了雪花。海瑞在柴房旁边的小屋子里堆放白菜，那个小房子的门口有海瑞写好了的字条：白萝卜七十八斤，白菜五十五棵，黄豆五十九斤，花生一百零八斤，未去皮稻米三百三十斤。淳安知县海瑞赠。

赠字被涂上圆圈，海瑞出门时又看了看那个字条，有些满足。

庞尚鹏在客厅里坐着喝茶，海瑞洗完了手，去陪伴他。

海瑞说："我推荐一个人给你，他可以作好淳安的知县。"

庞尚鹏有些惊喜，问："快说说，是谁？"

海瑞说："是县学教谕赵公辅。"

庞尚鹏眼睛一眯，细细地想了一下，说："刚峰兄真乃趣人也，兄是南平教谕任上调来淳安作知县，难道也非要另一个县学教谕来接你的任的不成？"

海瑞说：“府台大人如此说来，你是不了解此赵公辅了，他可是一个有才智和抱负的人。

庞尚鹏说：“你如此推举，定然有他的优势，我回过头来就考查他，淳安知县的人选总督府已经定出，我可以考虑他去桐庐作知县。”

海瑞连忙拜谢，并把前些日子撰写好的《淳安政事录》的手抄副本送与庞尚鹏一册，说：“府台大人，海瑞自知才疏学浅，但为着民生改善及政令的畅通，特地费时三个月撰成此稿，以备后事者参考。”

庞尚鹏说：“刚峰兄谦虚了，把经历之事凡多种集合起来以警示他人，实是有心之至，该申报嘉赏才是，这样吧，弟虽然并不富豪，但决定送你一礼物，以谢此手稿。”

庞尚鹏说着把手伸入怀中，掏出一个绒布手袋，然后又掏出一副石磨眼镜，那眼镜晶莹透亮，实在是好看。

庞尚鹏说：“我听说刚峰兄夜晚读书颇多，眼睛不好，此石磨镜听说一面凸起，一面凹进，可以借来看模糊之字，尤其是在昏暗的光线下，此镜可放大那字迹，十分神奇，现在我把它送给你了，以示谢意。”

海瑞一看此水墨镜子，即知是宫中之物，连忙摇头拒绝，说：“如此贵重的礼物，海瑞愧不敢当，万望府台大人收回吧。”

一番推辞之后，庞尚鹏把镜子往海瑞手中一放，转身即走。任海瑞如何叫喊也不行。

海瑞知道，他还要到县丞汤有仝那里作思想工作。

冬至这天，海瑞接到启程的通知，于是让母亲和妻子带着孩子先上车，他到后院里又查看了一下家具摆放得是否整齐，又到前堂衙门里看了一下交待好的一些文件的归类存放，然后才和众差役告辞。

走到西城门的时候，竟然发现全城的百姓都排队站在了路两边来送他，雪花把他们的头发染白了，乍一看，像是雕像一样。

他们纷纷拿着棉衣、热腾腾的饺子、鸡蛋和其他一些家里珍贵的东西来送海瑞一家，海瑞一一拒绝了他们的好意，他走到一个七十多岁的阿婆面前，吃了一个阿婆作的水饺，说："阿婆，你作的水饺和我母亲作的一样的味道，我吃了心里暖烘烘的，还有各位父老乡亲们，你们都回家吧，外面太冷，海瑞在这里住了四年，我这一辈子都会记住这四年的，这四年里，海瑞没有把自己当外地人，我海瑞就是淳安人，现在是，将来离开这里了，也是。你们都回吧，回吧，谢谢你们。"

有一个老人带头跪下了，结果有了连锁的反应，路两边的雕像瞬间融化，全都跪倒在地上。海瑞慌了神，连忙跑到那个老人跟前，扶住了他，把他扶起来。

那个老人泣不成声地说："我是从宋村镇王家湾赶过来的，我是王直的父亲，王直最近跟着戚将军立了功，被提了官职，所有这一切都要感谢海瑞海大人，王直在家信里面说了，海瑞就是他的大恩人，所以，我无论如何也要来送送海大人。"

海瑞一听感动极了，把王直的老父亲搀扶起来以后，说："大叔，王直现在有出息了，我也替他高兴。您这么大年纪了，天气不好，别受了风寒，赶快回家吧。"

海瑞坐到马上，后面送行的队伍还在后面跟着，海瑞的眼睛红了。

海母也在抹眼泪，说："四年了，时间过得可真快。"

"时间过得可真快啊。"严世蕃也说了这句话。严世蕃站在雪地里给一个雪人装眼睛，两粒核桃。这是小时候父亲教他的。他那个时候问父亲，为什么要装核桃啊，他想吃核桃。

严嵩却告诉他说："核桃里有仁，这一点很重要。作人也是一样的，要懂得仁义。"

严世蕃想到这里，不觉流出了泪水。老父亲严嵩自从被贬为庶民之后，便长期在祖坟边上自建的茅舍里思过。他派人每天送去吃食，均被退回。天气冷了，严世蕃派人将很早以前母亲欧阳氏给严嵩作的一身衣服从京城里运回到江西，差人送了去。家丁严鸿回复说老爷收下了。

严世蕃终于明白了老父亲的心思，他原来是在怀旧啊。于是又派人到南昌城订作北京府里一套旧家具，样式一样。结果被退回来了。

严世蕃生气了，一把火将旧家具烧了，边烧边说："把这些旧有的回忆都烧掉，都烧掉。"

之所以要烧掉这些旧有的记忆，是因为严世蕃感到了耻辱。自从严嵩被贬，而他本人被充军。严家败落，严世蕃才明白世态多变和人情的淡薄。在被放逐的路上，他吃尽了苦头，方才意识到他和父亲在百姓眼中已经成为奸贪的典范。家里被抄，连一些私房钱都赔了进去。好在，严世蕃在分宜老家的地窖里藏了一批从宫里运出来的瓷器和古玩，这让他获得了回家的机会。

表面上，在奏折里和官样的文章里，严世蕃已经被充军，可是只有司礼监李芳知道，严世蕃已经回到了江西分宜老家享他的安乐福去了。

条件自然是那一幅《清明上河图》。抄家的时候，没有抄到的《清明上河图》，送给谁都是大功一件，他通过一个旧部下联系到了司礼监的秉笔太监孟冲，孟冲是一个贫贱之徒，贪婪得出名，而且极讲究义气。所以，在太监群里颇有人缘，很快从李芳的众多干儿子中脱颖而出，成了和陈洪、黄锦、冯保一样的秉笔太监。孟冲在他的对食那里私蓄了一批景德镇乐瓷，乐瓷是专供嘉靖帝的，只不过是由孟冲来掌管，孟冲就利用每次有残次品为由要求景德镇不停地重复烧制，并责令锦衣卫持刀威胁工匠及地方官员。因此，拉来的路上如有所损坏，则全部归孟冲所有，孟冲找个理由来回复嘉靖帝的追问，便蒙混过去。

孟冲也早闻得杭州知府罗龙文由严世蕃指挥直接与倭寇徐海交易，获得了大量的钱财。尽管严府被抄没，但只要和倭寇的交易方式还在，他的这些个瓷器就能换来大堆用之不尽的财宝。他也曾私下里派人到杭州联络过罗龙文，只是，那时候罗龙文根本看不上宫里的一个秉笔太监。于是，孟冲便生气将杭州府的献贡上来的茶叶换了一半已经发霉的旧茶退了回去，说是不合宫里规矩，有意侮辱皇上。多亏了严嵩从中周旋，才算是保住了罗龙文的人头。

有了这一回，孟冲对严嵩和严世蕃也没有了好感，正郁郁生气。掩了京城的其他商贩，闻听是宫中之物，均怕杀头，一律不敢承接。正在孟冲一筹莫展之际，严府被抄，严嵩被贬谪，严世蕃更是惨，被充军。

于是，他觉得自己的机会来了。便委托自己相识的兵部官员打听一下充军人员名单。严世蕃是个精明透顶的人。当听说有人在打听他，便一口说自己家里的后院尚有一箱珠宝，若是能让他挖出来，定分给负责看押他的军曹们。严世蕃以为是京城的旧知前来搭救自己，感慨不已，想不到对方竟然问自己认识不认识宫里的孟公公。

严世蕃尚不知认识孟公公是好事还是坏事，心里牙一咬，说："孟公公是本官，不，是贱民的挚友，他的对食还是我给他推荐的呢！"

严世蕃的话倒是不假，当时是李芳要严世蕃从宫里挑的几个贤良淑德的宫女给他，严世蕃并不知道何意，后来，才知道，李芳原来是给他最好的几个干儿子一人赏赐了一个媳妇。所以，他说的并没有错。

严世蕃在奔赴充军的路上如此三番的算是联系上了孟冲，这一下算是翻了身，草鞋换了新布鞋，热水洗了脚，还有人送来了上好的酒菜。在太原府的郊外的一个驿站住了两晚以后，孟冲特派的锦衣卫便接他回到江西分宜老家。

不久，孟冲便借口到江西检察瓷器工匠的家谱更迭，到了江西分宜。

他的船只上运满了他多年积攒下来的珍贵瓷器。这些瓷器和景德镇的瓷器相比较来说，多了一道司礼监加盖大明嘉靖年号和批次。表示这些瓷器不是民间之物而是皇上专用，如此宝物，要是卖至日本，定得大财。所以，他把宝押在了严世蕃身上。

严世蕃没有让他失望，三个月后，第一批瓷器运出海，钱便送到了北京。数目自然是惊人的。

严世蕃通倭的线有九九八十一条。很快他就联系到只在海上漂流极少靠岸的海盗头目陆白头，此人年纪轻轻却一头白发，本来老实本分想作些买卖却屡屡吓走顾客，万般无奈作了强盗，想不到外貌效果奇好，便一直作了起来，而且还发了大笔的财。

自然，严世蕃是他最大的财源，因为严世蕃不但卖给他珍贵的物品，而且从来都连船也免费赠与他，只需要他找几个打手将船运到日本国，便会得到大笔的利润。

严世蕃很快便成了景德镇瓷器的最大的经销商，他富裕之后却不敢在分宜大肆张扬，想劝老父到另外的地方隐居起来，他连地点都选好了，就在南昌府附近的一个水库旁边，地基都打好了，严世蕃找来了一等的工匠绘好了图纸，让严嵩看一眼，严世蕃想，无论如何，不能让年已八旬的老父贫穷终老。但被严嵩一口拒绝，那幅精心绘描的亭台楼阁图也被严嵩一把撕碎，掷进火炉。

严世蕃只好自己在分宜附近的一个洪阳湖旁边建筑了一个别院，完全模仿京城的严府而建。

他往来奔波于分宜和洪阳湖之间，一半是孝子，一半是倭寇。

他的孝顺是真的，母亲死后，他更是深深体会父亲的孤独。不论过去的繁华还是充军途中的苦难，都没有使他恐惧过，但是，一想到父亲如果有一天不在人世，他就会感到深深的恐惧。想来，这么多年来，他的小聪明和大富贵都得自于父亲的庇护。除了杀人越货之外，他通常想不出对付别人的方法。

严世蕃的才华都用在喝酒、互相吹捧和作遵命的文章上了，但是作人却是小气得很。只要是他感觉不顺心或者不对眼的人，他通通都除之而后快，就连他老父亲最为喜欢的胡宗宪也差一点儿遭他的暗算。这一点，严世蕃至死也没有醒悟，他认为这也是他立身处世的聪明之处，顺他者昌，逆他者亡。

这种过高估计自己的人有一个好处，就是，很少对世事绝望。即使是在充军途中，一些根本无足轻重的士兵用脚踹他，给他吃发馊了的食物，他一点也不介意。仿佛，他是一个先知一样算定。过不久，有一个叫作孟冲的太监就会来救他，并给他安逸而舒适的未来供挥霍。但是，这样的性格也有一个弊病，那就是很容易招惹是非。

在他丝毫也不知情的情况下，他已经成为了一个炮竹，而点燃他这根炮竹的人离他极远，是兴国县新任的知县海瑞。

海瑞到兴国县上任以后作了两件事，第一，视察县学，看看这里的学风如何。第二，考察民情，看看这里的田耕如何。结果两件事均让他大失所望，更不用说县衙里的作风了。

他立即着手进行改革，考虑到实际情况，他没有完全照搬淳安的司职模式，而是稍宽厚了一些。各项开支一定是要节俭的，常例也停止，开荒种菜是他的老办法。县丞把驿馆的账目重新核算一下，驿馆不再接待来往过路的非公务的上司，更不用说是上司的亲属了。

种菜开荒的想法在县衙公布以后，两名县衙的差役当场辞职不作了，因为，家里有老人得病需要照顾。县城因为经济萧条，几家药铺和医馆均关了门，只剩下县衙里仵作张时珍开的医馆，结果县城里每天的病人都要在他的医馆门口排队一天，取到就诊号码，第二天才能去医治取药。

情形如此严峻，这大大出乎海瑞的预料。

让海瑞更为吃惊的是，兴国县城不远的潘家镇因为有几例瘟疫死了人，而导致全镇人举家外迁。海瑞赶到这个镇的时候，遇到外地来的小偷正在偷窃房屋上的梁木。这些人拉着巨大的木车，挨家挨户的拆房揭瓦，只拉房梁的柳木。

海瑞让差役把他们绑回了县衙，细细地问他们为什么只偷窃梁木。

他们的话让海瑞吃了一惊说："我们也不知道具体的原因，只是照着一帮强盗的要求去作的，我们家人都被他们捆绑了，若不听他们的吩咐，家人的命便不保了。"

官兵押着这几个人走到了潘家镇东头的一家客栈，客栈已经荒废了，只是有食物的香味从客栈里传出来，可以判断出尚有人居住。

客栈的院子很大，停了十多辆马车，车上毫无例外地全都装满了上好的木料，海瑞在排列整齐的马车前来回走了一下，每一栋房子若折下二十根可用的木椽的话，那么，这十辆马车上装的木料至少需要拆下五个村庄的房子。因为有的村庄的富裕的人家少，只有茅草屋，茅草屋是没有这么好的木椽的。海瑞吩咐县衙邢捕头带领二十名差役和官兵组成的治安队包围后院，并让被迫去拆房偷盗的几个农民敲门。

客栈后院通向一个草场，大约种着一些菜蔬和青草，供应客栈里的蔬菜和前来打尖的客人的马匹吃一些青草。这也是多数大明朝驿馆的惯例。草场应该有三五间茅草房，用来住客栈的服务人员和家属。

敲门以后，没有任何反应。邢捕头以为里面的人逃跑，作势要用脚踹开柴门。海瑞制止了，要那帮偷木椽的人继续敲门叫喊。那帮人像是得了命令，果然拼命叫喊起来："大老板，我们回来了，大老板。"

海瑞问他们："大老板？"

为首的一个老人说："他们个人长得凶，身上有佩刀，锋利得很，不让我们问话，我们只好叫大老板。"

话音未完，门开了，一个手持羊腿肉满脸黑炭的汉子出来了，因为穿着厚厚的棉衣，一时间也辨不清是官府还是土匪。要是土匪，见了官差自然是丢下肉就跑的，可是，开门的人见到海瑞和手持佩刀的几个县衙捕快，眼睛斜视了一下，理睬都不理睬，竟然对着敲门的农人们骂将起来："你们这群饭桶，是不是真的想吃你们孩子的肉啊，不老老实实地去干活，半晌午跑回来作什么？"

海瑞见他们如此猖狂，心里差不多猜出了一点端倪，可是又有些疑惑，若真是省城的差役，也应该由赣州府通知一下才是。兴国县距离省府虽然远一些，但是要从南昌府到赣州府，必须要经过兴国县驿馆，没有道理不通知的啊。

在内心里盘算了一下，海瑞的疑惑不但没减，反而增加了。他决定不论是谁，若没有勘合的公文，而胡作非为都要受他的当头一棒。

打定了主意，海瑞咳嗽了一声，问："你们因何事拆我潘家镇民房，这里一个小小的客栈竟然聚集十余马车的上等的江南水曲柳木，你们要运往哪里？若说不出合理的理由，休怪本官不客气。”

那个黑炭汉子抬起头看了一眼海瑞，大约海瑞的眼睛太毒了，他有些不敢正眼，连忙躲开海瑞的直视，表情却依旧不屑，说：“这件事情，我想你小小知县是管不了的，最好还是不问的好。”

海瑞听他们果然是受了上峰的暗旨，大为恼火。连忙问身边的县丞安进贤，说：“安县丞，最近县衙可有赣州府下来的关于到我潘家镇取木椽的公文？”

安县丞说：“公文倒是有几个，可是，这个公文却不曾有过。”

海瑞挥了一下手，说：“将他拿下。”

可是，那个黑炭汉子一听，连忙关了院门，跑了。

邢捕头这回遂了心愿，一脚将门踹开了，后院里的几个人竟然手持佩刀拉开了阵势，要和海瑞所带的人马决战。海瑞还没有经过这样的阵势，毕竟是文职官员，他吓得往后退了几步，说，弓箭手上来。差役中有一队弓箭手一直在后面跟着，此时虽然有些胆怯，但还是排成了一排，把弓箭搭在了弦上。

一共十一个人，为首的人是一个小胡子，他把刀举了一下，示意海瑞尽管放箭。

海瑞问：“既然你们手持密令，何不说出来，把本官吓倒？”

那些人闻听此言，彼此看了一眼，有些模棱，为首的小胡子说：“我们可没有说奉什么密令，我们……”

对方欲言又止，让海瑞说不出的恼火，他说，既然你有你的难言之隐，那么，本官只好秉法办事，来人啊，将这帮匪徒给我拿了。

一时间，弓箭手乱箭齐发，一群盗贼，慌乱中各自报着一个木板横竖遮挡，有将近一半的人腿上受了伤，然后，邢捕头一声呼喊，冲上去抓人。这倒出乎海瑞的意料，想不到兴国县衙还有勇敢之人，只见邢捕头手起刀落，在前面的一个小个子歹徒被他砍中屁股，鲜血直流，为首的小胡子，看一群乌合之众竟然真的动了手，而且还砍伤了自己的弟兄，一时间失去阵角，仓促之间，向后跑了几步，翻墙而去，只听得几声马嘶，跑远了。

邢捕头是一个爱刀的人，这次他看到了一柄刀非常之锋利，于是动了私念，想据为己有。果然如愿以偿，除了为首的小胡子逃跑外，死了四人，重伤一人，后也死去，五人遭生擒。

这五个人一开始一句话也不说，海瑞便让主簿给他们读《二十四孝经》或者是《祭父文》，让他们想念自己的家人。还别说，两个人当场落泪。

然后，一问三答，异常顺利。

答案竟然出乎海瑞和其他衙役的意料，这群人竟然真的是一群匪徒，受雇于省府的某个衙门，专门来到兴国县调查江南柳的种植区，最后确定了潘家镇是江南柳最好的产区，但因为近些年来天气干旱少雨，柳树均无成材，旧有的树也被老百姓用于房屋。

这群人便开始制造谣言，说是潘家镇有了瘟疫，并把一个瘟疫病人死后的样子在镇里的大街上抬过，惹得镇里的纷纷逃窜。这样，他们才有机会到镇子里和各村庄偷拆房屋窃取江南柳。

海瑞不听则已，一听拍案而起。他心想，若是官匪勾结，那么百姓定要遭殃。

他让邢捕头领着县卫所二十余名精兵带着被抓获的匪徒中的一人去南昌总督衙门，并给江西巡抚赵贞吉写书信一封，让邢捕头带上，帮助查出背后的指使人是谁。

赵贞吉是首辅徐阶的门生，在京城多次见过面。和海瑞颇能相谈，只是赵贞吉此人有一怪癖，喜欢手提一枝笔，走到哪里，有了心得便拿笔写在手上，所以，经常与人握手时手上的墨沾别人一手，而落得个好听的诨称：赵有墨。

此人不但手上有墨，腹中也墨水深沉，所以，每每与他在一起交谈，海瑞均感觉自己的才学浅薄，所以，在浙江淳安的四年，偶有机会，他会和南昌府知府赵贞吉通通书信，忆忆旧，并讨论一下阳明心学的心得，颇为相宜，虽然官衔相差甚多，但在阳明弟子来看，均是外衣，内心的丰厚才是最为重要。所以，海瑞才会给刚刚晋升了巡抚的赵贞吉写信，信中不但要求赵贞吉帮助探明偷盗兴国县江南柳的匪徒的幕后指使人，还请求赵贞吉帮助免去兴国一年的农田和林木税赋，以便他能让兴国闲置的土地盘活，从而可以为国家缴纳更多的税赋。

随着熟悉兴国县的旧制和现状的深入，海瑞弄清楚了部分富裕镇的田地空置的原因了。兴国是一个林木丰富的县，税赋一直较其他县域为重，在嘉靖三十五年之前，每年要上缴各种农田税赋金达八千三百余两白银；可是，到了嘉靖三十九年，因为内地饥荒，一些气候条件较好的农田税赋大涨，兴国县涨至九千两白银；海瑞上任之前的前任知县为了换取升职，凭空捏造兴国县许多子虚乌有的林田面积，以邀宠，上缴税银达一万两。如此繁荣的县域，自然是要升职的，可是，这位知县前任给海瑞留下了特别困窘的财税漏洞，

本来就没有的那些林田和农田的税赋自然要平摊到其他百姓身上，海瑞有一天没有吃饭，躲在县衙的档案室里看了一天的税赋名单。在潘家镇的一个农户家里，只有一亩田荆大牙家里竟然负担了五十九亩林田和二十亩农田的税赋，这简直让海瑞惊讶得说不出话。这个税赋的摊派说明了，这个农户不吃不喝地干上二十年，也还不清一年的税赋，这简直荒唐到没有人性的地步了。老百姓还不起税赋，连肚子也吃不饱，自然就远离家乡跑到另外的地方谋生，一旦村子里有一户人家在另外的地方找到了落脚点，便会写信告诉亲人和乡邻，于是才出现了很多乡镇的实际人口大幅不符实情。

海瑞到了兴国以后，开始安民，把税赋的欠款给免除了。实行丈量土地的方法，重新制定黄册制度。

海瑞给赣州府吴尧山的《申军门吴尧山便宜六事文》快递到赣州府以后，马上得到了批准。海瑞部分沿袭了自己在淳安的作法，继续廉政持县，亲民的政策陆续在兴国出台，引起了百姓的猜测和好评。

兴国县有一大部分农田曾经是军队的屯田，屯田制度在大明初年实行时还是得民心的，可是后来，军队不断地对与他们屯田相邻的民田进行侵占，最后累积到六百余亩。但是随着军队编制的不断减缩，屯田相当部分被荒废，甚至还有一部分被用来变卖作其他用途。海瑞决定把屯田废置，直接全部划作民用。为了提高民田的利用率，海瑞专门到人口密集度较高的南面的赣州府和北面的泰和县调研，和两个县的知县商议移民的策略和方案。这样作的好处，一则可缓解当地政府的民田分配不均，赋税均摊较高；二则解决人口密度过多造成的社会治安经常不好的现状。

海瑞的取消县衙常例让许多旧有的差役十分不适应，因此，在丈量田地的过程中，海瑞发现了新的里长和积极的年轻人就记下姓名年纪家庭住址，以备后用。后来，他开除了那些在哨所、县学等闲职上的纨绔子弟，然后补充一些能吃苦耐劳的底层民众进入县衙的各个部门。

海瑞清理税赋、丈量土地、重建黄册的过程每每亲自过问可能出现舞弊的细节和流程，要求参与的工作人员统统自带干粮、锅灶和咸菜，一律不准吃老百姓一粒米饭，违者必究。

海瑞执法为民且处处维护民生的作法很快在兴国县得到拥护和支持，不少逃亡到外地的兴国子民听说兴国来了海青天，纷纷奔走相告，从外地赶回到兴国，顿时，兴国出现了个百废待兴的大好局面。

正是在这个时候，江西巡抚赵贞吉的快递来了，他在信里谆谆地说：

刚峰兄大安。

今仓促便笺知会与你，是要提醒你，一定要小心地办理潘家镇的偷盗木材事件。据我猜测，此事匪徒胆子如此之大，行事如此荒唐，极有可能是司礼监派锦衣卫来江西找上好的江南柳。前些时日，我去京城，仿佛也听说皇上要修当今圣上的炼丹楼。这是前礼部尚书陶仲文临死之前告诉皇上的。在京城的东南方向有上好的江南水曲柳，最好是民间用过的，经过时间和虫子的噬咬，那些木料便有了生命，此时拆除后运到京城，细小的可用来作炼制丹药的炉柴，大的则可用来作炼丹楼的木材，炼制丹药的房子要防火，但是江南柳若是用水浸泡七七四十九天以后，以白石灰刷之，便可防火。所有这些，都是徐阁老的信函中提及的，徐阁老也来信问及我，问我有没有得到司礼监的通知，关于江南柳。我答复说没有。总督衙门和巡抚衙门均没有收到皇上下达的任何通知，我想一定是司礼监，而不是内阁在主持这件事情。关于内庭建设，尤其是西苑的建设，工部是不能自作主张的，一切事宜皆听从于司礼监，所以，此事在我没有弄清楚之前，你千万不可轻举妄动，以免惹了司礼监或者锦衣卫，那样就大事不妙了。

专此。有雅。即颂。赵贞吉。

海瑞接到信的时候又得到一个让他吃惊的消息，原来，被抓住的几个人中，有两个人逃了。海瑞布置人马沿途去追，发现，两个人不是往南昌府方向逃窜，而是往赣州府方向逃。

两个人大约作强盗作习惯了，在路边的一个小饭馆里，嫌弃饭馆老板的酒水里有米虫，便不付钱。结果，店家不让走，便动起手来。自然是把饭馆砸得个稀巴烂。正是这个时候，兴国县卫所的管营军官祝山赶到了，包围以后，用他们惯用的渔网网住了两个人，带回了兴国县衙。

这次给两个家伙上了锁链，两个人不得不说出自己的身份。

海瑞过来的时候，两个家伙正大声地骂海瑞。他们一直说着自己叔叔的名字：张鳌。

尽管海瑞为官清廉之至，但仍还是知道前几年在任的兵部尚书张鳌。既然这两位叫张鳌为叔叔，自然是他的侄子了。

既然是张鳌的侄子，那自然不是锦衣卫或者是司礼监的密旨，海瑞这样一想，反而放下心来。

他让人把两个人的绳索去了，赐了座，开始问他们。

可是两个倨傲而性格又匪气十足的家伙根本不屑于回答海瑞的任何问题，只是说他们的名字。一个叫作张豹，一个叫作张魁。

海瑞问："依大明律，造谣生事并致动乱者，杀无赦。你们两个不知死活，若不能说出合理的理由，我今天就可以报赣州府批准，动你二人的刑罚。还不快从实招来，省却一番皮肉之苦。”

张豹大声说：“别说是你一个小小的七品县令，就是那堂堂的赣州府知州吴尧山来了，我也照旧不理他。”

海瑞一听，并不急于反驳他们，而是示意旁边的差役把准备好的“思考凳”搬了出来，两个人一人一把，小声地对他们说：“对于犯法后仍然不服法的嫌犯，县衙里特地有一把这样的思考凳子供你们好好思考一下，来啊，伺候二位坐上。”

那是一种穷人经常吃饭时坐的小凳子，窄得很，且很矮，坐得时间久了就会腰酸背痛，海瑞只是让工匠们改了一下那小凳子的结构，在小凳子的两条腿上绑了一个粗绳，这样就等于把坐在凳子上的人固定成一个姿势，那时间久了，必然会受不了折磨。

张豹和张魁，一看那两把小凳子，当场就软了下来。同意回答海瑞的问话。

海瑞微笑着点头，心想，这样的纨绔子弟还对付不了，那么真的可以归家置田了。

海瑞问：“你们是如何散布谣言的？”

两个人被海瑞的问话弄得一愣，均装作很无辜的样子答：“小人没有散布谣言？”

海瑞说：“没有散布谣言？你们却敢在全镇人逃窜的第二天就进入病疫人家去偷梁木，难道不怕死于非命？”

张豹愣了一下，分辩说：“大人此言有失斯文，我们这些人全都穿了防病疫用的衣服，因为想获得一些木材糊口，有些兄弟家境贫寒，也就顾不得那么多了。”

“防病疫的衣服需要全都用丝绸吗？”海瑞拍了一下惊堂木，厉声喝斥。

两个人又是一阵子沉默。相互对视了一眼，找不到合适的理由来应答，只好垂下头来等着海瑞裁定。

海瑞看了一眼他们两个：“你们二人，所带领的人马中，只有两个布衣，其余九人皆着绸衣，你们可知，依大明律，无官衔者穿绸缎者，当罚板刑。尽管你们把绸缎衣服穿在里面，但这恰好暴露了你们事先有预谋地进入潘家镇。我初来兴国不久，便听说有疫情，可我查遍了兴国的方志档案，均不见记载过去有疫情出现，今年天气虽然干旱，但是现在是冬天，天寒地冻，根本不是疫情传播的季节。另外，让我很奇怪的是，既然潘家镇出现疫情，而旁边接壤的东林镇和西林镇无一人有疫病出现，甚至东林镇和西林镇中有亲戚在潘家镇的，也都没有听说疫情传播。所以，此次的潘家镇之疫情让我不得不怀疑。”

张豹说：“回大人，疫情传播得快，但过去得也快，所以，你的怀疑可能很快就被推翻的。”

海瑞没有理会他，继续说：“今天，就在午时过后不久，第一批被骗的潘家镇的居民已经回来了，他们走到半路被刚刚路过潘家镇的一拨陶瓷刻画匠追上，谈话时才知道，潘家镇的疫病中死去的第一个人名字叫作潘之乎，他是一个在泰和县官窑里作画匠。他并不是疫病而死，而是因为他在一组重要的瓷瓶上画了多幅春宫图，结果刻画匠并不知道这些，刻完后直接送窑，烧制完成后才发现潘之乎故意捣乱，泰和县衙闻听此事后，杖责了潘之乎，并送他回家养病，谁知半夜风寒而死。结果还没有到兴国县便被遣送的人扔在半路上。这才有了你们制造的一批疫病死去的人。”

张豹刚想说话，被一旁的张魁抢了去，只听张魁说：“海知县，你说这些都不过是猜测，没有证据也不能定我们的罪行。你还是快些把我们放了吧，那些木柴，我们还等着运回去交差呢？”

海瑞看此二人一副无赖相，要抵抗到底，正要继续举例，把他们的良知逼回到他们自己身上，然后自己认罪。这时县衙外有马铃声响和锣鼓声。传令的当值差役进入禀告说：“老爷，赣州府知府大人吴尧山到了，官轿已经落地了，还望知县大人外出迎接一下。

海瑞指了一下张豹和张魁二人，说：“将此二人，先带到后院的卫所牢房，看管起来，稍后我再审问。”

然后径直走到县衙侧院会客场所——档案楼前去迎接吴尧山。

一番寒暄后，海瑞单刀直入地说："大人莫非为了那张豹张魁二兄弟而来。"

吴尧山有些为难，面露羞涩的红，说："海大人初来，尚不知我赣州府的总体情况，前兵部尚书张鳌虽然闲居在南昌府，但他本是赣州府人，所以，屡屡对赣州府的事情多加了一些关心。此人不论退位后如何腐朽，但在兵部时也是一位爱国的热血人物。而且，他对我们赣州府有重大贡献，两座大桥都是因为他从兵部拨下银两才得修建，甚至还有其他无法具列琐碎事。有一年，我因科举受人诬谄，也是张鳌大人从中周旋，才保得我官复原职。所以，这次他专门致函给我，说起两个侄子的事情，我必须来和你说一下。"

海瑞便将张豹等人假托谎言惑众，然后趁机大肆拆毁民房，已经造成了不可估量的损失，等等情况，均向吴尧山仔细叙说了，并坚持要惩治张豹等一众人：这一次无论如何也不能轻易放过。

矛盾出现了。

吴尧山并不是一个势利的人，他十分明白海瑞坚持自己观点的原因：倘若如此行事者都得不到惩罚，那么，老百姓对大明律也就没有任何信赖度。所以，长此以往，国将不国。

吴尧山想了下，说："海大人，我先将张豹等人带走。以大明律，我也可以将嫌犯带到州衙门来直接审理。但你同时写信给江西巡抚赵贞吉和总督府吴百朋大人，告知他们此事，并要求省府衙门、州府衙门和县府衙门三级联审此案。这样的话，我既能挡住了张鳌的人情，也没有将此事私压下来。你觉得如何？"

海瑞应下，将张豹、张魁和其余几人均交由吴尧山带走，同时修书两封急递巡抚衙门和总督府，将张豹和张魁等人的罪状也写清楚了。

县衙里一阵喧哗，原来邢捕头将那名叫作张进的嫌犯交给赵贞吉之后，沿着河道回来，在潘家镇的下一站西林镇的码头附近探到了几个接受木材的船只，竟然运往北面的分宜。

邢捕头就顺便将为首的两个人抓了回来，尚未审问。

海瑞觉得事情有些蹊跷，木材装到这里，走大路到南昌府很快，为何要装船运到分宜呢？

他坐下来，询问两个负责接受木材的船只的负责人，谁知两个人一问三不知，只是说提前一个月就收到了三批钱财，只负责将九车江南柳运到分宜县码头，便算是完差。

海瑞一下子想到了严嵩：江西分宜，那里正是严嵩的老家。

他很警觉，连忙又修书一封给赵贞吉通报此事，可是信还没有写好，赵贞吉却已经派遣调查官前来。海瑞觉得此事非同小可，赵贞吉的参与定能帮助自己把张豹和张魁治服了，于是热情接待了前来询问的范几问一行。范几问果然人如其名，见到海瑞以后并不作揖表达寒暄之情，而是板起面孔来，连续几问。

自然是关于张豹和张魁拆房取木一事，听完海瑞的回答以后，他从袖中取出一密函递与海瑞，说："海大人，此案你停止跟进，接下来由我具体办理。"

海瑞本想质问为何，但想到自己还需要仔细审问装船运往分宜的嫌犯，便欣然应下。

海瑞为了查清楚在分宜县码头接收江南柳的人到底是不是严府的人，又派邢捕头带领一队人马乔装打扮以后，跟随抓住的送货船只去分宜。

海瑞在家里盘算赵贞吉派来的人审问的结果，万万没有想到的是，赵贞吉的特派专员范几问只用了一个时辰就调查清楚，他手持问询册，微微笑着，对海瑞说："海知县办事大约是个急性子，没有弄明白事端就已经派人将张豹和张魁二人抓了起来，我现在来告诉你，真实的情况是这样的，张豹张魁在潘家镇拆屋取木，罪行确凿，但是因为他们手持司礼监密令，不敢示人，所以才致使海知县你误会，如今，本官经过仔细地对照和查问，发现张豹和张魁除了运输江南柳之外，并没有趁机作其他非法的勾当，所以，他们二人虽然强行破坏民居，却仍然是用心当差而已。依大明律，此二人非但不能抓人，而且还要在适当的时候予以奖励。”

“奖励？”海瑞一时间有些无语，反诘了一句。

范几问说：“若是你执行一项皇差，明知违犯了某项道德规训，但是身为大明公职人员，又必须为朝廷尽力，所以，宁愿遭到老百姓的唾骂，也要去作，以履行好自己的本职工作，这样的人员，不应该奖励吗？”

海瑞被范几问愚昧而强词夺理的忠顺惊讶了，一时间找不到反驳的词语，一直咳嗽。

大约停了半柱香的功夫，海瑞停止了咳嗽，反问范几问说：“张豹和张魁若真是履行当今圣上的职责自然是好的，可是，皇上断不会让他们制造疫情来驱逐百姓的。这种只问结果而不择手段的作法和大明律宽于待民、严于律官的一向风格不合。”

范几问说：“这些责问你可以向司礼监、内阁，甚至是当今圣上来说，但和一个下等的执行人员无关，所以，本官已经决定赶往赣州府吴知府那里，直接将张豹张魁二人带走，并在南昌总督衙门那里放了他们，海知县以为如何？”

海瑞哼哼两声说：“下官自是不同意。”

范几问答：“那依大明律，你可以随同本官面见巡抚或是总督大人，阐明你的道理，再作裁定。而本官乃是代表巡抚大人而来，所以，你去南昌巡抚衙门也是无用，我劝你还是快些将张豹张魁二人的公文移交于我，让我快些去办理嫌犯释放手续。”

海瑞说：“依大明律，若县衙执行人员对上级裁定罪行有异议，可以暂时要求嫌犯留境，不得迁移。所以，下官可以以异于巡抚衙门的名义将张豹、张魁二人从赣州府追回，并待我调查清楚潘家镇的江南柳的全部运输分布情况以后，再作定夺。”

范几问一听，海瑞虽然声音不大，却字字咬在大明律上，一时无法批驳，只好一副笑脸说：“海知县，你只是想调查这江南柳的运输方向，其实不必以张豹、张魁突破口，张豹、张魁二人可不只是前兵部尚书张鳌的侄子这么简单，最重要的一点，是牵涉到皇上要重修西苑的上元殿，必须要用江南柳，皇上的卧床之所急需要用木料建筑，总不能等你海知县审完案子才能运输吧。至于，这张豹、张魁大胆包天，竟然敢散布谣言不费一金一银便取得大量的江南柳木的事情，司礼监及巡抚衙门均会处置的，届时，一定会把处置结果告知赣州府和兴国县衙，这样，你觉得妥当否？”

海瑞一听对方服软，一时间也找不到合适的理由再进行制止，只得心里祈祷派往分宜的人员快些赶回来，好给他提供更多的资料，以便判断接下来的事态发展。

范几问是个聪明的人，趁着海瑞愣神的工夫，已经将手里的勘合公文加盖了兴国知县的大印，然后上轿而去，连招呼都再懒得打。

海瑞连夜写加急的文书给内阁徐阁老，把当前的事情叙述得清晰简单，并全盘说出了自己的疑虑。他现在唯一担心的是此次江南柳的大规模被盗事件和江西分宜的严世蕃有关，因为，海瑞早就闻听到严世蕃自从回到老家以后，就开始频繁和倭寇接触，贸易往来也十分稠密。海瑞怀疑这些柳木明面上是献给皇上修筑宫殿，而实际上大半被严世蕃从分宜进入水路，运到了日本。

信写到一半，海瑞就又放下了，因为天一亮邢捕头就能回来，并带回准确的音信。到底有多少潘家镇的江南柳运到了江西分宜，是如何运到分宜的，到了分宜之后，他们又是如何储存这些木料并和倭寇交易的。等等问题，海瑞均想过了，只等着邢捕头来解惑。

结果天亮后邢捕头一直没有来，左等右等，不来，一直到下午的时候，才见到受伤了的邢捕头，原来他们一伙人跟踪运输船只，在半路上被一群倭寇袭击，幸好跑得快，才没有造成人员的亡故，然而邢捕头却因为在组织人员疏散时在最后面指挥而中了箭。

证据大概也不会有了，海瑞正要气馁地回到衙门等着范几问的处置结果通知呢。邢捕头却突然挣扎着坐起来，说：“老爷，我们虽然逃得仓惶，但是，我们后来又折回去，然后捉了一个倭寇，并把他也带了回来。在路上小人已经问明白了，这些江南柳大部分都拉到了分宜，原因是严世蕃要造一艘大船。那个倭寇也说不太清楚，一会儿说是严世蕃送给倭寇头目陆白头，一会儿又说是严世蕃自己逃亡用的。总之，并不是运往京城给万岁爷的。”

海瑞一听眼睛一亮，立即升堂，对抓住的倭寇进行审讯。这一审非同小可，像漆黑的幕布突然被拉开了一样，一台好戏已经上演了。

原来，严世蕃自从京城的府邸被查抄之后，对财产的存放非常小心，埋在不同的地方。可是，后来随着孟冲从皇宫里和景德镇弄过来越来越多的瓷器和丝绸，使得严世蕃赚了太多的钱，钱财无处可放。他于是想到把数十万白银装在一艘大船里，连同两个新纳的家眷一起，送到倭国日本，他自己也作好了随时去日本的打算。一旦有风吹草动，他提前备好的快船便会在他家不远处的一个严家专用的小码头启动，动身去日本。

而严世蕃都设计好了，一旦离开分宜，寻个码头也会被留守下来的人毁坏掉，使得后面的追兵也无船可用。一旦到了海上，那么，严世蕃就绝对自由了。

海瑞一想，吃惊不小，让衙门紧急备马，他要连夜赶往赣州府，把审讯来的笔录拿去吴尧山看，然后再和吴知府一起去巡抚衙门，找到赵贞吉说明情况。

第十五章 深入大案，世蕃伏诛

赣州府里一片忙乱，几个喊冤的农民在那里哭喊着要见吴大人，可是负责看守衙门的差役不予理会。海瑞赶到问了个究竟，才知道，吴尧山被总督吴百鹏和巡抚赵贞吉紧急召去，不再衙门署理公务。

海瑞只好又星夜兼程赶往南昌去见赵贞吉，路上屡屡遇到各县运往南昌的江南柳大车，押车的人依旧并不着官军的服饰，让海瑞疑惑。

海瑞半路的时候停下来，和一队拉木料的人马一起吃饭，间隙的时候问话，对方不理会他。他就问家常话，打听到这些木料是运往省城的，具体交给哪个衙门不详。

海瑞想问更多的话，发现有便衣的锦衣卫开始注意他，为了不影响自己的行程，海瑞便回到自己的马车里，快马加鞭赶到了南昌。

入夜的时候进入南昌，海瑞不敢停顿，在路边吃了一份馄饨，便急急地赶到了赵贞吉的府邸。通报后，赵贞吉跑出来迎接，好一番亲热与寒暄。

海瑞问：“赵大人，下官匆忙赶来，实在是有紧要事相禀报。”

赵贞吉一边往里迎海瑞，一边客气地答："刚峰兄有何事匆忙，不急，到厅房用了茶再说。"

海瑞又说："我怀疑这一次朝廷用柳木修葺上元殿是假，而严世蕃搜罗江南柳造船是真。"

赵贞吉答："刚锋兄过虑了，昨天司礼监秉笔太监孟冲已经抵达巡抚衙门，来南昌清点江南柳的数量。"

海瑞说："那下官有问询笔录供您一看。"说完，将随身带着的审问倭寇的问答记录给了赵贞吉。

赵贞吉看了以后，哈哈一笑，说："不足信也，不足信也。昨天孟冲一到南昌府就说要到分宜去看看船造好了没有，仿佛是司礼监委托分宜的严世蕃造一艘船只，好用于京城里皇宫到西苑的交通运输。孟冲也私下里说了，主要是皇上有游月的爱好，司礼监想借此船邀功。"

海瑞被赵贞吉的话弄得一愣，继而又问："造一艘船只需要用江南柳多少棵？"

赵贞吉说："这倒是个难题，你先坐下喝茶，我叫师爷过来，他们家以前是作木船的。"

吃完茶后，师爷过来了，回答海瑞说："造一大船需要用木料三百方到八百方不等，大约需要五百棵树。"

海瑞说："我听说运往江西分宜的木料有五百辆车，而一辆车少装二十棵树木或旧梁椽，多则装三十棵。如此数以三十倍的江南柳运输到分宜，我觉得有问题。"

赵贞吉说："这一点，锦衣卫负责办理木料押运的头目李彻也透露了一些信息过来，说是皇上在西苑常常想念严嵩严阁老，派了锦衣卫来到江西监视严阁老的一举一动，发现严阁老回到老家以后，简朴之至。皇上动了恻隐之心，吩咐司礼监要给严阁老送一些木料过去，帮助严嵩在分宜重新建一个府邸，要和京城被查抄的严府一模一样。才有如此大的动作。"

海瑞仿佛从赵贞吉的话听出来了漏洞，等赵贞吉说完以后，海瑞说："赵大人，你不觉得，皇上私下里派司礼监行事，而根本不让总督衙门和巡抚衙门知道，这有些不合情理啊。我觉得其中一定有诈。”

“其中有诈？”赵贞吉被海瑞的疑问逗笑了，又说：“刚锋兄在县里办事情大约事无巨细，均要过问，可你并不熟悉朝廷作事的风格，其实朝廷经常这样行事的，这是因为分工的明确，以及为了保密的需求。比如朝廷要抓某个大臣阁员，下午要动手抓人，但在动手的前一刻才会突然公布此人是谁？”

赵贞吉的话让海瑞吃了一惊，或许真有可能朝廷就是如此办差的。但一想到邢捕头抓到的倭寇的话，他马上打定了主意，觉得，也有一种可能是真的，那就是司礼监被严世蕃给买通了，所以，不论从司礼监发出什么样的通知，都有可能和严世蕃有关系。

海瑞将自己审问倭寇的笔录递给了赵贞吉说：“大人，本案一开始，下官只是单纯地以为张豹和张魁二人的贪财欺人，但到了此时，下官已经认定是从宫中开始的一场有预谋的非法盗取江南柳的活动。也就是说，上面有一拨人利用张豹、张魁非法盗取江南柳作为了主线索，吸引官府的注意力，而私下里，却是在帮助严世蕃转移自己的财产。当然，这只是下官的猜测，因为并未赴分宜作具体的调查，为此复杂的案情下结论为时尚早。”

赵贞吉看完笔录以后，有些激动，将笔录重重地摔在案几上，站起来，把剩余的茶一口喝掉，一句话也不说，在厅堂里来来回回地走动了几次，突然又坐下来了，大声说：“来人啊，备两台轿，我和海大人去总督府。”

从后门出来，只需要走一里就是总督府的后门，所以，这条小街道就是非常有名的后门街。一条街上有巡抚衙门和总督衙门的后门，这充满了讽刺意义。

江西府总督吴百朋正在会客，吴百朋听说是海瑞来了，连忙出来相迎。海瑞这才知道，自己虽然只是在江西的一个穷县作县令，却早因在淳安的事迹而名闻天下。

客人刚刚离去，赵贞吉看到了轿子，问吴百朋：“大人刚才和孟公公在说话。”

吴百朋点了点头说："孟公公这次是奉皇上密旨办事，所以，有些事可能不一定会符合大明律法，所以，他先和我这里打了招呼，我正要找你商议，要不要下一个通牒，凡是孟公公手下的锦衣卫所到之处，一律由锦衣卫节制。若不节制，怕具体到州府衙门有慢待，惹到孟公公不悦，若是真的要求各州府县衙全都受锦衣卫的节制，我恐怕到时候有个别锦衣卫胡来，出了乱子，责任还是由我们来承担。正好你来，我们好好商议一下才是。"

赵贞吉说："海知县这一次带来了一个特殊的情况，你先看一下。"说完，他递上了笔录。

吴百朋取了身边的水磨镜，细细看完了。取过旁边架子上的水烟抽了一口，呛着了，咳嗽不止。很长时间，一句话不说。

赵贞吉和海瑞在旁边直直地站着，等着吴百朋回话，吴百朋又抽了两口水烟，这一次没有咳嗽，却仍旧一言不发。

赵贞吉忍不住了，问："吴大人，这事到目前来看已经有三种可能，而且，我以为海知县的说法也极有可能。"

吴百朋又抽了两口水烟，坐在一侧悄悄地自言自语了两句，依旧紧闭着嘴巴。

赵贞吉接着说："吴大人，我们之前一直接到的旨意是司礼监孟公公下传的。可是，具体执行的却是锦衣卫及张豹、张魁，结果，张豹和张魁就出现了事故，在赣州府的泰和县就弄出了人命案。不久，又佯造疫病的谣言，导致兴国县境内的潘家镇人去宅空。可是，司礼监很快又传来官密旨，说是潘家镇的梁木是整个江南最好的江南柳产地，而且用过五年以上的梁木是最好的梁木，是圣上点名要的。于是一场大案就此被遮蔽。这件事情当时我是很疑惑的，当朝圣上虽然不理朝政久矣，但是却是一个爱惜人才爱惜百姓的皇帝，每一年总督衙门和巡抚衙门及布政司和其他衙门都会收到一帖皇上一年十二月的饮食及衣物记录，是皇上自己要求下颁的文牒，这个帖子中细致列举了圣上一年的简朴生活，就连每一次奢侈的祭祀都会要求事后将祭祀用品分发给宫女太监。这样的皇帝如何可能不顾百姓的生死，允许下属去假传疫情导致百姓离家迁徙而不聊其生呢？及至有人来报说部分木料运输至分宜，我就更是怀疑，因为严世蕃刚刚回到分宜不到一年，正是需要大肆建筑的时候，想不到，这个时候司礼监又来密旨，说是皇上每每忆念旧情，由皇宫出钱，给已经退职在家的严嵩重修一个和京城一模一样的宅子。这种种迹象均让我感到疑惑，若是此时真想调查清楚真相，我觉得，可借海知县的耿介一用，由他和吴尧山调查潘家镇的谣言散布原因，并由此打开整个事件的"门锁"，若将潘家镇的事件公布与世，那么，此事必将在朝廷掀起大波浪，由此便可将张豹和张魁扣押下来。这样就可以让前任兵部尚书张鏊出动，让司礼监的密旨顾得了东而顾不了西。这个时候，吴大人便出来和孟公公一起执行司礼监的密旨，表面执行，暗地吴大人可以吩咐提刑司衙门将案犯张豹和张魁转移至偏远的州府。而且这也是我们的惯例，怕朝中阁员说情，将涉及多起重大事件的案犯转移了。这个时候，海知县也同时从分宜回来，调查清楚严世蕃的行踪了，便可以进京将所调查的前前后后的情形，全部告知首辅大臣徐阶徐阁老和次辅高拱高阁老。如此这般折腾一番，严世蕃便可彻底根除矣。"

吴百朋又一次站起来走了两个来回，坐下来抽了一口烟，突然大声咳嗽起来，说了一句话："赵大人所言极是。"便回到后堂装烟丝去了。

过了一会儿又出来，又说了同一句话："赵大人所言极是。"然后，将海瑞的那个记录册页随手卷了起来，放在烛火上点着了，然后将火种传递给水烟，终于点着了，放在桌几上。坐了下来，看着海瑞说："你怀疑一切都是严世蕃策划的？"

海瑞点点头，说："卑职只是猜测，并无十分的把握。"

吴百朋说："我看你已经有十分的把握了，你去分宜吧，让赵大人给你勘合可以调兵遣将的公文，并选六个身手不错的随从与你，你去吧。"

半个月后，海瑞带着厚厚一叠记录册和证据回到南昌巡抚衙门。赵贞吉在门外迎接他，第一句话竟然是："张豹和张魁已经被放了，因为张豹和张魁的叔父张鏊搬动了高拱高阁老，阁老写了一封加急的函，说是罚金，补偿他们所犯的罪行。”

海瑞一惊，把手中的一叠纸文扔到地上，说：“这些记录多数需要张魁和张豹二人重新核对后，方能作针对严世蕃的证据，若是无此二人的手印，这些公文和记录均是废纸。”

赵贞吉说：“刚峰兄，我这里有一封密函，你携带了去，连夜奔赴京城吧。”

海瑞有些不明白：“到京城？去找徐阁老吗？”

赵贞吉说：“是啊。高拱高阁老帮张氏兄弟一事，我相信一定是不得已而为之，也就是说，一定是之前高阁老有把柄在别人的手里，他不得不伸出手求援一下，以示回报。若这个时候不论有任何外力，他是不会再继续干预的。而且，既然你坚持认为张豹、张魁二兄弟在此案中起到了承接上下和左右的重要作用，所以，我劝你还是赶快去一趟京城，一则可以探听到内阁及工部为皇上重修上元殿的花费及所需木材数量，再则你也可以将这里的详情，当面细述于徐阁老那里，看看他有何妙方，一一化解目前江西之毒。”

十天后，海瑞骑驿站快马到了京城，然而一进客栈，刚要洗脸时，却被一队锦衣卫闯入房间，这些人问明了海瑞的身份，二话不说，绑了他，便把他押入牢车，带到了东厂。

原来海瑞带着总督衙门的暗访分宜严世蕃的事情早已经被锦衣卫跟踪，及至海瑞到了京师，便动了手。一个知县，对于锦衣卫来说，本就不无足轻重。他们搜去了海瑞身上的所有细软及文牒，然后将海瑞押入到一个黑屋里。

正当海瑞绝望透顶的时候，一个锦衣卫偷偷地把一封信和一些软软的文牒又塞回到了海瑞，他小声地说：“海大人不必惊慌，我是徐阁老的人，我看到你随身携带的赵贞吉大人写给徐阁老的信，你放心好了，这里有不少是阳明心学会的人，我们会保证你的安全的。”

听到这样的安慰，尽管仍然被捆绑着，海瑞那颗飘浮驿动的心也一下子平息了。觉得身体里的暖意渐渐上来，神智也清醒了不少。

第二天，囚房里又抓了一个犯人，昨天那个负责抓人的锦衣卫今天竟然是当班的头目，众多的人都喊他五爷，他进来看海瑞，在海瑞的屁股后面拍了一下，说：“我说这个房屋这么臭啊，原来是昨天晚上吓得拉在裤子里了，哈哈哈。”

他的话刚完，跟随的锦衣卫便笑得东歪西倒的。

接着这个被称作五爷的锦衣卫头目又问海瑞：“你犯了什么事被关在这里啊？”

海瑞一下子愣住了，不知道该如何回答，看着他，他一直使眼色，目光朝向门外，门外有什么，除了人，还有一个轿子。

海瑞心想，豁出去了，就试一下吧。于是大着胆子说：“本人是从下面来的七品官，刚到京城，不懂京城的坐轿规矩，却坐了三品大员的轿子，乱了官制威严才被抓进来的。”

那个人果然面露喜色，说：“原来是这样啊，来人啊，将此人拖出去。牢房已满，将这些不懂得规矩的人赶出去。”

这样，海瑞才有惊无险地从东厂的牢房里逃了出来。东厂的牢房里向来是有进无出，真正从这个院子里出来的人，堪比神仙。

所以，东厂门外一排房子全是卖神仙服的店铺。

有一个裁缝看着海瑞从牢房里出来，而且破破烂烂的衣服不换，直往闹市区走，叹息着说：“有些神仙看来是不讲究衣服的。”

海瑞刚刚走出东厂数十步，迎面就来了一顶官轿，轿上下来一个人，笑眯眯地站着，手持一身干净的衣服挡住去路。那人快步迎上，大声喊：“刚峰兄，你受苦了。”

海瑞一愣，哈哈大笑，原来是蓄了须的王用汲。王用汲半年前刚刚调任刑部主事，每天都能接到东西两厂的快报，结果，昨天晚上的快报竟然写着抓到江西赣州府兴国知县海瑞，他吃一惊。连忙连夜跑到内阁找到了徐阁老。徐阁老告知了主管东厂的秉笔太监陈洪，这才把海瑞给放了。

随王用汲去多年前一同吃过饭住宿过的学子居，发现一切竟然未变，一时间感慨万千。

海瑞对王用汲说："当年就是在这里，我和东壁兄救了王翠翘和另外一名宫女。"

王用汲附和着说："王翠翘，噢，红颜命薄。"

吃完饭，喝完茶以后，去裕王府拜见徐阁老。这也是徐阁老特地交待好的，徐阶很看重海瑞，却又因为海瑞只是举人出身，而又无任何荫袭官位，一时间无法置于重任。特地安排他来见一下太子裕王，也是想让海瑞能获得一个皇家的好印象，便于以后对他进行提携时不作过多的口舌之解。

然而，大约是茶有些凉，喝坏了肚子，一进裕王府，海瑞就觉得腹中不适。他很为难地对王用汲说明此事，实在是忍不住，必须解决此尴尬。王用汲无奈，只好在一侧的回廊等他，并嘱咐王府的小厮带领海瑞进入西院的花园里方便。

海瑞方便完毕之后，出来直行，遇到一岔路口便朝着一个葡萄架方向走去，谁知走错了方向，走到花园的角落里，正遇到两个紧紧拥抱在一起的身影。

海瑞暗笑，想着是王府的丫环和小厮们偷情，便咳嗽了一声，想穿过他们所在的小径往右拐，结果，走到那两人身边的时候，发现，路没有了，走到了尽头，高高的栅栏把花园隔开了，必须往回走才行。

借着月光，海瑞看到了那名男子的模样，有些英俊，和王用汲年纪肖似，大约是刚留了须，显得浓密。仿佛是一个认识的人，只朦胧的一眼，海瑞便觉得是熟人。但光线的确有些暗，海瑞便停在那里。海瑞想问一下路，又咳嗽了一声，想着打扰人家花前月下，并不合适，于是硬着头就往外走，只听得这个时候，黑影中的一个女子的身影朝花丛中走去，剩下的男子叫了一声："刚峰兄。"

海瑞停了下来，有些吃惊，想在王府里偷情，却又敢叫我的名字，这人是谁。

他站住脚，等着那人走近，不由得大吃一惊，竟然是张居正。

张居正衣衫有些不整，他有些尴尬，呵呵一笑，说："刚峰兄好久不见，你怎么会来到此处？”

海瑞说：“原来是张大人，真是歉意得很，我是陪王用汲贤弟来裕王这里拜见一下裕王和徐阁老，想不到，晚饭时吃坏了肚子，才来这里解决溺事。谁知出来后竟然走岔了路。”

张居正见海瑞不说，便感激地指着前面的方向说：“直行，右拐就好了。走吧，我为你带路。”

见到裕王时，王妃也在。

海瑞纳头拜见，徐阁老在一旁作解释，说：“此人虽然是举人出身，却颇有阳明心学的造诣，为人耿直，两袖清风，是个造福百姓的好官。”

裕王一边让海瑞起身，一边笑着说：“在官报中很早就知道刚峰先生的名字，只是今日才得见，果然是一副刚健的模样。本王总听徐阁老谈起你，知你一直辛劳在底层，初次见面，也无贵重物品赏赐，就赏一御笔与你吧。这枝笔虽然看起来普通，却是父皇送给我的，是我初习字时父皇自己动手制作的。所以，很有意义。父皇是希望我写字能端正大方，制作时笔锋很硬，这正对应了你的刚峰二字。我希望送给你，你用此笔批文写函，多为百姓办事，就对得起朝廷了。”

裕王容貌偏于书生，说话也是一个书生，但感情充沛，让海瑞感动之至。接过笔后，徐阁老说海瑞可是有一笔好字。

于是，裕王便让下人铺了毡和纸，让海瑞写字。裕王妃李氏也凑近了过来，王妃已经身怀六甲，但她衣裙上有一片花瓣，这引起了海瑞的注意。那花瓣该不会是刚才在花园里沾染上的吧。

他的手一抖，手中的字虚了一下。便连忙作废了。

裕王便夸海瑞有君子之风，很是谦虚。

如此这番便过了亥时，海瑞、徐阶、张居正各自献了墨宝。又一番品评之后，方算尽兴。

正要离开的时候，裕王妃却突然叫住了海瑞，她仔细地打量了海瑞，然后命丫环呈上她送的礼物。是一个锦盒。

众人皆惊奇。张居正在一旁站着，用目光探询原由。裕王妃低头笑了下，说："二十年前，哀家有难，从京城出逃，当时年幼，被一赶考的举子救下。我看到海大人，忽然感觉亲切。觉得内心里有一些暖暖的。仿佛有一种神兆，告诉我，眼前的这个人有恩于我。可是，时间太久了，我已经模糊了救我的那位赶考举子的模样，我当时保留了一份救我的人写的书信。现在，看到海知县的书法，便断定了，当年，在京城救下哀家的，就是海知县。这么多年来，我一直有心寻找一下当年给我银两，助我离开京城的恩公，如今，是上天眷顾，恩人竟然送上门来，所以，这次我无论如何也要报答一下。所送的这块玉佩，是哀家第一次进宫时，得裕王赏识，进坤宁宫见皇后时，皇后所馈赠的一枚保命玉佩。当时，皇后很担心我年纪过大，进宫很晚，有诸多不合规矩的地方，所以才送给我保命用的，一转眼，我已经进宫十年了，得裕王百般恩宠，也已经适应了王府的生活。保命自然是不用了，所以，我就转送给海知县，此玉佩是皇家之物，上刻有保命二字，相信以后会给海知县带来吉祥和如意。"

裕王和在场的徐阶、张居正、王用汲听闻此事，一时间面露惊喜，裕王哈哈地笑出声来："这段经历，二十年来，小雅你一直埋在心底，无数次对我欲言又止，今日得见救命恩人，终于畅怀而谈，真是令我心生欢喜，欢喜之至也。"

徐阶也眼含泪花说："老臣久居内阁之中，极少到市井中去，已经老朽。极少被感动了，今天，不知是怎的，老臣被王妃的诚意感动了。同时也诚挚地感激海知县，在自己还是一名浑身赤贫的赶考举子时帮助了王妃。实在是好啊，好。"

张居正也面露喜色，附和徐阶说："是啊，心愿了却，总是诚心所致。这些年来，王妃心中的郁积今天得以释放，微臣也是恭贺之至。"张居正说话的时候眼睛直盯着裕王妃，直到王妃礼貌地向他点头答谢，才结束。

从王府里出来，又到了王府旁边的一个阳明心学弟子经常聚会的茶楼，在一个厢房里坐下了。

海瑞便将兴国境内潘家镇开始，到分宜严世蕃重修严府，又到司礼监孟冲亲临江西府督促皇上用江南柳的事情，前前后后逐个细节不落地说了一遍。最后海瑞说出了自己的判断："徐阁老，我现在只是怀疑三件事情，第一，皇上是不是要重修上元殿，而重修上元殿是不是非要从江西兴国县取木材。第二件就是，我怀疑司礼监的秉笔太监孟冲收受了严世蕃的大礼，现在以司礼监或是宫中的名义运输甚至非法所取的江南柳树均是严世蕃要用的。"

海瑞的声音有些哑，徐阁老打断了他，示意他喝茶。

海瑞停顿了一会儿，又继续补充他的第三点疑虑："第三件事情是高阁老为何一直护着张豹、张魁二兄弟，我和赵贞吉抚台商议过，但一直认为高阁老可能只是碍于曾经和张鳌的旧情谊。可是后来，我们又否定了这一想法，因为若只是旧情谊，张豹和张魁的犯罪情节可谓重大，高阁老是不会在知情的情况下仍然命令江西总督府放人的。而且，关于我县辖潘家镇的疫病传播情形，我已经往吴百朋大人和赵贞吉大人那里写过了详察报告，并将此报告上禀了内阁。疫病自然是假的，负责拆毁民房的张豹和张魁二人更是无任何经过兴国县衙勘合的任何公文。当我第一次审讯时，他极其不屑地说了一句，这事不是你能问的，仿佛，只是上峰有人需要就可以胡作非为，如此嚣张之徒，若不管治和处罚，何以得民心？况且，他们的所作所为也与大明律法不合。但是，正是在案件调查关键的时候，因为高阁老的干涉，对张豹和张魁二人各罚金五百两了事。"

徐阶插针问海瑞："海知县说得很好，这一点内阁支持你的想法，也会派人查清楚疫病传播危害百姓的具体细节，并处罚相关官员。但是，我听你说到司礼监孟公公之事，我提醒你一句，若非情节恶劣而且证据铁，你最好避开此事，孟公公是掌印太监李芳最喜欢的一个干儿子，此人作事果断狠毒，极其孝顺李公公。别说是他们是一心为皇上建筑上元殿的工事，即使是他们在过程有所贪墨，那也只能是皇上才能处罚他们。其他官员均不得说破，因为，他们是没有家的，他们一辈子都在皇宫里，贪墨再多也带不出皇宫，所以，他们的任何行为，几乎都是皇上的旨意。若是你们不小心开罪了他，我担心孟公公从中阻碍你们办案，反而坏事。”

海瑞听懂徐阶的意思了，他知道，徐阶也是爱护他，给他提个醒，相当于让他绕路走，而不要自寻苦恼。但是，若真的孟冲和严世蕃勾结呢？这样想着，海瑞便把疑问又说出：“徐阁老的提醒我也曾考虑过，但并没有这么仔细地考虑过利害关系，所以，弟子十分感谢。只是，有一个情况我们还没有完全掌握证据，这次，我若回去，便可证实的，就是严世蕃借助于皇上重修上元殿之际，从孟冲那里调拨了大批的木材，其实，他是为了打造一艘大船，将自己的私有财产全部运往日本。此案若不及时清理和追究，那么，严世蕃不但会将自己的财产转移，甚至他本人以后还会凭着熟悉我大明律法及固有的官僚联系，再回来扮演倭寇的角色，到那时候，我们不但白白养了一个贪腐异常的通倭罪人，还会把沿海百姓的富裕安定的生活给葬送掉。如今下官已经拿下了此案能证实严世蕃的关键证人，若是再审下去，就会牵涉司礼监，而司礼监背后站着皇上，接下来该如何办，还望徐阁老明确示下。”

徐阶沉吟了片刻，将茶杯中的水倒入旁边的一盆文竹里，站起身来走动了一下，忽然问海瑞：“若不能避开司礼监，此案便办不下去，别说是你办不下去，就是他吴百朋也办不下去，你有没有办法将此案所涉的面扩大，譬如除了严世蕃和司礼监，再扩大一些，到州府衙门，到省布政使司或者按察使司衙门。这个时候，你俱以详细上书朝廷，这个时候，内阁将以三法司的名义重审此案，便可以既惩处严世蕃又避开司礼监和皇上。”

海瑞连忙站起来答话：“徐阁老，时间不够。要想把事态扩大则必须再细致作调查，而严世蕃已经开始铸造船只，那些个能工巧匠们，只需月余的时间便可造出一艘大船来，若是人手更多，一个月可以造出两艘大船来，而等到我们把事态扩大，上报朝廷，严世蕃恐怕已经跑了。”

徐阶又来回走了两步，转回头来，说：“司礼监是胡闹了一些，尤其是最近这两年，几个秉笔太监各有自己的势力，每每以皇上的名义作些出格的事情。这样吧，你先回去照你的计划行事，我和李芳李公公沟通一下，看看李公公的态度。”

停顿了一下，徐阶又接着说："你们可能不知道，皇上有时候明知道司礼监的太监们犯了事，却处理外臣，原因是整个大明朝的户部就在司礼监这里，这些太监们平时除了正常侍候皇上诸事，还要作统计员，着实辛苦。而且李公公是个忠心耿耿的人，皇上偶尔也要维护一下他们，才能给他们这些侍候人的奴才树立威信。上次，严世蕃杀了秉笔太监冯保的一个书法老师，冯保便故意丢失了严阁老的一阙青词的存稿，惹得皇上很不高兴。最终以严世蕃赔给冯保一座外宅才算了结。此次的事件，孟冲所要办理的木材的确是皇上需要的，至于他们在此过程中如何的祸害百姓，我担心李公公知道此事，若是他知道此事而不报皇上知道，那么，也就意味着，你们以后有关此案的所有呈报都到不了皇上手里。唯一的方法是议事的时候由我直接呈报给皇上，而皇上依旧会依赖东西两厂下去调查，结果极有可能会作伪证而让海知县你下狱，到那个时候就会很被动。所以，我刚才思虑了一下，你还是只能避开孟冲孟公公这一边，直接查证严世蕃，首先要查证严世蕃是不是具备给司礼监内务府办理木材的资格，其次要查证严世蕃在办理木材的时候是不是存在侵吞皇家财物的现象，一旦证实有此事，便可呈总督府，并要求吴百朋抓人。"

讨论完江西兴国的诸事繁杂，又讨论了一下最近京城的心学活动，由张居正介绍具体的活动情况及主题。张居正不知道怎么的就转到了现行黄册制度及税赋制度的败落上面。他特地问海瑞诸多问题，他早听说海瑞在淳安任上就有过重新制定黄册的经历，并和海瑞探讨了在黄册稳定后，均田和税赋的征集工作，以及如何针对富庶的百姓进行多税合一的作法。

海瑞一一作答，毫不保留地将自己在淳安和兴国所作的关于基层桑农田的试验作法和取得的非常喜人的成果娓娓道来。因为此作法减轻了土地少的农民的劳役和部分税赋，尤其是重新制作黄册，使得一些少报人口的大户得到了惩罚，而重新丈量田地，又使得一些瞒报土地的大户增加了税赋。此作法在浙江严州府实行时，受到了很多阻碍，庞尚鹏在淳安以外的几个县推广均失败。

张居正很是认真地对海瑞所做的实践以及失败的教训做了记录，探讨至深夜，仍意犹未尽，并相约时间，张居正说要抽时间到江西赣州府去实地查看海瑞的“一条鞭法”的实践。

张居正说：“将来要再实行的时候，还可以将过去的两种税合一，不管是劳力还是田税，均可以以白银的方式来交纳，这样就可以节省很多人力物力，而所有节省的人力物力又可以用于增加生产上，如此良性循环，将会对社会生产起到积极的作用。”

海瑞有些疑惑地问他：“有些老百姓的脑筋可能会比较慢，他们更喜欢用本色赋，有粮还是愿意交纳粮食。不愿意换成白银再交。”

张居正说：“这容易得很，交纳粮食就需要多交一点点，而交现银就可以少交一点，只消一年的时间，本色赋就会慢慢式微。”

海瑞听来很有道理，并和张居正说，回到兴国就着手校验践行此事。

海瑞回到南昌巡抚衙门，见赵贞吉，将在京城的所遇一一转述。赵贞吉听完，眉头不由锁了起来，说：“恩师作了首辅，胆子却小了起来，这真得让人疑惑啊。”

海瑞说：“阁老说让我们办案时避开司礼监，我觉得只有重新审理那被邢捕头抓获的倭寇了，然后，我们再将张豹和张魁带回衙门重新问话，把严世蕃参与截取皇上的建筑用木料的事实证据搜罗充分了，一旦此事成立，那么，司礼监自然就要承担一定的责任，而这个时候，我们的矛头并没有直接对准司礼监办案，锦衣卫并不注意我们，取证及递送京师都会顺利，只要我们的案情实录交给徐阁老，那么，他自会有办法法办严世蕃的。”

一番商议之后，赵贞吉和海瑞将案情又重新分析了一下，确定了下一步的动作。

一场大雪将新年的气氛带来，由于寒冷冻死在野外的动物成了一些村民的荤菜。

海瑞又一次返回到兴国县潘家镇来调查取证，然而这一次，当他来到潘家镇的时候，发现，镇里面竟然有一支朝廷派来的医生队伍，专门对留守的不多的十几户老弱病残施药和救济。锦衣卫将一名在房间里死去的中年男子抬到村子外面深埋了。太医院的几个老医生认定，潘家镇有传染源，却一直还没有找到，现在的十几户人家中，尚有三名卧病在床的老者感染了这种难以医治的疫病，需要隔离起来。

锦衣卫用几顶轿子将得了疫病的三名病患抬走了，海瑞赶到的时候，赵贞吉正在一旁的雪地里找寻一些脚印的去处。

锦衣卫听到兴国知县海瑞到了，立即向海瑞宣了旨意，并将海瑞的官帽摘下了，锁了锁链，说海瑞明知潘家镇有疫病发生，却隐瞒不报，酿成疫病传染，数百名无辜平民染病死亡。

赣州府知府吴尧山站出来，本想为海瑞辩解，被赵贞吉制止了。赵贞吉小声对吴尧山说："想救海汝贤，必须恩师出面才行。"

嘉靖四十三年是甲子年，每六十四年一甲子，必逢大灾。这一年春天，黄河流域发大水，淹没了下游的十数个州县，灾民中有一些不安定的人作了强盗，食人肉，抢劫官府的事情时有发生。

而一直富庶的江南地区发生了农民起义，尤其以反抗朝廷的盐税为主要。紧急情况，内阁首辅徐阶和内阁大学士高拱以及新任吏部侍郎张居正均在紧急的状态下奔赴各受灾或者起义的县衙门前去作安抚工作。张居正被派往江南去协助地方政府镇压农民起义。

三月，张居正抵达江西总督衙门，见到吴百朋和赵贞吉，听到海瑞已经被锦衣卫羁押在总督衙门后，连忙密函致远在河南的高拱和在山东的徐阶，详细地说明海瑞的罪责，并恳请两位阁老无论如何要给海瑞松绑。与此同时，张居正在赵贞吉的陪同下调查了潘家镇的疫病情况，发现，太医院的医生竟然是孟冲安排的几个假太医，只有一名医生来自皇宫，而且是偷偷溜出来的，而关于疫病的真相自然也是假的。

张居正依此将海瑞释放，并用快函向司礼监和内阁均发了急文，通告了孟冲在下面陷害地方官员的情形。

李芳本来是想维护一下孟冲的，怎奈，张居正聪明之至，除了急发内阁和司礼监之外，还给裕王发了一加急密函。

裕王妃在阳春之时产下一子，满月时裕王向嘉靖帝请求赐名，想着将来这个孙子也要作皇帝，要君临天下，嘉靖帝给他取名为朱翊钧（取亦君之意）。正是这次进宫，裕王将张居正在江西府查证的函件呈给了嘉靖帝，嘉靖帝一看，司礼监竟然借着给他重修上元殿的名义和严世蕃合伙起来，骗取宫中之物，并凭空制造诸多事端，搞得民不聊生，甚至激起了民变。恼火之至，立即命太监冯保前来问询有关孟冲的情况。恰好，冯保与孟冲素日不和，冯保喜欢琴棋书画，而孟冲则凭着自己的小聪明和阿谀奉承入道。于是，冯保便将孟冲平时的一些劣迹摆布出来，让嘉靖听得一腔怒火，罚李芳到蓝道行的道观中烧火，并要秉笔太监黄锦和冯保暂时掌了印。

嘉靖帝在深夜里不能入睡，老是能听到倭寇在海上呐喊的声音。便深夜派人叫了徐阶前来问话，徐阶自然收到了张居正的密函。连忙将此函上呈给嘉靖帝，嘉靖帝已经看过了，问徐阶为何慢了半拍才呈报如此急函。徐阶便说出孟冲大约已经知会了李芳，怕李芳押住不呈，只好找机会亲自交给皇上。

嘉靖帝一听恼怒又增加了几分，吩咐徐阶急速调集南京的吏部官员前往江西总督衙门调查孟冲和严世蕃的阴谋。

半月后，派去的御史林润便在吴百朋、赵贞吉及海瑞的帮助下调查清楚孟冲及严世蕃勾结一案，只是，严世蕃的大船已经造好，正在内河的一处湖泊那里试航。

林润八百里加急，弹劾严世蕃通倭，偷卖皇宫瓷器总数量达四万余件，其实有上千件是孟冲提供的。并且贿赂司礼监孟冲及其他小太监，以重修严府的名义，偷截取皇宫所用的江南柳木八百大车，其他杂木不计其数。最重要的是，严世蕃不但盗卖宫廷宝物，还和新晋倭寇头目陆白头交好，结拜为兄弟，其分宜宅院养着一支上百人的队伍，皆为功夫了得的土匪和倭寇，用来保家护院，并即将协助严世蕃逃往日本。

嘉靖帝看到奏折后，气得将手中的茶具摔碎在地板上，命黄锦起草圣旨，立即拿了孟冲，回宫受罚，并派锦衣卫前去江西拿了严世蕃和他所豢养的一百多个家丁。

而旨意还没有发出，司礼监的小太监来报，孟冲自己捆绑了自己已经回到宫中等着皇上处置，他写了一纸悔过书，并将非法所得的数千两黄金和几箱珠宝送到了户部西苑的仓库里。

李芳被派到蓝神仙那里烧火了，嘉靖帝每每找自己的袜子或者笔墨纸砚均找不到，于是便罚孟冲到蓝神仙的道观里去烧火，将李芳替换了回来。

而此时，张居正也和戚继光的部队会合在一起，镇压了一股农民起义军，收服了带头起义生事的几个头目，原来竟然是被地方官员陷害和欺负的几个有过冤狱经历的年轻人，张居正自然行使他吏部侍郎的职务，随即处理了几名县丞和衙门贪败之官员，还了这些起义头目一个公平，事情便平息了。为了安抚这些起义农民，张居正还上书朝廷，专门拨出专款帮助他们回到故土进行生产自救，直到这些农民安家，种下农桑为止。

张居正的一系列地安民惠民举措作完后，严世蕃的船只也开了，而此时，守候在分宜码头的锦衣卫把他们抓了个正着。

“世蕃罪恶，积非一日，任罗龙文为主谋，孟冲、张豹张魁二兄弟为羽翼，恶子严绍庭、严鸿为爪牙，占兴国县潘家镇，居分宜半县城，吞宗祠为家祠。总天下之货宝，尽入其家。即使为其家仆严年者，家资亦称亿万。民穷盗起，职此之由，而世蕃常夸曰：朝廷无如我富。粉黛之女，列屋骈居，衣皆龙凤之文，饰尽珠玉之玉，张象床，围金幄，朝歌夜笙，宣淫无度，而世蕃又常夸曰：朝廷无如我乐。甚者畜养厮徒，招纳叛卒，旦则伐鼓而聚，暮则鸣金而解，明称官舍，出没江广，劫掠士民，阴养刺客，昏夜杀人，仅半岁，事发者二十有七。而且包藏祸心，阴结典模……”

黄锦在上元殿大殿的议事厅读诵林润的奏章，读到这里，嘉靖帝用力地敲了一下身边的乐瓮，他猜测到接下来要说严嵩了，故意生气地说：“此子可恶，可恶，先审结兴国潘镇一事，余事再说。朕要小解，散了吧。”

众人皆不起，大约还有其他事情需要禀奏，而嘉靖帝则不予理会，当着大臣的面，转过身去尿尿，声音极其清脆。

小解完了，转过身来，说：“徐阶，你来安排三法司会审严世蕃吧，命人将严世蕃的江西分宜府邸查抄了吧。”

徐阶谢恩，并恳请派高拱、张居正与他一起办案，以示公正。

秋天，江西赣州府兴国县潘家镇一派繁忙，由湖南及河南两地转移过来的灾民已经在这里重新安家，朝廷划拨的重建费用已经到位，海瑞正在和镇里的里长一起商议，分水田，建立甲丁，规划生产和税赋办法。

冬天，朝廷又下旨，免除兴国县潘家镇等全国四十七个受灾及激起民变的乡镇三年税赋，竟然，在战争和灾难的缝隙，有了一些生气。

海瑞到赣州府领取救济款项的时候，和吴尧山一起称赞徐阶，是一个为民请命的宰相。吴尧山还小声地对海瑞说：“徐阁老是为民请命，可是，你大概不知，是赵贞吉大人少报了严府的部分财产，才使得江西各州县受灾的城镇，除了免除赋税，还有补助，免税是皇上爱惜百姓，可是补助却是赵大人的功劳。

海瑞哈哈笑了，说：“这全是赵大人的功劳，不过，也不过是将严世蕃当年从老百姓这里抢去了的，还了回来了。”

吴尧山示意海瑞不要太大声了，锦衣卫越来越频繁地往各州府跑，海瑞总觉得，大明朝的天空里，总有一些说不明白的乌云。

第十六章 嘉靖病重，海瑞进京

嘉靖四十三年仲夏，西苑，上元殿皇上行宫。三名太医坐在一旁，前太医李时珍给嘉靖帝在把脉。李时珍一只手搭在嘉靖帝的右手腕上，一只手在纸上写下处方。竟然是一些饮食的名字。

一直在一旁侍候的黄锦小声说："李太医，皇上不吃鸭蛋。"

李时珍就说："那就让尚膳监的小太监们将鸭蛋作在馒头里，一定要作成寿桃的模样，让皇上当作寿桃吃掉。"

黄锦一听，觉得此处方甚是合皇上的心意，定是可以执行的，便立即下去布置去了。

然后，李时珍就和三位太医交待一些事情，便离开西苑，出门而去。

原来是张居正将李时珍请来京城的，李时珍正在着手编撰一部叫作《本草纲目》的医学书籍，这和张居正正在编撰的一部《承天大志》有重复的地方，李时珍在信函中听说张居正现在所编撰的《承天大志》除了文化和文物志之外，竟然还有传统药方及疗效档案。

档案？！李时珍有些不信，在正德初年或者之前，大明朝的御医每一次出诊和处方均有档案记录，状症，处方前后的变化，处方临时添加或者减少药物的数量，原因等等。在信函里，李时珍被张居正的描述吸引，决定要到京城里看一下，看看张居正所极致夸耀的《承天大志》是不是对他编撰《本草纲目》有所借鉴，这样顺便也可以会会旧友。

李时珍到京城后就被张居正引入裕王府，原来是裕王妃李氏产后精神萎靡且抑郁，加之身体虚弱，吃什么均吐出来，整个王府十分揪心，急需要找个懂得产后女人身体的高明大夫来调理。这个时候，张居正将李时珍引入王府，深得裕王的欢心。李时珍把了两次脉博之后，将李妃正在食用的处方停下了，只是让李妃注意饮食的淡味，李时珍对王府的管家说："多让王妃食用素食及甜食即可，是食物在内中不消化而起，情绪的积淤随着食物的消化将散尽。"

从王府中出来不久，李妃果然开始进食，喜甜食，喜素食。李妃这一吃饭，王府上下如获奖励，十分喜庆和热闹。

张居正便请李时珍及一些旧相识聚合，王用汲也到场。

在席中，武英殿有一位新从张居正的翰林院调去的编撰说起皇上的丹药妙方，不住地摇头叹息，原来皇上已经病得不轻。

张居正听闻之下，这才将李时珍引进宫内为皇上治病。

而此时，自己号称为"灵霄上清统雷妙一真君"的嘉靖帝也意识到，有一股火在自己的内腹中不住地燃烧，出汗之后，身体变凉，变烫，总之在这一凉一烫的转换中，身体像完成了一场性事一般地虚脱和无力。

蓝神仙来了以后，献墨丸一粒，说是元阳丸，搭了嘉靖帝的脉搏，之后，忽然跪倒在地，说："恭喜陛下，万福已经到来，您现在可以算是元阳真君了，你的脉相甚是轻飘，弟子从未见此脉相，甚是异常，便料定此脉相是飞玄之相。所以，今天，请皇上食飞禽之足，助您恢复体力。弟子拜见元阳飞玄真人。"

嘉靖帝虽然内中有惊喜，脸上却依旧无血色，挣扎了一下，说："蓝神仙免礼，可朕心中总有一团火在烧，不知何时退去。"

蓝神仙又搭了一下脉，说："回禀陛下，此火为凶险之脉，若是在常人，弟子一定停下香炉，斋戒，静修。可是在您，天子之躯，定能稳于此火，使其自动熄灭，之后，您在西苑中的香炉亭间打坐，便会号令园内的莲花。此乃弟子在先师祖长春真人丘处机那里看到的至高境界。"

然而，第二天，嘉靖帝便开始腹泻不止，直到大便出血，神志不清，手舞足蹈。

司礼监一片忙乱，徐阁老连忙命令张居正将正在学子居怀旧的李时珍请来。把脉，左手和右手的脉相竟然不同，左手的脉相显得缓慢一些，大约是嘉靖帝侧卧的原因吧。李时珍一时疑惑起来。听得黄锦说明皇上这些日子一直腹泻不止，且有食物呕吐出来的症状，李时珍施针灸之术止住了嘉靖帝的腹泻，并用火盆烫一块紫檀木置于嘉靖帝的腹部，用棉纱裹紧了那热木板，让热量随着紫檀木的香气传入嘉靖帝的身体里，半个时辰不到，嘉靖便醒过来，头脑清醒了许多。

李时珍开了两个处方，并分十天为一个疗程，还在每个处方上注明，每个疗程后五天的药量减半。

嘉靖帝醒来之后就叫蓝神仙的名字，这蓝神仙感觉诸事不妙，正一个人在乐瓮的场子里信步思索。一时间不知道该如何面对皇上的问责。

结果，等到了嘉靖帝面前时，皇上并没有责难之意，而是赞赏地对蓝神仙说："朕感受到了过关时身体的无和精神的飞翔。如果朕没有说错的话，朕已经过了元阳大关，因为朕到现在还没有回到自己的身体里，只是觉得我一直在飘着，有些轻，身体已经离我而去，但我还是能感觉到我可以再回到这里来，回来，身体便会加重。这真是一个神奇的现象。好了，赏你一件金座椅吧，用金子的光芒照耀你的身体，好给你营造好的场域。"

蓝神仙不但没有被皇上怪罪，还得了奖励，一时间觉得气息顺畅了不少，思想上的杂念一瞬间飞玄而去，他也在一瞬间明白了，若是一个肉身沉重的世俗之人，想要过关，想要靠丹药升天而去，是不可能的，只能存在想象里，或者梦境里。

出了上元殿，蓝神仙觉得眼前一黑，一下子昏倒在地上。幸好李时珍就在西苑，蓝道行的生命自然无碍，但信心却没有了，醒来后，他一声叹息地将徐阶惊醒了。他和徐阶私交笃深，便对徐阶说了实话：“皇上的身体已经到了极至，不可再食丹药了。过关之后，我会想方法杜绝他再继续食用雄黄丹和人参丹，我会用一种果皮作的滋补丹药代替。”

徐阶一听大喜，连忙不迭说：“如此大好，如此大好，大好。”

李时珍自然也得到了皇上的奖励，竟然是御书房里的一个收藏得十分考究的书匣子，打开来一看，李时珍惊喜异常，竟然是宋时一个道士王怀隐修撰的传世医书《太平圣惠方》。虽然此书在民间散落的各种版本也有，但都只是枝叶简单的杜撰版本，如今能拿到皇上御赐的全书，李时珍不由得扑通跪倒在地上，谢了圣上的隆恩，并发誓要修好《本草目纲》，为后世的药理学作充分的资料准备。

嘉靖帝问李时珍：“听说你在各处行医，救了不少人的命，你作的好事，朕在这皇宫里都听说了。”

李时珍说：“谢皇上夸奖。草民在乡下行走时，也多次蒙那些山民相救。仅仅在湖北的洪泽湖附近的山里，我就被毒晕过多次，均是附近的山民将我救下。我便也在当地行医，用当地的药草救活他们，并且告诉他们哪些草可以入药，医疗一些常见的疾病。”

嘉靖帝一听，原来可以让当地的老百姓就地取材，那简直是一件可以推广的事情，便很关心地问李时珍：“李时珍，你这次修撰此书必须要多跑些路，到处看看，把药草的来源出处均写得多些，朕可让户部支出一些白银与你，而且朕还决定替你印刷出来留与千秋万世，如何？”

李时珍说：“皇上能如此厚待小民，实在是让小人感恩戴德。小人也早就下定决心，要走遍我大明的山河水土，将我大明的草药一一辨认、整理、归类，仔细地修正过去的处方，并编撰出新的处方。小人前些日子和皇上一样，在山东境内试一种马钱子草时中毒，中毒症状与皇上十分接近，后来，查到了这《太平圣惠方》中有此一例草药，食多可致中毒，若少食，则可以消肿，是好药。量不同，便有不同的效果，这也是我中毒之后总结出来的，而解毒方法简单到，只须银针加热木板便可止泻，而后以温热的汤药助消化吸收新的食物，排泄出存在体内的毒草即可。皇上这次中毒，恰是因为食毒过大，方致昏厥，好在皇上有上天佑护，您在食用这种马钱子的同时也食用了其他草药，而导致腹泻，腹泻将你身体中毒素排出一部分，减轻了中毒反应。不过，皇上虽然是轻度中毒，但龙体关系到国计民生，故，小人请求皇上按小人处方吃药，半月便可痊愈。”

嘉靖帝有些累，点了点头，便轻轻闭上了眼睛。黄锦挥了下手，众人便退出上元殿。

李时珍跟随着张居正回到翰林院，是要查找一些关于马钱子的资料给值守的御医看。

在路上，张居正问李时珍：“东壁兄，我喜欢读诗书，熟知南唐李后主佚事，野史载，李煜乃是被宋太宗赵光义用一种叫马钱子的草药毒害致死，难道就是今天说的这种草药吗？”

李时珍吃了一惊：“张大人看来喜好查典，此事在皇上赐我的这本《太平圣惠方》中便有记载，当时赵光义是一个毒药爱好者，他一生用毒杀害过好多人，每一次都是亲自配制毒方，然后亲自试验，而当时的南唐后主每一次见到宋太宗总是哭哭啼啼的，很没有男子气魄，于是，赵光义便一不作，二不休，将他试了药，毒死了他。这件事虽是野史，但被记录入药典，便不会有假。”

张居正哈哈哈地笑了，说：“我一直当作是笑话看的，今天竟然在东壁兄这里得到确认。另外，我想请兄台到我那里去，是因为翰林院里的资料库很大，藏书颇丰，你说不定会找到你喜欢的资料。”

果然，李时珍在翰林院的资料库里收获很大，搜到了几种自己不能确认的广东岭南的草药绘图档案，便请示张居正，将书带到了自己住处，连夜描了下来。

张居正和王用汲送李时珍出京时，一路说着闲话，王用汲便提到上次见海瑞时的情形。李时珍十分想念海瑞，便托请张居正有暇向徐阶提起海瑞的事情，能将此人调往京城，并反复地说："此兄可堪大任也。"

张居正大约是想到前不久海瑞在裕王府曾经遇到自己的一桩隐秘事，有些担心，于是，将李时珍的请托置于一旁，没有理会。

然而，中秋节前，是吏部派官员下去文选基层官员的惯档，派往江西府的是吏部主事陆光祖，他很早就很佩服海瑞的为人，一到江西府又遇到赵贞吉，二人同是徐阶的弟子，便顺势打探海瑞的情况。赵贞吉说："海瑞非常适合在基层工作，他处理民事纠纷和凶杀案情均是注重细节又注重民生，深得民心。他治民又悯民，在政治和经济上均有自己的理想，是我大明一个不可多得的好知县。"

赵贞吉是陆光祖的旧友，此人为人刻薄，因为他恃才傲物，让他这样赞许一个人殊为难得。于是陆光祖便将海瑞的名字写下。

嘉靖四十三年中秋节，嘉靖因为食用李时珍开具的寿桃点心，而所食用的"人参丸"又全是粗粮和果皮制作的一种滋补丸，身体正一点点恢复。

这一天，他同意徐阶等诸大臣的请托，进入宫中，为奉天殿修葺一新去题写匾牌。

月亮在宫女和小太监的一阵锣鼓声中出来了，很圆很圆的，像一阙宋词。苏东坡的吗？

大臣们各自望着月亮，吟颂着自己的诗句。嘉靖帝问站在一旁新晋的内阁大学士李春芳："李卿家说一说，这月亮算不算最圆？"

李春芳何其聪明，知道万岁爷的问话是一个陷阱，连忙答："启禀陛下，圆月识旧人，若是年年均和陛下共赏中秋之月，便年年是最圆。"

徐阶怕皇上批评李春芳说圆滑之语，嘉靖帝最讨厌大臣们用无关紧要的好话来蒙蔽他，连忙在一旁接下了李春芳的话："陛下，李大人所言甚有出处，所谓"年年岁岁月相似，岁岁年年人不同"。若是月亮所识得的旧人都还在，人是团圆的，月便是最圆的。"

嘉靖一听，连忙夸赞徐阶解释得好："徐阶的话合朕的心意，我曾经读到苏东坡的一首咏中秋节的诗，也颇为怅然：暮云收尽溢清寒，银汉无声转玉盘。此生此夜不长有，明月明年何处看？"

诗念完，嘉靖帝竟然一时感伤起来，咳嗽了几声，黄锦便送上了月食，这是一种像极了月亮的食物，里面夹了各种的愿望，譬如葡萄仁是代表收获很多，花生米是代表谦虚，而桂圆肉则代表富贵。把这些夹在这个圆圆的月食中，是宫庭数百年来的规矩，而民间不准食此形状，民间的月食不能是圆的，可以是弯月，也可以是椭圆的，像个饼子一样，故被称作是月饼。

食完月食之后，开始题写牌匾。

奉天殿重修，原来挂着的正德年间的大字还有一些痕迹，嘉靖帝突然灵机一动，说，今天，我就坐在这个宫殿里吃月饼，并祭祀了上天。那么，就改为皇极殿吧，此殿以后均用来举行祭祀仪式之用。

徐阶听到皇上说可以在皇极殿里举行各种重大的仪式，连忙派侍卫去裕王府叫裕王前来。

大约过了一盏茶的功夫，裕王和高拱便急匆匆地赶来，吃了皇上赏赐的月食之后，高拱便赞美皇极殿的名字好："此殿阁柱实檐华，门阔窗繁，讲究之至，实在是皇上之极美殿阁。叫作皇极殿，也是妥贴之至，妥贴之至。"

裕王也附和说："此殿阁堂皇之极也，父皇一定是觉得堂皇之极，才随手将奉天殿改名字为皇极殿的。"

嘉靖帝一听很是开心，说："还是儿子连着心，一眼就看出朕的意思来。"

徐阶在一旁说："臣徐阶有事要禀奏。"

嘉靖帝摆了一下手，示意他说。

徐阶说："皇长孙朱翊钧马上要满周岁，皇上可以在皇极殿为皇长孙过周岁，这样一来庆祝我大明朝后继有人，再则也庆祝皇上您龙体康安。一举多得，若皇上同意，我马上令礼部去准备。"

嘉靖帝听到皇长孙，马上也动了情，同意了徐阶的奏请，并特别交待徐阶，从即日起增加裕王府的开销，要增加三分之一的供应，要让皇长孙朱翊钧有一个丰裕的环境使其健健康康的成长。

趁着皇上心情好，徐阶又说："奏请皇上，户部刚刚接到广东沿海大捷的情形，去年在福建肃清了福建沿海的倭寇之后，我大明边务总兵戚继光将军和驻守广东的俞大猷将军会合，在广东沿海的各个港湾部署兵马战舰，全歼了从浙江和福建流窜过来的一小股倭寇余犯，取得了海防线的全线安宁。而且，江浙和江西的丝绸和瓷器的船只现在已经安全运出去，从遥远的大洋的彼岸也有船只来到我们大明朝送上贡礼，这样，内阁会同户部查阅了一资料，在正德以前，我大明朝的海上交易每年均能创造百万两以上的白银，这些银两存入户部，除了皇宫内务府使用之外，在边关告急的时候还时常被征调为军费。"

说着，徐阶把一本泛黄的帛书递给旁边侍候的黄锦。

嘉靖帝接过来看了一下，问："此帛书颇为考究，是正德初年的。徐阶有心，有心。"

徐阶作揖道："此物是翰林院张居正找到的，并呈送给微臣的。可是，我大明的海岸线一直有倭寇作祟，微臣也就没有呈给皇上。现在，我大明海岸线全线贯通，微臣呈上，供皇上参详。"

嘉靖帝翻开看了一下，仔细地咀嚼其中的数据，点点头，说："徐阶有心，有心，你来安排此事吧。若是我大明在浙江、江苏、广东和福建重新开办市舶司衙门，你看看需要多少预算。"

徐阶一看皇上竟然同意了，这可是二十年难得一见的事情，连忙跪拜在地，三呼万岁，然后说："老臣代沿海的丝绸商户和瓷商谢万岁爷。"

嘉靖帝精神不太好，正要吩咐黄锦侍候着回西苑。徐阶又有奏请。

嘉靖帝只好又坐好，听着。

"皇上，既然市舶司可以重新开设，那么，微臣也给为此事立下大功的戚继光和俞大猷请功，也望陛下恩准。"

嘉靖帝听完以后打了一个喷嚏，风很凉，月亮像一湖水一样，也有些凉。

黄锦一看，示意徐阶不要再说了。

嘉靖帝听完徐阶的话以后说："徐阶说得有理，海岸线都安宁了，戚继光和俞大猷自然要进行封赏，一切都照准，事后你们和司礼监出个奏折就行了。朕觉得有些累了，今天先到这里，都退下吧。"

中秋节后不久，蓝道行从武当山回来，他奉了皇命去武当山查找当年张三丰真人乘天梯升仙的地方。

蓝道行竟然搜到了武当山仙霞观早期的一张旧图址，里面标注的一个朝天道场，现在已经是一片废园子。然而按照旧图址，朝天道场，就在这个废园子里的左侧。蓝道行看了一下那个平坦的地基，觉得地基太窄了，这样窄的地基如何能建起通天的一座塔呢。他有些疑惑，但是，他还是将地基的尺寸丈量清楚了，然后带回了京城。

嘉靖帝在西苑里炼丹药，是尽心丸。食用此丸者能亲自执火。一开始，嘉靖帝还穿着整齐的道服，过了一会儿，他就脱了外衣，再过了一会儿，摘下了道帽，再过了一会儿，又脱去了衬衣，最后只穿了一件短短的汗衫。深秋的夜已经有凉风袭人，可是，嘉靖帝一边拿着一个木制的扇子扇火，一边又不停地往塔形鼎的边缘用手糊泥，火把他的脸映红了，出了汗，用手一抹，泥便沾到了脸上。

蓝道行进来向嘉靖帝回禀武当山之行的时候，嘉靖帝正在忙得不亦乐乎。

几个小太监捂着嘴在一旁不敢笑，每一个人手里都拿着一件衣服，在一旁侍候着。蓝道行呈上那个牛皮地图，说："皇上大喜。"

嘉靖帝有些饿了，转身过来，对旁边的小太监说"朕要吃寿桃"，然后一手接过了蓝道行的地图说："噢，地图。"

蓝道行说："皇上，这个地图可是有两百年的历史，是当年张三丰真人乘通天梯成仙而去的地图。"

吃完了寿桃，嘉靖帝就去木桶里洗澡去了。洗完后，便出来和蓝道行看那幅地图。

从春天开始，武当山已经开始重修了，具体负责武当山重修的是工部侍郎徐璠。春节时，蓝道行为嘉靖帝求仙道，方向准确，竟然就在武当山。于是嘉靖帝便横下心来，要徐阶的儿子徐璠不惜财力去重修武当山的七十二仙观和三十六道场。并在全国范围内招募能工巧匠，大规模的工程在半年内结束。工程量浩大又精致，简直是史无前例的一次工匠集中活动。

然而这一次重修活动，因为难度很大，所以，除了在武当山上充当苦力的能工巧匠之外，还有全国各省府衙门派出的运输队伍，运送木材、砖瓦、食物、丝绸、盐巴、瓷器等物的车队，壮观之至。然而，正在重修武当的同时，朝廷又需要大批的军费开支来支援戚继光和俞大猷二人的队伍。还好，这个时候，浙江沿海的船只可以向外埠运输一些交换银两的丝绸和瓷器，才供应了军费。而重修武当山的开支，则全部转嫁到全国百姓的头上。

云南和贵州两个省因为森林资源丰富，再加上少数民族偏多，民生多艰，所以，徐阶通知户部，只在云南和贵州两省征收木材。

然而，即使是这样也不行，云南和贵州两地本来也只是靠贩卖一些珍贵的木材到全国各地来增加各州府衙门的收入，如今木材通通运往了武当山了。地方政府便把需要用木材换取的税赋统统转嫁到底层百姓的身上。于是，有一小股少数民族的百姓率先举起了义旗，接着，便有一些白莲教的人也跟着起义了。

云南、贵州两省由于离朝廷太远了，虽然派去了戚继光的军队前去震压，但是，这些起义的队伍规模都很小，隐藏在某个山里，大队官兵根本无法进去，所以，就像躲猫猫一样，基本上是一剿便藏，而这些官兵找不到起义的匪民，便向皇上报捷领赏。

如此以后，云南和贵州两省便屡屡不向朝廷交纳税饷，不但税饷，甚至连运往北方的木材也不能按期抵达，因为路上劫匪有很多。

户部云南和贵州两司的主事皆因为起义军闹事而被株连，革了职。

然而，好在大明地域辽阔，云南和贵州的木材运不出来，便从陕西秦岭和江西境内往武当山运输上好的木材。所以，才保证中秋节前后武当山全面的竣工。

这些情况，嘉靖帝在徐璠的奏折上已经粗略地了解了。而蓝道行则又细致地讲述了武当山道观的规格及重修的难度，佐证了那徐璠奏折上所列举的一些数字，让嘉靖帝听得十分满足。

嘉靖帝问蓝道行："蓝神仙，朕前几日突然觉得身体变得轻了，轻得像是要飘走，是何道理？"

蓝神仙一听，有些惊讶，忙问："陛下，您所说的轻，是单单指躯体的轻，还有没有精神的愉悦和轻快？"

嘉靖帝想了一下，答："身体的轻明显，精神的轻也很明显，整个人都在飘浮着那种感觉，仿佛，我还能摸到自己，但是已经掌控不了自己，仿佛一旦有一个什么样的力量，我就会摸不到自己，就会飞起来。"

蓝神仙又问："那皇上可有异常的梦？"

嘉靖帝答："梦倒是少，只有一个梦还算清楚，也有些异常，就是我的衣服总会被一种坚硬的东西刺破，在梦里，那种衣服被穿破的声音很清晰，就像是一个胖子穿了一件瘦小的衣服，然后突然蹲在地上将衣服撑破的声音。"

蓝神仙扑通跪倒在地上，双手举过手中的拂尘，大声喊："弟子恭喜上元真君取得上元真气。臣子恭喜陛下的道行又深入一步，又靠近了仙境一步。皇上，您所说的身体的轻飘是食用上元丹三个月后的症状，身体里的浊气均被排出，而清新的空气则一直停留在心境里，所以，一旦看到浮云或者好的天气，陛下就会感觉自己的身体想要飘出去，这是一个信息，说明你的身体里已经有了羽化的能力。若是假以时日，微臣率一帮精干的锦衣卫，去武当山复原那通天梯，那么，相信不久后，皇上便可在黄道吉日羽化而去。"

羽化一事实在需要一番精细的准备，根据蓝道行的扶鸾所得，羽化是指人成仙的第一个过程，即在半空中突然有了翅膀飞翔而去。

连续几天，嘉靖帝都和蓝道行在一起，秘密商议羽化一事。而朝中所有阁臣则一概不见。

秋天末尾，叶子将上元殿的窗台堆满，有一天，上元殿的一个库房的窗子着了火，一时间锣鼓声大作，嘉靖帝也吓得躲在上元殿的秘室之中，直到火被扑灭，最后方知道那火种来源于挂在走廊里的灯笼，而燃烧也是由于风吹破了灯笼而起。

联系到夜晚的衣服破，又加上的灯笼的破，蓝道行均给嘉靖帝作了很高明的解释："不破不立。破旧，然后陛下方可有新。"

徐璠刚刚从武当山回到京城不久，这次又被派去武当山，和蓝道行一起，专门负责建造惊世骇俗的通天梯。

"通天梯？"徐璠第一次听到自己的任务时也被震惊了，大约觉得自己不一定能胜任此项工作，便学着父亲徐阶的模样，想推开此项差事，奈何嘉靖帝对徐璠的速度很是欣赏，早已暗定了徐璠来操作此事，所以，他一时间找不到合适的理由推辞。

这一次的银两却充足得很，是因为经过戚继光军队的协助，内阁和司礼监已经将严世蕃在江西南昌府和分宜府邸的所有银两查抄了。严东楼可是一个富可敌国的小宰相啊，那张列举赃银的目录就让人张口结舌：

黄金三万两，白银两百三十万两，帛书四十七件，玉器一千零七十五件，书画八百余件，金银饰品不计其数，上好的瓷器一千多件，仅银筷子就有八百多双。

严府的赃银使得大明朝已经空荡荡的国库一下子充盈起来。除去留在江西省府衙门的赃银之外，严嵩家的财产竟然抵得上整个大明朝当时两三年的税赋收入，这是一个让嘉靖帝吃惊的名字。本来已经决定要放严府一马，当他看到此清单的时候，对李芳说了一句："将江西分宜的严家的宅邸也由分宜县衙卖了吧，就算是朕送给分宜县衙的一件礼物好了。"徐阶在一旁听到了。知道皇上终于将严嵩放下了，高兴地在一旁拟旨，加盖了司礼监大印，并交给李芳，让其快马将此圣旨送了出去。

嘉靖四十三年十月，吏部的调令抵达兴国县衙，着即调七品县令海瑞入京，任职户部云南司主事，衔六品。

吴尧山随着锦衣卫一起来的，他是得了赵贞吉的快函，负责送海瑞的母亲、妻子和儿子海中砥、海中亮的。

又是和在淳安时一样，海瑞照例要将县衙后院所储的白菜、萝卜及红薯均收藏到库房里，照例是要贴上数目，并端庄地写上海瑞的名字。

吴尧山笑着看海瑞贴完这些字条，说："刚峰兄用这么好的字，写白菜萝卜有多少棵，实在也算是书法上的怪癖也。"

海瑞也笑了，说："字本来没有区别，萝卜和白菜比之《论语》和《大学》没有高下之分，何以我们这些文人，吃着萝卜白菜却又鄙视这些。"

吴尧山哈哈笑了："刚锋兄误解了，萝卜白菜自然也是高雅的，不然，也不会有诸多画匠和玉匠整天将这些物事入画细雕琢了。我只是喜欢兄的这股子认真和端庄，哪怕是写到柴门和白菜堆上的字，也是熨贴的，也是风雅的。"

海瑞听明白了，连忙也尴尬地笑了笑说："吴大人说得是，下官误解了，下官只是觉得，诸事诸物皆应该被平等对待，不论是平民百姓还是王公贵族，不论是海鲜鱼肉还是萝卜白菜。"

吴尧山说："吏部和内阁大约正是看中了刚峰兄的此种内在品性，才将你上调至云南和贵州两个多事之关隘。据说，户部最难开展工作的两个使司衙门就是云南司和贵州司。"

海瑞说："下官定当执勤于事，储正于事。"

十月的南方，白天尚存暖意，但夜里已经有些凉。考虑到北方的冬天年迈的母亲和幼年的儿子不能承受，海瑞决定只带家人海安前往北京。所以，吴尧山便派了马车来，拉一些破旧的家居用品，并载了海母等一行人，沿着陆路到福建的海港，并乘船回海南岛。

十月十五，天气晴朗得很，海瑞交接好县衙里正在办理和尚未办理的事务，乘马车前往北京。可是，尚未出城，沿街已经看到从各乡镇上来相送的群众将街道围得拥挤不堪，窄得只能过一辆马车，海瑞只得下车和老百姓作揖告别。有一个长者跪倒在地上，结果引起了一连串的反应，沿街的百姓通通跪倒在地上，一片惜别的哭声。

海瑞离开浙江淳安时也曾见到过这样的情形，可是，他在淳安任职四年，多次下乡镇走动，和老百姓吃住在一起，建立了深厚的感情，而他本人在兴国不过是一年的时间，且中间，因为潘家镇江南柳大案离开兴国到南昌长达半年之久。这么短的时间，老百姓就这么记恩，不过是因为他在兴国也实行了重建黄册的保甲法，使得一些贫穷的老百姓有了田，减免了税赋。

百姓都是很容易满足的，受了多少罪，吃了多少苦，都不介意。一旦官府给一点好处，便全忘记了之前受的苦。

海瑞喝了送行的酒，吃了白发老人的送的馒头和粥饭，算是装了兴国人民的食物离开了兴国，这样的话，以后不会忘记这个地方的百姓的。

京城是一个繁华的所在，王用汲已经回到了京城一年有余。他事先得到了海瑞的信札，在他自己的府邸的旁边不远处，帮海瑞在瑞祥胡同先租下了一个院落。

海瑞一向贫穷，王用汲连过冬的柴都准备好了，还买了一些过冬的粮食给他储存了起来。

海瑞到了以后，看到这一切，感动之至。便在居处附近的悦来酒楼请王用汲吃饭。

到户部上班的第一天，海瑞就受到了打击，在皇宫里的衙门公署里，户部是最为简朴、清闲的一个衙门。各个使司衙门都只有两个人值守，其余的人均在家里练习书法或者去市场上作小买卖去了。

贵州司的主事李三农也是这一次从翰林院调剂过来的官员，之前李三农在太医院里作文吏，他为人很仗义，为裕王府和徐阶的府邸送了不少珍贵的药材，终于有机会调动到户部。本来想着，总算到了户部这样一个管理朝廷银两的部门了。

但是，此人最近在京城顺城胡同尽头的一栋酒楼旁边开设了一家私家医馆，不但出售太医院的偏方，而且还经常偷偷地销售一些从外埠进来的西洋药品，所以名声大得很。王公贵族们有了什么身体的疾病全都到他的医馆里就诊取药。

海瑞到户部上班了十几天，却硬是没有见过李三农一面。

海瑞觉得京城官员们太悠闲了，他有些着急，找不到事情作，想问一些事情，结果发现，所有的人都只是关心自己的领域，云南司之前的工作无人交接，一直到一个月后，海瑞才在户部的档案库里查到一个云南司的牒文，已经陈旧不堪。

海瑞坐在办公室里看官报，发现官报上的户部衙门忙碌不堪，竟然还有云南司和贵州司的描述。不但有繁重的木材调拨任务，还有和地方衙门往来的冗长而重复的公文牒文。

海瑞看着就笑了，明明上任一个月，连一件事情都没有作，可是在官报上却是如此热烈又繁荣。这样的一个王朝真是荒唐之至。不但没有作的事情被虚构得有声有色，而正在发生的事情却被简化成一两句话。譬如，在官报上，让全国十一个省受累的重修武当山的行为只有一句话：武当山天梯重现人间，蓝神仙主持重修的计划。

海瑞到户部的第二个月，内阁举行了一次预算六部司明年开销的辩论会。

户部尚书高耀负责将上一年预算与实际开销的出入在内阁向参与的阁员及官员们作了详细的介绍。待说到军费的开支时，发现出入很大，兵部克扣了大量的军费开支转移到工部，去修了西苑上元殿、太极殿以及皇宫的奉天殿、乾清宫。

兵部尚书赵炳然连忙补充军费不足的后果，因为正在与倭寇作战的戚家军军费不足，导致浙江、福建、江苏的税赋增加，以补充军备和军费，引起了当地百姓的不满。

吏部尚书杨博刚刚到任，尚未熟悉任内各项事务，并不说话。

工部尚书雷礼和工部侍郎徐璠一起说出了武当山的建设情况，武当山从嘉靖三十一年开始大肆重修，其间间断了很长时间。直到蓝道行进入西苑之后，又大规模重修，去年秋天，嘉靖帝亲笔题下“治世玄岳”，在重修好的武当山主道场里新修了一个大的牌坊，牌坊完全按照蓝道行的图纸建成，三间四柱五楼木石结构的山门牌坊。按照蓝神仙的说法是：这是一个仙界的大门，跨进去以后就可以看到通天梯。

然而，自从修天梯以来，方案甚难实施。因为第一次方案并不成熟，导致建了三层木楼结构以后，上面的石块和木块均不能行，不是在上面塌方，就是工匠不小心从上面跌落，死掉。

不少工匠偷偷逃走，他们之中流传了一种说法：“上天是神仙居住的地方，人间若是想修天梯到天上去住，会遭遇天神的惩罚的，所以，上天会派来神兵天将，不让工程顺利进行，所以，才会出现工程塌方，人员伤亡。”

第十七章 难上青天，红莲教起

武当山上的工匠大批量地逃走，影响到工程的进度，负责监理的工部主事叫李一农，是户部李三农的大哥，他想尽了方法也阻挡不住工匠的逃走，最后接受侍卫兵头领张九领的建议，将武当山周边县域里所有工匠的老婆或者是女儿劫持了，作了人质，若是不能老老实实地在武当山费力地劳作，便不能保证家人的安全。这一招果然管用，家人作人质的工匠不敢再三心二意，建筑、木工以及雕刻工匠都在工事房里或者工地上忙碌。

可惜的是，好景注定长不了。因为明朝的女人真是厉害，解放到一个空前的地步，这种解放是一种自我苏醒，无论肉身还是灵魂，都开始有一种“我”的参与。那些成百上千的妇孺老幼被集中关押在武当山下的一个临时军营里，一开始还有秩序，然而随着时间的推迟，一些稍具姿色的妇人耐不住寂寞，开始和驻地的军官们偷情；但也有一些有姿色又贞节的妇女被负责看守的军官强行占有，甚至又被他们卖到附近的妓院里，而这些妇女的男人们却毫不知情。

上千名妇女的管理开始混乱，饮食和疾病成两个最初出现的问题，一些放荡的妇女不久后便患上了疾病，大约并不知晓身体里的疾病可以传染，一时间有几个妇女竟然传染了不少军官，而军官又传染给自己的家人。如此一来，便有了恐慌。

李一农也染上了疾病。他恼怒之至，因为，他不但传染给了自己的夫人，连同最喜欢的一个小妾也染了这种不名所以的病。

这种疾病的主要特征是下体发臭，女人下体偶尔会有泡疹或者淤血流出来，而且还有肿疮和颗粒状的疙瘩不断生出。而男人的症状和女人大同小异，除了肿疮和颗粒状的疙瘩之外，男人的症状还有尿道堵塞、尿血等可怕的现象，十分痛苦。

李一农给自己的弟弟写了信，要弟弟在京城里遍寻名医，无论如何也要找到一个可靠的医方，治疗他和家人的疾病。那李三农，果然能耐，他通过裕王府的一个下人找到了太医院派往裕王府里的御医，找到了四个偏方，而这些偏方存于宫中，有三个皆是李时珍立下：

偏方一：对于阴头的肿疮需要采用蜂蜜若干，甘草若干研末，文火烤至烫手，以蜂蜜拌匀，加水少许，煎至粥状。日涂，次数可频。

偏方二：而对于阴头上的泡状疹粒，需要使用紫草三钱，雄黄一钱，研而末之，以胭脂汁调和，用银簪刺破泡疹后，以汁液涂之，日可反复多次。

偏方三：对于阴囊及谷道（肛门）处生长的颗粒状肿疮，需要使用甘草若干，研末，文火烤至烫手，瓜蒌根少于甘草，研末，以水煎，口服。

偏方四：所有的疾病患者，都要服用一种护心散，需要使用的药材是，绿豆粉一两，乳汁半两，灯心草若干，共同研末和匀，并用生甘草研末后浓煎成汤，和前面所述和泥成丸。

几个药方因为各有不同，所以，李三农特地修了六百里加急书信，送往在京城中正在重修《本草纲目》的李时珍，李时珍的父亲和李三农的父亲是堂兄弟，但是，李时珍自小与李一农兄弟们不和，一直到后来也来往较少，李时珍家传中医，而李一农家里虽然是书香传家，却一直趋于仕途。

接到书信以后，李时珍从京城赶往武当山去诊病。虽然自幼就讨厌李一农家里的那种投机式地作人方式，但是，对于疾病，他从来不错过任何一次难以愈合的病症。在京城里，李时珍也常常到东城的一些花街柳巷去义务地为一些青楼女子诊病。一面察看她们的病情，也一边验证自己的药方。

到了武当山脚下的这个管营一看，李时珍被这里的疾病惊呆了。这里的疾病除了在身体之间传染之外，仿佛饮食也可以传染。像瘟疫一样可怕。看到了大家正在服用的药方以后，又细分了每一个人药和饮食。李时珍要求所有已经确认了身体有疾的妇女和军官一律先隔离起来，不论饮食起居，还是进药。

那些已经有病的妇女不知道乳汁也是可以传染的，看到药方中的“护心散”需要用乳汁加绿豆粉就可以和匀作药丸，不少人都在宿舍里用乳汁和了绿豆粉私下里作了起来。这样，一些贪吃的孩子也因为食用了这些染病的乳汁药丸，也染了病。

一时间，男病人，女病人，孩子们，均需要区别对待。若是不能彻底隔离，这些人作为疾病的传染源，可能会真的造成一次大的瘟疫。

李时珍将驻军管营的病人分为三个区域，然后将重症的妇女当作重要和急诊的病人，昼夜查诊，但仍不断有妇女死去。

这些消息不久便传到了武当山上的工匠们的耳朵里，工程又一次受到了影响。每有一个工匠家属的死讯，便会发生一次逃跑事件，而此时，李一农便会大发雷霆，命令没有逃跑的工匠加班不止，直到他们筋疲力尽，躺在床上便睡，没有精力去逃跑。

李时珍校正以前的偏方，将偏方三中治疗颗粒肿疮的草药改了：“用野菊花茎叶、苍耳草各一把，放在一起捣碎，入酒一碗，绞汁服；而剩余的药渣可以加热后，敷于肿疮处，直至出汗。”李时珍认为野菊花可治痈肿疮毒，瘰疬眼癔，其解毒作用甚好，既可内服，又可外用。酒汁煎热的可内服，而药渣的外服作用也很好。只是，此药方是《千金方》中的古方，古方中的苍耳叶子，必须是六月六日所采摘，而野菊花又必须是九月九日采摘。李时珍经过反复地试验后，打破了此方中日期的限定，他发现，无论哪一天所采摘的苍耳和野菊花，只要混合在一起，并用酒汁煎服，均有很好的治疗下体肿疮病毒的效果。

然后，他的药方开出来之后，发现，楚地虽然有野菊花，苍耳草却不多见，一时间供不应求。苍耳草没有，李时珍只好到山上去采药，在山上竟然发现了不少的金银花，他亲自煎了，后来，又开出一个新的药方来：忍冬叶、黄芪各五两，当归一两，甘草八钱，为细末。每服二钱，酒一盏半，煎一盏，随病上下服，日再服，以渣敷之。

想不到，这个方子开出来后，两天便得到了验证。有一个濒临死亡的妇女服了李时珍加大剂量的三副药以后，身体的脓疮结了疤，竟然慢慢愈合，而且也胃口大开，想吃东西。想吃东西，自然是身体转好的症状。因为得了这种恶性传染病，内虚气热，李时珍又开了生藕汁和人参末作成了藕丸。

藕丸最后得到了推广，气虚的人很多，李时珍调整过后的药方让一些病人大有好转。管营里的秩序也得到了恢复。

然而就在李时珍夜以继日地忙碌，不计辛苦地采药制药的时候，李一农和管营的头领张九领竟然偷偷地活埋一些病重的老弱妇女。虽然作得隐密，但还是被人知道了。

一场大雨让工地上的一切劳作都停止了，工匠们想要回到管营里和家人团聚，但是因为不少妇女的传染病，工部和驻军联合下发了通知，所有工匠要原地驻守。

大雨造成了局部的塌方，进山的道路被塌方的山石阻挡了。这样，工地上的蔬菜没有了，只有吃山上的野菜，野菜很快也被吃完了，因为饥不择食，还有一些工匠因为吃了不洁的或有毒的野菜而中毒。

十余天后，天才放晴，运输过来的菜蔬只能先紧着山下的病号和妇孺吃。可是，在山上监理的李一农却发现，工匠们都在吃一种用莲藕作的红色饼子，那饼子除了莲藕还有玉米面粉，吃的时候，饼子里的玉米渣渣正好掉落在莲藕的缝隙里，然后，混和着吃，便很香。

李一农吃了，张九领吃了，还有很多官兵也吃了，都觉得好吃，但上上下下地查问了，也找不到这种饼子的出处。

大雨，连军队的四轮大车都上不了山，到底是谁作好了这样的饼子，而后又运到了山上呢？在山上作好的？那就更不可能了，整座山被官兵搜了一个遍，别说作饭地点，就是连作饭的工具也没有发现一个。

红莲饼事件像一团火苗一样，很快就蔓延到了山下，除了患病的妇孺之外，还有一部分底层的官兵也很喜欢吃红莲饼。

红莲饼一开始只是当作充饥的食物，后来，在红莲饼里夹了一些偏方，再后来，红莲饼里夹了一些武当山下面的村庄疾病和疫情发展的情况。最后，红莲饼里便开始夹一些天干地支的字和诗词中的断句，总之是一些让人莫名的内容。吃完了红莲饼的人，不明白那饼里夹的字是什么意思，便开始猜测。猜测的内容五花八门，有官兵猜测红莲饼里的“坤”字是代表官员，坤字从士从绅，所以，大概这饼子是皇上御赐给武当山的。

也有人猜测红莲饼里夹的“随风潜入夜”是说疾病是上天的惩罚，修天梯的行为本来就是违逆天意，而皇上执着又大肆建筑，所以，上天才用疾病和饥饿来惩罚不听话的臣民，要不然，怎么会大雨旬余呢。

还有人猜测红莲饼里夹的“竹”子，是死亡的意象，竹的意象是一截一截的向上长，每一截其实都意味着衰老和死亡。有一个从上面流传下来的意思最后统一了“竹”字的猜测：竹字是两个“个”字组合在一起，而“个”字又是一翅锋利的刀子或者剑刺入一个人的身体。两个“个”字呢，则代表男女，是一个家庭的死亡。

这种猜测使得一些人拿到“竹”字红莲饼的人都不敢吃。于是，这些红莲饼中，只要是夹有“竹”字纸条的，均堆放在一起。

李时珍到管营里查诊时正好发现了这些夹有“竹”字的红莲饼。高高地堆在那里，李时珍没有问其他人是怎么一回事，拿了一个，就吃了。莲藕的味道作得很像农家风味，香甜，不腻，甚至配合着玉米的粗砺，十分地融洽，就像是一个脾气暴躁的男人娶了一个性格温柔的老婆一样，日子虽然偶有碰撞，却正因为双方性格的互补而显得无比温暖。

食物自然是分为凉性和热性的，红莲饼子是温热的，不是凉性也不是热性，是中性，偏热一些，所以是温暖的。

吃了一块不够，李时珍嘴里嘟囔着，好吃，好吃，但又吃了一块。李时珍身边的医生，听到那些军营里的官兵们小声私语，便告诉李时珍，说："李先生，这个夹有'竹'字的红莲饼是一种有死亡意象的饼子，吃了可能会有生命危险，所以，老百姓都不敢吃，这才堆在这里。"

李时珍说："只是凭夹了一个'竹'字便说有生命危险，这个饼子的莲藕香味表明这是这两天内刚刚作好的，玉米面的香气也没有变化，所以，此饼子是可以吃的。没有任何问题。"

李时珍说完，取了很多饼子分给周围的人，结果，所有人都不敢吃。

李一农的病被李时珍调理得差不多了，他的妻子因为医治得不及时死了，他伤心不已，吃素多日，以示诚恳。李时珍到他家里去吊唁时，看到李一农很伤心，一副悲痛欲绝的样子。欲死欲活的，便递给他几个夹了"竹"字的红莲饼子，说："兄长，吃这种饼子吧，这种饼子会给你带来死者的信息，竹是空空的管弦，里面有声音，从遥远的地方来。"

李一农虽然知道这个夹有"竹"字的红莲饼有生命危险，但是他毫不犹豫地吃下了几块饼子，吞咽得厉害。李家的下人见老爷吃了这么多的红莲饼子，心想，老爷这一次非要死了不可。

可是，过了几天以后，发现老爷不但没有要死的迹象，而且，胃口也仿佛被这几个夹竹字的红莲饼调节好了，李时珍又利用食物，给李一农补充了一些粗粮，那些粗粮均是一些湿热性的营养，刚好补充了李一农前一段时间身体的虚弱，给了他力量。

工匠们的身体大都有了好转，李一农和张九领又开始督促他们干活。这一次果然好了，这些工匠们竟然很有热情干活，不但有足够的热情，还唱起节奏欢快的歌谣：

正月里那个雪花飘，妹妹送哥到石桥；
二月里那个龙抬头，哥哥想妹到床头；
三月里那个桃花烧，妹妹有话枝头俏；
四月里那个春雨稠，哥哥想妹像雨流；
五月里那个槐花香，妹妹欲把爱种下；
六月里那个西瓜圆，哥哥想妹甜又甜。
……

李一农和张九领以为瘟疫就此远离了武当山和管营，像一团燃烧的大火，终于被李时珍的这场大雨浇灭。

然而，疾病虽然在武当山得到了控制，却在山外开始蔓延，先是在陕西的商州和湖北的郧县发现大量的肿疮病毒携带者，接着又在河南内乡发现疾病患者，而且病势如烈火。

湖北、陕西和河南总督府衙门均派出大量的官兵前去这些疫病区控制人员扩散。然而因为事先并没有筹划完备，这些军官们到疫病区以后，不采取任何施救措施，只是人为制造了栅栏，不让任何划定区域里的居民外出。

在疫情最为严重的湖北郧县堰口镇的水库村，整个村庄被成千上万的官军包围，没有疫病的人急着要出去买药不行，有急事的人要出门通风报信不行，总之，这些军官手里拿着总督府衙门“禁止”的令牌，对违令者格杀勿论，一时间引起了民愤，夜间的时候，果然有不少村民趁着夜色偷偷逃出来，与阻截他们的官兵发生了冲突，一群青壮年的村民用铁钗和刀镰杀死了过来围追堵截官兵们，逃了出来。

逃出来的村民们在外面办完了事情，相约一起返回到村子里的时候马上被等候多时的军官抓住，这些村民手里有非常重要的药物拿回到家里救命，又或者是带来了能救人的口信要急着返回到家中，可是这些都不能送到家里了。那些粗暴的军官，用马鞭抽打逃跑的村民，还一个一个地用竹签刺破了手指，并用他们的血手指在棉布上写字，这些军官嘻嘻哈哈地用这些手指受伤的农人们的手指写一些骂人话，看着那些农人们呲牙咧嘴呻吟不止，他们仿佛吃了蜜糖一般的高兴。

到了夜里，有一个人大约是血流得过多，晕了过去，其他几个便大声叫看守的军官，有一个年纪稍大的人大约懂些医理，对军官大声说，求你们了，大爷，我的这个兄弟的母亲要死了，他只是出趟远门送一个口信，他并没杀人，他是个胆小如鼠的人，从小到大，连杀鸡都不敢看，你们一定要救他，只要给他补充一下盐分和水就行了。

那些军官大约是醉了酒，不耐烦听他们琐碎的解释，用手里的火把照了一下说话者的脸，骂骂咧咧地说："盐水没有，要是喝尿，倒是有一泡，老子今天还没有尿尿呢，一定可以尿满满的一大碗，哈，哈哈……"

然而，他的笑声没有结束，头却滚落在地上，那瞬间太快了，他的嘴巴还没有合在一起，在地上转了一圈以后，他的嘴巴还在动，所有在场的军官都被这突然到来的变故吓坏了，一群黑衣人，他们全都戴着莲花面罩，个个都武功高强，挥刀就将看守的十数名军官杀死，然后带着几个受伤的村民逃离。

河南内乡县衙里，几个衙差正在分发红莲饼，领头的头目偏胖，拿了一个红莲饼子，吃了一口，摇摇头，说，太酥了，掉在嘴里，我都不知道哪一块是牙齿了。

新任的知县阮大元刚刚到县衙报到不久，他仿佛很喜欢吃红莲饼，到任的当天，便吩咐县丞和主簿到城东的姚氏豆腐坊去购买五百斤红莲饼，分别装五大车运往县域里五个已经出现疫情并被官军围禁了的村庄去。

红莲饼不仅夹着纸条，还掺入了少量的大黄，这些大黄可以让已经患了肿疮和颗粒状泡疹的病人通过拉肚子，排出病毒，可减患肿疮的继续恶化。

然而，内乡县衙的红莲饼很快被抢空了。阮知县视察姚氏豆腐坊的时候，被姚氏豆腐坊的人劫持了，而后，县衙被一群打着红莲旗帜的黑衣人占领了。这群黑衣人占领县衙以后，贴出了安民告示，红莲饼里已经夹了红莲教起义的消息。

“红莲教”，在安民告示的最后落款那里，是这三个字，在告示里，红莲教历数了朝廷远近的数十种罪状，尤其是大修武当山的这件事情上，告示里忽略了威胁工匠家属这一项，而是着重说明，工匠的家属们被羁压，因为被官兵们轮奸而致病，而后这些官兵又不顾病患妇女的死活，又组织她们出卖身体赚钱来修武当山，皇上信奉黄老之道，只求长生不老，不问苍生福祉，如此荒淫而无道，终于得罪了上苍，这才导致一场大瘟疫的到来，红莲教正是秉承大明建文帝遗志，废除庸帝乱臣，拥立建文帝朱允文的后世子朱竟成为皇帝。

“红莲教原来也是皇室血脉建立的一个教派啊！”老百姓看完告示之后，相互传话，觉得天下已经被嘉靖帝弄得像瘟疫一样，四处传染着恶臭的气息。

紧接着，在云南大理、山东沿海、湖南湘西、安徽六安、江苏松江府、河北邯郸府等处县衙被红莲教黑衣部队占领，官兵被杀掉，老百姓顺利地得到安抚，最重要的是，老百姓还可以到红莲教所属地去免费领取红莲饼作食物，不但可以充饥，还可以治疗轻度的肿疮。

京城竟然也有红莲饼出现，这引起了东厂锦衣卫的注意，跟踪了许多天，均是找到一两个豆腐作坊就线索中断了。

然而，红莲教的安民告示还是被抄了副本快递到了吏部、兵部和内阁。内阁同时收到了来自河南、山东和江苏三省的八百里加急快报，内容竟然一模一样，均是在有瘟疫爆发的县域发现了红莲教教徒，而且，连同朝廷的驻军大部分都一起参与了红莲教。随着多个省域的疫情的不断蔓延，红莲教的势力范围也随之扩大。

徐阶召集内阁所有阁员紧急集合到西苑的议事厅，并特别通知兵部、工部、户部的尚书和侍郎与会议政。吩咐下去还不到一刻钟，只听到兵部派来的号令官员前来内阁送呈加急的奏折，湖北武当山附近的所有县域皆举了反旗，抵制朝廷在武当山修天梯。湖北总督府已经派重兵前去剿杀，但因为武当山附近地势靠山临水，十分险要，大队官兵无法入内，所以，一时间朝廷无法清剿起义的叛军。

徐阶一听，来回踱着步子，直骂这“红莲教”借武当山生事端，因为重修武当山是他的儿子徐璠任总监督的，一旦工程不能顺利进行，皇上第一个要查问的就是工部侍郎徐璠。

等到兵部尚书赵炳然到了西苑，他说的第一句话，竟然是：“徐阁老，大事不好了，云南和贵州两地的部分工匠的家乡也已经被红莲教的起义军占领，这把火被顺风吹大了，这可该如何是好？”

内阁阁员高拱、李春芳、袁炜，吏部尚书杨博、兵部尚书赵炳然、户部尚书高耀、工部尚书雷礼和工部侍郎徐璠全都到齐了，然而司礼监李芳却迟迟没有来。

徐阶差人去万寿宫去催一下李芳，说，我们现在先通报一下各部司掌握的疫病和造反人员的情况。

万寿宫里，皇上正在生气，把几个小太监的裤子扒去了，然后拿着一个小鞭子，挨个抽打，每打一下，就听见那小太监用几近哭腔高声喊：“谢主子万岁爷赐打”“谢万寿帝君赐鞭”！

李芳和太医院里的年轻太医许有渔正在商议一个药方。

李芳说：“许太医，我这里有一个李东壁的方子，说是《丹溪古方》中留下来的，皇上的阳气不足而导致阳物不坚，可以单用覆盆子，李东壁特别交待了，要用纯高粱酒将覆盆子浸湿十五日，而后焙干，研末，再用酒服下。我昨天查了一宿，还真是查到了李东壁说的这个古方的来历，这个覆盆子的来历缘自一种叫作五子衍宗丸的药方，那个古册子叫作《丹溪心法》，在那部古书里，覆盆子甘酸微温，甘能补益，酸能收敛，微温而不炽热，既能补肾助阳，又能固精缩尿，且收涩力强。”

许有渔点了点头，接过了李芳递过来的一个帛书，看了看，说：“圣上的阳物不举和肾相关，但是，李时珍的这个古方是针对圣上的湿热而下的药方，但依卑职多日观察圣上的饮食，圣上多喜欢食用大蒜及醋，此两种食物均对阳物不利。又，卑职通过皇上近些时日临幸的嫔妃的数量来推算，皇上大概是因为阳物过度泄精所至。前些日子，卑职抄父亲给我留下的唐朝千金方，查到一个非常适合皇上的古方，你看一下。”

说着，许有渔从袖中取出了自己用草宣纸抄好的方子，递给了李芳。

许有渔的父亲就是前任的太医许绅，许绅在嘉靖二十一年因为宫变事件救了嘉靖帝的命，但自己却吓死了。嘉靖念及他有救驾之恩，便让许绅只有十四岁的儿子进了太医院制药监学习，以继承许绅的职位。

李芳看了一下那古方：“蛇床子、五味子、菟丝子等量，均研为细末，用蜂蜜制作成丸。丸粒若梧子大。每次服用三十丸，并用温酒服下，日服三次。”

李芳念完了，看着许有渔，等着他解释。

许有渔微笑，说：“这是唐时古方，此方中的蛇床子、菟丝子均能补肾助阳，蛇床子助阳补阴，早在《神农本草经》里已经有记载了；而菟丝子则是一味平和的温补肾阳之药。蛇床子和菟丝子一起使用，可以加强补阳的功用。五味子主要是收敛男性的阳精，也补肾壮阳。这三种药物的性格皆互补，搭配使用，则可以很快见效。”

李芳听完了许有渔的解释，觉得非常好，作成丸，若能辅以山楂末，便可以当作丹药来食。李芳便对许有渔建议，说：“许太医，和上山楂末一起作成大药丸，每一次吃三粒，不知如何？这样的话，主子万岁爷也可以当作每日的丹药来吃，现在，主子万岁爷有一个怪癖，哪怕吃米饭，也要作成丹丸的样子用紫色的米皮包起来，他才吃。”

许有渔拿着一个笔在纸上列了几味中药的名字，想了一下，说：“也可以，不过，一天要吃六粒药丸才行。”

李芳听完了，应允下，便直奔西苑东北角的丹丸司而去。刚到大门口，便看到内阁派来的传令官，那传令官对李芳说：“李公公，内阁召集紧急会议，各位大人都已经等候多时了，现急等着公公您。”

李芳“噢”了一声，点了点头，朝丹药司的值班室里走去，交待了一下手头的药方，便随着传令官到了西苑大门的内阁值房。

李芳坐在了徐阶的左侧，右首坐着高拱，见到人员到齐了，徐阶就说话了：“鉴于事情较为急迫，现在就请兵部的赵大人先介绍一下事情的情况。”

赵炳然便将红莲教的发展形势图标注在一张手绘的大明形势图上，为了表示时间的先后顺序，赵炳然还用红色的箭头清晰地标出蔓延的方向，先是在湖北武当山脚下，而后是陕西和河南，再后来是江浙和京城附近。

赵炳然说：“红莲教是一个组织非常严密的反对朝廷的组织，他们先是借着武当山脚下的一场瘟疫而起事，用一种夹心的红莲饼子作串联，慢慢地越组织越庞大。但是据我们兵部的探报称，这些组织并没有严密的军事训练，所有的成员多是因为疾病或者家庭变故，而信奉红莲饼能治病救人而加入的，所以，从剿灭的角度并不难对付。只是，我有一个发现，这些红莲教徒所信奉的朱竞竟然住在云南，甚至他们的指挥部署也仿佛是在云南发出的，所以，我觉得只要朝廷控制江湖上所有的燕子帮，阻隔了他们的通信联系，便可以控制他们的部署，进而捣毁他们的一切组织。”

徐阶又示意户部尚书高耀介绍一下户部掌握的情况。

高耀便站起身来，将手头上掌握的关于武当山建筑的情况说了一下：“我的这些资料都来自工部侍郎徐璠的报告，武当山的木头因为全是从云南大理府运去的红杉木，而云南的红杉木在当地被视为神木，尤其是百年以上的红杉木，当地人均认为每一棵树上都住着一位神灵。所以，一开始大理府在砍伐树木时就遭遇到了很大的阻力，在大理府的治辖内，有好多个村子都成立了护杉小组，这些村民以保护神灵的居所为名，日夜看护已经有百年树龄的红杉。然而，武当山上建筑阁楼和天梯的材料，又必须是百年以上的红杉树。在砍伐的过程中多次遇到破坏。白天官兵们去砍伐好了树木，晚上的时候被村民们偷走。又或者是，数百村民团团围住村子里的红杉树，不让官兵们砍伐。形势相当的严峻，大理府府台和云南巡抚李延杰均上书户部、工部和内阁，说明情况，并希望工部重新修正红杉树木，改为红松，云南也有上好的红松。可是，工部派往武当山的工匠回了话，必须红杉树，因为，红杉树百年成材，质地密集，承重力极大，是最好的建筑梯子的材料。好在上天帮助了大理府的忙，一天夜里，有一棵百年的红杉树被雷电击中，一下劈开，成为四截，大理府马上派人在树上刻下了武当山的字样。老百姓迷信，相信了雷击红杉为武当的传说，他们纷纷在民间流传，是上天同意砍伐红杉树的，上天为了皇上而特地开恩。这样，砍伐红杉的阻力才算是彻底清除了。然而一波不平，一波又起。就在红杉木正源源不断地运往武当山的时候，在云南通向武当山的一条山路上，出现了一次地动，地动造成了塌方，数十里的道路被山上的滑石和已经折断的大树阻挡，一时间那些红杉树在路上被匪徒劫走。武当山便出现了红杉断继的情况。为了让工程顺利进行，侍郎徐璠命令运输的官军绕道四川陕西，多行驶一千里山路才能送抵武当山，然而这样作的结果是，人困马乏，每每路遇劫匪，红杉运不到武当山。户部屡屡统计不出建筑的速度和实际用度，最后和工部商议后，决定从河南府借道，从东北运来了大量的红松作为替代树木筑用，然而好景不长，第一批红松木刚刚运抵武当山不久，就遇到了工匠逃跑的事件，再后来，就是工匠家属被禁山下，却不知是何缘故，武当山下的管营竟然爆发瘟疫。这一次瘟疫来势凶猛，像极了嘉靖十年时安徽的伤寒疫情，只是这一次的瘟疫的传播竟然是通过饮食和身体的双重传播，从传播范围上虽然比上次大，但是传播速度却是要慢了许多，尤其是幼年的孩童若是能隔离得好，便不会被传染上泡疹和肿疮病。这些情况，本来是太医院要说，但因为我们户部掌握了一些数据，便一并在这里说了。下面，我接着说，武当山上的情况，武当山遭遇这一系列的变故，工匠损伤过半，但好在，现在李时珍在武当山上施了对症的医方，多数轻度患者已经痊愈，所以，工程又开始进行了。但是红杉却因为道路堵塞至今没有打通，所以，依旧只能绕道运输，再加上近期红莲教作乱，所以，红杉木基本上运送不出来。这两个月，工部和户部接触较多，相互通报了一些情况，这几天，兵部也和户部交换了一些情况，我的感觉是，红杉木被劫事件，一定与红莲教有关，甚至，上一次的地动事件之后的山体滑坡泥石流现象，都与红莲教有关。”

高耀的一番话让与会的人一阵议论，李芳也插话说：“锦衣卫得到密报，说是邵元节有一位熟悉天文历法的师弟就一直在云南一带，是不是此人也在为红莲教作事，也未可知。”说完看了一眼徐阶。

徐阶笑了一下，插话说：“这是李公公和本阁的一致猜测，利用天文历法掌握山河涨潮或者地动的消息，然后再把天灾人祸合理地利用，这在历史上无数次被人用过，早在唐时，尚天监的袁天罡正是利用洛河水将涨潮，且于洛水之中形成一个巨大的漩涡，于是，他提前将一个刻了武则天名字的石碑投入洛河之中，果然，有一天，洛水涨潮，有一石碑浮出水面，立于水上达数个时辰，方才沉没，武则天正是凭借此假造之石碑顺利改唐为大周，称帝。所以，我和李公公便猜测，正是那红莲教中有高人在内，他们提前测算出地动的具体时间和位置，并巧妙利用了这次的地动，制造了大量的断树及泥沙，然后造成了道路的塌方及堵塞。红杉木不但用在建筑上，更适合制作尖利的武器，譬如木枪和箭杆，甚至还有各种兵器的把柄，均是坚硬无比，质地良好。所以，此次的武当山疫情、地动和红莲教徒的起义仿佛均有关联，如此来说，他们这个组织的确是一个能量很大的反抗朝廷的组织。所以，这一次，才请大家来，各抒己见，充分发挥你们的思维能力，寻一个万全之策。接下来，还是由兵部赵大人再补充一下，我大明朝的驻军情况。”

赵炳然咳嗽了一声，继续说：“我大明朝的驻防一向是注重北边和西北的边防，而轻海防，但自从胡宗宪总领沿海九省的兵权以来，以戚继光的戚家军为首的海防官兵也是一支非常锐利的陆地战师，再加上，我京蓟周围的近四十万兵马的驻防，更是一支战斗力最强的皇家卫队，所以，从剿灭这一股红莲教叛军的战势上来说，不存在任何忧虑。但，卑职只是怕到时候，红莲教一旦连成一片，发动了全部的群众信奉他们，并举全部百姓的力量来对抗朝廷，那么，到时候就大事不妙了……”

徐阶又打断了赵炳然的话，说：“赵大人，你刚才说，江湖上的燕子帮是个什么样的江湖帮派啊？”

赵炳然说：“燕子帮是从永乐年间开始发展起来的一个最大的帮派，

原来属于镖局的分支，现在已经独立成为一个和锦衣卫相抗衡的民间帮派，他们的特点是养日行五百里以上的鸽子，专门送信报信。据江湖上的传言，现在，他们已经培养出一些在大雨天气里懂得用羽毛保护字条的鸽子，这是何等的了不得啊。这个帮派专门替官府或者地方上势力很大的客商们送信，一则是为了通信方便快捷，二则也为不少黑心的勾当提供了信息的通达。这个帮派不但放鸽子传送住处，还养了大批的闲人，像锦衣卫一样，到处搜罗有用的信息，然后用鸽子带回到总部，并让总部判断信息是不是值钱。听说，有不少朝廷大员为了保护自己的隐秘不被燕子帮的人知道，每一年，还给燕子帮封一个大大的红包呢。这个燕子帮之前曾经是严嵩父子的得力助手，这个帮派之所以在我大明朝能够发展起来，也完全得益于严嵩的支持，如今，严嵩虽然倒了台，但是这个帮派的能力和实力却都越来越大。”

徐阶点了点头，众人又开始小声议论起来。

吏部尚书杨博一直沉默，徐阶望向他，示意他也要说话，他便把自己手上的奏折理了一下，说：“吏部近些时日并未接到与武当山建设及瘟疫相关的奏本和弹劾文书，只是卑职搜集到一封贵州贵阳府治下的修文县境内，有很多池塘均种了莲藕，然而，半个县域的池塘里全种了莲藕，却在上市的时候，全县找不到一家卖莲藕的，有一个大户人家到池塘里去买，谁知道，那种莲藕的人说什么也不卖，说是给云南的客商们种的，在去年种下的时候就画了押，写了契约，所以，不论本地的人出多少钱，都不卖。正是这个奇怪的牒报，引起了我的注意，我想着，会不会这些莲藕最后从贵州贵阳运输到了云南境内，加工成红莲饼子，所以，才派人去查证了一下，这贵州的莲藕究竟销往了哪里，结果，竟然真的全被一个云南的客商买走，那个地方竟然真的在云南、广西和贵州的交界处，一个叫作罗平的古镇子。”

该说的都说完了，李芳说话了：“这件事情，万万不能被皇上知道，因为，他老人家的身体最近很不好，再加上，最近又是皇上过关的关键时刻，更是不能接受这些消息。皇上的身体虚弱也不是一天两天的事情了。然而，武当山有皇上每天都盼着捷报的一个大工程，所以，以上的种种情形，皆应该隐瞒下来，待到事情平息之后，再由我或是徐阁老偶尔言及即可，徐阁老以为何如？”

徐阶连忙对着李芳作了一揖，说：“李公公说得极是，圣上身体有恙，正是避害而趋利的时候，这些时日所呈上的奏折也均是捷报和喜讯。然而如今我大明有大火在境内燃烧，所以，必须由我们在座的诸位来熄灭。刚才吏部杨大人、兵部赵大人、户部高大人和工部雷大人，均发了言，综合大家所讲，我们可以基本肯定。此次的已经连成一片的大火全部由红莲教引起，若想灭火，必须由兵部分派人马，各个击破，然后直捣他们的总坛或老巢，彻底铲除他们，以绝后患才是。所以，现在请兵部的赵大人再说一下你们现在所定的战略。”

赵炳然说：“戚继光，此人现在浙江杭州府驻兵，只需要带领三千精兵沿淮河进入河南境内，至南阳便可以与叛军交手。戚家军虽然擅于海防战争，但是，他们的兵将多是在陆地上生活的，所以，在陆地上与敌人交手则会更勇猛。兵部立即下令，戚家军所到之省总督府军马一律归戚继光将军指挥。这样的话，有了先锋军冲刺，又有戚继光的指挥，那么，像他们那些靠吃红饼子治病的乌合之众一定会瞬间崩溃，继而土崩瓦解的。”

赵炳然的话，众人皆附和。

徐阶也点头表示同意，这个时候，一直沉默的高拱说话了：“赵大人，内阁收到信报时说，在陕西和河南境内杀死官军的一些叛军可是配有杀伤力很大的火器，那些官函一直在内阁存放，写函的是河南总督府的一个武官，他按照实际大小画了一个叛军所使用的火器的样子，那是一柄制作精良的鸟铳。比我大明朝军官所配备的鸟铳要粗壮一些，大概里面可以多装一半的铁沙，能够致半里左右的人以死亡。不知，我大明朝的官军有无这种火器，若是没有，我们又该如何来应付。”

赵炳然一听，笑了，说：“这种火器应该就是西洋火器，在戚将军和倭寇的战役中就曾经缴获过不少，可以说，我们自己的军官现在也基本都配备了鸟铳。但是这种鸟铳只能防身用，行军打仗的时候根本用不上。”

赵炳然怕大家听不懂，就又补充了一句："这种鸟铳是打一次更换一次子弹，而更换子弹需要很长的时间，在这段时间里，敌军已经杀了上来，所以，基本上是没有用的。"

高拱一听，明白了，笑了笑，说："这真是隔行如隔山，前几天看到此消息时，我还着急万分，原来这个问题，我大明朝的军队早就解决了，惭愧，惭愧之至。"

赵炳然也连忙作揖还礼。

徐阶看了一下大家，仿佛大家的话都说完了，所以，他只好总结陈词："这次集会有些匆忙，所以，只能先这样交流，不能展开讨论。既然吏部、户部、工部和兵部都已经提前沟通了信息，而且兵部已经因为有了消息而作出了相对应的战略部署，那么，我代表内阁批准兵部赵大人的提议。"

说完看了一眼旁边站着的袁炜，袁炜会意，差下人取了纸和笔，来记录李芳即将下发的行文：

因大明国事紧急，特差调浙江总兵戚继光接到旨意后，率三千精兵，星夜兼程赶赴河南南阳去剿灭红莲教叛党。所到之处，总督府所属卫队和总兵府所属官兵，皆可调遣。那红莲教横连纵系，范围颇广，特地派出朝廷锦衣卫三百名，专门负责燕子帮的截击，以取得最新消息和情报，供戚继光使用。

行文撰写完毕以后，交由徐阶看过，又传给了李春芳和高拱，两人看过之后，李春芳马上附和了徐阶的意思。高拱欲言又止。

于是，那行文被司礼监的大印盖了以后，八百里快骑直递陕西和河南两处。

人散去了，内阁的四位阁员却仍然在研究那张兵部尚书赵炳然提供的地图。徐阶突然想到了一事，马上让袁炜写奏折，他想到了谭纶。谭纶从浙江到福建任巡抚已经有多年，而且和戚继光在抗击倭寇的战事中多有合作，尤其是在福建沿海一带，每一次戚家军的大捷，都离不开谭纶的筹划和布局。

徐阶想了想，奏请圣上，在这个关键的时候，将谭纶调回京城，担任蓟辽保定总督，以确保京城外围的安宁。

第十八章 继光平叛，海瑞断案

戚家军在河南南阳府的第一仗竟然败下阵来，因为长途跋涉，再加上被守备的起义军提前侦察了行踪，所以，刚刚驻扎下来不久，因为一场大雾，士兵们放松了警惕，先是被一群提前混入军营的起义军放了一把大火，然后又遭遇对方的骑兵偷袭，所以，戚家军一下子陷入恐慌，万般无奈之下，戚继光率领一队数百名士兵先锋杀出了重围，并在距离南阳府三十里的一个镇平县衙借得了一个驻扎地，并让传令兵和随后赶来的残兵会合。

戚继光感觉到一股前所未有的压力，他轻敌了。

戚继光决定让随军携带的火器队也使用上，并在镇平县域就地又征兵丁三千。戚继光征兵非常挑剔，这是在浙江抵御倭寇时养成的习惯。他一般只征农村的壮丁，而不收县城里的闲杂人等。这也是在他浙江一带的经历，因为在城市里，只有地痞无赖才不靠自己的劳动生存，想投奔军营混口饭吃。这在嘉靖年间也实属无奈，城镇里只要身体良好又品性不错的壮丁都会谋一种差事，可以生存得不错。再说，士兵的薪饷并不多，城市的士兵，只是把当兵当作一种过渡，一旦有机会便会逃跑，很是影响其他士兵的战斗积极性。

所以，戚继光在招募士兵时有一个戚家军中等管军都知道的标准：凡属脸色白皙、眼神轻灵、动作轻快的应征人员一概拒之门外。因为这种人几乎全是来自城市的无业游民，是将来战场上的逃跑者，是隐蔽的害群之马。

在这样的条件下，戚家军很快招募到一大批为人忠厚且力大无比的农民壮丁。戚家军虽然薪饷不多，但是无限量地供应伙食，这使得那些力大无穷的农民壮丁高兴无比，吃饱了肚子，便接受戚家军的正规训练，依旧是戚家军的鸳鸯阵。依旧是两人一配合，三人一小阵的对敌战术。河南府的所有农民都是在平原上种庄稼的人，这些人有一个突出的特点，那就是天天用锄头锄地，施粪肥，于是臂力惊人。而戚家军所训练的鸳鸯阵中与敌对战的战略战术，正需要臂力特别大的人。两个手持狼筅的士兵在平地上甩开手中的兵器，将敌人扫倒在地，而另外一名士兵则用锋利的长枪刺死对方；即使是遭遇强大敌人的进攻，也照旧是两个手持狼筅的人先阻挡敌人的进攻，而第三个人以长枪结束对方的生命。这样的三人组合，可谓是铜墙铁壁。

训练一周后，朝廷后继的粮草运输到。

戚继光派手下的火器队多次截留了运往南阳城中的粮食，那城里的百姓已经被守城的起义军赶了出来。

这些挂着恢复建文帝名义的义军竟然也鱼肉百姓了，这让戚继光十分恼火，他在夜间，用飞鸽传书的方式，让对方以为有粮队要进城，便大开城门，而埋伏在周围的戚家军顺势进城，占领城楼以后，又迅速摧毁了南阳府衙，救出了被关押在府衙地牢里的南阳府大小官员。

戚家军大捷后，一封六百里加急快报便已经上报了朝廷。

接下来，戚家军沿着河南府的水陆两路分别进入陕西和湖北境内，并迅速驱逐了盘踞在武当山附近的红莲教和陕西商州的匪徒。并按照兵部提供的地图，向云南进发。同时又向内阁快送上两份捷报。

连续三省大捷，基本扑灭了红莲教烧起来的这把大火。戚继光的骁勇善战又一次得到了证明。一边感慨戚继光能在这么短的时间内恢复元气，指挥若定，一边着急地催司礼监的小太监传话给李芳，这时候，徐阶才敢手持捷报进入万寿宫面圣，他要李芳和他一起面圣。

徐阶将武当山下的管营出现疫情之后而引起红莲教造反的事情说了，李芳补充说明了锦衣卫派去的三百名精干，给戚家军提供了准确的军情，并全部捣毁了为红莲教服务的燕子帮。这才使得戚家军在这么短的时间内能肃清三省的叛军，取得大捷。

听完以后，嘉靖帝大为恼火，他摔了一个用了五年的乐瓮，碎成了一颗心的形状。徐阶和李芳一看，大吃一惊。皇上的心都碎了。

徐阶扑通跪倒在地上，对嘉靖帝说："皇上，老臣这几日和兵部尚书赵炳然大人以及新任的京蓟总督谭纶大人视察了京城的十六处驻军所，还有京城附近的关隘，均发现了红莲教的影子。他们的标志就是一种红莲饼子……"

嘉靖帝打断了徐阶，问："徐阶，你说什么红莲饼子，难道是朕爱吃的那种夹心的红莲饼子吗？"

李芳闻听此言也跪倒在地上，答："回禀主子万岁爷，和您爱吃的红莲饼子不同，这群匪徒大约也是打听到皇上您爱吃什么东西，才故意作成了此物，其实，您吃的红莲饼是夹了绿豆和猪肝的，而他们作的，不过是普通的红莲和豆泥而成，就是普通的中秋节的点心而已。"

嘉靖帝仿佛听进去了，不再说话。

李芳便示意徐阶继续回禀下情。

徐阶便接着刚才的话，说："根据兵部和锦衣卫掌握的情况，京城的红莲饼都来自一个瑞吉胡同的老店，老板姓洪名叫大顺，那里仿佛是红莲教的一个据点。这些红莲饼子里偶尔会夹有一两个纸条，但是，因为他们的售量很大，只在极少数的饼子里夹纸条，所以锦衣卫无法下手去查证，买了好多，也没有发现什么重要的线索。但是老臣和李公公已经让锦衣卫盯死了这个洪氏糕点老店。一有什么异常便会拿下他们。京城有谭纶的两万精兵，且不说他们闹不起来，即使是闹将起来，谭纶也倾刻之间会剿灭他们，请皇上安心养神体，一定等着武当山修缮完毕后，亲自去武当山拜祭天地才是。”

嘉靖帝眼睛闭上了，惯性地用拂尘敲一下旁边的乐瓮，没有敲到，又看了一眼地上碎成心形的乐瓮，将手里的拂尘扔到了地上，又闭上了眼睛。

徐阶和李芳小心翼翼地退了出来。

李芳问徐阶：“阁老，你说那个胡同老店要不要抓人。”

徐阶答：“李公公，你猜皇上的心思呢？”

李芳说：“皇上把拂尘都扔到地上了，是不是要说放他们一马呢？”

徐阶说：“皇上将拂尘扔到了自己已经碎了的心上，应该是要修复它，但如何才能修复那碎了的心呢，只有剿灭叛军，使皇上的心安下来。”

李芳连忙作揖说：“奴婢愚钝，多谢阁老提醒，不然，老奴又该受皇上的训斥了。我这就让陈洪通知锦衣卫抓人，并送交兵部赵大人会同锦衣卫一起审办。”

徐阶也还了一揖，说：“如此好极，好极。”

二人分开后，徐阶便回到内阁当值房，正在值班的高拱正对着送来调查材料的户部传令官问话，高拱说：“你是说这么庞杂而又细密的材料都是户部云南的主事海瑞一个人调查的？”

那个低个子红脸庞的传令官点头说：“是，是海大人天天往京城的各个角落调查得知的。”

见到徐阶来到，高拱连忙将一卷长长的册页递过来，说：“徐阁老，你看一下，这一个海瑞可是抵得上三百锦衣卫啊。他一个人在京城里东转西转，竟然就将瑞吉胡同的洪氏糕点老店给找了出来，而且还画了图，标注了那洪家老店供应的地点，哪些地点是平民百姓，哪些地点参与了红莲教，他们在哪里秘密集会等等。这里面竟然有锦衣卫都没有侦察到的秘密集会地点。你说他一个文官，又不骑马，就凭着两条小短腿，他在这偌大的京城竟然这么准确地找到了这么多证据，实在是难得，难得很啊。”

徐阶借着高拱的话，翻了一下那密密麻麻写满了字的奏章，然后又问了一句那传令官，说：“当真是海瑞一人去微服调查的吗？”

那传令官不得不又小心翼翼地重复回话，说：“回阁老问话，是海大人一个人调查的，海大人大约在一个月前得知了武当山下的疫病情况，后来是他的好友李时珍给他来了一封信，说明了红莲教的情况，二十天前，他开始在京城查证红莲饼的出处，这才有了这厚厚的一叠奏章。”

徐阶点了点头，对传令官说：“你赶快回去，叫海瑞速来西苑内阁值房来一趟，就说我有要事找他。”

那传令官领了命，一溜烟似地跑了回去。

夏天的京城有些热，西苑偏于京城的城郊，又加上新修的一条宽阔的内运河，在偌大的京城里，这里是避暑的绝好地点。

海瑞一进来就被一股自然的风所陶醉，真是皇家园林，连风都与自己所住的四合院里的有所不同，风中的气息不同，风的力度也不同。

海瑞拿着官牒跟在一个侍卫的后面，到了内阁当值房，向徐阶和高拱两位阁老作了揖，谢了座，便坐下了。

内阁的当值房里挂满了严嵩和徐阶的字，也有一幅清秀的字写得好，看了一下那印撰，竟然是裕王的字，海瑞不由得称奇，原来，不但是皇上的字写得好，连同裕王的字也有着笔走龙蛇的皇家威严。

徐阶将海瑞呈上来的奏折拿了出来，放在几案上，问海瑞：“海大人，这真是你步行探访的结果吗？”

海瑞点头应下。

徐阶说：“东厂派出了锦衣卫数百名，分工明确，仔细查证和跟踪了二十余天，也才查证了你一半的内容，你是如何得知这个秘密聚会的地点的呢？”

海瑞说：“我正是利用了锦衣卫的跟踪和查证的结果，只是可惜的是，锦衣卫本来已经找到了好的线索，只是对方耍了一个小聪明，骗过了锦衣卫，锦衣卫便顺着对方故意设置的线索查证下去了，从而错过了很多地点，最后什么也没有查证出来，甚至不知道为什么线索就断了。而我正好在排查的时候发现了锦衣卫们正在查证一个茶楼……”

徐阶插话问：“锦衣卫外出行事，从来便衣，你是如何确认的？”

海瑞笑了，答道：“徐阁老深居简出，大概不知，那锦衣卫是便衣，但是，京城只要有心一点就能看出，身边的人哪个是锦衣卫。第一，锦衣卫行事从来不单独行事，多则四五人，少则两三人，且尾随在人后，表情却又傲慢，所以，行人一眼便可以看出，这是宫里派出来抓人的锦衣卫。第二，锦衣卫虽然便衣，但是锦衣卫从来穿白底黑布靴，戴草笠，这一身行头在京城已经是司空见惯了。但是锦衣卫却不自知，自以为脱下皇上御赐的盔甲便可以隐藏身份了，其实无知得很。”

高拱频繁地点头，对徐阶说：“你我二人皆极少在京城的寻常巷陌里走动，确实不知那锦衣卫千人一面的派头，看来，这锦衣卫跟踪那红莲教的行踪，一定是走到哪里，都被人家看得清晰得很，所以才迟迟找不到核心的聚会点。”

徐阶若有所思地点点头，对海瑞说：“海刚峰你继续往下说。”

海瑞咳嗽了一声，从旁边的一个记事官那里接过了一盏茶，呷了一口，清了一下嗓子，继续说道：“我跟着两个锦衣卫发现的那个观沧海茶楼有一个后门，锦衣卫一进茶楼的院子便被人家设计了。他们发现了那个虚掩的后门以后，很是高兴，认为有了新发现，便顺着后门向里面走，结果到了里面，才发现是一个废弃了的坟场，他们在里面转了好多圈，也没有发现什么新线索，只好放弃茶楼，回去禀报了。而我跟着锦衣卫到了茶楼以后，发现那里的服务人员不太对劲，他们有好几个都是女扮男装的。这些服务人员在二楼的一间小屋子里说悄悄话，说了很久，不知道从哪里消失了。我正要离开的时候，却发现这个茶楼有一个地下的通道。那个地下通道被一堆盛放已经泡过水的旧茶叶筐堵着，像是一间厕所一样。但是，我一看就知道那是一个地下通道。因为，我看到那个门上有红莲教的人留下的莲花暗记。”

“莲花暗记？”徐阶和高拱差不多同时叫出声来，仿佛他们两个也在什么地方见过一样，但一时间又想不出具体的情状来。

海瑞说：“是的，莲花暗记其实就是红莲饼的包装纸上印的一朵小莲花的标志。在茶楼里或者糕点行里所吃到的红莲饼子，包装多是没有这个暗记的，只有在传递信息的时候，他们才会用这种有暗记的包装，打开以后，会发现那里面有个纸条，纸条便写着一些具体的信息，或者暗号。我是无意中发现这一暗号的，因为有一天，我在观沧海的二楼里喝茶，忽然发现一个送糕点的人。我马上下楼去买糕点，说是我老母亲特别喜欢吃，他们有些为难，说是还没有分拣好，不方便卖。我好说歹说，终于从那里买了四块，结果，这四块糕点的包装纸上全都印有莲花的标志，而我平时吃的却没有，打开以后，果然发现了里面夹的暗号，是一句诗句：桃花潭水深千尺。这一句诗让我整整琢磨了三天，最后才明白了这个暗号的意思！”

徐阶拿了一枝笔，在宣纸上写下了这句诗：桃花潭水深千尺。不知何意。

海瑞有些得意，但也不能表露出来，只好继续解密说：“这句诗的意思是红莲教要撤离到一个更安全的地方。”

“要撤？那可不行，今天晚上就要动手，抓捕了他们。”高拱说。

徐阶点头，示意旁边的记事官不用记了，先出去一下，并让海瑞继续。

海瑞说：“两位阁老，‘桃花潭水深千尺’的下句是‘不及汪伦送我情’，其实‘桃花潭水深千尺’就是一个谜面，它的谜底在下句里，‘不及汪伦送我情’，若是用成语来概括，则是四个字：无与伦比。而‘桃花潭水深千尺’中则有一个‘潭’字。两句诗加在一起，有‘潭’又有‘伦’，这是谭纶大人的谐音。这样一总结，这个暗号的意思是，谭纶难以对付，京城的活动难以成功，要撤离。”

徐阶和高拱一听，一起为海瑞的解释叫好，徐阶走过来，拍着海瑞的肩膀说：“海刚峰啊海刚峰，想不到你思维如此敏捷，真是可堪大任，可堪大任啊。那你再说说，你是如何发现那个秘密聚会的香山庵的？”

海瑞作了揖，表示谦虚，笑着说：“阁老言重了，刚峰自知愚鲁，笨虫子先爬而已。奈何瞎猫遇到了一个死耗子，如是而已。那个香山庵也是因为那个观沧海茶楼，自从我确认那个门是个地下通道以后，我常常到茶楼的二楼拐角处去喝茶，有时候还拉了王用汲一起陪我，借以观察楼下和茶楼外边的动静。有一天傍晚，我刚到二楼的包厢坐定，事先我约了王用汲要送他一卷我抄的论语。结果，我看到有五个人从地下通道里出来，他们竟然在我的包厢隔壁的包间里说话，声音很低。中间还不停地有人从外面回来。约摸着有一个时辰的光景，这一帮人大约商议完毕。各自散了，只剩下四五个穿着斗篷衣服的人离开。我便结了账，晃悠悠地跟了去，傍晚时分，路上的行人很多，而我又是一介布衣，所以，根本没有人想到我会是在跟踪。于是，我一直跟着这一群人走了很久，直到初更时分，这帮人竟然直奔瑞吉胡同的洪家糕点的院子里，然而在那个院子里，坐了三台轿子，到二更时分才到了香山庵。我一直跟着他们，就是这样，顺藤摸瓜到了香山庵。”

徐阶又打开了那奏折，对照了一下那幅地图，问海瑞：“海大人，这洪家糕点铺与香山庵一个在东，一个西南，相距不下十余里，你如何能确认这个尼姑庵就是红莲教秘密聚会的地方呢？”

海瑞答：“因为我去了两次均不让进。”

徐阶和高拱没有听明白。

海瑞便继续解释：“我有两次试着想要进去，结果都被把门的尼僧以不结佛缘为由拒绝了。她们问我两个问题，一是找谁？二是我来自哪里？我答不上来。第二次，我编造了一个名字，也没有进去。于是，我便偷偷地在香山庵旁边的小饭铺打听，我多给了那个小二一两银子，终于知道，要想进入香山庵，必须回答，要找红莲。还要回答来自云南，这两个问题都答对了，方能入内。于是，第二天，我便又换了衣服，终于蒙混进去，进入以后，才大吃一惊，这个香山庵竟然异常的阔大，里面园林茂密，修竹挺拔，里面的香客也是往来皆鸿儒，谈笑无白丁。我试着往各庙堂里去看，发现，白天根本没有人聚会，而傍晚时分，这里的人便均换上了一种统一的蓝底红莲花的外罩袍，凡是无衣服的其他人等必须离开。所以，我只好离开那里。”

海瑞说完，高拱和徐阶相互看了一眼，叹息了一声，徐阶问海瑞：“这样说来，你只是知道这个香山庵非同寻常，有可能是他们聚会的地方，但是你并没有亲自参加他们的集会，是吧？”

海瑞点头称是，又说：“其实也很简单，只需要派二十名锦衣卫武功高手，白天混入，并想办法参加他们的集会，便可摸清对方的一些简单的情况。”

高拱看了一眼徐阶，又看了一眼海瑞，说：“我觉得不如直接在夜间闯入，我们的目的就是要摧毁总部，并将全部人员一网打尽。”

徐阶说：“这样的话，势必需要谭纶的京蓟护卫队，需要数千人马，这种大规模的人员调遣一定会扰民安静，若是不小心走露了风声，那么香山庵里则必有不少人逃走，如此一来，我们接下来的清剿计划则会全都受到影响啊。”

徐阶来回地踱了几步，往门口的长椅子上走了八步，又退回来。高拱见徐阶来回踱步，也跟着他学，也往门口的长椅上走了几步，又踱回来，说：“阁老，不能再等了，要马上就行动，白天部署锦衣卫的人切断他们利用鸽子与外界联系，然后晚上的时候在子时包围香山庵，抓人后即关押在东城的地字一号大牢里，只需要审讯一番，便可以查到这个红莲教的总部在哪里，还有他们的下一步计划。”

见徐阶还在来回地踱步，高拱等不及了，扯了纸铺好在桌案上，拿了笔蘸了墨，对徐阶又说：“阁老，此事务必急切迅速处理了，刚才，海刚峰说得清清楚楚，红莲教已经得知朝廷派了谭纶在京城镇守，他们知道谭纶谭大人的厉害，现在正要撤离京城，若是晚到一步，也许他们已经撤离，只留一座空庵，那就麻烦了，那等于放猛虎归山休养，这一帮人迟早还会出来闹事。”

海瑞也随声附和高拱的话：“徐阁老，卑职也觉得高阁老的话颇有些道理，如果白天让锦衣卫控制了香山庵的飞鸽传书，最好再让鸽子飞回香山庵，误导他们。而且还要跟踪每一个从庵里出来的可疑人员，一旦出得那香山庵，应让锦衣卫马上抓捕，控制起来。这样的话，晚上的袭击则一定能成功。”

徐阶听完海瑞的话，点了点头，说：“好吧，看来还要李芳马上派锦衣卫来。”

徐阶写了一份旨意，去找司礼监的李芳去了。高拱还有一场重要的戏剧没有看，所以急匆匆地回家了。

海瑞在内阁值房等了许久，未见徐阶返回，便也匆匆回了住处。

深夏的夜，香山庵中的一些闲杂人员还正在月下风中闲步，晚上有重要的集会，但并不需要所有的人都参与，所以一切都诡秘得很。

当谭纶的大军包围香山庵的时候，里面众多聚会的人还没有赶往聚会的场地。谭纶让所有士兵都点燃火把并擂鼓通告，强行进入香山庵之后，更是以“一”字燕子队形排开，排查所有的空地和房间，火把照亮了香山庵的夜。两个时辰不到，里面聚会的有五百六十名红莲教教众便束手就擒。

审讯几乎不费什么力气，这些教众有的是逃难至京城的灾民，有的是江湖游医希望通过这次造反能发一笔横财。这些没有任何觉悟和立场的人，还没有接受鞭打，只是看到那刑具便扑通跪倒，全都招了。

原来，这一批在香山庵里聚会的人正是京城红莲教的指挥中心，他们指挥红莲饼的生产和销售，并利用红莲饼中所夹杂的纸条来相互传递信息，以减少见面的机会。这一批人最重要的阴谋便是火烧西苑，他们已经买通了在西苑上膳监当值的两名锦衣卫，甚至还买通了一名负责皇上饮食的太监，想在嘉靖帝的御膳里下毒。但种种阴谋都只是在谋划中，并未执行。

不用动刑，便交待了一切，这是审讯官员所没有料到的。仅凭没有节操这一点，说明他们并没有共同的信念而联系在一起，不过是一群没有理想的乌合之众而已。

然而审讯虽然顺利，知道云南总部的教众却非常少，几个在香山庵主事的尼姑在当天夜里自杀了，这点倒是比那些红莲教头目的节操强多了。此后，便再也无人承认是京城红莲教的负责人。

锦衣卫动了刑罚以后，仍然没有任何效果。刑部侍郎张薄和主事王用汲也来审问了几天，也是一无所获。

难道这真的是一群毫无节操的乌合之众？！高拱不相信，他建议海瑞来审讯，要刑部的主事王用汲陪同。徐阶同意，因为此案的主要线索乃是由海瑞跟踪发现的，海瑞是审案的不二人选。

海瑞不动刑，也不问话，只是让这些被抓的尼姑和红莲教众作红莲饼子，作得好吃的便留下来审问。这些人一开始，并不知道新来的这位户部主事到底要他们作什么，以为作得好吃就可以获得释放，便使尽了浑身的解数。然而，红莲教是一个有秘密的组织，只有有了一定的身份才允许学习作红莲饼子，学作红莲饼也就意味着，掌握了一定的秘密，因为那些纸条和命令都是在作红莲饼子的时候夹进去的。

作完了红莲饼子，海瑞便让人收集到了公堂上，他一个一个掰开了，让所有人都吃，包括被带来的十几红莲教的教众。

海瑞一一品尝完毕，一拍惊堂木，问道："你们十一个大概就是京城各堂堂主了。"

那十一个人没有一个承认，全都假装没有听懂海瑞的话。

海瑞又叫出一个瘦高个子的男人的名字，说："唐顺铭，你看一下这张纸条上的内容。"说完海瑞将一张写着"东城顺风，聚会铭记"的字样。海瑞继续说："这是你们东城聚会时你留的字条，第三个字分别是顺和铭，便是你的名字。"

然后，海瑞又拿出一张纸条"东城繁华，聚会叙旧"给另外一个胖子看，说："如果我没有说错，你应该叫作唐繁叙。"

叫作唐顺铭和唐繁叙的人被海瑞的叙述惊呆了，他们一时间不知道该如何为自己辩护，只好点头承认自己的名字。

海瑞说："我跟踪你们已经多日，是我查到你们在香山庵聚会的地点和时间，所以，有什么事情，你们不要再隐瞒了，不然你们受了刑，却仍然要说。若是你们说得具体，我会具表以奏，你们不过是受人指使，所以，只要说出幕后的指使人，我能保证你们的生命安全。"

唐顺铭跪在那里，问海瑞："大人，我们只是想知道，你是如何知道我们的名字。"

海瑞说："你在东城，又是负责东城有司胡同里的红莲饼店铺，所以，第一次去查访你那里时，我就找人描了你的画像，在这里，你看一下，后来又在你的区域里发现了那张纸条，在查抄香山庵的时候，我们查到了你们未来得及焚毁的十一人名单。所以，我就确定了你的名字。不单是你的名字，还有你们所有人的名字，要不要我说一下，唐顺铭，唐繁叙，唐哲平，唐之道，张大路，张均衡，张介修……对了，画像我也都找人画了，你们十几个人，我都画了。"

唐顺铭一听泄了气，本来准备好的虚假话没有了用处，脑子一片空白，心一横，便说了实话。

原来，这十一个堂主真是像海瑞猜测的一样，五个姓唐，六个姓张，全是从云南总部派来的，他们分工非常明确，最重要的是不断地通过买通西苑里的小太监和锦衣卫，从而熟悉西苑的构造，然后制造机会火烧万寿宫。他们是要放一把大火，然后昭告天下，红莲教是好样的。

唐顺铭说，他们这十一人的家里人都被总部扣押作了人质，他是这一组堂主中的顺风堂，也是最大的一个堂口。但是他也从来没有见过教主的真面目，他从来都带着一个深红色的头篷，他几乎不说话，只是点头和咳嗽。所以，他无法描述教主的模样。但是，总部就位于云南混乱明府的郊区。那个村子的名字叫作云中村。

之所以叫云中村，是因为那个村子里靠山，并面临一个湖泊，要想到达那个村子，必须坐船。山里的云气很重，经常像在云彩里一样，所以叫作云中村。

村子里的人都姓朱，而下人和佣人则各姓唐和张。

总部的地址问出来以后，徐阶和高拱马上让锦衣卫给正在从贵州奔赴云南的戚家军发去了快信。而被红莲教买通的小太监和锦衣卫自然也砍了头。

海瑞在徐阶和高拱面前打下保票，这十一人并无劣迹，虽然有阴谋要火烧万寿宫，但究竟是未遂，所以，便免了他们死罪，充了军。

戚家军从陕西进入贵州以后曾经遇到一些麻烦，是山路。那些山村都被红莲教布置成了鬼村，白天的时候村庄没有一个人，一到夜晚便到处是人影。但是，官军跑到村子里以后，发现，那些影子只是影子，却并没有人，最骇人的，这些影子竟然可以杀人，死了的官军只有伤痕，没有流血，听说这些影子是吸血鬼，他们把血都喝掉了。

戚继光也从来没有遇到和鬼交战的情况，一时间也有些慌张。好在，京城里的鸽子传来了京城大捷的消息，红莲教在京城的各个堂口在聚会时被一举击破。

戚继光想到了求助，求助于京城谭纶和徐阶。他马上让鸽子带去疑问。兵部尚书和京蓟总督谭纶同时收到了戚继光的求助纸条。

第二天的傍晚，徐阶召集了高拱、李春芳、袁炜和兵部尚书赵炳然、户部尚书高耀，人到齐了以后，高拱问明了原委，对徐阶说，是不是要户部的海瑞也来一下，整个审问的笔录，他最清楚。关于是红莲教的这种鬼把戏，如果需要继续审问的话，还是找海瑞来审理最为妥当。

海瑞被传唤来的时候，人已经散去了。只剩下徐阶和高拱两个人。

徐阶便问海瑞，审问的时候有没有问过那十一个堂主一些有关鬼怪的事情。

海瑞仔细回忆了一下，摇了摇头。

事情很紧急，戚继光在等着答案。该如何找到答案呢，知道实情的十一个人都已经被发配充军了。到哪里还可以再找来可以审问的对象呢，即使找到一些虾兵虾将，也问不出所以然来，一时间，众人陷入茫然里。

徐阶让高拱和海瑞退下吧，他再到谭纶那里想想办法。

谭纶。海瑞一下想到了谭纶那里还羁押着在西苑当值的被收买的锦衣卫。海瑞想起了审问唐顺铭的时候，他们将一个变为影子的方法教给宫里的锦衣卫沈小七，并让沈小七伺机点火烧了万寿宫。

“只要到谭大人那里提审那个沈小七，就可以知道一切了。”

徐阶和高拱喜出望外，坐了轿子，携了海瑞一起去东城的谭纶驻地。

意料之外的是，沈小七竟然是个难以攻破的关隘。他仿佛知道红莲教的很多内幕，但又怕说出来以后自己很可能被红莲教报复，所以，不管问他什么，他一概支吾着说不知道。他知道的都只是关于如何点燃万寿宫的计划。

兵部尚书赵炳然是最先赶到的，他先审第一轮了，作了记录，高拱审了第二轮，所说的供词竟然和赵炳然的审讯笔录一模一样。

谭纶动了刑，手指夹了，屁股上也挨了杖责，但依旧没有任何变化。

海瑞反复地看了一下三次审问的笔录，发现沈小七竟然多次写到夜晚行事，时间竟然都是说酉时，酉字本身就是一个风箱，这大约说的是借助于风来点火，那么，还会不会有其他的暗示。

海瑞琢磨着沈小七的话，决定就酉时再审问一下沈小七，他向徐阶和高拱表达了自己的想法，对徐阶说：“徐阁老，说不定，沈小七口中说的酉时就是一个契机。因为酉时并不是放火的好时机，尤其是西苑，皇上一般子夜时分方才休息，那么酉时显然有打草惊蛇之嫌，我还是想仔细问一下他。”

海瑞将前面的问话都问完了后，突然对沈小七说：“你不用说谎了，其实，红连教纸条中的酉时根本不是放火的时间。你最好如实交待，不然等到别人说了实情，你恐怕就不是充军那么简单了，如果是欺君，你要灭九族。”

沈小七依旧不说话，海瑞拍了一下桌案又进一步提醒他：“沈小七，你在西苑当值多年，你知道圣上夜间打坐，亥时前极少入睡，你却在刚刚晚饭后的酉时动手放火是何道理，难道你是负责制造混乱，然后由其他人进入宫中不成？”

沈小七依旧不肯吱声。大约他想再听一下海瑞掌握了多少信息。

海瑞继续说：“你这么心存侥幸，真是不可理喻，非要我一点一点来拆穿你，首先，你房间里搜出来的几十匹黑棉纱就十分可疑，其次，你的卧室床下面竟然藏了数百尺白棉布，那上等的松江棉布上面竟然用黑墨画了简单的素描画，难道你不想说说这些白布在夜晚的时候到底有什么作用。”

沈小七脸色一下变青，青里又透着紫，他腿软了，一下歪倒在地上。

他如实招出他的全部的工作，他所述与海瑞的猜测正好吻合，只是海瑞并不知道如何破解他们，等到沈小七将全部的细节都交待完毕。海瑞也已经找到了对付红莲教夜晚的鬼村的办法。

那就是一个字：火。

是用火烧。

这也是沈小七埋伏在西苑的全部工作，原来以沈小七为内应的十数名锦衣卫按照要求，要在规定时日的夜晚以后，利用红莲教准备好的和夜色一样的黑色幔纱布作掩饰，这些幔布只要悬挂在黑夜里，里面藏进去人，外面的人根本就看不到任何痕迹。而他们这些内应正是隐藏在这些黑幔布里，将事先准备好的白棉布挂在西苑后花园里，夜晚巡夜的灯笼微亮的光照在这些白布上，远远地看去，非常像一些人的影子。那效果无比吓人，只见影子不见人。而藏在黑幔布里的沈小七等人的手上，又都持有火链子，在众人受惊吓的时候，突然就点燃堆在地上的火药引子。这样，大火燃烧，而所有看到这场大火的人都会以为是阴鬼作祟，绝不会想到是西苑里有内应。

这一招真是阴险毒辣得很，然而如果想要破这些人的诡计也简单得很，只需要看到白棉布上的影子马上用已经点燃了的火箭头射过去，这样连白棉布和黑幔纱都一下着火，藏在里面的人无处藏身，自然就会显露身影。只要士兵们知道他对面装神弄鬼的是人，那么，凭着戚家军的威力，很快就可以拿下红莲教的老巢。

徐阶和高拱看了一下海瑞审讯的笔录，露出笑意，赞叹海瑞问案的机敏，说：“站得太高了，只能看到远方，而近处的光景则看不到了啊。”自嘲了几句以后，又对海瑞说，“就由海刚峰来拟旨意吧。”

海瑞将破红莲教的方法写成了短旨，又特地写了一张字条，让兵部的鸽子飞去。为防不测，每隔十分钟就放飞一只，共飞了三只，才算结束。

三天后，戚家军六百里加急快报抵京城兵部和内阁，大捷，已经肃清了贵州省内红莲教各地的堂会，并根据抓捕的红莲教分堂堂主的口供，正在全力向云南曲靖府和昆明府两路同时进发。又五日，兵部又收到大捷快报，戚家军主力进入昆明府正在全力追查红莲教的总部，根据参加过起义的一位堂主交待，总部在一个水上村寨，周围盛产水蛇，剧毒无比。是个天然的好地势。

然而戚家大军分成了二十路侦探小组，在昆明府方圆五十里以内，均没有发现类似的水寨。别说水寨，连树木葱郁的村庄也没有，多数都是种着水稻的稻田。

戚家军查封了所有红莲饼的生产窝巢，并顺着藤去摸那个总部的水寨，可是各个堂口或是红莲饼的店铺的老板都从未见过这个所谓的水寨。

夏天，天热得很，戚家军虽然明令部队要严格军纪不准士兵私自找池塘游泳，结果还是有不少耐不住天气炎热的兵丁跑到郊外的一个温泉池去游泳，但是，发现那个温泉池不能进入，一进去，人就死了。旁边没有人烟，这个温泉是昆明府西郊最有名的温泉了，四周除了一座山以外，都是庄稼。

戚继光很快就发现了士兵的死，顿时敏感起来，让人去打捞尸体，结果发现，那温泉的水剧毒无比，打捞尸体的士兵手一触到水马上就奇痛无比，瞬间整个胳膊都变黑了。戚继光眼快刀快，眨眼间便砍掉了那个士兵的胳膊，人昏倒了，命却保住了。

水里有蛇。

戚继光一下想到了此处，觉得仿佛已经找到了这个水寨，可是，这里的确没人烟，何来的水寨，温泉的池塘虽然不算小，但是也不过是一个废弃了的养鱼池。

夜晚的时候，戚继光让几个士兵用火箭试着射进那池塘里，池塘里大概浓毒太多了，竟然着了火。没想到的是，里面竟有上千条毒蛇一下子跑出来，咬伤了不少士兵。

幸亏随军跟着军医，蛇被军医开的一种气味剂麻醉了，而后被一把火烧了。有几个贪吃的士兵，偷了几条蛇吃，也中了毒。

戚继光让所有的人都围着被蛇咬死的士兵走一圈，大声对大家说："这蛇是杀人的工具，且不可靠近。"

大火竟然把池塘里的水烧去了一半，露出一条过去的田埂路，直通向不远的山坡。戚继光发现那山坡有些不对，有几棵树不见了，山仿佛是会移动的。

戚继光越发怀疑起来，心里想，如果连夜晚和鬼影他们都会设计，那这一帮红莲教的头目们，会不会造一座山住在里面，或者把一座山挖空了，住在里面。

这样想着，戚继光兴奋极了，他让士兵对着山坡上的青草射火箭，一轮威力巨大的火箭射过去以后，所有的人都惊呆了。那外面的山坡竟然是一个假的屏障，烧过以后，露出来的竟然是一个完整的村子。

让戚继光十分气馁的是，这个村寨早已经人去村空，那数十栋房屋里的东西和灰尘，生虫子的菜蔬以及饿死在厅堂上的老鼠，都意味着这里的人早已经闻讯逃走了。

戚家军一路大捷赶来，然而到了最为关键的一役，却遇到了一个"空城"。万般无奈，戚继光只好以大捷为快报，火速递至兵部和内阁。他在大捷的奏折后面专门附属一函说明，红莲教的势力已经溃败，短时间内不可能再有事端，但直觉告诉他，这一拨以朱竞成为首的红莲教骨干群体，现在应藏匿在昆明府，为了不引草惊蛇，还是请朝廷，再派人来查明以后，再进行围剿，以安抚天下。

第十九章 主事南巡，揭开谜底

农历七月初八是个吉日，海瑞和兵部主事杨应命赶往昆明府调查红莲教头目的下落。

海瑞运气比较坏，刚到昆明府的地界就闹肚子，而且越来越厉害。因为是微服私访，两个人都没有带下人，只能互相照顾一下。

在一个小客栈住下以后，杨应命就张罗着给海瑞烧水，并将自己放在行李包袱里的一味阴阳两行散丸给了海瑞，逼着海瑞服下，说是有助于提供热量，对腹痛有好处。临来之前，杨应命就从兵部得到了消息，红莲教在昆明府的九十岁老翁胡同有处茶坊，茶坊的名字叫作岳家楼。这个岳家楼是一个有着数百年历史的茶楼，据传是南宋时岳家将的后人为了躲避迫害，举家迁至大理，方才有此楼号。杨应命为了公务，将海瑞安顿了一下，夤夜时就赶到了位于昆明府的东区的岳家楼，想要查个究竟。

晚饭后，海瑞勉强撑着身体，自己去药铺里抓药。因为不识路，想问客栈老板附近有没有药房。但见客栈老板的儿子坐在厅堂里看书，小孩子约十三四岁，海瑞问他的名字，并不理会。海瑞看了一眼他看的绘本，是一个关于贫家子弟喜欢上仙女并通过自己的努力终于和仙女结成姻缘的民间故事，那书的名字竟然叫作“有志者”。

“有志者”，海瑞便问那个客栈老板的儿子，这本书在哪里能买得到，那个孩子冷眼看了一下海瑞，答：“这是我自己画的书，你哪里也买不到。”

海瑞更觉得奇怪了，这么小的孩子竟然还著书。

有志者，事竟成。海瑞的脑子灵光一现，难道……一瞬间，他的肚子好了，不疼了，也不腹泻了。

海瑞突然觉得这个客栈的名字也有些怪异：一步客栈。

“一步，难道是一步登天吗，可是，要造反作皇帝，才能一步登天啊？”海瑞被自己的联想惊吓到了，暗想，世事有巧合，但不至于如此这般的巧合吧。海瑞问那个孩子，客栈的附近有没有药房。

那孩子抬起头来，看了一眼海瑞的脸色说：“你的脸色微红，说明你内热过剩。你说话气力偏弱，姿态又不自觉地想弯曲，说明你的腹中不适，料定是你刚到昆明便在街上吃了生食冷食，对不对？”

海瑞点头说：“想不到，你一个孩子，竟然还熟知医理。”

那个孩子说：“我可不是孩子，我父亲说过，过了十岁，我就长大了，我不能再有孩子的习气。可我也不大懂父亲的意愿，我喜欢看医书，我最喜欢念识那些中药的名字，觉得每一味中药都像是我前辈子已经认识了的朋友一样，父亲却偏偏不许我学，只准我看《资治通鉴》，真是枯燥之极。”

海瑞说：“这么说，你的医理都是自学的了。”

“是啊，我完全是自学的，而且我还有好多疑问呢，我在一份旧的官报上看到有一个叫李时珍的人要重修本草，并要撰一个纲目，我就觉得此人很厉害，想向他请教一些问题呢，只是可惜，我给他往好多个地方写信，都没有得到回复，料想他一定收到了，以为我是一个孩子，才故意不回复我的。”

海瑞笑了，说：“你年纪这么小，却这么有心，甚是可教也，那么，你今天去修书信一封吧，李时珍是我的朋友，我一定将你的信件带给他，你在信里可以将你学医中的疑问尽述出来，他一定会回信答复你的。”

那孩子一听，开心极了，仰着头，满脸天真地对海瑞说：“你说话当真？”

海瑞点点头。

那孩子又说：“今天早晨，我在家里院子里发现一只死了的虫子，有一堆蚂蚁围着它打转，我查了一下，竟然有四十六只蚂蚁。四十六只，你知道吗，在《易经》里，第四十六卦为升卦，升卦象征着上升。是一个很亨通的卦象。有利于向南方出行，有利于心愿达成。想不到，今天竟然可以达成和李时珍先生通信的心愿，真是一个好卦象。”

海瑞一听笑了，问他：“你查得准确吗？真是四十六只吗？你可知道四十七只的卦象是非常不好的困卦。”

那孩子一听吓坏了，脸色都白了，急着坐在木椅子上，仔细忆念了一下，又确认着点头。

四十六只蚂蚁，这也给了海瑞很好的心理暗示。他觉得自己仿佛一只脚已经踏入“红莲教”真相的场里。

海瑞问那孩子：“去哪里可以买得到治腹痛腹泻的草药煎来吃？”

那孩子答：“去西街的复生堂可以买到。唉对了，你不用去复生堂了，你去我叔叔家开设的茶楼里取些药就行了。”

茶楼？那里怎么会有草药呢？海瑞心里犯了嘀咕，疑惑地看着那孩子。

孩子看到海瑞的疑惑，笑着解释道：“你大约不知，我们家里人很多，除了我家的客栈，岳家的茶楼，还有酒楼、药铺、米店、布铺以及青楼。人员闲杂且多，故较容易生病，所以，特地开了药铺，而岳家叔父的茶楼有空闲的房子，便作了药铺的仓库，其实，有时候，茶楼里也出售一些药茶，你去那里就知道了，药茶很是昂贵呢。”

听那孩子这样说，海瑞便明白了，作了揖，正要去茶楼，又问了一句：“公子你叫什么名字。”

那孩子一听皱起了眉头，说：“我的真名字叫作朱十一，我爹起的名字。原因，我猜你也知道了。”

海瑞当然知道，在乡下，乡绅常常给自己的孩子尤其是独生子起名字叫作十一，十一在《易经》里是泰卦，自然是安全又长寿的名字。

海瑞告别而去，一边想一边笑，孩子毕竟是孩子，说了半天也不会说半句假话，张口就说自己的真名字叫朱十一，好像自己还有假名字似的。想到这里，海瑞突然想起朱十一所看到的那本画册《有志者》，难道，这孩子就是朱竟成不成？

想了一会儿，又觉得不可能，一个孩子怎么可能是号令这么庞大的红莲教的教主呢，不可能。

昆明的夏天还是热的，虽然已经是夏末了，但蝉鸣得急，像是要把空气中的热都叫喊出来似的，街上竟然有不少手执遮阳伞的少妇或少女，这种公开在街市上走动的习俗和北方平原地区毕竟不同。这些衣着色彩丰富的妇人让昆明的夏天有了一种春天百花开放的感觉，或者，那诗句里说昆明府一年四季如春，大概是从这街道上女人的服饰而来的吧。

海瑞走错了方向，沿着一条浣衣和出售食品杂货的街道一直走了出去，越走越远，竟然看到了城郊的炊烟。问了几个老丈，方知错了方向，又折身回走。

到了午饭时，才找到了这家位于闹市区的茶坊。

招牌上的行草遒劲而有力，挂着“客上岳家楼，一壶便成仙”旗幡被风吹展开来，旗子上绣着的金边被阳光反射出来，闪闪发光，很是有威严。

门口摆放的一个放大了的茶壶很有品味，四个往外流水的喷嘴是四只憨态可掬的青蛙，水流进一个有一人多高的陶瓮里，那瓮上贴着“免费”的字样，大瓮的下面有两个水塞，用手取出便会有茶水流出。不少过路人或者乞讨的人，都可以用旁边的茶杯接来喝了。

这茶坊装修得也很气派，墙壁上挂满了岳飞的手书及画像，一楼还摆设了岳飞的灵位，木刻的岳飞雕像，岳飞像的下面还存了可以免费取走的《岳家楼纪事》，手工制作的茶楼佚事。

海瑞也学着别人的模样，取了一册，边上楼，边翻看。

按照朱十一的说法，要上到二楼，进里面的阁楼，才能找到掌柜的，掌柜的自然姓岳，海瑞并没有问名字，不过，从手里拿到的那个小册子里，可以看到掌柜的名字，毛笔小楷的签名，一看字便知是书香门第。那字里透着一股子不甘平庸的力量。

二楼没有一楼的人多，但人声也是拥挤的，喝茶的人说话不比喝酒的人，喝酒的人都是扯着嗓门喊，但是嗓门虽然高，却有停息的时候，而喝茶的人则不同，这些人说话的声音很低，却语速很快，再加上人又多，所以，在茶楼里，听到的声音是连绵不断的声音。这声音像一张织得稠密的网一样，让人困进去，出不来。

海瑞快步走进去，往最里面的一间房子走去，墙壁上依然是岳飞的手迹，那些词句或模糊，或被故意模糊，剩下来的字组成的意思则失去了岳飞的原意。

海瑞拿了朱十一给他写的药方：白术二两，黄土拌蒸，焙干去土，苍术五钱，泔浸炒，茯苓一两，研末，米糊丸梧子大，每米汤下七八十丸。

海瑞刚把药方递进去，就被几个壮汉围住了，把他生生地拽进了阁楼里。

海瑞正要生气，忽然看到了被绑在木桩上的杨应命，呆住了。他想不出何由，难道真是进入红莲教内部，而杨应命出卖了他。除非如此，不然，解释不通。那么，朱十一真的就是朱竟成了。真是奇怪，一个孩子竟然有如此大的能力。海瑞在内心里不由得对这个红莲教称赞起来。

然而，出来的面孔黛黑的中年男人闻听海瑞自报是户部云南司主事，便大发雷霆之怒，大骂海瑞毫无人性，那个男人大约姓吴，周围的人都称他为吴大帅，只见吴大帅很是激动，对着被捆绑的海瑞和杨应命说："你们这两个狗官，竟然偷偷摸摸前来昆明府调查我们红莲教，那么好了，你现在所在的茶楼，便是我们红莲教的总坛，仔细看好了。这里的客人，只有一楼的少数是真正的茶客，大多数人都是我们红莲教的弟子们，他们在温习红莲教的教规，在背诵。所以，茶楼的生意显得很好的样子。你们大概也许正是被这里的人多吸引，而判断这是红莲教的总部吧。好了，现在也不怕告诉你了，这里就是总部。前不久，云南各地又征调了数千名石雕匠和木匠去了武当山，为了逼迫这些工匠们前行，官军照例是抓走了这些匠人的妻小或老人。而这些工匠的档案都存在户部，一定是你这个狗官提供给那些官军的。你知道吗，这些工匠有一半是我们红莲教的教众，他们的很多亲戚也是我们红莲教的教众，你们如此逼迫我们，也就怪不得我们无情了。来人啊，将这二人的衣服脱了，扔到我们的草房里，让蚊子叮咬他们。”

说着，两个壮汉便来脱海瑞的衣服。

海瑞在一瞬间突然灵魂出窍般地看到自己站在一个高高的坡上，而下面跪着的是这一帮壮汉们，他还看到自己和那个朱十一说笑，大概谈得投机。

想到朱十一，海瑞便灵机一动，大声说：“请你们马上放了我和杨应命大人，马上。”

那吴姓中年壮汉有些不解，看着海瑞。

海瑞说：“我们来云南的目的和你们的目的相同，我们正是来调查云南的工匠伤情，还有，就是重修武当山需要从云南和贵州两省调集大量的木材，但砍伐过的荒山不能就此荒废了，要马上种上株苗，不然，若干年以后，我们给子孙留的岂不是一座荒山。我们正是因为调查这些内容而来。其实在朝廷那里，红莲教已经大势已去，朝廷也早已经不放在心上，你们这里却草木皆兵，实在是消息闭塞得很啊。不过，即使是朝廷派往云南来查证工匠受害的情况，也不能见到有红莲教匪徒聚事而不声张。所以，如果你们这些人还要反对朝廷，非要造反举事，那么，我奉劝你们最好还是理智一些，先去找个荒凉偏僻的地方练兵去吧。大明朝虽然赋税挺重，民间多饥寒，但是大半部分百姓还是因为长时间没有战争而享了福。你们的亲人若是有人在北方，你就会明白这个道理，太平对于老百姓就是福气。若是你们起义造反只是为了百姓的疾苦鸣不平，或者是为了工匠所受的苦讨个说法，那么，我和杨大人一定会彻底帮助你们，一定查证清楚后，函以实情，让你等众人皆签字按手印，然后上书内阁。我相信，当朝的徐阁老及高拱、李春芳等一股清流，他们一定会为百姓的切身利益着想，一定会为百姓的福祉谋求……谋求利益的。”

海瑞被绳索捆绑得太紧了，说话声音又大，内心里的气被绳索堵塞在肺部，一阵紧张便咳嗽起来。

海瑞的话虽然直接，却是非常通情理。若是这帮人都是一些作青天白日梦的人，又或者是草莽之人，那么，海瑞也不会如此说话。刚被捆绑的时候，海瑞就已经发现，除了这个身体强壮的中年大汉以外，他身后站立的人多是书生模样的师爷，要么就是一些书香传家的年轻人。这些人的脸上写着通晓世情和明晰事理的表情。

海瑞的话果然很管用，见到这一帮人有些迟疑了，海瑞又说：“你们的主人是不是叫作朱十一，他现在已经是我的朋友。他很喜欢读医书，我也答应帮助他写信给我的朋友李时珍，让他们互相通信，关于本草的一些内容。你们仔细地看一下他写的那个药方：白术二两，黄土拌蒸，焙干去土，苍术五钱，泔浸炒，茯苓一两，研末，米糊丸梧子大，每米汤下七八十丸。在这个药方里，表面是为了给我治疗腹痛和腹泻，其实则是让你们散去的意思。黄土意味着你们可以回去种地，而将药丸放入米粥中则又意味着，我和杨大人的到来可能会给你们带来像药丸一样的希望。”

那些人听了海瑞的话，连忙开始传递那份海瑞出示的药方。

海瑞对自己的一番随机的话也暗自庆幸，心里想，幸亏和这个叫作朱十一的孩子搭话许久，又幸亏这个孩子告诉了自己他的真名字，这才有这么一席乱编的谎话。那药方里的白术是一种健脾止泻的草药，用土裹了炒则会有更好的效果。海瑞急智丛生，把一味草药的煎煮方法理解为朱十一对这帮下人的暗示，很有作用。

有几个读书的年轻人对海瑞的话颇以为然，在看完那副药方之后，频频点头。

吴姓的中年人也有些将信将疑了，他指着两旁的人，先将已经被鞭击过的杨应命放下来，置了一个软椅子，让杨应命躺了下来，然而又问杨应命：

“既然海大人是来帮助云南司所属上千名工匠和普通的苍生百姓，那么，杨大人为何又说海瑞并不知道你来此，只是你一个人知道岳家楼的秘密。”

杨应命正要如实答话，海瑞却抢了去，替杨应命说：“这位兄台有所不知，这是我们的缓兵之计，因为，我们提前约定好了的，一人先到岳家楼，一人随后就到，谁知，我在路上吃坏了肚子，不得不去买药。哪知，阴差阳错，竟然和你们的小主人朱十一投机交谈，这才误了相约见面的时间，所以，你们先捉到了杨大人。”

杨应命见海瑞这样说，也连忙回应。

那吴姓男子狐疑着，但仍然还是相信了海瑞的话，将海瑞肩膀上的绳索也解开了，问：“你们果真是来调查工匠受伤害情况，以及评估云南各部树木砍伐情况的？”

海瑞说：“你们若真的不信，可以现在就去那一步客栈的二楼右首的地字一号客房查我的包袱，里面的一件灰袍中有一份内阁票拟司礼监批红的密旨，那上面有我二人此次前来云南查证树木砍伐及各工种工匠折损的指示，非必要时不得出示。你看完以后贴好护封即可，若非事情繁杂，而我又想节约时间，万不得已，我是不会说出此情的。”

这样一说，那群人顿时放松了警惕一般，全都面目红润起来。吴姓男子示意海瑞喝茶压惊，并令两名壮汉火速前去一步客栈去取回海瑞的包袱，并反复交待那两名属下：“你们两个小子，不准动海大人的任何物什，连密旨也不能动，要取回来以后当着海大人的面才能打开。”

两个人领命扑通通地下楼而去。

剩下的人开始端坐在海瑞和杨应命的对面，看守着二人。一方面，结果马上就要出来，还不能确定海瑞的话是真是假，所以对二人仍然要有所防犯；另一方面，若是海瑞所言属实，那么，也要考虑后话该如何说，如何处置这二人。最重要的是，杨应命已经挨了无数鞭子，这该如何是好。

海瑞看了一眼杨应命，用眼神问他，身体如何？

杨应命立即理会海瑞的眼神，翘起嘴角，微笑了一下，表示身体尚无大碍。杨应命也要把这种心态转达给这帮红莲教众们，于是，他咳嗽了一声，对吴姓大汉说：“能不能麻烦诸位给我一碗水喝。”

水一会儿便来了，海瑞由于长时间的紧张，身体一直绷着，这时候，精神突然放松了，肚子又痛了起来，一会儿又想拉大便，他忍了一下，隐隐地放了一个屁。

海瑞看看那位吴姓头目，吴姓大汉马上说：“小六子，你去陪海大人去后院的茅房一趟，你要手持手纸外面等着。”

海瑞作了一个揖，一溜小跑下楼，往后院里跑去。

海瑞在茅房里蹲着的时候，能听到那个在外面侍立的小六子的咳嗽声。海瑞随手抓了一把稻草，往外面一扔。算是通知，那小六子果然听话，连忙将整齐有秩的草宣纸递了进来。

随着小六子上楼来，海瑞发现，只一泡屎的工夫，他留在“一步客栈”的包袱也被取了来。

那个客栈里的少公子朱十一也跟了来。他看到海瑞以后，很关心他的病情，吩咐那小六子连忙照方去抓药，取到药后回来要马上煎出来，要海瑞在午时之前服用。

朱十一对海瑞说：“午时之前，腹中的杂物尚未除净，正是造成腹痛的原因，若此时服药，定会将腹中杂物吸引进药物中，一并排出身体，这样才会病情稳定，并好转起来。”

海瑞对朱十一的医治疾病的本事很是称奇，连忙问他，这种服药的时间与方法又是从哪里学来的。朱十一答：“也是从李时珍一份以前的《本草抄本》里看到的。”

正说话间，海瑞的包袱被打开了，密旨果然有。所有的人都不敢打开看，便又将密旨交到海瑞的手里。要说起密旨，还有一个怪异之事。在海瑞临离开京城之前，内阁高拱高阁老专门约见海瑞，并口述此密旨，高拱说：“此密旨是皇上口述，故，不得立字，你要一字一句记好了：朕封关玄修多年，不知民间疾苦，这次朕要大修武当，请百官在下行各处时打探各地工匠情况，若有轻视工匠者，纠正之，若有虐待工匠者，则惩罚之。”密旨自然无纸质存档，只能口述。高拱又旁侧暗示海瑞在云南司下访时，一定要多考查民间对此次大修武当的看法，是对工部监理有意见，还是对皇上重修武当有意见。

然而高拱的口述旨意刚走不久，司礼监的小太监便来到户部海瑞的云南司公署传旨，说是徐阁老票拟并报司礼监批红的大内密旨，此旨只能当事者海瑞一人可读，不到万不得已，此旨不得示人。这道密旨是徐阶的手书，大意和高拱的口述一致。这让海瑞迷惑不已，为何一道圣旨还要两个阁老以不同的方式传达给他呢。

海瑞这次的主要任务其实就查证红莲教的叛军总部，并将准确的信息火速传递给锦衣卫或者兵部，以便于他们随时派兵前来剿杀红莲教的余党。

在兵部和内阁看来，红莲教必须全部根除，否则过不了几年，这些人羽翼渐丰，会再一次聚众闹事。海瑞又何尝不明白兵部要剿灭红莲教的理由，一则是兵部在与红莲教的第一战中纷纷失利，河南、陕西、江浙甚至湖北武当山附近的县域，均曾失利于红莲教众。这个闹剧若不是以红莲教的余党全部根除为结束，那么，兵部尚书的乌纱恐怕很难再戴下去了。赵炳然这样想，而户部尚书高耀则更是想要彻底查清楚云南红莲教一案的真相，京城中盛传那红莲饼子的发放，均和他有关系。这可是要杀头的传讹，幸亏这高耀也喜欢打坐，也喜欢黄老之道。这才有了证明自己清白的前提。

那份密旨救了海瑞和杨应命的急。这一群造反派，见到海瑞说话属实，且眉宇之间露出一股正义之气，颇为信任，便当场将二人释放。

海瑞坐下了，便问为首的吴姓壮年男子：“这位仁兄，既然你们如此的通情达理，又是怎么到了去杀掳官府、占地为王的地步呢？”

那吴姓壮年拍着自己的胸部说：“海大人，我吴化枫虽然一手策划了武当山的红莲饼一事，甚至还有后来的一系列造反的事件，但是，我可以拍着胸脯说，我们这些平民并没有杀死一个大明朝的官员。你们现在就可以回去清查，不管是县令还是县丞，不论是知州还是总兵，我们都只是将他捆绑以后收押，并且好酒好菜地照料着。我们只是想让他们看一下，这些平时可以忍受饥饿在田里干活，可以忍受巨额的税赋的平民，究竟被朝廷逼迫到什么程度了。参加红莲教的大多数人都是因为没有钱治病，而红莲教免费医好了他们的病。作为大明朝的子民，这些勤劳忠厚的农民，一年三百天，天天日落而息，日出而劳作，他们有的是什么呢，有的是十辈子也还不了的债。海大人，你若不信，可以随便问一下楼下的那些教众们，他们哪一个不是欠了大户的一百多年的劳力。也就是说，这些个平民，不吃不喝，要为那些有田的大户干上一百多年，才能还上他们的债务。好多人都逃荒离开了家乡，但必须抵押上自己最小的孩子，这些孩子在大户家里，过着猪狗不如的生活。我的孩子就是这样子死去的。我从昆明府逃到了武当山，我想着朝廷既然征召工匠，一定会有一份大铜钱来收。谁知，我们刚到就被通知，工钱没有，只有饭吃。我是个泥瓦匠，从小就跟着不同的筑墙队伍外出谋生存，我知道有时候官府里当官的贪了钱，工匠就只能混口饭吃。可是，连饭最后也吃不饱了，因为，除了我们这些逃荒出来的工匠之外，大多数工匠都被官府强迫来到此处的，他们的家眷都在山脚下。然而，山脚下的士兵们，隔三差五地就去强奸这些家眷们，后来还染了病。疫病就是因为这些士兵。这也是我们这些工匠们起义去杀他们的原因。”

“那你们为何又抬出建文帝后人名号，你们可知道，这样一来就不只是民愤这样简单了，你们这样作，可是诛九族的大罪。”海瑞打断了吴化枫，责问道。

吴化枫愣住了，一时间找不到合适的话来接应海瑞的责问，但是他满腔的愤怒还没有发泄完毕，所以又继续了他刚才的话，说道：“负责打仗的人不是我，而是朱十一的爹爹朱太岩，他早些年是一个铁匠，天生神力，后来遇到一个神仙，送给他一个建文帝时的元宝，并告诉朱太岩说，你的模样颇有建文帝的骨相，大约便是建文帝转世了，我找了你好多年了，终于找到你了，现在，我把这个地址给你，你要找到这个地址，并用我给你的金元宝买下来，这个地址的下面有当年我们埋下的数万两黄金，若你想继承建文帝的皇位，那么，你便可以用那地下埋着的钱财，作些事情，招揽天下人为你所用，具体如何作，你们会挖到一册《红莲谱》，那《红莲谱》是一册中医书，你们只要按照那书里所述，便可以造反成功。”

正说话间，朱十一的爹爹，也就是一步客栈的老板朱太岩来了，他不知道海瑞和杨应命为什么没有被捆绑着，而且还微笑着和吴化枫坐在一起说话。

朱太岩大约有要紧的事情，趴在吴化枫的耳边说了几句，然后匆匆而去，朱十一也尾随着他离开。

吴化枫连忙又召集在外面把守的几个人在走廊里小声嘟囔着，吩咐完毕以后，他才进得屋里来，怒气冲冲地对海瑞和杨应命说：“我们这些人掏出心窝来和你们说话，你们竟然阴险得很，一面在这里和我们周旋，一面却已经给锦衣卫通风报信，刚才我们的另一个茶楼已经被锦衣卫给包围了，而且抓去了茶楼里所有的人，一共二十七名红莲教众。你们还有什么话说？”

海瑞并不着急，说：“那锦衣卫自然是我们派去的，不过，你放心好了，我一定会让你们的兄弟平安无事的。只是现在，吴化枫，若想让你的兄弟们都安全地回来，你还必须说清楚，那个神仙究竟是怎么一回事？”

吴化枫看了看神情自若的海瑞，有些半信半疑，但事到如今，也只能先暂时相信一下海瑞了，他长长地叹息了一声，说：“那个人是一个神仙，他的头发白如雪花一般，而且他把书和元宝交给了朱太岩之后，一转身便不见了。所以，我们大家都相信神仙会帮助我们。那本书是一部兵书，但我们一点也不懂，所以，打仗的时候没有用上，不过，却从那册《红莲谱》里找到了好多已经散佚的古中药方，并且是用于饮食的古方。所以，当红莲饼一开始出现的时候，几乎都卖疯了。这种饼子在各地大受欢迎，所以，我们的药铺子和食馆都挣了不少的钱。而我们又把这些钱，全都用在了治疗武当山脚下那种传染性肿疮上面。”

听完吴化枫的话，海瑞长长叹息了一声，感觉那朱太岩一定是故意隐瞒了吴化枫一些行动，但海瑞一时间又不能确定，所以一下子陷入了模糊的陷阱里。

海瑞想了一下，问吴化枫：“照你这样说来，你们红莲教在昆明府的所有收入，都来源于朱太岩所购下的那栋‘一步茶楼’了，那茶楼下面埋了很多宝藏是吗？”

吴化枫点了点头，说：“朱大哥是这样说的。”

海瑞一听有些吃惊，问：“你是说，你也只是听朱太岩这样说，并没有亲历此事，是吗？”

吴化枫点头说：“那是自然，朱大哥买下这栋楼的时候，我还在武当山脚下垒土墙呢，我是被他在武当山挑中的，当时他去考察武当山红莲教的情况，我因为吃了不少的红莲饼子，脑子一热，便入了会，这才认识了朱大哥。”

海瑞点了点头，觉得这个朱太岩一定有惊世的秘密，但一时间又找不到他的什么破绽。他仔细地回忆了与朱太岩相见的每一个细节，发现了，那朱太岩极少说话，笑的时候也不出声，很是高深莫测。海瑞突然被自己的回忆惊呆了，那朱太岩走路的时候竟然有些内八字。内八字，这可是他在京城考试时就听到的笑话，京城里只要是内八字走路的人，百分之九十的都是太监。

海瑞忽然又想起朱十一的一双天生就有威仪的眼睛，觉得很是疑惑，那朱太岩绝对不是朱十一的生身父亲。

他被自己的设想迷惑了，若真是朱太岩发动的整个红莲教，那么，他真的是想和大明朝抗衡吗，发动一场这么大的起义，而组织中心的人物根本并不着急逃走，还稳稳地坐在昆明府的繁华位置，这太让人有些匪夷所思了。

锦衣卫尾随着海瑞和杨应命来到昆明府，迟迟不动手抓人，直到海瑞在这里问询吴化枫的时候，他们动手抓了另一个不关痛痒的茶楼人员。这一切都像是在保护朱太岩和朱十一。

海瑞的脑袋被眼前昆明府的这一场巧局弄得晕眩了，他觉得，自己陷入一个无解的疑惑里，不能自拔。

杨应命也从旁边的茅房里出来，小声地对海瑞说，他仿佛看到了外面有锦衣卫把守。

海瑞一听，惊呆了，这里若是也有了锦衣卫，那就意味着，这个锦衣卫不是内阁派出来的，而是皇上直接派出来的。

海瑞的右眼一直闪跳个不停，他感觉有些不对劲。他对正在发呆的吴化枫说："你觉得朱太岩这个人如何？"

吴化枫说："他很少说话，只是点头和摇头，但他不是哑巴。他为人很和气，但是关键的时候他比任何人都狠，我到现在为止一点也不了解他，但我感觉他应该是一个经历复杂的人。"

海瑞说："他是不是没有娶妻？他是不是平时不喜欢与其他人在一起吃饭或者喝酒？"

吴化枫点头，一直点。

海瑞说："你有没有发现，他的胡子是假的。"

吴化枫忽然被点中穴位一样，问海瑞："海大人，你是说那朱太岩是女人。"

海瑞笑了，摇了摇头，说："他不是女人，而是一个太监，他走路的姿势已经表明了他是个太监，他不说话，又不娶妻，而且，我第一次看他就觉得他的胡子有些不对，哪里不对，却也说不好，现在终于明白了，是他的胡子有些向外面飘，你想一下，只有是假的胡子，才那么飘。"

没有等吴化枫回话，海瑞紧急地站起身来说："我们要马上回到'一步客栈'去，我有直觉，朱十一可能有危险。"

吴化枫说："海大人，那需要我带几个人手吗？"

海瑞一听，笑了，说："好啊，越多越好。"

于是，海瑞便带领吴化枫及一众人等赶到一步客栈。这时，朱太岩正在大堂里端坐，而朱十一也在后堂里玩一个木马，大约玩得很开心，不时笑出声来。

吴化枫走在前面，对着朱太岩说："大哥，我们经过严加核实，这位海大人的的确确是代表朝廷来查证工匠的伤情以及地方税赋的深重情况的。他是一位可信任的清官，现在他已经了解了红莲教的情形，他一定会回到京城禀明圣意，然后为我等红莲教众洗罪的。"

朱太岩听了吴化枫的话以后，不以为然地摇了摇头，用手往鼻子上抹了两下，然后挥了一下手，从后堂里突然冲出十多个士兵装扮的人，将海瑞和杨应命围住了，然后又用刀剑逼迫吴化枫等人往后退了两步。

海瑞又一次被捆绑在一个木椅上，朱太岩站起来，看着吴化枫，低声说："二弟，你不要被他的花言巧语迷惑了，他其实就是来摧毁我们红莲教的。你竟然还结交与他，甚至还作着让他替我们在皇上面前美言的美梦，实在是幼稚可笑。"

海瑞说："朱太岩，你不要再执迷不悟了，红莲教众多的教众其实不过是因为医病无门而投奔你们，哪知，你们利用别人的感恩，竟然挟持他们的善良与朝廷作对。结果呢，结果是陕西、河南、湖北、云南、贵州、江浙一带，数以十万计的红莲教众无辜死亡。难道，你还认为你是在拯救别人的生命吗？你没有，你害死了别人，是你，害死了一个又一个好端端的生命。"

朱太岩嘿嘿一笑，说："亏你还是一个清流，竟然说出如此愚昧的话来。人固有一死，为自己的理想而死，重于泰山，即使是战死在沙场，总胜过你在这里为昏庸无道的狗皇帝卖命的好。"

海瑞听完并不生气，说："朱掌柜的，这话若是在几年前，我或许不会在和你辩论。然而，世事皆有变数，当今圣上虽然一意玄修，可是内阁当值的徐阶徐阁老并不是一个昏庸之人，奈何边疆不宁，皇上又要大兴土木，而你们又火上浇油。若你们真是哀伤民生之多艰，那么，你们就要体谅内阁之苦，给徐阁老和高拱等人一些时间。若你们另有图谋，那么，我的话就到此为止。”

朱太岩说：“海大人，谅你一小小的户部主事也不敢在民间胡乱说话，你呀，充其量是一个洁身自好的小官，可是，我大明朝有数不胜数的贪腐和阿谀之人，你一个人并不能改变事情的进展，你不能改变武当山上的工匠们流汗又流血，你也不能改变武当山下那些女人的身体染病，你甚至连你自己的命运也改变不了，皇上派你来查证我们的犯罪事实，若不是我们早已经侦察了你和杨大人的行踪，恐怕你的那封保命的圣旨，你是不会拿出来的。”

“好一个保命的圣旨，我大明朝的清正和严明让你说得如此不堪，实乃是大不敬。我来问你，你一个太监为何如此热衷于朝政，你竟然在内阁里还有内应，那么，是不是司礼监里也有你的内应了。”海瑞问朱太岩。

朱太岩坐海瑞的正前方，直视着海瑞，说道：“你不说内应，我还放松一些，你一说到内应，我就想马上杀掉你和杨应命。我的内应，是我的亲兄弟，他已经被锦衣卫发现并且已经处死了。”

吴化枫在一旁也吃惊不小，附和着朱太岩说：“大哥，三弟死了？！”

吴化枫悲伤地坐在旁边的一张椅子上，他幽幽地对着海瑞说：“海大人，你有所不知，后堂里的朱十一，他是当今圣上的亲骨肉。”吴化枫看了一眼朱太岩，又继续说，十几年前，有一个宫女从皇宫里逃出来后才发现，自己怀了皇上的骨血。那宫女一直逃到云南昆明府郊外的一个尼姑庵里，生下了一位皇子，后因为胎后失血过多而又营养不继，所以患了很重的晕眩症，她临死前给皇上写了一封书信。结果信没有送到皇上手里，被皇后截下。皇后大概是怕有人抢了太子的位置，便派人前来云南寻觅，想要杀人灭口，以绝后患。而派来的太监是个心肠软的人，见到那个孩子以后十分喜欢，便没有杀他，而是将孩子收养了。”

海瑞听明白了，吴化枫讲述的那个没有杀死皇子朱十一的太监一定就是眼前的朱太岩了。

海瑞听完了以后，突然问朱太岩："其实，你抚育皇子成长，是一件功德无量的事情，只是你为何又偷偷操纵红莲教，甚至以建文帝后人名义造反，又是何故呢？"

朱太岩被海瑞的指认吓了一跳，他吃惊地看着海瑞说："你怎么知道是我操纵红莲教。"

海瑞笑了，说："因为你一直在抚养朱十一啊，还因为你的胡子是假的，你走路的姿势已经证明是一个太监。"

朱太岩吃了一惊，愣愣地坐在那里，大概在回忆自己最近所走的路径，都被哪些人看到了，为什么眼前的这个叫海瑞的人只从自己走路的姿势便可以断定自己是一个太监。

杨应命突然开口说："原来在皇宫里一直盛传着，民间有一个皇子，竟然是真的。"

"朱太岩，你究竟是何居心，竟然用真皇子假冒建文帝后人，你如此煽动，可知后果？"海瑞挣了一下绳索，发现那绳索竟然是一种束身用的，越挣越是紧。

朱太岩嚯地拔出了身后一名卫士的剑，用剑指着海瑞，说："本来我敬重你为人正直，想不到你如此热爱打探别人的隐私，那么，我只好送你一程，你去死吧。"

正在这时候，那朱十一却突然跑出来，他看到朱太岩拿剑指着海瑞，大声叫："爹，你不要杀他。"说着扑了过来，他将海瑞扑倒在地上。

而朱太岩的剑正好刺出去，正中那朱十一的后心。朱太岩本来并没有想刺出那剑，却不知道怎么的，当朱十一突然冲出来的时候，他的手已经不再听自己的使唤了。

血从剑上流出来，海瑞大声叫朱十一的名字，他的胳膊被紧紧地捆绑在椅子上，动弹不得。

吴化枫也扑上来，哭了，声音大得很，看来他和朱十一很有感情。

最痛苦的是朱太岩，尽管他是一个太监，但十多年的陪伴和养育已经让他进入了父亲的角色，在他的生命里，朱十一已经是他的孩子了。可是，他不明白，为什么一瞬间，剑已经出鞘了呢。

朱十一还没有马上死掉，脸上有扭曲的痛苦状，他艰难地咳嗽了一声，大家立即安静了。

朱十一将手里的一封还没有写完的信举起来，半高的时候又垂了下来，他一句话也没有来得及说，就断了气。

“给李时珍的信。”海瑞大声说。

海瑞明白朱十一为什么不顾一切地冲上来了，他原来是想让海瑞给李时珍捎一封信，也是海瑞之前已经答应过他的。海瑞一边替朱十一惋惜，一边又暗暗感慨世事的多变。李时珍虽然远隔千里，但是，却是因为李时珍，朱十一才在关键的时候迎上来，奋不顾身地替海瑞挡了一剑。是啊，是李时珍间接救了自己一条命。

那朱太岩立在一根梁柱下，突然就哭出声音来了。门突然被打开了，京城派来协同海瑞和杨应命的锦衣卫闯了进来。

不由分说就将屋中的所有人控制起来，给海瑞和杨应命松绑以后，为首的锦衣卫小声地在海瑞身边耳语了几句，吓得海瑞半天也说不出话来。

原来，锦衣卫查知，太监朱太岩竟然是朱宸濠的弟弟，而朱宸濠乃是正德年间造反未遂被杀的一个皇族后裔。朱宸濠当年造反的时候曾经求助于时为兴献王子的朱厚熜，然而，不得没有得到帮助，朱厚熜还将前来求助的叛将常大林抓获，送入京师。这一下可是惹恼了那朱宸濠，他临死时告知自己的弟弟妹妹和儿子，有生之日一定要去湖北安陆州，将朱厚熜杀掉，且死不瞑目。

然而，过了不久，武宗溺水而亡，嘉靖帝即位。朱太岩一家被流放到边疆，直到有一次宫里招募太监，他才混入宫中，本想伺机接近嘉靖帝行刺，奈何，嘉靖帝长期在西苑居住。他不得不亲近皇后，以便有机会和皇后一起拜见皇上，哪知，皇上从不召见皇后。

朱太岩万般无奈之下，只得趁着皇后这一次要他出宫杀害朱十一的机会，彻底摆脱了宫庭的束缚，隐名留在了昆明府。

看完了锦衣卫抄来的案卷，海瑞决定夜审朱太岩。朱太岩因为朱十一的死而精神崩溃，无论问什么，均是一句话也不说，但求速死。

而在锦衣卫秘密调查的卷宗里，有数十页纸记录了朱太岩和朱宸濠的关系，朱宸濠被平叛之后，朱太岩在流放新疆的路途中几近死去，一位老太监救了他的命，但却是因为嗜好男色，喜欢上了他这个落难的皇族子弟。朱太岩正是那个时候嗜好男色的，他后来为了摆脱被流放的命运，偷偷净了身，又通过那个老太监的介绍入宫作了太监。从一个小太监作起，需要作多少努力才能引起皇后的注意，并最终成为皇后的专宠，朱太岩作到了这些。在一点点往上爬的过程中，朱太岩也开始编织他的红莲教。一开始，朱太岩很绝望地发现，他根本没有机会去西苑刺杀皇帝，于是，他退而求其次，他开始费尽心机地设计红莲教这个组织。使得这些以出售莲蓉饼为基础的糕点铺慢慢地庞大起来。直到有一天，他从皇宫里出来，伪装成一个平常的男人，而后又发现了一个新的武器：皇子朱十一。他有些欣喜若狂，觉得上天很是眷顾他，终于给了他一个上好的筹码。

他本来的目的就是要利用红莲教造反，最后让嘉靖帝和自己的儿子朱十一有机会见面，或者借着嘉靖帝的手杀了朱十一，又或者是借着朱十一的名义将嘉靖帝推翻下台，成为囚犯。若是结局能正合他的设计，那么，不论是嘉靖帝还是朱十一都会后悔一辈子。杀死自己的亲生骨肉或者父亲，那痛与苦岂是权力和荣耀所能驱除的。

然而，自己的愿望没有实现，而朱太岩本人却已经被一种慢慢成长的亲情所包围，以致于当自己的剑刺入朱十一的体内时，他自己感到了身体里有一股强烈的疼痛感，肉体里有一股清凉的疼痛，他躺在那里，睡着了。

海瑞一直坐在那里，看着朱太岩睡。夜半又过了两个时辰，朱太岩醒了，看到海瑞在等他，坐在地板，号啕大哭起来。他的哭声很大，很是放肆，仿佛要把这个夜晚所有的人都从梦中叫醒一般。

海瑞问他：“朱太岩，你还有何话要对本官讲吗？”

朱太岩说：“我无话可说。”

海瑞又问：“你聚众造反，伤害无辜百姓何止千人，你可认罪吗？”

朱太岩说：“我若有罪，那大明朝半数以上的官员都可自裁了。”

海瑞问：“凭什么以你的底线来束缚和要求别人，而不是别人来处置你？”

朱太岩说：“凭我是一个被迫害了的身体和内心的太监，凭我救过数以万计的饥民的命。自从嘉靖二十九年我进入皇宫开始至今，我共拿出白银近三十万两用来为大明朝各地的饥民和灾民免费提供红莲饼。一开始只是给皇宫里几个小太监点心吃，后来，教会了一个宫女，她出宫后便和她的男人在京城东十字街开了一家红莲饼铺，然后，一而二，二而三，三而百，直至在各省府也开了品种相同的店铺。然而手艺都是我教的，所以，每一家新店铺开业，他们都会给我存上一百两银子。而我就把其中的八十两全都拿出来，让这些店铺作成免费的饼子，用来救济那些灾民。你以为我一个太监靠什么来组织十数省的数十万民众自发参与到起义的队伍中来，是靠十数年如一日地帮助和感化。官府贪腐，皇上昏庸，所以，百姓才会造反。当有人造反的时候，当今圣上应该首先问一下自己，百姓为什么不愿意安居乐业，而打起旗帜造反。我一开始从未想过，我会创办一个红莲教，更没有想过要组织这么多人来造反，我只是想组织一小群人起义，给皇帝提一个醒，想让皇帝知道，苍生都已经快饿死了，你就不要在西苑里享受百姓家的女儿，吞食丹药。可是，万万没有想到，就在我按原计划只发动京城附近的河南、河北两省教众起义的时候，我接到两京一十三省的无数个店铺的线报，一根线又连着另一根线，这一下十数个省市都有队伍起义，这真是出乎我意料的事情。我知道，以这些没有任何军事训练，甚至也没有任何锐利兵器的人来造反，成功的可能几乎为零，但是，箭已经在弦上，我已经控制不了局面了，所以，箭射出去了，就死了很多人。我的哥哥死在了刀下，我的妹妹和母亲死在了妓院里，我的所有亲人都死在被流放的路上，我的儿子也死在了我的剑下。我现在，也被那只箭射中了，我觉得我身体已经有一个洞在流血了。我说完了，我不再说了，我已经说完了。”

见朱太岩如此坦荡，海瑞有些动情，觉得他虽然行事诡异，但是生性善良，即使是在牢狱一般的皇宫里，他还想出办法来将自己的钱财为饥民和灾民服务，这的确是一件难得的事情。别说是大明朝其他清正奉公的官员，就连海瑞自己，在逆境围困的时候，也不会如此清晰地理清自己的是非与朝廷的是非。

海瑞被朱太岩的一番话感动了，他没有作任何记录，记录本也留在了审讯室里。负责看守的锦衣卫也被海瑞解散了。谈话结束的时候，朱太岩又犯了病，不停地咬自己的右手，因为，是右手持剑，刺进了他养育了多年的朱十一而致于死命，所以，他的精神被这过分沉痛击打的伤口撕开了一个很大的裂缝，世俗的风习或者世俗的评判都不能使得朱太岩改变自己的内心的平衡。

海瑞离开审讯室，示意看守的卫兵让朱太岩接下来要好好休息，才离去。

天是黎明前的一小段黑暗时间，天黑得如同打翻在白纸上的墨汁一般，那是一种让人绝望的黑，不管你睁大眼睛或是微闭双眼，你能看到的只能是黑。

在黑夜里行走的感觉也像极了朱太岩现在的心理，未知、恐惧、担忧，又在某些个瞬间看透了世俗的世界，进而哀伤叹息。回到住处的时候，黑暗已经被一小块又一小块蓝色的云彩切割开来。

房间的门虚掩着，尽管海瑞轻手轻脚地进门，杨应命还是醒了，窗外的月光像一只鱼钩一般挂在天上，像是要在早晨的时候钓出一条身材伟岸的大鱼来。天刚蒙蒙亮。杨应命翻身醒来，睁大了眼睛看着一脸倦意的海瑞，问：“海大人，你起这么早。”

海瑞说：“我刚才作了一个梦，梦到朱太岩逃跑了。结果我去看了一下，没有逃跑，不过，他正在自杀，被我救了下来。”

杨应命问：“海大人，这个朱太岩该如何处理，是带回京城，还是就地处决？”

海瑞说：“自然是就地处决。我已经下了令，再关三天，让他把自己的罪状写完了，画了押便处决。”

“如此说来，此案已经定案。我昨日接到了兵部急函，兵部必须去江西和浙江两省去押解所有工匠的家属抵京城，看来，武当山的工程又要开动了。所以，我想了一下，还是留下海大人你处理昆明府红莲教的后事，我要火速赶往京城，恐怕我这一次又要去江西作坏人了……”

杨应命的话意犹未尽，但一时间也找不出合适的话来和海瑞话别，沉吟了一会儿，他又说了一句：“今天中午我在昆明的大观酒楼设宴请刚峰兄一次吧，也算是话别，有许多话，还真是需要三巡之后才能和兄台讨论。”

海瑞便也答应了，躺在床上便呼呼大睡，一下睡到午时三刻，才醒来。杨应命已经走了。昆明府有人送来了请帖，商讨一下关于锦衣卫抓人和地方官府抓人的流程。这一阵子，昆明府里全是锦衣卫，以致于昆明府的很多公职人员都很闲置，这才有了这次不需要喝酒但急需要喝茶的一次见面。

昆明府的知府是严嵩当国时选上的一个读书人，叫赵贞贤，他性格木讷，反应很是迟钝。不管别人问他什么，他第一句话总是“鱼上钩了吗？”

海瑞问他：“你是不是和赵贞吉是同一家族，赵贞吉，浙江总督，是不是你很亲近的人。”

赵贞贤一愣，他果然不知赵贞吉的名字，当海瑞介绍说，赵贞吉在浙江杭州府任巡抚的时候与他交情甚笃，所以才有这样的疑问。他便嘿嘿地笑。

果然不是。他们不是来自同一个很亲密的家庭。

海瑞说：“根据出发时内阁给的旨意，今天看来必须执行了，你去找一个这几天需要判死刑的犯人，然后命令你们的卫兵，将牢狱门口所有把守撤掉。将朱太岩放走吧，让他珍惜自己的财物和感情，去找合适的流浪地扎根、发芽去吧。”

嘉靖四十四年初秋，海瑞回到京城禀报昆明府红莲教头目——一步客栈的朱太岩和其子朱十一畏罪自杀的情况，具表陈奏于内阁。

在奏折里，海瑞这样说：

臣兵部云贵司主事杨应命、户部云南司主事海瑞，奉命到云南省昆明府所辖多个村镇调查，终于在昆明府的郊区找到了“一步客栈”易容过后的老板朱太岩和其子朱十一。此二人对此前纠集大明两京一十三省多达十多万人参与的起义供认不讳。在与锦衣卫和卫兵发生冲突时，被锦衣卫拿下，并沿着他们的路线，找到了起义军共有的粮仓和后继能源的地方。今日午时三刻，执行了处决。至此，历时近半年的红莲教起义终于画上了句号。这次行动查获短刀一千把、黄金四万两、个人拐杖二十余条、窖藏酒七十五坛，以及若干无法具列的细小生活用具。

此次侦察行动多亏了当地昆明府的鼎力支持，所查抄红莲教非法住所“一步客栈”和岳家楼茶楼皆被昆明府充公。

在回京城的路上，海瑞的马车出了故障。海瑞向四周的人求救，根本没有人热心地过来帮忙，他们都是跋涉者，他们又累又饿，连说话的气力都没有，又如何能帮海瑞的忙将所乘的马车推出沼泽地呢。

海瑞突然想到，整个大明朝是不是也像正坐着的这辆马车一样，已经陷进了泥潭，动弹不得了。直到有一个士兵大声喊着一二三四，一二三四的口号，后面的卫兵又冲上前来帮忙，才算是将大车拖出泥泞。

海瑞想，喊一个响亮的号子，仿佛可以震惊别人的内心，使得别人能听见自己的内心，照见自己内心里的暗。也正是因为看见了自己内心里的暗，才又有勇气从黑暗里走出，继续向前跋涉。

海瑞在马车上想了许多，马车外面经常会遇到逃跑的士兵或者工匠，或者在路边哭着埋葬亲人的声音。一路上总能闻听到那些病人的呻吟和呼救声。海瑞很难过，但他没有能力帮助这些已经病入膏肓的人恢复健康。海瑞想，那么多病人，总有一些不好的暗示。

第二十章 直言死谏，天下第一

嘉靖四十四年中秋前夕，在内阁的讨论集会上，工部和兵部以及吏部一起说得非常热烈，现实的情状是，不论户部和司礼监如何提高待遇，也没有官员愿意往武当山去，因为，有一股谣言从武当山传出来：若是得罪天神，逆天行事，则必遭殃。

内阁的会议从来都是如此，乱糟糟一团，你一言我一语，主题散乱，最后也找不到任何共同的一致的主题。

徐阶代表内阁里袁炜、李春芳、高拱四位阁员最后总结陈词，说："皇上一意玄修，二十年不理朝政。其间严嵩独揽朝政近二十年，皇上得失均很明显。玄修和阳明心学不同，心学修身养心合一，而玄修则只修身体能长生。长生的人只有张三丰真人，所以，皇上从三十一年开始一意地重修武当山，到今年，他终于寻到了当年张真人羽化成仙的通天梯所在处。内阁决定满足皇上的要求。因为，万事诸物只有试过才能知结果。我们全都是凡夫俗子，读再多的圣贤书，吃再多的山珍海味，也一样会变老，会死去。

长生不老只是一种修身的理想，皇上多年来始终如一，作为臣子，除了劝说之外，也应该帮助皇上实现理想，若真的修成天梯，皇上去了，却无法羽化成仙的话，那么，内阁便会再一次召集诸位来集会，劝止皇上以后的玄修，让皇上回到皇极殿，重理朝政。诸位以为如何？”

开会的诸位臣僚一听徐阁老最后的话，是要通过让皇上尝试修道成仙失败后来劝止皇上，并要求皇上重理朝政，这可是大明朝的第一大事。于是众口同声答：“徐阁老说得是，我们深以为然。”

徐阶一听大家众口一词附和他的话，但又接着说：“既然如此，我就把今天召集大家来此的主要议题说一下，就是希望大家在接下来的三天时间里，每人写一个祝贺皇上登天梯、羽化成仙的青词。今天所到的六部一百八十八人均需要写。三天后，蓝神仙要在皇极殿为皇上举行中秋节最新丹药的炼成仪式，希望到时候，皇上会从中挑拣上好的青词来阅读。”

众人皆应声答应。

嘉靖帝听说在西苑里演奏音乐、跳舞的人是从西域来的，以前就被严世蕃养在江西，这一次，是随着运输最后一批皇宫的瓷器的船只从浙江运进天津港，然后进入京城的。

西域的舞蹈像是道行很高的道人的舞蹈，嘉靖帝看了一会儿，觉得好看，拿着一把太极剑在一旁跟着学，模样滑稽之至。

司礼监当值太监黄锦手持着第一批上来的青词递过来，徐阶、袁炜、张居正、李春芳四人的先拿来了。袁炜的才华是最好的，他得了严嵩的真传，句词之间都流着严嵩的影子。嘉靖帝看了一会儿袁炜的词，忽然想起了严嵩的模样，有些伤感。

第二批青词中数江西巡抚赵贞吉的青词写得好，嘉靖帝让人抄写在墙上，反复地看，喜欢得很，说此人在江西，太远了，把他弄到京城就好了。这话说完第二天，吏部便发牒文下去，调江西巡抚赵贞吉到武英殿任大学士。

第三批青词是大批量上来了，六部中所有侍郎、主事均上了折子，还有地方衙门的布政使司、按察使司衙门的官员们。折子堆成了一堆小山。

入夜的时候，黄锦、陈洪和冯保三个秉笔太监轮流给嘉靖帝读青词。一开始读完全诗，还要简单评论才可以。后来，不再作任何评价，只需要将内容读完就好了。再后来，青词写得越来越差，官衔也越来越低。嘉靖帝听得也不认真了，一边听，一边拿着一支剑，在烛光下一下一下舞了起来。

亥时刚过，刚刚为嘉靖帝洗完了澡的黄锦，开始找青词来读。

第一个奏折打开就吃了一惊，他有些迟疑，看了一眼嘉靖帝，嘉靖帝意识到有问题，敲了一下旁边的乐瓮，对黄锦说："黄锦，开始诵读吧。"

黄锦的手有些抖，持着那个奏折说："主子万岁爷，这个好像写得不是青词，要不要诵读。"

嘉靖帝说："念。"

黄锦便舔了一下嘴唇，读："户部云南清吏司主事海瑞谨奏，为直言天下第一事，以正君道、明臣职、求万世治安事。"

黄锦停顿了一下，看着皇上，想看看皇上的反应。只见嘉靖帝将手中的拂尘扔到地上，头拧着，脸上的表情堆成了愤怒，示意黄锦继续读下去。

"君者，天下臣民万物之主也。唯其为天下臣民万物之主，责任至重，凡民生利瘼一有所不闻，将一有所不得知而行，其任为不称。是故养君之道，宜无不备，而以其责寄臣工，使尽言焉。臣工尽言而君道斯称矣。昔之务为容悦、谀顺曲从，致使实祸蔽塞，主不上闻焉，无足言矣。过为计者，则又曰：'君子危明主、忧治世。'夫世则治矣，以不治忧之；主则明矣，以不明危之。毋乃使之反求眩瞀，失趋舍矣乎？非通论也。"

见嘉靖帝一直沉默着，黄锦又读了下去：

"臣受国恩厚矣，请执有犯无隐之义。美曰美，不一毫虚美；过曰过，不一毫讳过。不容悦，不过计，披肝胆为陛下言之。汉贾谊陈政事于文帝曰：'进言者皆曰天下已安已治矣，臣独以为未也。曰安且治者，非愚则谀。'夫文帝，汉贤君也，贾谊非苛责备也。文帝性类柔，慈恕恭俭，虽有近民之美；优游退逊，尚多怠废之政。究其弊所不免，概以安且治当之，愚也；

不究其才所不能，概以致安治颂之，谀也……”

让嘉靖帝暴躁的句子越来越多，像炮竹一样在西苑炸开了。

黄锦的声音仍然在继续：“陛下则锐精未久，妄念牵之而去矣，反刚明而误用之，谓遥兴可得而一意修玄。富有四海，不曰民之膏脂在是也，而侈兴土木。二十余年不视朝，法纪弛矣。数年推广事例，名爵滥矣。二王不相见，人以为薄于父子；以猜疑诽谤戮辱臣下，人以为薄于君臣；乐西苑而不返，人以为薄于夫妇。天下吏贪将弱，民不聊生，水旱靡时，盗贼滋炽，自陛下登基初年，亦有之而未甚也。今赋役增常，万方则效，陛下破产礼佛日甚，室如悬磬，十余年来极矣。天下因即陛下改元之号，而臆之曰：‘嘉靖者，言家家皆净而无财用也。’”

嘉靖帝走到黄锦身边，一把抢了这奏折，上下左右地看了一阵子，摔在地上。气得呼呼地，直喘粗气。

回过头，嘉靖帝将摆在眼前的一摞奏折一下摔到地板上。

黄锦连忙将海瑞的奏折放下，慢跑到嘉靖帝身边，说：“皇上，主子万岁爷，您不要生气，这个海瑞才来京城没有几天，什么也不知道，纯属不懂世务。”

嘉靖帝说：“再念。”

黄锦只好又回到几案旁边，拿起海瑞的那个天下第一疏继续读：“……陛下之误多矣，其大端在于斋醮。斋醮所以求长生也。自古圣贤止说修身立命，止说顺受其正，盖天地赋予于人而为性命者，此尽之矣。尧、舜、禹、汤、文、武，圣之盛也，未能久世不终。下之亦未见方外士自汉、唐、宋至今日，使陛下得以访其术者。陶仲文，陛下以师呼之。仲文则既死矣，彼不长生，而陛下何独求之？至谓天赐仙桃天药，怪妄尤甚。昔伏羲氏王天下，龙马出河，因则其文以画八卦；禹治水时，神龟负文而列于背，因而第之以成九畴。《河图》《洛书》，实有此瑞物。泄此万古不传之秘，天不爱道而显之圣人，藉圣人以开示天下，犹之日月星辰之布列而历数成焉，非虚妄事也。宋真宗得天书于乾祐山，孙奭曰：‘天何言哉？岂有书也？’桃必采而得，药必工捣合而成者也。无因而至，桃、药有足行耶？天赐之者，有手执而付之耶？陛下玄修多年矣，一无所得。至今日左右奸人，逆揣陛下悬思妄念，区区桃、药之长生，理之所无，而玄修之无益可知矣。陛下又将谓悬刑赏以督率臣下，分理有人，天下无不可治，而玄修无害矣乎？……”

嘉靖帝把又一摞奏折狠狠地扔到了地上，用脚又踩了几下，对着门外的锦衣卫大声吼：“海瑞！把他抓起来，别让他跑了！”

两名小太监和锦衣卫跑进殿来，问：“万岁爷，有何吩咐。”

嘉靖帝瞪大了眼睛，盯着进来的锦衣卫大声说：“抓。抓了他。”

黄锦则连忙将一个小册子递给了为首的锦衣卫头目沈大勇，说：“照此地址，便可拿人。”

锦衣卫出门以后，黄锦对嘉靖帝说：“启禀主子万岁爷，您且息这雷霆之怒。奴婢在宫中就闻听此海刚峰素有痴名，前几日，他突然遣散家丁海安及其眷属，又到寿材市集购得一棺木置于院中。这才上了这道疏。他这是早就准备好一死了之的，主子，奴才愚钝，刚才诵读那逆贼的奏折，觉得此人胆大之至，他竟然凭着道听途说及揣测推度就大骂圣上您，简直是欺君之至。依奴才愚见，此人是想好了皇上要杀他，他好以此博得骂名，想留名于史。奴才以为，先抓了此人，投入大牢，役其身体，去其精神。直到他骨头软了，投降了，便放他出来，写青词，让他自己打自己的耳光，然后再治他的欺君之罪。”

嘉靖帝在太极图上扔东西，扔完了，命黄锦和小太监记下所掉落的奏折落在什么方位，结果，黄锦查完以后，回嘉靖帝说：“皇上，您扔过来的奏折均落在坤位上。”

嘉靖帝连忙叫蓝道行进来，要蓝道行查一下，坤位从气象上属于几月。

小太监急匆匆地跑去了，还在门口摔了跤。嘉靖帝听到叫声，皱了一下眉头，问黄锦说：“黄锦，你是说先抓了此人，不杀。”

黄锦说：“奴才觉得此人太过大胆了，杀了他太便宜他了，最好是教训他一下，而后再做裁决。”

嘉靖帝沉吟了一会儿，又拾起海瑞的奏折，坐回到自己的椅子上，一个人默看了一会儿，大约过了一刻钟。蓝道行赶了过来。

按照着黄锦的指点，蓝道行找到了坤位上的奏折，并查了一下奏折数，共有八册。

蓝道行说：“回禀上元真君，吾皇万岁，坤卦历来属秋，具体对应的气象应在十月。”

嘉靖帝站起来，沉吟着，十月，十月。突然问蓝道行说：“海瑞说朕成不了仙，你有何策来驳他。”

蓝道行说：“成仙靠机缘，譬如丹药在火中一般。要看卦位定阴阳，要看鼎器方位定月份，要看属相的克与反定火候。差之毫离就是错过融合而散开。一枚丹药尚且如此，更何况乎修天梯乎。固，小人提醒圣上不要急迫从事，以至内心里的气候变化，阴阳不平，卦位错乱，那么小人固有万千丹药，也不能助皇上登天梯而羽化。”

嘉靖帝一听生气了，又大声责问：“怎么，你的自信不见了，丹药我食之久矣，天梯也已经在建，何以差之毫厘而错过呢？”

蓝道行说：“长生首先是内心的羽化，譬如皇上的宫帷之事，和数枚女子行房事却唯独一人怀胎，何故也，其实亦是道行中的话：一切皆天机，机缘若到，便水到渠成，万木逢春，若是真真地错过了，便又要重新炼制丹药，重新修建天梯，再等阴阳调和，五行相宜的时刻，方能成难成之事。”

嘉靖帝听明白了，蓝神仙到最后的关口，的确在用一些虚滑的辞令为自己开脱呢。他有些失望，内心里一股愤怒的火因为了缺少了蓝神仙输出的氧气而正渐渐熄灭。他又拾起海瑞的那个奏折，斜倚着身子，又默默看了几眼，仍然受不了奏折中的口气，长叹一声，说：“抓了他，抓了他。”

瑞祥胡同被数千名锦衣卫紧紧包围了，第三家便海瑞的府邸。当初王用汲一眼就相中了这个院子，院子里有一个盛水的大缸，是防御火灾的。“水既能灭火，又能生财，所以，我就让下人把这个缸灌满了水。”这是王用汲对海瑞说的。

海瑞也喜欢这个府邸，所在的这个胡同也是好的，他名字叫作海瑞，住在这样一个“瑞祥”胡同里，就意味着会逢凶化吉，遇难而呈祥。

没有想到的是，这缸水并没有化开积累在大明王朝上空的黑云。

锦衣卫在沈大勇的带领下闯入海瑞的府邸，直接宣读了圣上旨意，将海瑞绑了，押入了东城的大牢。

西苑的灯亮得通明，内阁及六部的尚书全都聚集在西苑上元殿外殿。

嘉靖帝在内殿里哭，哭得很伤心，同时还笑，将个乐瓮敲得破碎了，仍然敲，那乐瓮碎了以后，竟然发出一股悲凉的音符，使得寂寞的夜晚更加寒冷和苍凉。

徐阶不知发生了什么事情，只好小声地叫当值太监黄锦的名字：“黄公公，黄公公。”

黄锦不敢应声，他在里面站着，看皇上小声地重读刚才他念过的奏折情节，一边看一边又掉眼泪，忽然大声叫：“严嵩，严嵩。”

黄锦一听，皇上老糊涂了，竟然叫起已经过世的严嵩的名字，连忙上前侍候了嘉靖帝说：“皇上，您可要保重龙体，奴才刚才还看到一个奇怪的奏折。”

嘉靖帝一听愣住了，以为又有一封和海瑞内容大致相同的《治安疏》，说：“朕不再看了。不再看了。”

黄锦说：“皇上请放心，这次奴才说的奇怪不是指骂人，而是指这个人身为刑部主事，竟然不思称诵皇上您的德政，而是抄一屈原夫子的楚辞来搪塞，这不是太偷懒了。”

嘉靖帝一听，又是一个主事，有些紧张，以为是和海瑞商量好了的，故意一前一后递上来包装如青词一般的奏折，实在是可恶之至。

“念。”嘉靖忍不住，还是想听，说完，便躺在椅子上，等着黄锦读来。于是，黄锦便抑扬顿挫地将刑部主事王用汲所抄录的一首《楚辞·远游》念诵出来：

载营魄而登霞兮，掩浮云而上征。
命天阍其开关兮，排阊阖而望予。
召丰隆使先导兮，问大微之以居。
集重阳入帝宫兮，造旬始而观清都。
朝发轫于太仪兮，夕始临乎于微闾。
屯余车之万乘兮，纷溶与而并驰；
驾八龙之婉婉兮，载云旗之逶蛇。
建雄虹之采旄兮，五色杂而炫耀；
服偃蹇以低昂兮，骖连蜷以骄骜。
骑胶葛以杂乱兮，斑漫衍而方行；
撰余辔而正策兮，吾将过乎句芒。
历太皓以右转兮，前飞廉以启路；
阳杲杲其示光兮，凌天地以径度。
风伯为余先驱兮，氛埃辟而清凉；
凤凰翼其承旗兮，遇蓐收乎西皇。
揽彗星以为旌兮，举斗柄以为麾；
叛陆离其下下兮，游惊雾之流波。
时暧曃其曭莽兮，召玄武而奔属；
后文昌使掌行兮，选署众神以并毂。
路曼曼其修远兮，徐弭节而高厉；
左雨师使径待兮，右雷公而为卫。
欲度世以忘归兮，意恣睢以担挢；
内欣欣而自美兮，聊媮娱以淫乐。

读完以后，黄锦说："启禀主子万岁爷，这王用汲和海瑞素来交好，我听说海瑞在京城的宅子还是王用汲出钱购置赠与他的呢！如今两人又相约一同上达犯上的奏折，奴才以为，这王用汲也该抓了去，押入大牢。"

嘉靖帝愣了一会儿神，说："你不懂。此王用汲是个聪明人，他自己不愿意作青词来支持朕，又不敢写像海瑞这样的劝诫书，只好假托古人之墨来称许朕的追求。你知道此首楚辞的意思吗？"

黄锦跑上前去，将嘉靖帝搀扶下椅子来，问："皇上，奴才浅薄之至，不懂屈子之楚辞原意也，但刚刚奴才念诵时，总感觉文字里透着一些酸酸的味道，甚至还有股子傲劲儿，就觉得上书的人对皇上您有大不敬之罪。"

嘉靖帝说："此人有气节，不媚我。却也衷心地祝福我能如愿以偿，算是个有良心的人。不管他，黄锦，你把海瑞这个狼心狗肺的贼子的奏折给朕捡起来，朕要杀了他。"

黄锦侍候嘉靖帝夜宵后，嘉靖帝还一直拿着海瑞的折子在看，一边看一边骂："这个吃朕银两穿朕衣服的白眼狼，竟然敢如此轻狂，这个狼心狗肺的东西。"

天亮时西苑蓝神仙被李芳请进了司礼监，他听说昨天晚上皇上发火的事情，问李芳："李公公，皇上的丹药中有一味水果丸是一定要吃的，其实是一些果肉作成的点心，因为皇上信赖丹丸，故才出此下策，你要督促才是。"

李芳一听两眼含了泪，说："谢谢蓝神仙为圣上的身体担忧，奴婢这几天是天天夜晚作恶梦，皇上的身体是一日不如一日了。"

蓝神仙说："李公公天天给皇上洗澡，是不是摸出什么异常来。"

李芳说："皇上以前对水温要求不高，现在，身体在热水中，常常感觉寒冷，虽然是寒冬，但是木桶里的水温还是很高的。奴婢担心是皇上身体里的热量会不会有一天突然就没有了。所以，想让皇上少食一些丹丸，多吃一些粗粮。"

蓝神仙说："皇上向来不听我们的劝告，除了对丹丸有兴趣，其他任何食物皆不可信，我想到了，不如让尚膳监将皇上每天的粗粮均以丹丸的形式作出，我来嘱皇上服下，你看如何？”

李芳一听连连作揖：“蓝神仙万福，万福。奴婢其实说了这一堆，就是想让您这样嘱一下皇上，补充一下体力和元气。”

蓝神仙退后，李芳便来到西苑里内阁的当值房，徐阶、袁炜、李春芳、高拱均已经在那里等了。张居正因为受了王用汲的托请，也来到了内阁值房，向徐阶说明海瑞已经被押入大牢的事情。

高拱也是听说户部主事海瑞因为购棺材上书而被锦衣卫拘押，他想和徐阶商议一下，如此忠正耿直的谏臣，要不要想方设法保举一下，为大明王朝的正气留下一脉薪火。

徐阶更是有些心急，虽然海瑞并不是他推荐上任的，却是他签发的任命。可以说，从海瑞离开南平教谕至今，没有徐阶的提拔，就没有海瑞的今天，他不想让这样一位见识卓著，又忠勇有气魄的臣子丧命。

可是一时间，又不知海瑞到底写了什么，触怒了当今圣上，所以，有些一筹莫展。

待黄锦一五一十地将昨天晚上嘉靖帝摔奏折，大骂海瑞，又反复看奏折反复骂的情形一一复述之后，徐阶和众阁老一下愣住了。海瑞仿佛是捅了一个惊天之洞，不知道他们几个人有没有能力将此洞一点点缝补好。

至于奏折内容，黄锦一字不敢吐露，徐阶也不好再问。这事少一个人知道，便多一份安全。

那究竟该如何为海瑞说话呢。徐阶和袁炜商议了一下，决定立即传主管海瑞工作的户部司务何以尚，问一下海瑞近些时日的工作及表现，有无异常。一问方大吃一惊。

原来，海瑞在上书之前，先是借了何以尚二十两银子，购置了棺木，并遣散了家中的仆人，打发了家人海安夫妻回海南琼州养老。而后又将自己的宅邸交给了同乡王宏诲管理，并反复交待，若是自己遭遇不幸，托他照顾家中的孤老和寡小，并将宅邸处理之后，一部分还与户部何以尚，一部分给家中老小，至于王用汲，是莫逆之交，且家境较他颇好，便算是终生欠了他一个人情。处理完家事之后，海瑞又将户部云南司的档案管理妥当，向云南布政使司、按察使司、巡抚衙门以及总督衙门均发去了户部明年预算的快函，这诸多工作都办理妥当以后，他又向何以尚阐述了户部存在的诸多问题，方才上了奏折。

徐阶一听，觉得大事不好，连忙派人去王宏诲和王用汲家里寻人，要求马上带到西苑内阁的当值房，有大事相议。

结果，半天后，内阁的值守卫队回来，带来不好的消息，王用汲已经被押入大牢，而王宏诲也已经被东厂抓去盘问，至今未回。

徐阶一时有些担心了，究竟写了什么样的大逆不道之词让皇上这么动怒。他决定马上去上元殿见皇上。

李芳担心这一会儿皇上正在怒火中，不一定听得进徐阶的话，弄不好，可能会使皇上疑心海瑞还有幕后的主使者。

李芳这一句话可是惊醒了在座的每一个人，潜意识当中，所有的人都把嘴巴紧紧地闭上了。是啊，李芳的提醒太及时了，这个时候谁站出来保海瑞，均会被皇上视为海瑞的同谋，那可是杀头之罪啊。

想了一下，徐阶让大家各自散了，独自一人进入上元殿见嘉靖帝。

李芳生怕徐阶出什么差错，在前面引路，和他一同前往。黄锦刚刚退下不久，当值太监陈洪正在写字，嘉靖帝读，陈洪书写，嘉靖帝在一旁大声说："写大一些，大一些。"

接着，嘉靖帝又继续读海瑞奏折："君道不正，臣职不明，此天下第一事也。于此不言，更复何言。大臣持禄而外为谀，小臣畏罪而面为顺，陛下诚有不得知而改之行之者，臣每恨焉。是以昧死竭忠，惓惓为陛下一言之。一反情易向之间，而天下之治与不治，民物之安与不安，于焉决焉。伏唯陛下留神，宗社幸甚，天下幸甚。臣不胜战栗恐惧之至，为此具本亲赍，谨具奏闻。”

嘉靖越读语速越快，陈洪写得也飞快，但仍然没有跟得上，嘉靖帝突然又将奏折扔到地上，又将陈洪铺在桌案上的宣纸一下掀翻在地上，大声骂：“战栗。恐惧。假话，若是真对朕有一点点恐惧，也不至于如此大胆，竟然敢教训起朕如何作皇帝来了，竟然给朕说起典故来了，竟然将自己比作了比干，可是朕不是殷纣王，不是，不是……”

李芳通报徐阶进来觐见皇上。可是嘉靖帝一声不吭。

徐阶便一直在殿外立着，初冬的风很凉，徐阶的外套很快被风吹透，他直打寒颤。他知道，皇上故意不让他进。皇上大概知道他来为海瑞讲情的，先让他吃些苦头。

大约过了一个时辰，徐阶听到嘉靖帝喝粥的声音，喝完以后，大声叫：“徐阶进来喝粥吧。”

嘉靖帝自然是想用一碗粥堵住徐阶的嘴，在外面冻了一会儿，又给一碗热粥，这自然是嘉靖帝的恩威并用了。

徐阶一手接过了李芳递过来的粥，说：“皇上，老臣觉得粥有些烫。”

嘉靖帝见他执意要说海瑞的事情，就说：“朕要杀了这个白眼狼，你是来说情的吗？”

徐阶说：“回皇上的话，臣不知海瑞写了什么内容，但臣知海瑞此人的为人，此人生性耿直，却好为人师，以至屡屡不得志。微臣刚才在外面听见陛下您说，您不是纣王，我当时便猜测出海瑞写了什么，他如果如此比喻您的话，那么，他一定是自比作比干的。皇上非要杀掉他，那么，岂不正中了他的圈套，成全了他的忠臣之名，而又承认自己是纣王。”

看皇上并没有怪责于他，徐阶将手中的粥放在一旁的檀木底座上，继续说：“微臣跟随皇上二十年余，深知皇上的德政。您一年素食居多，且素朴衣着，臣知您心里装着苍生。在您登大宝之初，为百姓苍生制定了许多政策，至今四十年有余，仍然是暖人心的大工程。这些年北方俺答屡屡侵犯，东边沿海倭寇也是刚刚肃清，外忧内患，您从来指挥若定，不扬于外，却内醒之至。皇上好黄老之道，而苍天又优待于您，在重修武当山之际献通天梯图纸与您，皆为欢喜事也。作为臣子的，即使知道此事并不可靠，但仍然诚心地为皇上祈祷，才是臣职。而海瑞定是因此事而纠错于您，实在可置之不理会也。”

嘉靖帝问：“徐阶，你说朕是好皇帝吗？”

徐阶答：“皇上远追文帝，近比永乐大帝，我大明国运昌盛，且已经肃清了倭寇，如今吏治正清明，贤臣济济，文治武功皆无双于世。这是微臣和诸位内阁阁员的共识。”

嘉靖帝说：“那为何海瑞却将朕骂得一无是处、体无完肤呢？”

徐阶答：“微臣不知，但却知此人在兴国会及淳安任皆爱得罪上司，此人颇有些顽固不化。此次进京作官不久，与同僚素无交往。他在户部任主事期间，除了往内阁上书一次要求内阁解决户部档案与现状不符的问题之外，并无太多勤政的表现。如今，他忽然上书大议朝政，实在是因想要沽取名声，因此，微臣劝皇上不要中了他的圈套，他骂皇帝，您却不杀他。结果则可想而知，他没有如愿作忠臣，而朝廷内外都会为陛下您的包容大度而折服的。”

嘉靖帝听完了徐阶的话以后，没有接话，沉默不语。他喝多了粥，开始打嗝，一下长一下短。这一下可忙坏了李芳和陈洪，一个端水递上，一个用手不停地拍打嘉靖帝的背部。

徐阶看了一眼李芳，连忙作揖告辞，说：“皇上，内阁尚有几件棘手的事情需要商议处理，微臣先行退下。”

嘉靖帝摆了一下手，示意徐阶可以走了。

然后东厂的锦衣卫已经将王用汲从牢狱中放了出来，没有挨刑训，这说明王用汲的家人使了不少的银两。而王宏诲却一直没从东厂的处置所里出来。这急坏了张居正，张居正和王宏诲是同科的进士，私下交往颇多。当年王世贞入狱，张居正尚未进入官场，现在他已经如鱼得水地在大明朝的舞台上走出很远。所以，他急急地找到徐阶，告知徐阶，王宏诲可能要受刑，一定要设法营救出来。

然而，张居正的话音未落，锦衣卫竟然派人来到了内阁当值房里来找何以尚问话，徐阶一看不妙，连忙以内阁正借用何以尚制作武当山天梯所需要银两物品方案为由，拒绝锦衣卫将何以尚带走，但允许他们在此处问话。

于是，锦衣卫便将何以尚带到内间的一个厢房里问话，前前后后大约一个时辰，才出来，何以尚倒是没有受刑，却脸色苍白，出来时站立不稳，一个跟头栽倒在地上。

而锦衣卫们却不管不顾，挥了一下手，走了。

还好，锦衣卫并没有将何以尚带走。

待到何以尚神智恢复以后，便向徐阶重复了他和锦衣卫的对话，他们反复地问同一个问题：为什么借钱给海瑞，是不是海瑞的同党。

何以尚很是奇怪，说："我借钱给海瑞一事，连我家娘子都不知道，锦衣卫何以能知道？"

徐阶说："京城里的事情，没有一事锦衣卫不知，他们不知放了多少个人在各个府邸守卫和跟踪，每个人每天都要写个人日志，然后汇总后，交到东厂和司礼监，有个别重要的信息，连李芳都不能看，封存给皇上过目。你借钱给一个官员，何等奇怪，总要记录在案的。"

何以尚据实以告，只道是海瑞家人要回海南，无太多现银，且户部拖欠俸禄严重，觉得海瑞忠厚老实，便借了去，并不知道其他事情。

那锦衣卫又反复问了些与海瑞相关的事情，何以尚知道的较少，除了在户部的情况作了回答外，其他一概不知，这一下大约符合了锦衣卫的答案，便立即放了何以尚，回去复命。

海瑞在牢狱中受尽了折磨，米饭里自然少不了石子，炒菜里竟然有大量的老鼠屎。海瑞每日在墙上画儿子的姓名为乐，早晨的时候写下大儿子名字中的第一个字，中午的时候，写下第二个字，下午的时候写下小儿子名字中的第一个字，到晚上再写下最后一个字。每日如此，潦倒之至。

忽一日，突然来了上好的菜肴，海瑞以为要处刑罚，便大口吞咽食物，吃完以后，却看到刑部主事徐廷绶。他是听到内阁里传出来的海瑞的消息，便马上来到了刑部大牢里挨个牢房找寻，终于在死刑大牢里找到了海瑞。徐廷绶是淳安人，海瑞在淳安任知县时，他不过是县学的一个秀才，但此人当时见解卓越，深受淳安教谕赵公辅的喜欢，后来，推荐给海瑞，海瑞也很是欣赏他。

如此结下缘分，想不到正好落到了徐廷绶管辖的牢房里。于是，徐廷绶让海瑞外面的脏衣服不换，里面的内衣却全换了一遍。每日照旧食锦衣卫送来的食物，之后，他再差人送来上好的饭食。

徐廷绶将海瑞在牢狱中的情形告知了徐阶，徐阶猜测，皇上大约是不会杀海瑞了。皇上大概是真的受了他说的那句话影响：皇上不想成全海瑞成为一个比干，而且，皇上自己也相信，他不是纣王。

上元殿里的烛火这几夜格外地明亮。嘉靖帝已经反复读了不下十遍海瑞的奏折，每读必生气地大骂。安静的时候，嘉靖帝坐在自己的道场椅子上反思自己：虽然自己不是纣王，但却是因为疏于朝政而导致严嵩专权二十年，除了浙江江苏福建和湖广几个省域之外，大明朝的一半地域屡屡遭受天灾人祸，作为一国之君的他并没有挂在心上。想来，海瑞奏折里的某些句子并不过分。

“言顺者之未必为道也。即近事观，严嵩有一不顺陛下乎？昔为贪窃，今为逆本。梁材守官守道，陛下以为逆者也。历任有声，官户部者，至今首称之。虽近日严嵩抄没，百官有惕心焉。无用于积贿求迁，稍自洗涤。然严嵩罢相之后，犹严嵩未相之先而已。诸臣为严嵩之顺，不为梁材之执。”

梁材是前任户部尚书，此人也是生性耿直，但是他反对皇上奢于建立道场，反对用护城的军队修筑两宫七陵，又反对建醮时用龙涎香等珍贵的香料。安静下来之后，嘉靖帝觉得梁材是个人材，可用之材，可惜的是被他罢了官。然而对他言听计从的严嵩呢，却是表面一套背后一套，将国家的半数财窃取到了江西分宜。

顺从者若不忠心，倒不如反对者的忠臣。

嘉靖帝在上元殿里呆得久了，有些烦躁，就到内阁的当值房里来看看，途经莲花池时，看到残荷满园，不由得心生伤感，脚下一滑，竟然滑入池中。

寒冬季节，皇上入池塘，可想而知，结果一片大乱。

太医、内阁大臣通通来到了上元殿。老臣们齐刷刷跪倒一片，恳请皇上起驾回宫。

李芳从里面出来，说，给皇上洗了热水澡，受了些惊吓，身体并无大碍，请诸位大臣们先回吧。

李芳示意徐阶要带领众人快回。徐阶马上想到皇上是个敏感的人，大概大家求皇上回宫，暗示了皇上可能会龙驭归天。皇上若真的想到此项，肯定会痛恨群臣的。于是，徐阶将众人召回到内阁商议解救海瑞的办法。

春节历来是大赦天下的时候，若是有人在皇上那里上奏折请求释放海瑞，那么，春节前夕是一个最佳的机会。王用汲、王宏诲、徐廷绶、张居正、何以尚等五个人同时上书内阁，要求皇上放逐海瑞，念其一片忠心，可责罚其人习大明律，罚俸一年，并下放至湖北安陆州替皇上守家三年。但是，若是五个人一起具名，恐怕会引起皇上的不满。

徐阶思来想去，选一人即可，而五个人中，何以尚最为合适。其一，何以尚在借银之前，与海瑞无任何亲密交往，其他几人均是至交友人或者是乡谊。其二，何以尚熟悉海瑞在户部所作的一切，保举海瑞的理由是看到海瑞的优点，适合在大明朝继续为官。

如此这般，便决定由何以尚一人上书打探圣意。

何以尚的奏折内容，徐阶和高拱均是过目了的。均认为并无不妥：行文非常曲折，赞颂皇上的大智慧乃千年不遇，即使是闭上眼睛玄修，也能把江山打理得井井有条。后试探皇上对海瑞的态度，建议在春节期间赦免海瑞，赢天下民心。

在奏折中，何以尚回顾了嘉靖帝少年登基，以德治国，精兵简政，裁撤冗员。还及时清理了庄田，还田地与民。正德年间，皇宫的皇庄，后妃及太子们的宫庄，以及诸藩王的王庄、贵族及外戚的勋庄，甚至包括有权势的宦官的庄田总面积达三千万亩之多，当时的京城周边八府的土地，除了人走的道路，一概没有平民的田地。百姓只有逃荒的份。如此贪腐，古今罕见。嘉靖帝上台以后，就着手清理这些庄田，除了保留少数皇庄之外，其他各种庄田一律革除，全部归还原田主，着实是大功德。

其次，嘉靖帝还大胆裁撤冗员，仅在正德十六年七月，一次就下令裁汰十四万八千名吃皇粮的官员。每年节省的俸禄漕粮达一百五十多万石，有效解决了大明朝户部库存紧张的问题。

如此年少有为的皇上，却因此一次宫中之变，而二十余年不视朝政，重用严嵩和锦衣卫使得纲纪松弛，灾难时而有之，却因为政令不通，百姓陷入贫困与绝望之中。

何以尚的奏折里自然不敢直接揭嘉靖皇帝的伤疤，只是在赞美完嘉靖帝的开局以后，转而说目前大明朝倭寇已经平定，百姓安居乐业。皇上应该回到皇宫，主持日常政事。如此小心翼翼地试探完毕之后，又在奏折的末尾处，说明了上书的另一个缘由。作为户部的司务，他熟悉户部主事海瑞的正直为人，此人对皇上忠心耿耿，只是为人过于愚钝，才会采取直接上书的方式。最后，何以尚写道：

海瑞作为一个地方官员，经历县学教谕，淳安和兴国两任知县，如今又抵京城任户部主事，晓我大明朝税赋缴纳与使用诸多事宜，可以说是深谙我大明朝的地方及中央财政的细节，大约正是忠于我大明朝，忠于皇上，才有心替皇上分忧，并冒天下之大不韪。

何以尚自述不知海瑞在奏折中说了如何幼稚又愚昧的话语，但他能肯定，海瑞心地善良，绝无不敬之心。望皇上有爱惜忠直谏言者，赦免海瑞。

然而，何以尚的奏折上呈皇上只有三个时辰，就被锦衣卫捉了去，直接押入大牢。

刑部主事徐廷绶闻讯后，到大牢去查看，发现，何以尚已经被用了大刑，昏了过去，而海瑞就在对面看到这一切，气得在牢狱之中大骂嘉靖帝昏庸。

刑部主事徐廷绶以牢房漏雨为由将海瑞移到拐角处的一个牢房里，离何以尚稍远了一些，海瑞骂皇帝，值班审讯何以尚的锦衣卫也不会再听到了。

可是依旧不行，因为，锦衣卫马上就提审了海瑞，让他自己认罪。

海瑞答自己无罪，只求一死。

负责审案的锦衣卫说："皇上说了，你不怕死，但你的朋友可能会遭殃。你最好说出你的幕后主使者是谁，究竟是谁指使你上的这道奏折。不然，你的朋友就都是同伙。"

这一下海瑞大惊失色。京城的朋友中，往来最为密切的是王用汲和王宏诲，这两个正直不阿的朋友可是万千不能出事的。

海瑞想了一下答："我海瑞自幼受母亲教诲，要忠君爱国。我的一腔热血也都流在大明朝的南北土地上，我没有同伙。我上此奏折只是为了明臣职，正君道。作为臣子，看到皇上沉溺于丹药，不思朝政，不顾百姓于水火，必须要奏请皇上坐回到皇上的位子上来。即使是犯上，但也是一片丹心。作这样一件忠君爱国的事何须他人来指使。我忠于皇上，那么，皇上就是我的同伙，我忠于大明的万千子民，那么，这万千子民皆是我的同党。"

锦衣卫将海瑞锁了，送回牢狱之后，回宫中交差。

当晚，司礼监便召集内阁到西苑的议事厅议海瑞的审讯笔录。

审讯笔录是冯保抄写好了的，一式五份，李芳、徐阶、袁炜、李春芳、高拱各一份。看完了笔录，徐阶等人一头雾水，看着李芳，不知皇上到底是何用意。

李芳说："皇上要查出海瑞的同党，先从内阁开始。"

内阁四人中只有徐阶十分欣赏海瑞，屡次提携。但是徐阶却不知海瑞究竟写了什么样的奏章，惹得皇上如此大动肝火。李芳又问其余三人，皆不知奏折内容。

李芳到上元殿报知嘉靖帝，一会儿，便将奏折取了来，让徐阶等四个一起观看。

徐阶一看之下，大惊失色，措辞激烈到不留任何余地，这种置之死地的奏折是前所未有的，大明朝之前谏臣不计其数，可是，敢如此措辞直接讥讽、鞭笞甚而指骂皇上的奏折，历史第一次也。所以，他惊得，边看边骂，如此大胆，真是该杀，该杀。

四个内阁阁员的表现被暗中观察的锦衣卫一一记录，自然很快就报与了嘉靖帝。

徐阶看完奏折之后，第一时间赶到了上元殿。他和高拱两人简单议了一下，他准备直奔主题，恳求皇上处死海瑞，以正皇帝的威严。

跪倒在地之后，徐阶就说："臣徐阶恳请亲审海瑞，若此子顽固不化，臣恳请皇上处死海瑞以正视听，立君威。臣刚刚看完海瑞的奏折，以为海瑞狂妄之至，目无君父，此为罪行一：不忠；为了欺君获名，不惜撇下妻小寡母，此为罪行二：不孝。如此不忠不孝之徒，臣定要仔细教训，亲自审讯。臣不问其同谋，不问其是否忠心，只问其是何居心，何以如此放肆。"

徐阶果真被奏折中的措辞惊呆了，他知道海瑞惹祸，却不知，他竟然用如此大胆的方式惹祸。徐阶也有些懵了。他想不出更好的方法来救他，唯一的方法就是趁着皇上现在并不想杀海瑞的间隙帮助皇上下定决心不杀他。如何帮助呢，只好自己演出一戏给皇帝看了。

皇上听到徐的话之后，果然感动了，原本感到孤单的他，这时候觉得有一个温度合适的大臣正在把他内心的火炉点着。

嘉靖帝赐了徐阶座椅，让他坐在道场的对面，长长地叹息了一下，说："徐阶，你不是海瑞的同伙，朕知道。你也不必演戏给朕看了。朕不杀海瑞便是。"

徐阶吃了一惊，一时拿不准皇上是如何知道他的心思的，就说："臣并没有其他心思，臣只是被海瑞的奏折气得乱了阵脚，臣想不出皇上该有多生气。臣的怒火一时间都难以忍受，臣不敢想象皇上的，所以，越想越觉得替皇上难过。只是如此而已。”

嘉靖帝说：“朕前后左右，看了海瑞的奏折不下十遍，越看越觉得他说得对，他的话都对，并不苛刻。二十三年了，朕离开皇宫到西苑里来已经二十三年了，知道朕为什么用严嵩吗？因为他不瞒朕，什么事都不瞒朕，他的儿子严世蕃贪墨的银子，也是朕闭了一只眼让他贪的。朕知道，严嵩是不会要的，但他的儿子眼睛瞎了，不多给他一点钱，他连老婆都讨不上，就放纵了一些他们。结果，还是出了错。海瑞说得没有错啊，朕用人从来只用顺从我的，户部尚书梁材当年劝朕不要用上好的龙涎香料作道场，结果朕不听，后来呢，戚继光和倭寇的海战开始以后，什么东西都运不进来，而西苑里一点储藏的香料都没有，好几次作道场，连一些香都作不出来。陶仲文如何死的，作香作死的。朕知道，他是为了讨好朕，用了一些特殊的香料，结果，大约是中了毒吧，死了。”

黄锦给嘉靖帝送来了暖水袋，暖一下胃部，还有脾部。内脏的凉让嘉靖帝不论坐在火炉前还是被窝里，都会出冷汗。

嘉靖帝咳嗽了几声，竟然停不下来了，一直咳嗽不停，徐阶便叫李芳去里面的丹药房里去取一粒果肉的丹丸。徐阶是知道的，皇上最近食用了不少果肉作的丹丸，对体力的恢复很有好处，嘉靖帝正是因为吃了不少果肉丹丸，连平时的饮食也吃得多了。

吃完了丹丸，嘉靖帝继续说：“若是二十年前，有人上这样的奏折，朕一定会杀了他。可是现在，朕突然觉得自己老了，想一想自己作的好多事情，都错了。朕现在想重新再来过，可是已经力气不济了。你说说看，朕该怎么办啊，该怎么办？”

徐阶见皇上满眼热泪，一时间不知如何是好，扑通一声从椅子上跌下来，然后跪倒在地上。徐阶说：“陛下，海刚峰不识本朝旧事，如此讥讽于陛下，可见其愚忠。但臣下实有保海瑞之心，臣徐阶以为，海瑞虽然只是举人出身，可是此人学识见解均并不差，耿介有余，入仕多年，从未贪腐，在地方官府任事时，颇有威名。臣徐阶以为，此人写得如此大胆的奏折，可谓今古第一人，他是我大明朝的一柄利器。此人可堪大用。皇上若杀他，微臣也支持，因为此人欺君犯上。皇上若不杀他，微臣这就叩谢龙恩。他这柄利器的尖锐将来对我大明朝的锈钝有用之至。”

正在说话间，陈洪带着东厂锦衣卫的头目沈大勇来到了上元殿，陈洪小声地对沈大勇说了一句以后，连忙作揖道：“主子万岁爷，奴才带了沈大勇来，他有重要的情况向万岁爷禀告。”说完还顺便看了一眼跪在地上的徐阶。

嘉靖帝眼睛半闭着，现在睁开了，看了一眼陈洪，示意他下去，又看了一眼沈大勇，说：“你叫沈大勇。”

沈大勇咚咚咚地磕了三个响头，说：“奴才是沈大勇。”

嘉靖帝往后靠了靠身子，说：“你有什么情况要说，说给朕听听。”

沈大勇头不敢抬，躬着腰，直视着嘉靖帝的棉靴，说：“启禀万岁爷，小的查明海瑞的同伙是谁了，是裕王爷。海瑞这厮在上奏折前，和内阁里的四位阁老确实没有任何接触，和他的朋友王用汲及王宏诲均没有任何接触。只是，在刚到京城的时候，海瑞曾经和张居正张大人一起去过裕王府一次，后来，张居正大人退出，海瑞仍在裕王府停留许久方才出来。奴才们都怀疑，海瑞正是由于裕王的指使才上这道奏折的。”

“什么？你说什么？”嘉靖帝情绪激动起来，咳嗽几声，一下倒在软椅之上。

徐阶和李芳大声叫着“皇上，皇上”，扑过去。李芳让陈洪去叫西苑当值的太医，嘉靖帝的脑袋歪了下来，胸口一摊血迹。

太医来了之后，颤抖着把脉，用一种急救的香点燃了熏嘉靖帝的鼻子，均无效。

李芳和众太监一下子跪倒在地上，大声哭将起来：“皇上，皇上驾崩了。”

皇上驾崩，无异于大河止流，于是，一时间整个西苑一片混乱。

徐阶立即令李芳调锦衣卫通知兵部派兵增加城防，并派人通知裕王马上到宫中主事，令锦衣卫将皇上抬至皇宫皇极殿，并召集内阁阁员及六部尚书到皇极殿议事。一切事情皆处理清楚，已经是第二天凌晨了。

嘉靖四十五年十二月十四日夜，嘉靖在朝会内阁阁员时殡天，徐阶发了国丧，整个皇宫一片缟素。裕王朱载垕和张居正一起进入皇宫，张居正建议将嘉靖帝在乾清宫发丧，以弥补皇上生前二十余年不视朝的遗憾，被徐阶采纳。于是，又是一番折腾。

嘉靖四十五年十二月十五日傍晚，刑部大牢里的海瑞正在往墙上写下自己小儿子海亮的名字，忽然闻听牢头胡有金提着上好的酒菜前来侍候海瑞吃饭，他大约提前获知了宫中皇帝已经驾崩的消息，觉得海瑞可能会被重用，于是，好酒菜招待一番，日后定会有好报。

海瑞一看牢头今日忽然送来这么多的好酒好菜，心里一横，知道自己要被处决了，这些好酒菜定是牢狱之中的惯例，要死刑犯人吃饱喝足之后上路。于是，海瑞毫不客气，大吃海喝了一通，然后正襟而坐，等着刑部的处死通告。

可是，海瑞左等不来人，右等亦无人问津。直到亥时的更声敲过。司礼监黄锦前来宣读皇上遗谕：

“朕奉宗庙四十五年，享国长久，累朝未有，一念惓惓，唯敬天勤民是务。只缘多病，过求长生，遂致奸人乘机诳惑，祷祀日举，土木咸兴，郊庙之祀不亲，日讲之仪久废，既违成宪，亦负初心，迩者天启朕心，方图改辙，而遽尔婴疾，补过无由，每一进思，唯增愧恨。自今建言得罪诸臣，没者恤录，锢者即释，方士人等查照情罪，各正刑章。特此遗谕。”

宣布完毕以后，黄锦说：“恭喜海大人官复原职。”然后，携众人而去。

海瑞闻听嘉靖帝已经驾崩，而他不但没有被处死，而且官复原职。一时间五味杂陈，大惊失色，不知是激动重新活命，还是后悔自己的《治安疏》

言辞激烈，海瑞仰天长叫一声“吾皇万岁”，然后号啕大哭起来，刚刚吃的酒菜吐了一地，又一声大叫“皇上”，昏了过去。

次日，钟鼓齐鸣，穆宗朱载垕即位，改年号为隆庆。李芳因为年老而被打发到宫外的安乐堂，了却残生。张居正以太子少保入内阁，海瑞由户部调到兵部任主事，不久到尚宝司任司丞。大明王朝由腐败的嘉靖年代进入励精图治的短暂的隆庆时代。

皇上登基大典刚过，隆庆帝亲自动手打扫嘉靖帝设在西苑的寝宫，从而引起朝廷内外的打扫风俗。皇上亲自打扫，意义非凡，这意味着，大明朝积累下的种种弊病将在接下来的时日会被一扫而尽。这是多么美好的开端啊，刚入阁的张居正写了奏折，奏请隆庆帝登基这一天为扫除日，一可扫尘埃，二可扫旧有的疾病。

隆庆帝一看奏折，文采飞扬，像是早晨的时候突然跳入视野里的一道亮光。立即朱笔批示。奏折经礼部备案马上形成公文，到海瑞所在的尚宝监加盖了玉玺。然而，海瑞的印章刚盖上不久，司礼监的两个小太监便来到了尚宝监核对嘉靖帝时的公文奏折的存档以及过滤情况。两个太监一边查证过往的文牒旧档，一边拉着海瑞往一张出具了数字的文档草宣上签字。那是个印刷好的宫庭归类，上面的字一看便是严嵩所题写。

海瑞看了看那些字，不由得赞叹了一声，好功夫，那小太监不知道海瑞赞美什么，指着空白的位置，说，有劳海大人。

而正在海瑞签名的那一瞬间，另一个小太监悄悄地从怀里掏出一张写满了字的宣纸，偷偷地盖上了玉玺大印。趁着海瑞没有注意收了起来。

张居正的奏折接二连三地在朝廷里奏响，且每一次都是赢得隆庆帝的大声喝彩。大扫除过后的京城突降大雪，这已经是晚冬，那雪落地即融化，化成了早春的雨水，这雨水润泽着北方干旱的麦田，是一场及时的喜雪。

皇宫里一派喜气洋洋，各地及时报喜雪到来的官牒也挨个奏上来。

隆庆帝穿了厚厚的衣服在陪着儿子玩耍，不时传来一两声奏报。小太监不小心将盛有热腾腾的汤的御盆摔碎在宫门外，汤全洒在了地上。小太监吓得灰了脸，在雪地里跪下来，自己打自己的耳光。

隆庆帝问朱翊钧：“孩儿，你说该如何罚他，他将你最爱喝的乌鸡粥打碎了。”

朱翊钧仰起头答：“父皇，儿臣以为，他应该赏，因为碎碎平安吗，他也是在祈祷。”

隆庆帝大吃一惊，随即哈哈大笑，说，既然朱翊钧说赏，那就打赏，但赏罚分明。在打赏之前，罚你将宫门口的雪打扫干净。

那小太监本来以为这次肯定没有命了，忽然还捡来一个奖赏，别提多高兴了。突然大声叫喊一声：“皇上如此厚民，我大明必中兴。”

候在殿外一直等着皇上召见的大臣们听到了此话，立即高声唱和，皇上厚民，我大明必中兴。正在院子里打扫的侍卫们听见大臣们的唱合声，立即停下了手中的活计，大声地喊道：“皇上厚民，我大明必中兴。”

张居正在内阁正在看各省呈报上的文牒，听到由远及近的呼喊声，有些抑制不住的兴奋，挥笔题下了“大明必兴”四个字。

他忽然想起尚宝丞的海瑞来，兴冲冲地拿着自己墨迹未干的四个大字来找海瑞，发现海瑞也在远看自己的字。张居正凑近了去看，四个大字像吞饱了墨汁的猪：大明必兴。

门外的雪愈是紧急了，海瑞和张居正相视一笑。张居正将自己手里的字也铺在几案上，和海瑞的字并列在一起。

张居正说：“海大人，大明若必兴，需要用心经营，还要用你这把刀啊。”

海瑞揣摩了一会儿张居正的四个字，也笑着说：“张大人，大明若必兴，也必须要像你的这四个字，居于正直，居于正气。”

门外扫雪的侍卫偷偷地看了看两个人手里的字幅，用扫帚在雪地上悄悄地写字，扫帚太宽了，字写出来，很是费力，但看起来多了一分笨拙。大明朝文官当国，所以，只要在皇宫里当差的人，不论太监宫女还是宫庭侍卫，多数都练得一手好字。

两个人交换了字，看到门外小广场上的侍卫用扫帚写下的四个大字，哈哈大笑起来。那笑声爽朗、真切，一扫过去年月里压抑和霉味。

真是一场瑞雪啊，张居正又说。

海瑞重复这句话，是啊，瑞雪兆丰年。

元宵节马上来到，一场大雪照亮了整个大明王朝的皇宫，傍晚的时候，宫庭里还忙碌着。他们多是喜气洋洋的，反复重复皇上说的那几句话：皇上说了，元宵节要斋戒。

皇上还说了，衣物要节余。

皇上还说了，下雪的时候不能打扫雪，要让雪住下来以后再打扫它们。

皇上还说了，老百姓吃什么饭，什么饭就是好的。

皇上还说了，要让吃苦的人知道苦有尽头。

皇上还说了，天刚亮的时候最适合说事情，早朝要放在早刚亮的时候。

皇上还说了，夜晚的时候适合静思，适合览史书。

皇上还说了，瑞雪兆丰年，但丰年还需要辛勤的劳作。

…………

瑞雪兆丰年，海瑞默念着这句，将笔墨收拾起来，夜晚来了。他出了宫门，回到府邸里，左右睡不着，便也学着那侍卫的模样，找了一把扫帚在院子里打扫起雪来，一边用扫帚写下了大明必兴四个字。

天亮的时候，海瑞看到了大雪中的那四个字，就像是他在宣纸上的字的拓本。风吹了一夜，雪也下了一夜，这四个字却深深地刻在雪地上，不融化，也不被湮没。可见苍天也有了这样的愿望。海瑞看着四个字，想到张居正那天对自己说的那句："我大明朝还需要你这把刀啊。"他急急地收拾了一下，早早地去尚宝监去当班，他想，既然是一把刀，就不能锈掉。一定要在皇上身边多磨一下，好保持自己的锋利。这一柄大气晚成的利器，正走在仕途顺利的路上，他不知道，他走的每一步都是往历史深处走的。而属于他和张居正的大明王朝已然来到。